Gudrun Gersmann / Hubertus Kohle
(Hrsg.)

Frankreich 1800

Mit Dank
für erwiesene
Wohltaten

Hubertus Kohle

Gudrun Gersmann
Hubertus Kohle
(Hrsg.)

FRANKREICH 1800

Gesellschaft, Kultur, Mentalitäten

Mit 40 Abbildungen auf 28 Tafeln

Franz Steiner Verlag Stuttgart
1990

Umschlagabbildung: Jacques Louis David, Leonidas bei den Thermopylen, ca 1799-1814 (Paris, Louvre)

CIP-Titelaufnahme der Deutschen Bibliothek
[Frankreich achtzehnhundert]
Frankreich 1800 : Gesellschaft, Kultur, Mentalitäten / Gudrun Gersmann ; Hubertus Kohle (Hrsg.). – Stuttgart : Steiner, 1990
ISBN 3-515-05749-8
NE: Gersmann, Gudrun [Hrsg.]

 Druck: Druckerei Peter Proff, Eurasburg.
Printed in the Fed. Rep. of Germany

INHALTSVERZEICHNIS

Vorwort 7

Gudrun Gersmann/Hubertus Kohle
Auf dem Weg ins 'juste milieu': Frankreich 1794-1799 9

Dorothy Johnson
Myth and Meaning: Mythological Painting in France circa 1800 23

Thomas Kirchner
Physiognomie als Zeichen - Die Rezeption von Charles Le Bruns Mensch-Tier-Vergleichen um 1800 34

Marijke Jonker
David's 'Léonidas aux Thermopyles' in the art-criticism of the Restauration 49

Gregor Stemmrich
David's 'Leonidas bei den Thermopylen': Klassizistisch vollzogene Kunstautonomie als "Patriotisme sur la toile" 64

Stefan Germer
On marche dans ce tableau. Zur Konstituierung des 'Realistischen' in den napoleonischen Darstellungen von Jacques-Louis David 81

Ulrich Dierse
Die Anfänge der 'science sociale' bei den französischen Ideologen und in ihrem Umkreis 104

Gisela Schlüter
Wider die Revolution als Prinzip und als Ereignis - Zu Joseph de Maistres 'Considérations sur la France' 122

Thomas Nieding
Ökonomietheorie als Beitrag zum 'juste milieu'? Der 'Traité d'économie politique' von Jean Baptiste Say 134

Justus Fetscher
Der Himmel über Paris. Kleists erste Reise in die französische Hauptstadt im Jahre 1801 142

Thomas Grosser
Der lange Abschied von der Revolution. Wahrnehmung und mentalitätsgeschichtliche Verarbeitung der (post-)revolutionären Entwicklungen in den Reiseberichten deutscher Frankreichbesucher 1789-1814/15 161

Abbildungen 195

Verfasser 197

Tafeln 199

VORWORT

Der vorliegende Band versammelt die schriftlichen Ausarbeitungen von insgesamt elf Vorträgen, die anläßlich eines Kolloquiums zum Nachwirken der Französischen Revolution im Sommer des Jahres 1989 in der Werner-Reimers-Stiftung/Bad Homburg gehalten wurden.

Die Nachwirkungen standen dort im Zentrum der Diskussion, nicht etwa das Ereignis selbst. Denn gerade im Bicentenaire der französischen Revolution ist einmal mehr deutlich geworden, daß die Beschäftigung mit ihr sich in starkem Maße auf die ersten fünf Jahre, nämlich die Zeit bis zum Sturz Robespierres, beschränkt hat. Wie schon in der Vergangenheit wurden die Spätphase der Revolution und die Auswirkungen dieses epochalen Ereignisses weitgehend ausgeblendet.

Dieser einseitigen Ausrichtung des Forschungsinteresses sollte der Versuch entgegengesetzt werden, möglichst vielfältige Aspekte der französischen Gesellschaft um 1800 aus dem Blickwinkel unterschiedlicher Disziplinen, wenn auch mit starker Betonung der Kunstgeschichte, näher zu beleuchten.

In dem einführenden Beitrag der Herausgeber wird zunächst ein ereignisgeschichtlicher Überblick über die Zeit des Directoire und eine Skizzierung des historischen Forschungsstandes geliefert. Es geht hier insbesondere darum, die Relevanz der Epoche unter mentalitätsgeschichtlichen Gesichtspunkten zu belegen. Am Beispiel der Kunst des Jahrhundertendes wird im zweiten Teil gezeigt, wie die kollektive Erfahrung einer historischen Zäsur bildnerisch verarbeitet wurde. Mit kunsthistorischen Fragestellungen befassen sich auch die Aufsätze von Dorothy Johnson, Thomas Kirchner, Marijke Jonker, Gregor Stemmrich und Stefan Germer, die zum Teil historisch etwas weiter ausgreifen.

Dorothy Johnson zeigt in ihrem auf François Gérards 'Amor und Psyche' konzentrierten Essay, wie ein ursprünglich neoplatonisch-spiritualistisch angelegtes Thema im nachrevolutionären Frankreich naturalisiert wurde. Sie verweist dabei auf die zu dieser Zeit aktuelle Säkularisierung des klassischen Mythos und auf den Versuch, diesem neue Funktionen zuzuordnen. In seinem Beitrag zur Physiognomiedebatte des späten 18. und frühen 19. Jahrhunderts formuliert Thomas Kirchner Thesen zu einem in dieser Zeit zu beobachtenden Autonomisierungsprozeß der bildenden Kunst. Er untersucht, wie sich die ursprünglich mit der Wissenschaft verschwisterte Kunst von dieser loslöste und genuin künstlerische Zeichensysteme entwarf, die wissenschaftlich nicht mehr begründungsfähig waren. Auf den ersten Blick scheint Marijke Jonkers Aufsatz zu Davids 'Léonidas' in der Restauration den Rahmen der in diesem Band verfolgten Fragestellung zu sprengen. Die in diesem Werk zu beobachtende Wandlung des klassischen Historienbildschemas mit der in ihm durchgesetzten Relativierung des Bildhelden, die auch schon von der frühen Kritik bemerkt wurde, kann aber wohl nur als vermittelte Reaktion auf das Erlebnis der Revolution verstanden werden. Auch Gregor Stemmrich beschäftigt sich mit dem 'Léonidas', mit einem Bild, das für die französische Kulturgeschichte um 1800 von überragendem Interesse ist und das eigentümlicherweise sonst fast vollständig vernachlässigt scheint. Er deutet die starke Ästhetisierung und Stilisierung dieses Bildes als Eingeständnis des Künstlers, daß die ehemaligen politischen Ideale nunmehr - also in der Zeit von Napoleons größter Machtentfaltung - nur noch in verkunsteter Form überlebensfähig sind. Stefan Germer geht es um den realistischen Aspekt der napoleonischen Historienbilder Jacques-Louis Davids, einer Gruppe von Werken, die ähnlich wie der 'Leonidas' sonst nicht im Zentrum des Interesses stehen. Germer deutet den extremen Verismus von Davids 'Krönung Napoleons' als eine geschickte Verhüllung von propagandistischen Interessen. In der vermutlich von dem damals aktuellen Panorama angeregten Bildstruktur hat der Maler offensichtlich von den sonst leitenden klassizistischen Idealen Abstand genommen.

Mit seinem Beitrag zur Entwicklung der 'Science Sociale' im späten 18. Jahrhundert beleuchtet Ulrich Dierse ein frühes Kapitel der Geschichte der Sozialwissenschaft in Frankreich. Sein Überblick erhellt die Genese des Konzeptes einer 'mathématique sociale', die vielleicht auch eine Reaktion auf die Erfahrung des revolutionären Chaos und den Versuch darstellte, dieses im Nachhinein begrifflich zu bannen. Gisela Schlüter resümiert in ihrem Essay die von Joseph de Maistre in den späten 90er Jahren formulierte antirevolutionäre Rhetorik und untersucht am Beispiel dieses Radikaltraditionalisten das Aufflammen monarchischen Gedankenguts in der Zeit des Directoire. Im Mittelpunkt ihrer Analyse steht dabei die Interpretation des wichtigen 9. Kapitels der 'Considérations sur la France'. In seinem wirtschaftsgeschichtlich orientierten Aufsatz beschäftigt sich Thomas Nieding mit der politischen Ökonomie des Jean-Baptiste Say. Er deutet die Entstehung einer kapitalistischen Theorie als Ausdrucksform des sich nach der Revolution in Frankreich etablierenden 'juste milieu' und modifiziert damit ein Deutungsmuster, das sonst Says Theorie immer nur im Zusammenhang einer abstrakten ökonomietheoretischen Tradition seit Adam Smith begreift. Justus Fetscher folgt in seinem Beitrag 'Der Himmel über Paris' Kleists Spuren in der französischen Kapitale. Er richtet dabei den Blick vor allem auf die Begegnung des Dichters mit dem Astronomen Lalande. Fetscher begreift das Aufeinandertreffen der beiden unterschiedlichen Charaktere als verkörperten Ausdruck der Dichotomie der Moderne: als Zusammenprall von Emotionalität und Rationalität, von Sinnlichkeit und kalter Naturbeherrschung. Thomas Grosser bildet mit seinem Aufsatz zum 'Langen Abschied von der Revolution' den Abschluß des vorliegenden Bandes. Anhand von Berichten deutscher Reisender aus den Jahren 1794 bis 1814 zeigt er auf, wie sich nach dem 9. Thermidor die veränderte Einstellung der Franzosen gegenüber ihrer revolutionären Vergangenheit in den Augen der Fremden widerspiegelte. Am Beispiel der Wahrnehmung durch die 'Anderen' diagnostiziert Grosser jenen Prozeß der kollektiven Revolutionsverdrängung, der bereits im ersten Beitrag im Mittelpunkt gestanden hat.

An dieser Stelle möchten wir denen danken, die die Entstehung dieses Bandes befördert haben, der Werner-Reimers-Stiftung und insbesondere Herrn Konrad von Krosigk und Frau Gertrud Söntgen, die zum reibungslosen Ablauf der Tagung beigetragen hat. Last but not least sagen wir Dank Edgar Schmitz, der mit dieser Veröffentlichung in das mühevolle Geschäft des Korrekturlesens eingeweiht worden ist.

Bochum, im Juni 1990

Gudrun Gersmann / Hubertus Kohle

AUF DEM WEG INS 'JUSTE MILIEU': FRANKREICH 1794 - 1799

Gudrun Gersmann/ Hubertus Kohle

Über die Jahre 1794 - 1799 haben viele Revolutionshistoriker ein ebenso schnelles wie dezidiertes Urteil gefällt: Die Zeit zwischen dem 9. Thermidor des Jahres II und dem 18. Brumaire des Jahres VIII repräsentierte in ihren Augen den Schwanengesang der 'Großen Revolution'[1], einen Verfallsprozeß, der weniger professionelle Aufmerksamkeit erforderte als die hoffnungsvollen Anfänge des revolutionären Aufbruchs.

Mit dem 9. Thermidor endete bekanntlich die radikal-jakobinische Phase der Revolution. Als Robespierre und seine engsten Getreuen in den frühen Morgenstunden des 10. Thermidor auf das Schafott geführt wurden, besiegelte ihr Tod das Ende einer Diktatur, die im Namen einer unerbittlichen revolutionären Moral das Reich der Tugend durch den Terror hatte verwirklichen wollen.[2] Der Sturz Robespierres war durch sein eigenes Handeln beschleunigt worden. Am 8. Thermidor hatte Robespierre im Konvent die Verschärfung der 'Terreur' gefordert, unklare Beschuldigungen gegen eine Reihe von Konventsmitgliedern ausgesprochen und Säuberungen des Sicherheitsausschusses angekündigt.[3] Diese Rede schmiedete seine Gegner - ehemalige 'Représentants en mission' wie Fouché, Barras, Fréron und Tallien; gemäßigte 'Conventionnels' und Angehörige des Sicherheitsausschusses - zu Bündnispartnern zusammen. Der Putsch wäre vielleicht verhindert worden, hätte Robespierre auf die Unterstützung der Sektionen rechnen können. Doch durch die 'Maximum-Politik' hatte er bei den Sansculotten verspielt. Nachdem wenige Tage vor dem 9. Thermidor die Festsetzungen der Höchstlöhne herabgesetzt worden waren, schickten schließlich nur 16 der 48 Sektionen Abordnungen zum 'Hôtel de Ville', als die Kommune die Sturmglocken läuten ließ. "Zum Henker mit dem Maximum" spotteten sansculottische Zuschauer, als die Karren mit den Robespierre-Anhängern zur 'Place de Grève' fuhren.[4]

Den zeitgenössischen Kommentaren zufolge wurde die Hinrichtung der Revolutionsführer vom Großteil der Bevölkerung mit Erleichterung, ja mit Jubel aufgenom-

1 Albert Mathiez, der Nestor der Robespierre-freundlichen Revolutionsforschung, eröffnete seine Abhandlung über die Thermidorreaktion bezeichnenderweise mit der Feststellung, nach dem 9. Thermidor sei die Revolution ein für allemal beendet. Die Auseinandersetzung mit der 'réaction thermidorienne' lohnte in seinen Augen lediglich unter dem Aspekt einer Analyse der "décomposition du parlementarisme". Vgl. A. Mathiez: La Réaction thermidorienne; Genève 1975 (ND der Ausgabe Paris 1929), S. 3.

2 Wenige Monate vor dem 9. Thermidor hatte Robespierre in der berühmten Rede über die 'Prinzipien der politischen Ethik' sein revolutionäres Credo formuliert. Vgl. M. Robespierre, Sur les principes de morale politique qui doivent guider la convention nationale dans l'administration intérieure de la République. Rapport présenté au nom du Comité de Salut Public. 18. pluviôse an II, in: ders.: Discours et rapports à la Convention; Paris 1965, S. 211ff.

3 Vgl. M. Lyons: France under the Directory; Cambridge 1975, S. 8ff.; G. Lefebvre: The Thermidorians; London 1965.

4 Zur Maximum-Problematik vgl. E.W. Tarlé: Germinal und Prairial; Berlin (Ost) 1953, bes. S. 15ff.

men. Feststimmung soll sich allenthalben ausgebreitet haben: "Man schien dem Grab entsprungen und neu geboren zu sein" schrieb der Chronist Thibaudeau.[5]

> "Cette nature humaine, tout à l'heure si horriblement déformée, semblait purifiée, agrandie; les démons avaient passé, les anges prenaient leur place",

erinnerte sich auch Lacretelle später in seinen Memoiren.[6] Das kollektive Aufatmen äußerte sich in einem ungestümen Ausbruch von Lebenslust. Der Notariatsgehilfe Georges Duval vergaß nie die Szenen, die sich in der französischen Kapitale nach dem 9. Thermidor abspielten:

> "Das Schafott war noch kaum demontiert, die Sickergrube an der Barrière du Trône zeigte noch immer den erschauernden Passanten ihren breiten, klaffenden Schlund, aus dessen Tiefe übelriechende Miasmen in die Luft entwichen, und die Gegend verpesteten ... als schon allerorten in der Hauptstadt Bälle organisiert wurden. Überall lockten die lustigen Klänge von Klarinette, Geige, Tamburin und Spielmannsflöte die Überlebenden der Terreur zum Tanz, und man drängte in hellen Scharen herbei."[7]

Die Tanzwut griff um sich, die neue Fröhlichkeit wurde mit makabrem Dekor inszeniert. Auf den exklusiven 'bals des victimes', die nur derjenige besuchen durfte, der mindestens EINEN guillotinierten Verwandten vorweisen konnte, forderte man 'à la lunette' zum Tanz auf, d.h. mit einer Neigung des Nackens, als werde der Kopf auf die hölzerne Ausbuchtung der Guillotine gelegt.[8]

Während die einen feierten, ging für die anderen der politische Alltag weiter. Die vorübergehende Koalition der Robespierre-Gegner brach bald nach dem 9. Thermidor auseinander. In den folgenden Monaten kristallisierte sich immer deutlicher heraus, daß das Fehlen einer klaren politischen Linie das Kardinalproblem des neuen Regimes bleiben sollte. Die Regierung der Thermidorianer und Direktoren navigierte zwischen den unterschiedlichen Interessengruppierungen und politischen Parteien hin und her - zeitweise bildeten die Royalisten die Hauptstoßrichtung, zeitweise konzentrierte sich die Verfolgungspolitik auf das jakobinische und sansculottische Restpotential.[9] Im Herbst 1794 gelang dem Konvent ein entscheidender Schlag gegen die linksradikalen Kräfte. Die Sektionen - seit 1789 eine ständiger Unruheherd - wurden durch die Einführung der 'Arrondissement'-Verwaltung ihrer alten Organisation beraubt, der Jakobiner-Klub wurde nach einer Reihe von restriktiven Verordnungen (Korrespondenz-Verbot, Verbot des Zusammenschlusses mit den Jakobiner-Klubs in der Provinz) geschlossen, gegen linke 'Montagnards' wurde Anklage erhoben.[10] Der Hungerwinter 1794/95 verschärfte die wirtschaftliche und politische Krise. Assignatenverfall und Teuerung der Lebensmittel schürten Unzufriedenheit und Unruhe in der Bevölkerung. Mit dem Scheitern der Aufstände vom 'Germinal'

5 Zit. nach L. Madelin: Les Hommes de la Révolution; Paris 1928, S. 270.

6 Ch. Lacretelle: Dix années d'épreuves pendant la Révolution; Paris/Leipzig 1842, S. 201. Das Zitat stammt aus einem Kapitel mit der symbolträchtigen Überschrift 'bienfaisants résultats du 9 thermidor'.

7 Zit. nach J. Willms: Paris. Hauptstadt Europas. 1789 - 1914; München 1988, S. 115.

8 Ebd., S. 116.

9 Vgl. dazu L. Hunt/D. Lansky/P. Hanson: The Failure of the Liberal Republic in France, 1795 - 1799: The Road to Brumaire, in: Journal of modern history 51 (1979), S. 734 - 759.

10 Dazu Willms (Anm. 7), S. 117ff.; ferner D. Woronoff: La République bourgeoise de Thermidor à Brumaire 1794 - 1799; Paris 1972, S. 10ff.

und 'Prairial' 1795 büßte die Sansculotterie ihre politische Schlagkraft ein[11], verlor damit jedoch keineswegs all ihre Hoffnungen und Utopien.[12]

Ende Oktober 1795 traf sich der Konvent zu seiner letzten Sitzung, danach trat die Direktorialverfassung in Kraft. Sie installierte auf der Basis eines Zensuswahlrechts ein Zwei-Kammernsystem, in dem die Legislative in den Händen des 'Rates der Alten' und des 'Rates der 500' lag und ein Gremium von mehreren Direktoren die Exekutive ausübte.[13]

Der 'Discours Préliminaire' dieser Verfassung von 1795 ließ keinen Zweifel daran, welche Marschroute das von dem Tyrannen befreite Land einschlagen würde. Die "absolute Gleichheit sei eine Schimäre" stand hier schwarz auf weiß zu lesen; nur von der Realisierung der "staatsbürgerlichen Gleichheit" könne fortan die Rede sein.[14] Deutlicher als in diesem Text konnte kaum der Wunsch dokumentiert werden, die einstigen demokratischen Ideale endgültig zu verabschieden zugunsten einer Ideologie der Besitzenden.

Die nachthermidorianischen Machthaber hatten ein diffiziles Erbe zu verwalten, und das nicht nur in politischer, ökonomischer, sozialer und militärischer Hinsicht. Der tote Robespierre blieb im Bewußtsein der 'Conventionnels' ebenso bedrohlich präsent, wie der tote König durch die Konventsreden geisterte. "Der Schatten Capets ist hier, er schwebt über Euren Köpfen" mahnte der Abgeordnete Collot eindringlich seine Mitstreiter im Konvent.[15] Die Männer des 9. Thermidor waren alle Königsmörder gewesen, hatten im Prozeß Ludwigs XVI. für die Guillotine votiert, hatten selbst an der Eskalation der 'Terreur' partizipiert. Fréron, laut Aussage eines 'Montagnards'

11 Vgl. dazu Tarlé (Anm. 4), S. 15 und K.D. Tønneson, La défaite des Sans-Culottes, mouvement populaire et réaction bourgeoise en l'an III; Oslo 1959.

12 Eine interessante Kontinuitätsthese entwickelt Raymonde Monnier in ihrem Aufsatz 'De l'an III à l'an IX, les derniers sans-culottes. Résistance et répression à Paris sous le Directoire et au début du Consulat', in: AhRF 56 (1984), S. 386 - 406. Ihr Fazit (S. 405): "La stabilisation napoléonienne avait mis un terme aux espoirs des derniers jacobins et sans-culottes. La période du Directoire, politiquement confuse en apparence, put entretenir leurs illusions de voir remettre à l'honneur l'idéologie et la politique de l'an II. Elle témoigne de la difficile victoire de la bourgeoisie thermidorienne, prise entre les deux forces qui menaçaient son hégémonie, le royalisme et le jacobinisme. En réalité, la voie libérale, bien qu'encore mal assurée, avait prévalu dès l'an III, quand la bourgeoisie révolutionnaire, révisant ses alliances, avait pris appui sur la classe propriétaire, détentrice du capital foncier et commercial, pour terminer la Révolution".

13 Vgl. G. Lefebvre: Le Directoire; Paris 1971, bes. S. 19ff.

14 Zit. nach A. Soboul: Le Directoire et le Consulat; Paris 1972, S. 12. Benjamin Constant beschreibt den Geist dieser Verfassung als Rückkehr zu den Prinzipien der Revolution: "Par-tout où la propriété existe, elle doit être inviolable; la toucher, c'est l'envahir; l'ébranler, c'est la détruire; elle est un miracle de l'ordre social, elle en est devenue la base ..." Als Ziel dieser Eigentumsgarantien formuliert Constant einen Zustand, den das nachrevolutionäre Frankreich allgemein anzustreben scheint: "(Mit diesen Prinzipien) ... tout s'appaise, se régularise, se consolide et s'affermit." (Discours prononcé au Cercle constitutionnel le 9 Ventose an VI, S. 14 und 17) Ähnliche Metaphern wiederholen sich in zahlreichen zeitgenössischen Traktaten. So fordert etwa Bulliod in seiner 'Critique du Gouvernement Actuel' aus dem Jahre 1795 "(de) conduire au port le vaisseau de l'état" (S. 4) Wichtigstes Ziel sei "d'affermir la république" (S. 6).

15 Zit. nach M. Ozouf: De thermidor à brumaire: Le discours de la Révolution sur elle-même, in: Revue historique 243 (1970), S. 31.

"vom Aussatz des Verbrechens behaftet"[16], hatte in Toulon und Marseille Hunderte von Menschen erschießen lassen, hatte die Zerstörung historischer Denkmäler, Häuser und Kirchen angeordnet; Fouché hatte in Lyon gewütet, Tallien in Nantes, Barras gleichfalls in Südfrankreich.[17] Der 9. Thermidor hatte die Ultra-Terroristen von einst in beflissene Konvertiten verwandelt, die bemüht waren, die Vergangenheit aus ihrem Gedächtnis zu streichen. Als einer der eifrigsten Exorzisten gebärdete sich Fréron, der die 'jeunesse dorée' zu zerstörerischen Aktionen aufrief:

> "Nein, ihr werdet nicht dulden, daß eine hassenswerthe Faction triumphiere; schon habt ihr den Club der Jakobiner geschlossen; ihr werdet mehr thun, ihr werdet sie vernichten."[18]

Ein anderer ehemaliger Agent der 'Terreur', der berüchtigte Joseph Fouché, kommentierte diese erstaunlichen Fälle von Gesinnungswechsel später mit dem treffenden Satz:

> "Das Direktorium verschmähte die Männer der Revolution, obgleich es selbst aus ihren Reihen hervorgegangen war."[19]

Diesen 'Männern der Revolution', die sich im Sommer 1794 einflußreiche Machtpositionen zu verschaffen wußten und von da an - gewollt oder ungewollt[20] - als Zeremonienmeister einer revolutionsmüden Gesellschaft fungierten, wurde von Seiten der Nachwelt keine Ehre zuteil. "Am 27. Juli fiel Robespierre und die Bourgeoisorgie begann"[21], mit diesem berühmt gewordenen Ausspruch bekundete Friedrich Engels eine Animosität gegenüber den nachthermidorianischen Machthabern, die bis heute von Revolutionshistorikern geteilt wird.[22] Die mangelnde Akzeptanz der Robespierre-Nachfolger manifestiert sich u.a. in der Schwerpunktsetzung der Revolutionshistoriographie; allein die kursorische Durchsicht der einschlägigen Revolutionsbibliographien beweist, welch geringen Raum die Erforschung der 'Réaction Thermidorienne' und des 'Directoire' gegenüber der wissenschaftlichen Beschäftigung mit anderen Revolutionsepochen einnimmt. In ihrer mittlerweile zum Klassiker avancierten Revolutionsgeschichte nennen François Furet und Denis Richet das Direktorium zu Recht das "Aschenputtel der Geschichtsschreibung".[23]

Das gemeinsame Ressentiment gegenüber dem Direktorium und den Thermidorianern einte linke und rechte Historiker. Die Phase, in der sich die 'Gesellschaft der Eigentümer'[24] konstituierte, interessierte marxistische Historiker oft nur im Kontext

16 Zit. nach Tarlé (Anm. 4), S. 63.

17 Madelin (Anm. 5), S. 263ff.

18 Zit. nach A. Schmidt: Pariser Zustände während der Revolutionszeit von 1789 - 1800; Jena 1874, S. 239.

19 Erinnerungen von Joseph Fouché, Polizeiminister Napoleons I.; Stuttgart o.J., S. 17.

20 Das kollektive Psychogramm bedarf einer Differenzierung, die jedoch im Rahmen einer groben und zur Vereinfachung verpflichteten Skizze kaum zu leisten ist.

21 MEW XXIV, zit. nach W. Markov: Revolution im Zeugenstand. Frankreich 1789 - 1799. 2 Bde.; Leipzig 1986, Bd. 1, S. 456.

22 Und nicht nur unter marxistischen Historikern: der royalistische Historiker Louis Madelin z.B. beschrieb die 'thermidoriens' verächtlich als Schakale, die sich auf den Tiger = Robespierre gestürzt hätten. Vgl. Madelin (Anm. 5), S. 261.

23 F. Furet/D. Richet: Die Französische Revolution; Frankfurt a. M. 1981, S. 408.

24 Markov (Anm. 21), B. 1, S. 504: "Nach dem Thermidor begann sie (die Bourgeoisie, die Verf.) sich wohnlich einzurichten. Kein noch so folgenreicher politischer Unfall wird die von ihr aufgebaute - bürgerliche - Gesellschaftsordnung, die von ihr betriebene - kapitalistische -

der großen Sansculottenaufstände des 'Germinal' und 'Prairial' 1795 und der 'Verschwörung der Gleichen' des Gracchus Babeuf[25], für sie die einzigen Lichtblicke in einem progressiven Verfallsprozeß der französischen Revolution[26]. Konservative, royalistische Historiker wie Pierre Gaxotte oder Louis Madelin nutzten dagegen jede Gelegenheit, um mit der Stigmatisierung des 'Directoire' die Revolution en bloc zu desavouieren.[27]

Die kritiklose Rezeption bestimmter historiographischer Topoi versperrte lange Zeit den Weg für eine differenzierte Auseinandersetzung mit dem postthermidorianischen Frankreich. Im Laufe von zwei Jahrhunderten wurde immer wieder ein Verdikt perpetuiert, das die Historiker des frühen 19. Jahrhunderts als erste über die 'Thermidoriens' und das 'Directoire' gefällt hatten.[28] Ein Aufschwung der Forschung im Sinne eines offeneren, reflektierteren Herangehens an die Post-Thermidor-Ära läßt sich erst seit wenigen Jahren beobachten, sieht man von den paar älteren Arbeiten ab, die sich bemühten, den Thermidorianern Gerechtigkeit widerfahren zu lassen.[29] Trotz des neu erwachten Interesses an der Spätphase der Französischen Revolution besitzt jedoch unverändert das Fazit Gültigkeit, das J.-R. Suratteau 1976 in den 'Annales historiques de la Révolution française' mit den Worten formulierte:

> "Disons plus justement que, Babouvisme mis à part, l'histoire du Directoire a soulevé dernièrement moins de passion que l'histoire de la période précédente et a suscité pour le moment moins d'études fondamentales."[30]

Mit dieser Einschätzung meinte Suratteau primär zwar die Defizite in sozial- und wirtschaftsgeschichtlicher Hinsicht, sein Urteil könnte jedoch in gleicher Weise auf den Stand der mentalitätshistorischen Forschung zum 'Directoire' bezogen werden. Zwar hat Michel Vovelle vor einigen Jahren beispielhaft die Umrisse einer 'künftigen Mentalitätsgeschichte der Französischen Revolution' skizziert und dabei auch explizit die Anwendung neuer Methoden gefordert[31], doch bleibt die von ihm postulierte Untersuchung der kollektiven Mentalitäten sowohl in Hinsicht auf die theoretische

Produktions- und Austauschweise, ihre Verwaltungs-, Rechts- und Bildungsnormen wieder zurückspulen können".

25 Siehe dazu die Sondernummern der Zeitschrift Annales Historiques de la Révolution Française.

26 Vgl. W. Markov/A. Soboul: 1789. Die Große Revolution der Franzosen; Berlin (Ost) 1977, S. 387.

27 Vgl. u.a. L. Madelin: La France du Directoire; Paris 1922, S. 4f.: "Le Directoire, et c'est sa seule excuse, trouvait une France déjà malade. Le pays, dès l'an III de la République, exigeait un grand médécin; des charlatans s'imposèrent à lui, qui ne surent même pas être des rebouteurs, et l'heure du grand praticien fut reculée de quatre années".

28 Vgl. C. H. Church: In search of the Directory, in: French Government and Society 1500 - 1850. Edited by J. F. Bosher; London 1973, S. 263ff.

29 Hier wäre A. Aulard zu nennen, dessen 'Politische Geschichte der Französischen Revolution. Entstehung und Entwicklung der Demokratie und der Republik 1789 - 1804' (München/Leipzig 1925; das Original erschien bereits im Jahre 1901) eine immer noch unerreichte Quelle zur Politik- und Sozialgeschichte der Französischen Revolution darstellt.

30 Vgl. J.-R. Suratteau: Le Directoire. Points de vue et interprétations d'après des travaux récents, in: AhRF 48 (1976), S. 181 - 214, hier S. 182.

31 Vgl. M. Vovelle: Die Französische Revolution. Soziale Bewegung und Umbruch der Mentalitäten; Frankfurt a. M. 1985, bes. S. 80ff.

Fundierung, als auch in Hinsicht auf die praktische Umsetzung zunächst noch ein Desiderat.

In Anbetracht des Stadiums, in dem sich die mentalitätshistorische Revolutionsforschung derzeit befindet, müssen alle Anmerkungen zum postthermidorianischen 'Zeitgeist' vorerst spekulativ bleiben. Trotz des Fehlens gesicherter Forschungsergebnisse sei es im folgenden jedoch erlaubt, einige Gedanken zum Thema 'nachthermidorianische Mentalität(en)' zu entwickeln. Diese Überlegungen gehen von der Annahme aus, daß der 9. Thermidor im kollektiven Bewußtsein der Zeitgenossen einen tiefen Einschnitt markierte und daß sich dieses historische Zäsurerlebnis u.a. direkt in der Kunstproduktion niederschlug.

Mit dem Sturz Robespierres und dem Ende der Jakobinerdiktatur brach sich nicht nur die eingangs geschilderte, exzessive Lebenslust Bahn, die zuvor hatte unterdrückt werden müssen. Der Sturz Robespierre förderte eine Revolutionsmüdigkeit zutage, die sich u.a. in der Verabschiedung der revolutionären Symbole und Ideale ausdrückte; die Kokarde kam ebenso aus der Mode wie die rote Freiheitsmütze, wie das Duzen und wie die - Egalität suggerierende - Anrede 'Citoyen'. Die Distanznahme von der revolutionären Vergangenheit äußerte sich am dramatischsten in der Behandlung, die die ermordeten Freiheitshelden posthum erfuhren.[32] Schon Ende 1794/Anfang 1795 schlug der einstige Kult um die 'Freiheitsmärtyrer' Lepeletier de Saint-Fargeau, Marat und Chalier in sein Gegenteil um[33]; wurden Maratbüsten in Cafés und Theatern zerstört, verschwanden die Kupferstiche der 'Freiheitsmärtyrer' aus dem Sortiment der Händler des 'Quai Voltaire' und wurden die 'martyrs de la liberté' schließlich selbst aus der nationalen Gedenkstätte entfernt. Als Friedrich Johann Lorenz Meyer 1797 seine 'Fragmente aus Paris im IVten Jahr der Französischen Republik' veröffentlichte, erlaubte er seinen Lesern darin auch einen Blick in das gesäuberte Panthéon:

> "Da steht noch der zertrümmerte Sarkophag, worin dieser mit Fluch bedeckte Moder lag, den man nachher wieder herauswarf, und ihn in einer Kirchhofsecke, mit ungelöschtem Kalk beschüttet, verscharrte."[34]

Ein spezifisch thermidorianisches Lebensgefühl - ein Amalgam aus Furcht und dem Vergessen- oder Verdrängenwollen des revolutionären Intermezzos - begegnet dem Historiker in ganz unterschiedlichen Quellengattungen, in Pamphleten und Polizeiberichten ebenso wie in künstlerischen Darstellungen.

Es soll daher nun darum gehen, einige wenige bildkünstlerische Formulierungen der Zeit auf ihre bewußtseinsgeschichtliche Funktion hin zu analysieren und vor allem zu fragen, welche Lösungsmodelle für den tiefgreifenden - von der oben beschriebenen Vergnügungssucht nur oberflächlich verschleierten - Lähmungszustand des 'esprit public' angeboten wurden. Bevor wir uns etwas intensiver mit verschie-

32 Vgl. Ozouf (Anm. 15), S. 31.

33 Zum Kult um die 'martyrs de la liberté' vgl. J.P. Bertaud: La Vie quotidienne en France au temps de la Révolution (1789 - 1795); Paris 1983, S. 112ff.; A. Mathiez: Les Origines des cultes révolutionnaires 1789 - 1792; Paris 1904 (ND Genf 1977); A. Soboul: Sentiment religieux et cultes populaires pendant la Révolution. Saints patriotes et martyrs de la liberté, in: AhRF 29 (1957), S. 193 - 213.

34 F.J.L. Meyer: Fragmente aus Paris im IVten Jahre der Französischen Republik; Hamburg 1797, S. 166.

denen Beispielen aus dem Bereich der Druckgraphik beschäftigen, sei zunächst schlaglichtartig die Situation der Salonkunst und die der Kunst im öffentlichen Raum beleuchtet sowie das Künstlerselbstverständnis nach der Jakobinerherrschaft beschrieben.

Die schon vor der Revolution zu beobachtende Vorliebe von Künstler und Publikum für Genreszenen und Porträts konnte sich im Thermidor ungehindert entfalten.[35] Gegen die vor allem im sogenannten 'Concours de l'an deux' mit Macht geforderte Rückkehr zu heroischen Themen im Sinne der Verherrlichung revolutionären Engagements, hatten die Künstler nach dem Sturz Robespierres fast völlig freie Hand, sich familiären und sentimentalischen Stoffen zu widmen.[36] Und wenn sie sich der Historienmalerei zuwandten, dann eher um die Opfer als die Helden der Geschichte zu inszenieren, ein Faktum, das nach den Schrecken der 'Terreur' nicht verwundern kann. So schuf Pierre-Narcisse Guérin mit seinem 'Marcus Sextus' (1799, Abb.1) die Ikone des Directoire. Er zeigt einen zu Unrecht exilierten Römer, der nach der Rückkehr in die Heimat seine soeben vor Kummer über den Verlust des Gatten dahingeschiedene Frau auffindet und in dumpfe Verzweiflung verfällt. Angesprochen fühlten sich natürlich alle von der Revolution Vertriebenen, die teilweise schon vor Napoleons Machtübernahme nach Frankreich zurückkehrten, aber auch die, die irgendwie sonst unter ihr gelitten hatten.[37]

Die 'Ruhigstellung' des revolutionären Impetus läßt sich immer wieder in der Kunst des Thermidor/Directoire verfolgen.[38] Es sei hier noch auf ein besonders eindrückliches Bildpaar des südfranzösischen Malers Jacques Réattu verwiesen, das den Gegensatz geradezu exemplarisch veranschaulicht.[39] In dem einen, wohl Anfang 1794, also noch vor dem Umsturz konzipierten 'Triumph der Freiheit' (Abb.2) überrennt ein von Kriegern geführter und getragener Wagen mit der angriffslustig

35 Vgl. hierzu: J. Renouvier: Histoire de l'art pendant la Révolution; Paris 1863, S. 185ff. etc. und jetzt vor allem: R. Michei: Les Salons de la Révolution, in: R.Michel/Ph. Bordes (Hg.): Aux armes et aux arts. Les arts de la Révolution 1789 - 1799; Paris 1989, S. 10 - 101.

36 Zum Concours de l'an deux: Brigitte Gallini: Concours et prix d'encouragement, in: La Revolution française et l'Europe 1789 - 1799, Paris 1989, Bd. 3, S. 830ff. (Katalog zur Ausstellung im Grand Palais)

37 Das Bild hatte beim Salon des Jahres 1799 einen außergewöhnlichen Publikumserfolg und verdrängte den zunächst favorisierten prorevolutionären 'Triomphe du peuple français' von Hennequin.

38 Sie entspricht der Stimmungslage, die P.F. Page in seinem 'Essai sur les causes et les effets de la Révolution' aus dem Jahre 1795 in folgende rhetorische Frage kleidet: "N'est-il pas temps d'arrêter ce char révolutionnaire, qui roulant depuis cinq ans sur l'horizon de la France, a marqué sa course par l'incendie, la dévastation, la ruine du commerce, la guerre civile, l'assassinat et la famine?" (S. 2)

39 Vgl. zu diesen Bildern K. Simons: Der "Triumph der Zivilisation" von Jacques Réattu, in: Idea, 1983, S. 113ff.; dies.: Vom Triumph der Republik zur Apotheose Napoleons - Überlegungen zur Ikonographie der Revolution und des Konsulats am Beispiel einiger Gemälde von Jacques Louis David und Jacques Réattu, in: Wallraf-Richartz Jahrbuch, 1982, S. 207ff.; dies.: Jacques Réattu; Neuilly-sur-Seine 1984, vor allem S. 30ff. Klaus Herding widerspricht diesem Datierungsvorschlag, gibt dafür aber keine weitere Begründung; vgl. seinen Beitrag "Utopie concrète à l'échelle mondiale: l'art de la Révolution" im Katalog zur Ausstellung 'La Révolution francaise' (Anm. 36), Bd. 1, S. XXXVII, Anm. 61.

nach vorn weisenden Personifikation der Freiheit die Symbole der alten Mächte, die bewegungsreiche Komposition ist eindeutig gerichtet, auf ein Ziel hin orientiert und veranschaulicht damit das aggressiv-zerstörerische Moment des jakobinisch-kollektivistischen Freiheitsbegriffes. Im späteren, wohl nachthermidorialen 'Triumph der Zivilisation' (Abb.3) hingegen zeigt sich eine ideal ausbalancierte, richtungslose Szene, in der die klassisch verhaltene, geradezu in sich gekehrte Personifikation der 'Union' umgeben ist von Gestalten, die bewußt keinen kriegerischen Inhalt mehr verkörpern, sondern auf Frieden und Eintracht verweisen. Die ikonographische Transformation ist dabei nicht einmal so bedeutend, wichtiger scheint die Geschlossenheit des Bildes gegenüber der alle Begrenzungen sprengenden Kraft des 'Freiheitstriumphes', die Stille der Szenerie, die die Versenkung des Betrachters erlaubt, ihn eben gerade nicht agitiert. Nirgends sonst wird der mentale Umbruch, der im Mittelpunkt unserer Überlegungen steht, so prägnant anschaulich wie in diesem Bildpaar.

Die Kunst im öffentlichen Raum war vorzüglich dem Gedanken des Konsenses gewidmet, mit dem sich ihre Auftraggeber von dem aggressiven Habitus der Jakobiner distanzierten, eindeutige Entscheidungen zu fordern, entweder für oder gegen die Revolution zu sein, für oder gegen die Republik, für oder gegen die Volksdemokratie. So entwarf etwa Carlo-Luca Pozzi für den nicht durch Zufall am Ende des Jahres 1795 von 'Place de la Liberté' in 'Place de la Concorde' umbenannten alten Königsplatz vor den Tuilerien eine Skulpturengruppe, in der die Freiheitsstatue durch eine Allegorie der Eintracht ersetzt ist.[40] (Abb.4) Dieser assistieren einerseits eine Minerva, traditionelle Verkörperung der Weisheit und andererseits ein Herkules, der bezeichnenderweise alle furchterregende Angriffslustigkeit verloren hat, die ihm noch in der Revolution zu eigen war und nun als ein fast ephebenhafter Jüngling erscheint, der der beherrschenden 'Concorde' zu Diensten steht.[41]

Eine ganze Reihe bildender Künstler war in der Revolution politisch engagiert. Berühmtestes Beispiel ist Jacques-Louis David, der es bis zum Konventspräsidenten brachte und enger Vertrauter Robespierres war. David hatte Schwierigkeiten, im Strudel der Thermidor-Wirren nicht mit unterzugehen, dies gelang ihm nur in einem verzweifelten Rückzugsgefecht, das es wert ist, näher untersucht zu werden. Der Maler behauptete nämlich im Anschluß an die Vorwürfe seiner Ankläger, die in ihm einen besonders gewissenlosen Jakobiner sahen, er sei einzig und allein Künstler, "artiste sans cesse occupé de son art" und zudem eine "figure toujours pensive", er habe eigentlich mit der Politik nichts zu tun, sei kein "législateur" mit der "masque hideux du conspirateur".[42] David stilisierte sich damit hin zum nur nach Innen und nicht nach Außen orientierten Genius und baute so ein Künstlerbild auf, das für die

40 Vgl. den Ausstellungskatalog 'La Révolution française. Le premier Empire. Dessins du Musée Carnavalet' zur Ausstellung im Musée Carnavalet; Paris 1983, S. 126.

41 Zum Wandel des Herkules-Bildes vgl. L. Hunt: Hercules and the Radical Image in the French Revolution, in: Representations, Frühjahr 1983, vor allem S. 109ff.

42 Vgl. Daniel und Georges Wildenstein: Documents complémentaires au catalogue de l'oeuvre de Louis David; Paris 1973, Nr. 1143. Zum nachrevolutionären Künstlerbild vgl. auch J. Crown Stein: The Image of the Artist in France: Artists' portraits and self-portraits around 1800; PhD Los Angeles 1982, vor allem S. 130ff.

Zeit nach der Revolution und für die beginnende Romantik paradigmatisch ist und nur aus dem Scheitern der Revolution heraus zu erklären scheint. In der Periode seines erzwungenen Rückzuges aus der Politik behandelte er zudem Stoffe, die immer wieder den Künstler als denjenigen zeigen, der am Rande der Gesellschaft steht.[43]

Die Kunst als ein Medium der Reflexion und nicht der Aktion wird in verschiedenen ästhetischen Traktaten der Zeit theoretisch grundgelegt. Wir kommen am Schluß dieses Beitrages darauf zurück und möchten hier nur den besonders prägnanten Kommentar eines Kritikers zu dem oben erwähnten 'Marcus Sextus' von Guérin zitieren:

> "L'ame se recueille davantage à l'aspect de malheur qu'à l'aspect du triomphe; et les affections particulières, les larmes d'une fille sont plus fortes pour nous que la massue d'Hercule. Tout ce qui est du ressort de l'humanité nous appartient, tout ce qui est au-dessus, nous semble étrange."[44]

Innerlichkeit wird hier gegen die Tat als eine Sphäre gesetzt, in der die Seele des Kunstrezipienten sich ungehindert entfalten kann. Eindeutig ist damit ein Bereich genannt, der der Vergangenheitsbewältigung dient, die mit dem "aspect du triomphe" und der "massue d'Hercule" als eine jakobinische gekennzeichnet ist.

Breite kulturelle Bedürfnisse können naturgemäß besonders in einem Bereich der bildenden Kunst beobachtet werden, der auf Massenwirksamkeit hin konzipiert ist, dem der Graphikproduktion. Diese erlebt im Zuge der revolutionären Politisierung einen leicht erklärlichen Aufschwung, der in letzter Zeit immer häufiger Thema wissenschaftlicher Bearbeitung geworden ist.[45] Wir wollen an dieser Stelle versuchen, anhand der Analyse einiger weniger Blätter aus der Zeit nach dem Thermidorumsturz die neue Befindlichkeit zu beschreiben.

Auch die Druckgraphik des Thermidor/Directoire versuchte häufig nicht mehr, Gestaltungsanweisungen für die Zukunft zu liefern, wie das in besonders fordernder Weise noch die jakobinisch geprägte Kunst der 'Terreur' getan hatte. Statt dessen dominierten in ihr Arbeiten, die retrospektiv orientiert waren: ein unverkennbares Zeichen für die Paralyse des öffentlichen Bewußtseins. Der zurückgerichtete Blick war geprägt durch zwei grundlegende Affekte, den Wunsch nach der Exorzisierung der Vergangenheit und die Disposition zu abgrundtiefer Trauer, die einer Verarbeitung der traumatischen Ereignisse dienen konnte.

In einem 'Président d'un comité révolutionnaire, après la levée d'un scelé'[46] (Abb.5) betitelten satirischen Blatt wird die Vergangenheit entlarvt: der Vorsitzende des Revolutionskomitees ist beladen mit den Habseligkeiten eines Angeklagten, der von jenem wohl auf das Schaffott geschickt wurde. Suggeriert ist, daß der Ankläger nur seinem persönlichen Interesse folgend und nicht im Dienste des Gesetzes gehandelt hat. Damit wird insbesondere die Grundfeste der Robespierreschen Konzeption ad absurdum geführt, in der die Vorstellung von wechselseitiger Verankerung von Tugend in Terror, Terror in Tugend formuliert war.[47]

43 Als Beispiel sei hier erwähnt die im Gefängnis entstandene Zeichnung 'Homer trägt den Griechen seine Verse vor', in der der auf Almosen angewiesene Künstler dargestellt wird. Abb. in A. Schnapper: J.L. David und seine Zeit; Würzburg 1981, S. 175.

44 Observations sur le tableau de Marcus Sextus, in: Collection Deloynes, Bd. XXI, S. 334.

45 Erwähnt sei hier nur die neueste zusammenfassende Publikation von K. Herding/R. Reichardt: Die Bildpublizistik der französischen Revolution; Frankfurt a. M. 1989.

46 Paris, Bibliothèque Nationale, Collection de Vinck 6489; 0,191 x 0,160 m, koloriert.

47 Vgl. Anm. 2.

Zu einem mythischen Ungeheuer wird die terroristische Revolution in einem Blatt, das mit 'Plaies de l'Egypte'[48] (Abb.6) betitelt ist. In ihm werden die Geschehnisse der vergangenen Jahre mit den alttestamentarischen Plagen verglichen, mit denen Gott die alten Ägypter zu strafen suchte. In dieser Darstellung ist besonders auffällig, daß zwar ausschließlich Ereignisse aus der radikalisierten Revolution aufs Korn genommen werden, mit der Überschrift, in der vom Zustand Frankreichs seit dem Jahre 1789 und bis zur Etablierung der Verfassung des Jahres III die Rede ist, aber zumindest indirekt die Revolution als Ganze der Verdammung erliegt. Denn die 'Terreur' scheint nun Ergebnis einer ursprünglichen Verirrung zu sein. Sicherlich haben wir es hier mit einer extremen Formulierung zu tun, da normalerweise die frühe Revolution im Bewußtsein der Zeitgenossen eine nostalgisch verklärte Zeit vielversprechenden Beginns blieb.[49] Es ist aber festzuhalten, daß auch die 'Plaies de l'Egypte' nicht als royalistisch inspiriert zu deuten sind. Die - immerhin doch entschieden republikanische - Verfassung des Jahres III tritt hier nämlich durchaus positiv als End- und Wendepunkt der aus der Bahn geratenen Revolution auf.[50]

Verbreitet waren vor allem Darstellungen, in denen der Machtmißbrauch der Herrschaftszeit Robespierres individuell betrauert wurde. Der 'Député à la Convention Nationale'[51] (Abb.7) irrt einsam in einer verwüsteten Landschaft umher und wird von Gewissensbissen geplagt, die aus seinem terroristischen Engagement resultieren. "Je reconnois ma faute et mon crime odieux à chaque instant est présent à mes yeux." Nicht auszuschließen ist dabei, daß hier im Hintergrund auch die Verurteilung Ludwigs XVI. anklingt und gesühnt werden soll. Sicher scheint aber immerhin, daß wir es auch in diesem Fall nicht mit einem royalistischen Propagandablatt zu tun haben, sondern mit einem Versuch, die Läuterung des Republikanismus als innere Säuberung zu verbildlichen.

Der Gestus individueller Trauer fand auch Einlaß in die regierungsoffizielle Kunst und konnte hier dazu dienen, den Umsturz vom Juli 1794 ex post zu legitimieren. Auf einer Medaille, die ein Jahr nach dem Ende Robespierres geprägt wurde und an die glorreichen Tage der Bastillestürmer erinnern sollte, figuriert die trauernde Personifikation Frankreichs neben einem Obelisken, der das Gedenken an die Opfer der Anarchie verewigt.[52] (Abb.8) Gleichzeitig ist mit dieser Medaille schon verwiesen auf den einzigen Ausweg aus vergangener Schande und aktueller Demoralisierung. An bildorganisatorisch sinnvoller Stelle, hinter dem Rücken der trauernden Figur und gegenüber dem Obelisken, sind die Hoffnungsträger versammelt. Im

48 Paris, Bibliothèque Nationale, Collection Hennin, 12268.

49 Es ist allerdings festzuhalten, daß eine ganze Anzahl von Bemerkungen wie der folgenden in den Polizeiberichten des Thermidor/Directoire (A. Aulard: Paris pendant la réaction thermidorienne et sous le Directoire; Paris 1899) nachzuweisen sind. Diese Berichte sind ganz allgemein von großer Bedeutung für eine Mentalitätsgeschichte der nachrevolutionären Epoche. "Boyer annonce que le peuple patient, quoique souffrant, estime que tous les legislateurs qui ont paru depuis 1789 eussent beaucoup mieux fait de réformer les abus des anciennes lois que d'en faire de nouvelles." Bd. 2, S. 28.

50 Vgl. Herding/Reichardt (Anm. 45), S. 82.

51 Paris, Bibliothèque Nationale, Collection de Vinck 6552; 0,246 x 0,200 m.

52 Paris, Bibliothèque Nationale, Collection Hennin 12095.

Hintergrund das Gebäude des Konvents und davor eine Plakette mit der Aufschrift "Loi et Justice".

Bronislaw Baczko hat in seiner magistralen Studie zur Mentalitätsgeschichte des Thermidor besonders unterstrichen, wie sehr man sich zur Überwindung der Krise an das Konzept klammerte, den 'pouvoir officiel' auf Kosten der 'spontanéité révolutionnaire' zu stärken, die Gesetzlichkeit gegen die Willkür der 'Terreur' zu stellen.[53] Nur in der Rückkehr zu Prinzipien eines gereinigten und gestärkten Parlamentarimus im Sinne der frühen Revolution sah man die Möglichkeit, die überall ersehnte persönliche Rechtssicherheit zu garantieren, die mit den Verdächtigengesetzen der 'Terreur' außer Kraft gesetzt war.

Es sei hier hinzugefügt, daß die Favorisierung der Rechtsstaatlichkeit für die gesamte Zeit des Directoire ihre Gültigkeit behielt, obwohl sie in der praktischen Politik immer mehr zuschanden ging. Noch ganz am Ende des Jahrhunderts entwarf Petitot in Konkurrenz zu dem oben angesprochenen Projekt von Pozzi für die Place de la Concorde einen Triumphwagen[54] (Abb.9) mit der thronenden Personifikation der Eintracht, die von einem Gespann aus Löwe und Schaf gezogen wird, das etwa in der berühmten Verfassungsallegorie Proudhons das Gesetz repräsentiert.[55]

Voraussetzung für die Garantie der Rechtssicherheit war zweifellos die Einsetzung einer Verfassung, die vor allem im Verlaufe des Jahres 1795 immer schmerzlicher vermißt wurde.[56] Es kann daher nicht verwundern, daß der Verfassungsgedanke auch in vielen Graphiken der Zeit im Zentrum steht.

Die neugeschaffene 'Constitution de l'an III' spielte schon in den vorhin gezeigten 'Plaies de l'egypte' eine positive Rolle. Es sei hier zusätzlich nur noch auf ein weiteres Blatt verwiesen, das betitelt ist mit 'La Tyrannie révolutionnaire écrasée par les amis de la constitution de l'an III'[57] (Abb.10) Dargestellt ist ein gutgekleideter Bürger - Repräsentant der tonangebenden Öffentlichkeit des Directoire -, der in der auf einem Säulenstumpf plazierten neuen Verfassung blättert. Dabei verweist er gleichzeitig auf einen bewaffneten Sansculotten, dessen Herrschaft durch das Gesetzeswerk endgültig gebrochen ist.[58] Um diesen herum verstreut Papiere mit Haftbefehlen, dem Text des Verdächtigengesetzes, dem als anarchistisch gebrandmarkten Code des Jahres 93 usw., also alles Verweise auf die fehlende Legalität und Ordnung des vorhergehenden Zustandes.

Im Gegensatz zu Ansätzen der ersten republikanischen Verfassung des Jahres 1793 - die wie bekannt nie in Kraft trat - schließt die Direktorialverfassung bewußt

53 B. Baczko: Comment sortir de la terreur; Paris 1989, S. 39, 80, 93, 161 und passim.

54 Musée de Langres, inventaire no. 847.5.1.

55 Abb. in: Herding/Reichardt (Anm. 45), Abb. 32.

56 M.J. Sydenham: The First French Republic, 1792 - 1804; London 1974, besonders S. 65ff.

57 Paris, Bibliothèque Nationale, Collection Hennin 12269.

58 Den Geist der Verfassung und gleichsam auch den Geist des hier besprochenen Blattes erfaßt B.F.A. Fonvielle, wenn er in seinen 'Essais sur l'Etat actuel de la France' (Paris 1796) formuliert: "... et je me borne à prononcer affirmativement, que le gouvernement actuel a reçu, par cette constitution, tous les moyens de force qui peuvent suffire à un corps politique, pour procurer à tous la sureté, pour garantir à tous leur propriété, pour empêcher l'action du fort contre le faible, et réprimer les attentats contre la paix intérieure et extérieure de la république." (S. 237).

alle basisdemokratischen Elemente aus.[59] Sie will eine von außerparlamentarischen - d.h. nach der Erfahrung der 'Terreur' natürlich sansculottischen - Einflüssen freie gesetzgebende Versammlung und eine eindeutig definierte und eingegrenzte Exekutive. Die Trennung von Regierungskörperschaften und Volk wird demnach zu einem der immer wieder beschworenen Grundanliegen des Directoire und schlägt sich auch in der Bildproduktion nieder. In einem Blatt 'La Constitution lue au peuple français'[60] (Abb.11) ist auf der linken Seite eine bunte Mischung von Arbeitern und Bürgern dargestellt, denen auf der rechten Seite die in vollem Regierungsornat gezeigten Direktoren und deren Begleiter gegenübergestellt sind. Der Akzent liegt eindeutig auf einer Trennung von linker und rechter Seite, er wird verstärkt durch die die Direktoren erhöhende Stufenfolge und durch die Säulen als mächtigen Pathosformeln. Zwar wird diese Situation durch den wolkenblasenden Genius ironisiert, dadurch scheint die zeitgenössische Verbindlichkeit dieses Modells aber nur um so auffälliger. Man fühlt sich erinnert an eine Beobachtung des hellsichtigen (schweizerischen) Revolutionstouristen Johann Georg Heinzmann, der die Direktorialregierung anhand der Erinnerungsfeierlichkeiten zum 14. Juli charakterisiert:

> "... ich sah den Falle der Revolution an der absoluten Vernachlässigung des Gemeingeistes ... Auch selbst bey dem Fest des 14. Julius auf dem Marsfelde sah ich Distinktionen und Formalitäten, die nichts weniger als herzlich waren. Wer an Freyheit, Gleichheit, Brüderlichkeit dachte; wer das kaum zu erwarten gewesene Ankommen des Direktorium empfand, da wo das Volk schon beinahe 4 Stunden lang in der schrecklichen Hitze dastund."[61]

Zweifellos ist die Relativierung der Revolution, wie sie sich in den hier vorgestellten Graphiken darstellt, nicht die einzige Form der Gegenwartsanalyse, die satirische Funktion des zuletzt gezeigten Blattes mag das schon angedeutet haben. Sie scheint aber die wesentliche zu sein. Speziell aus dem Umkreis Davids sind natürlich Stoffe geliefert worden, die eine erheblich ungebrochener positive Aufnahme der Revolution beinhalten.[62] Mit einer neojakobinischen Vision zur Lösung der sich auftürmenden Probleme des Directoire sind wir etwa in dem etwas anrüchig mit 'Entre deux chaises le cul par terre'[63] (Abb.12) betitelten Blatt konfrontiert, das wohl auf die Jakobinerverfolgungen des Jahres 1798 reagiert. Es bleibt aber trotzdem zu fragen, inwiefern gerade auch eine solche Arbeit auf die beschriebene mentale Lage nach der 'Terreur' reagiert und sie sich zunutze macht.

Dargestellt ist eine janusköpfige Personifikation des Direktoriums - der überdimensionierte Federbusch unterstreicht sogleich den satirischen Akzent -, die wegen ihrer Orientierung sowohl nach rechts als auch nach links die Balance verliert und jeden Moment von dem unter ihr zusammenbrechenden Fundament verschlungen werden dürfte. Angespielt ist natürlich auf die berüchtigte 'politique de bascule' des

59 Vgl. auch die kurzen Bemerkungen zum 'Discours Préliminaire' dieser Verfassung oben, S. 11.

60 Paris, Bibliothèque Nationale, Collection Hennin 12133; 0,252 x 0,352 m.

61 Johann Georg Heinzmann: Meine Frühstunden in Paris; Basel 1800, S. 20.

62 Vgl. hierzu Ph. Bordes: Les arts après la terreur: Topino-Lebrun, Hennequin et la peinture politique sous le Directoire, in: Revue du Louvre 1979, S. 199ff.; J.H. Rubin: Paintings and Politics, II: J.L. David's Patriotism or the Conspiracy of Gracchus Babeuf and the Legacy of Topino-Lebrun, in: Art Bulletin, Dez. 1976, S. 547 - 568. Jetzt auch der nützliche Überblick von R. Michel (Anm. 35), S. 10 - 101.

63 Paris, Bibliothèque Nationale, Collection de Vinck 7399; 0,412 x 0,319 m.

Directoire, ihre unentschiedene, mehr oder weniger willkürlich wechselnde Favorisierung des einen oder anderen politischen Lagers.[64] Auf der Linken stellt der Künstler die Monarchisten als diejenigen dar, die den Bürgerkrieg schüren und die Verfassung unterlaufen, auf der Rechten zeigt er die von den Neojakobinern geforderten demokratischen Rechte, die durch die autoritäre und menschenverachtende Politik der Regierung zuschanden kommen.

In Inhalt, vor allem aber in der Form haben wir es wohl auch hier mit einem Blatt zu tun, das eine spezifisch postrevolutionäre Atmosphäre reflektiert. "Le peuple las des tourmentes de la Révolution francaise offre le respect à ses magistrats", heißt es in der typischen und ähnlich immer wiederkehrenden Formulierung eines Polizeispitzels.[65] An diese Sehnsucht des 'esprit public' nach einer stabilen Regierung, der man sich anvertrauen und unterstellen kann, appelliert das Blatt in seiner Haupterfindung, dem schwankenden Direktorium.[66] Fast verblassen daneben die einzelnen Anklagepunkte auf den Spruchbändern, "respect aux défenseurs de la patrie", "maintien de ses droits" und "bonheur au peuple" sind zudem Forderungen, denen entweder Radikalität oder Konkretion fehlt. In Übereinstimmung hierzu präsentieren sich oben rechts die Insignien der Republik mit ihrer Bergsymbolik zwar in Anlehnung an die Jakobinerherrschaft der Jahre 93 und 94, verzichtet ist aber auf die hier gewohnte aggressive Symbolik, die nach der 'Terreur' fast allgemein desavouiert war.

Nicht durch Zufall spielt die Idee der Verfassungsmäßigkeit auch auf der Linken, deren fast durchgehend gemäßigte Haltung von Isser Woloch beschrieben wurde, eine große Rolle.[67] So wie in 'Entre deux chaises' dem Royalismus Verfassungsbruch vorgeworfen wurde, so figuriert auch der Muscadin im 'Ami de la justice et de l'humanité' [68] (Abb.13) als ein abscheulicher Mörder, der auf dem Gesetzestext mit Füßen trampelt. Geschickt ist in dem demokratisch inspirierten Stich dem Gegenrevolutionär eine Rolle zugewiesen, die nach dem Thermidorumsturz eigentlich für den Jakobiner reserviert war. Auf diese Weise kann sich die progressive Demokratiebewegung des Directoire als die eigentlich staatstragende profilieren und dem ideologischen Gegner gleichzeitig Anarchismus vorhalten, eine Feststellung, die im nachterroristischen 'esprit public' natürlich eindeutig negativ besetzt war.

64 In einem Blatt der Collection de Vinck (6958) erscheint diese Doppelorientierung als ein Zeichen der Anarchie. Ein sitzendes Zwitterwesen mit einerseits bourgeoisen, andererseits Arbeiterzügen, wendet sich sowohl an den Muscadin als auch an die Marktfrau, um ihnen Versprechungen zu machen, deren Charakter im Untertitel geklärt wird: 'Il les trompe tous les deux'.

65 Aulard (Anm. 49), Bd. 4, S. 158. In einer resignierten Feststellung weist A. Galland in seinen 'Réflexions politiques et philosophiques sur la révolution de France et sa constitution de 1795 suvi de quelques réflexions sur les idées religieuses et le système décadaire' auf die negativen Konsequenzen eines solchen Bedürfnisses hin: "Telle est la perversité de l'homme qu'il ne peut être tranquille qu'au dépens de sa liberté, ou qu'il ne peut être parfaitement libre qu'au dépens de son repos." (S. 10).

66 Über die eher moderate politische Position der Neojakobiner, die in keinem Fall gleichzusetzen ist mit der der Babouvisten vgl.: Aulard (Anm. 29), S. 521ff. und S. 569ff.; Außerdem: I. Woloch: The Jacobin Legacy; Princeton 1970, S. 150ff. und passim.

67 Vgl. Anm. 66.

68 Paris, Bibliothèque Nationale, Collection de Vinck 6957; 0,208 x 0,167 m.

Die Formen von Verinnerlichung und Reflexivität, die wir in einigen der hier vorgestellten Graphiken beobachten konnten, müßten in den Zusammenhang der zeitgenössischen Ästhetik gestellt werden. Es sei hier nur auf die in der Zeit des Directoire und des Konsulats entstandenen Theoreme einer Mme. de Staël und eines P.S. Ballanche verwiesen, die den Öffentlichkeitskult der Revolution für einen antikisierenden Anachronismus halten und die das Private zum eigentlichen Ausdrucksfeld der Moderne erheben.[69]

> "Je ne parlerai pas de cet amour de la patrie, qui fut trop souvent poussé jusqu'au fanatisme par les anciens; de ce sentiment si vif, si énergique, qui exaltait les Romains, qui brulait dans les veines des Spartiates, qui absorbait toutes les affections de la nature; de cet amour de la patrie, qui n'est propre qu'à détruire lorsqu'il n'est pas subordonné à l'amour de l'humanite.[70]

Mit seiner Verachtung des antiken Tugendideals reagiert Ballanche auf das Trauma der Revolution, in der der Patriotismus zu der wichtigsten aller Tugenden geworden war. Mit der Zurücknahme revolutionären Pathos' scheint das Erbe der 'hommes de 89' endgültig ad acta gelegt. Die Ära Napoleons kann beginnen.

69 Vgl. besonders Mme. de Staëls De la littérature considérée dans ses rapports avec les institutions sociales (1800, hier benutzte Ausgabe Paris 1858), in dem sie eine historische Theorie des Gefühls entwickelt, das für die Kunst der Moderne von ungleich größerer Bedeutung gewesen sei als für die der Antike. Vgl. außerdem ihr Des circonstances actuelles qui peuvent terminer la Révolution et des principes qui doivent fonder la République en France (1798). Hier formuliert sie ihre These vom Auseinanderfallen des privaten und des öffentlichen Bereiches, die für jede Theorie der bürgerlichen Gesellschaft zentral ist (besonders S. 109ff. in der Ausgabe Genf 1979). Wichtig auch P.S. Ballanche's Du sentiment considérée dans ses rapports avec la littérature et les arts, das allerdings erst im Jahre 1801 erschien.

70 Ballanche (Anm. 69), S. 108. Die Verachtung für den revolutionären Vaterlandsbegriff drückt sich etwa auch in A.J. Canolles Délices de la solitude puisés dans l'étude et la contemplation de la nature aus (erste Ausgabe 1795, hier zitiert nach der zweiten Ausgabe von 1799): "Je n'entends point par patrie, ce cercle tracé par des intérêts d'état qui blessent trop souvent les droits de la nature; ce cercle que la force propage aux dépens de la faiblesse, dont la froide politique mesure la surface et fait agir les ressorts. Je n'entends pas par patrie, ce théâtre sanglant des passions humaines, sur lequel on a vu la tyrannie ..." Canolles Vaterlandsbegriff ist bezeichnenderweise ein bukolischer, völlig unpolitischer: "Je nomme patrie, ces lieux chéris où nos premiers besoins ont trouvé à se satisfaire, et où le coeur a senti le premier battemens des affections les plus tendres" (S. 191ff.).

MYTH AND MEANING:
MYTHOLOGICAL PAINTING IN FRANCE CIRCA 1800

Dorothy Johnson

By the end of the eighteenth century in France a dramatic transformation had taken place in the attitude towards and the interpretation of mythology. Mythological discourse, given impetus since mid-century by the revival of interest in classical art and civilization, had developed into an area of 'scientific' investigation. A dramatic resurgence of mythological studies occurred in the 1790's and early 1800's - a plethora of dictionaries, treatises and manuals as well as new scholarly editions and translations of classical authors appeared. An examination of these works reveals that by 1800 mythology had developed from a compendium of stories about the gods to an intellectual and philosophical inquiry into the origins and significance of these stories - modern mythography was inaugurated.

In order to understand more clearly the changing attitudes toward myth we might follow the example of Starobinski who recently addressed the transformations in mythological thinking in late eighteenth-century France.[1] He aptly used the differentiation between 'la fable' and 'la mythologie' in the 'Encyclopédie'.[2] La fable signified the body of information about pagan divinities based on classical sources which was characterized by a distinct ahistoricism in that all events and situations take place simultaneously within a Greco-Roman 'space'. 'La mythologie', on the other hand, was interpretive, based on a comprehensive historical and cultural system concerned with the importance of the origins of mythic individuals as well as the intellectual, moral and psychological pertinence of their narratives.[3] Thus, while 'la fable' extended to the repertoire of stories about antique divinities and legendary figures, 'la mythologie' signified the intellectual investigation into the meaning of mythic themes. We must keep this useful distinction in mind as we examine the situation of mythological painting in France circa 1800.

As is well-known, the erotic celebration of the loves of the gods and goddesses, exemplified in the works of Boucher, was gradually replaced after mid-century with more serious moral themes.[4] The advent of neoclassical subject matter and interests

1 J. Starobinski: Le mythe au XVIIIe siecle, in: Critique, 366 (1977), pp. 975 - 997. Important studies concerned with the development of mythology during this period include B. Feldman/R.D. Richardson: The Rise of Modern Mythology; Bloomington/London 1972, and F. E. Manuel: The Eighteenth Century Confronts the Gods; Cambridge/Mass. 1959.

2 Starobinski, (ann. 1), p. 980. He summarizes the Encyclopedia's differentiation between fable and myth in the following terms: "Tandis que la fable est elle-même, sous une forme vulgarisée et facile, un moyen universel de "poétiser" toutes choses, la "mythologie" l'interroge sur ses origines, sur sa portée intellectuelle, sa valeur de revélation, ses liens avec des institutions et des coutumes."

3 Diderot/d'Alembert: Encyclopédie ou Dictionnaire Raisonné des Sciences, des Arts et des Métiers, vol. 10; Paris 1765, p. 924.

4 See R. Rosenblum: Transformations in Late Eighteenth Century Art; Princeton 1967, pp. 50 - 59; and: Painting under Napoleon, 1800-1814, in: French Painting 1774 - 1830: the Age of Revolution; Detroit 1975, pp. 166 - 167.

tended to suppress the overt celebrations of sensuality, feminine beauty and erotic situations that we associate with the principal direction in rococo art. When La Font de St. Yenne in 1754 declared the loves of the gods and goddesses to be unfit subject matter for the serious moral mission of art, he seemed to sound the death knell for the representation of an arcadian fantasy world of pastoral dreams and frolics whose protagonists engage in seductions untroubled by the consequences of their behavior.[5]

Representations of the playful adventures of the gods and goddesses and legendary heroes and heroines dwindle, in fact, just at the moment when the study of mythology as a 'scientific' discipline was beginning to develop. The new, philosophical reflection on the significance of mythological themes discouraged the frivolous and the fantastic. When amatory mythic subjects do reappear in French art at the end of the eighteenth century, they embody completely new interpretive strategies expressed in content as well as form. The reappearance of mythological themes in French painting during this time is well-known, yet this renascence has not been given its just valuation. Our understanding of this critical moment has been obscured due to what has been viewed as the subsequent development of romanticism. It has previously been assumed, for example, that the reintroduction of mythological painting was principally related to the quintessentially romantic interest in the more extreme states of psychology - an exacerbated, even morbid eroticism, lurid sexual fantasies and suicidal collapses of the individual psyche.[6] Gros' dramatic depiction of the suicide of Sapho or Broc's representation of the tragic death of Hyacinthus in the arms of Apollo are today among the best known examples (both date from 1801). Works of this nature, however, were relatively infrequent and significantly, did not elicit a great deal of critical comment from contemporaries.[7] The majority of mythic representations of the period which did inspire fervent critical response reveal a much more subdued, subtle, complex and meditative rapport with their subject, for the purpose and meaning of the myth began to assume an extremely rich and varied role in the artist's interpretation of it.

It should not surprise us that the founder of the modern French school, J.-L. David, would be the catalyst for the transformation of mythological painting in late eighteenth-century France. The renewed interest in the meditative possibilities of myth, in fact, was inaugurated by David in his 'Les Amours de Paris et d'Hélène' of 1789 (fig.14), which constitutes one of the earliest reinterpretations of erotic subject matter from antiquity in the late eighteenth century.[8] We can see at once that this work, in content as well as style, belongs in a completely different category from the

5 See La Font de Saint-Yenne: Sentiments sur quelques ouvrages de peintures, sculpture et gravure écrits à un particulier en province; n.p. 1754, pp. 65 - 69.

6 See J. Clay, Le Romantisme, New York 1980, pp. 127-128.

7 A study of the Salon booklets from 1790 to 1824 indicates that only a handful of the very large number of amatory mythological themes, which increase dramatically after 1800, represent subjects of suicide, morbid eroticism or despair.

8 Recent studies of this painting are concerned with its possible political meanings rather than its mythological significance. See Y. Korshak: Paris and Helen by Jacques-Louis David: Choice and Judgement on the Eve of the French Revolution, in: Art Bulletin, (March 1987), pp. 102-116 and F. Dowley/Y. Korshak: An Exchange on Jacques-Louis David's Paris and Helen", in: Art Bulletin (1988), pp. 504 - 520.

amatory escapades of mythological figures that we find in the early eighteenth-century examples (as in the works of Boucher). David represents this subject in a very serious manner. His efforts at greater archaeological accuracy in the rendition of the bedroom, its objects and its decorative details are equaled by his attempt to express the psychological and emotional truth of the lovers' situation, something not emphasized in earlier paintings that represent themes of love and seduction. An atmosphere of melancholy pervades this somber, hieratic image, executed in subdued tones, in which the ephebic Paris is dominated by the robust yet languid Helen, who leans over him as a type of inspiring muse. Their harmonious, interlocking forms and the intensity of Paris' gaze as well as his powerful, almost desperate grip on Helen's left arm, lead us to meditate on certain disquieting aspects of passionate love. This love affair will certainly have dire consequences for it will result in the fall of a city. The somber display of the lover's rapport leads us to consider them as pawns of an overpowering force, as they are indeed described in the antique sources, for no pagan deities are as irresistible as Venus and her malicious offspring (who are represented in the image in sculpted form). This reinterpretive fascination with the psychology of mythic passion and epiphany announces innovations in content as well as style that will become principal characteristics of works produced by the school of David. David himself would continue to explore the aesthetic and thematic possibilities of myth and would engage in a compelling artistic dialogue with the mythological compositions of his students and followers. An examination of these developments, however, is far beyond the scope of this essay. I would like instead to investigate a neglected masterpiece of the 1790's produced by one of David's most illustrious students. This is Gérard's 'Psyché et l'Amour' of 1797-98 (fig.15), a work which provides a paradigmatic example of the transformation in mythological representation at the end of the eighteenth century.

Gérard's painting was inspired by David's 'Les Amours de Paris et d'Hélène' which had set a precedent for the reinterpretive possibilities of myth, but it was also inspired, in part, by another important work which immediately followed David's : Girodet's 'Endymion', exhibited in Paris at the Salon of 1791 (fig.16). Girodet painted 'Endymion' while he was still a student at the French Academy in Rome and sent it to Paris as a required academic figure. Yet, in spite of this status, several critics viewed it as a major mythological painting and applauded the young artist's original interpretation of the theme.[9] The archaeologist and mythographer Noël thought it important enough to include it in his 'Dictionnaire de la Fable' in which he offers a detailed description of the painting and praises it as the most poetical interpretation of the subject ever made.[10] 'Endymion' is comparable to 'Les Amours de Paris et

9 See Exposition au Salon du Palais National; Paris 1791, p. 186, Collection Deloynes, no. 459 and Quatremère de Quincy: Eloge historique de Girodet, in: Recueil de notices historiques; Paris 1834, p. 314. H. J. Jansen, in: Explication par ordre des numéros...; Paris 1791, p. 42, Collection Deloynes, no. 458, offered the following entry: "Endymion, effet de lune. Ce tableau est vraiment original et pour l'invention heureuse et poétique et pour l'effet hardi et piquant". And Quatremère de Quincy, op. cit., p. 314, recalled that "M. Girodet sut, d'un morçeau d'étude, faire un tableau d'histoire, et d'un essai de jeune homme, un ouvrage de maître".

10 F. Noël: Dictionnaire de la Fable, ou Mythologie Grecque, Latine, Egyptienne, Celtique, Persanne, Syriaque, Indienne, Chinoise, Scandinave, Africaine, Americaine, Iconologique, etc., 2 vols.; Paris 1801.

d'Hélène' in its somber, meditative mood. In a mysterious, oneiric ambience created by the nocturnal setting and languid forms of the shepherd who is literally penetrated by celestial light, Girodet leads the spectator to reflect on certain aspects of erotic love which are here, due to the mystical atmosphere and visitation by a divinity as light, given a religious connotation. In this work Girodet offers a poignant representation of intercourse between a deity and a mortal and we find eroticism elevated to the level of philosophic reflection about enigmatic, psychic aspects of sexual relations. In the eyes of his contemporaries Girodet had discovered a unique means of suggesting the paradox of Diana's chastity and passion while at the same time demonstrating the visible effects of her seduction of Endymion.[11] Noël emphasized the modernity of the painting when he proposed it as an example of the reinterpretive possibilities of mythology: "Voilà comme les artistes peintres ou poètes peuvent rajeunir les sujets usés de la vieillė mythologie".[12]

Much has been written about Girodet's 'Endymion' which is justly valuated as a masterpiece of mythological representation,[13] but Gérard's comparable exploration of myth and meaning in 'Psyché et l'Amour' has been unjustly neglected and, in fact, relegated to the category of the superficially charming. The artist's contemporaries, however, recognized in this work a remarkable and innovative composition. One critic hailed it as "un des plus beaux tableaux de l'école moderne"[14] and most considered it to be a wonderfully complex, subtle and original interpretation of the theme. The significance of this work has been largely ignored yet even during the second half of the nineteenth century it was still appreciated for its important contribution to "modern" mythological concerns. The celebrated romantic writer and perceptive art critic Théophile Gautier, noted the significance of this work which he analyzed in his 'Guide de l'amateur au musée':

> "Psyché, le bas du corps enveloppé d'une gaze transparente, reçoit avec étonnement le premier baiser de l'Amour, gracieusement penché vers elle. Cette sensation inconnue l'agite; elle porte les mains à son coeur ému; la pensée, le sentiment s'éveillent dans son être jusqu'à-là endormi, et sur son front le papillon de l'âme palpite et bat ses ailes. Il est difficile de mieux rendre la beauté virginale de la première jeunesse que ne l'a fait Gérard dans cette délicieuse figure. L'Amour

11 At its third exhibition in 1814, the critic Delpech praised Girodet's invention: "Il n'a pas voulu, ainsi que quelques peintres l'avaient fait avant lui, représenter la chaste Diane se précipitant comme une Bacchante sur le corps de ce jeune homme endormi." See: Examen raisonné des ouvrages de peintures, sculptures, et gravures exposés au Salon du Louvre en 1814; Paris 1814, p. 52.

12 Noël, (ann. 10), vol. I, p. 373.

13 See J. Rubin: Endymion's Dream as a Myth of Romantic Inspiration, in: Arts Quarterly, vol. I (1978), pp. 47 - 84 and B. Stafford: Endymion's Moonbath: Art and Science in Girodet's Early Masterpiece, in: Leonardo, 15, no. 3 (1982), pp. 193 - 198.

14 Journal d'Indications; Paris 1798, Collection Deloynes, no. 541. The critic also states, "il faudrait un écrit volumineux pour détailler les beautés de cet ouvrage". The painting, of course, met with some negative criticism, especially concerning the paradox of Amor's invisibility to Psyche and visibility to us. A few gave mixed reviews. The Danish critic, T. C. Bruun Neergaard, for example, highly praised the concept and execution of the work but criticized it for too closely resembling an Italian Renaissance master. See: Sur la situation des Beaux-Arts en France; Paris 1801, p. 115.

aussi est charmant, et ses grandes ailes d'épervier lui ôtent l'air poupin d'un Cupidon de boudoir. Avec ses formes sveltes et sa fière élégance, il rappelle bien l'Amour antique, le bel Eros grec".[15]

Gautier gives essentially a modern, psychological reading of Gérard's representation of the myth which he views as the awakening of ardent, adolescent love. This event catalyzes emotional and intellectual development, for Psyche's dormant character and personality are animated by the incarnation of the 'bel Eros grec', the primal sexual, creative force of the universe described by the archaeologists Noël and Millin in their mythological dictionaries in the early nineteenth century.[16] It is important to note that Gautier's interpretation echoes that of the initial viewers of the work in 1798 who discuss it in much the same way. Many observers at its first exhibition understood 'Psyché et l'Amour' as the artist's transformation of the substance of the myth into a meaningful reflection on male/female psychic and sexual relations.

Gérard has extricated the couple from a specific narrative context, for the moment he represents is not to be found in either of the principal literary sources, Apuleius and La Fontaine.[17] He has placed them in a mountainous, matutinal, springtime landscape of undulating, verdant hills. The glowing, pristine character of the earth is paralleled in the delicate, graceful, shimmering forms of the figures. Psyche, seated on a hillock, is just about to receive a chaste kiss from Amor who reverentially bends towards her. We imagine that in the next moment he will touch her on the shoulder and cheek as well as press his lips against her forehead. Psyche cannot see Amor who, according to the myth made himself invisible to her, but she is about to feel his presence. Her sensuality will be awakened by touch rather than sight. In adopting a tactile mode of communication between the lovers Gérard remains true to an essential fact of the myth, for touch was the initial means by which Psyche perceived Amor (the god visited her at night and made love to her in complete darkness). On another level, however, the artist acknowledges contemporary theories of the psychology of perception in which touch was considered the most basic and least deceptive of all the senses. Condillac, in his 'Traité des sensations' (1754), to demonstrate the psychological development of the senses, used the imaginative paradigm of the statue of a woman coming gradually to life (an interesting variation of the Pygmalion theme).[18] Touch is the animate statue's first way of knowledge about the world (the educated public was well aware of Condillac's theories which had become popularized in journals by 1800).[19] One critic of the painting praised the manner in which Gérard had represented Psyché's psychological response to her lover's imminent touch:

15 T. Gautier: Oeuvres complètes, vol. 8; Paris 1882, pp. 15 - 16.

16 Noël, (ann. 10), vol. I, p. 286 and Chompré: Dictionnaire portatif de la fable, nouvelle édition, revue, corrigée et considérablement augmentée par A. L. Millin; Paris 1801.

17 Both Apuleius' fable of Psyche from his 'The Metamorphosis or the Golden Ass' and La Fontaine's 'Les Amours de Psyché et de Cupidon' were well-known to Gérard and his contemporaries from numerous illustrated editions of the 1790's and early 1800's.

18 Condillac: Traité des Sensations; Paris 1754.

19 The ideas on perception of Condillac, along with those of Locke, were often referred to in popular journals around 1800. Condillac is also sometimes paraphrased in Salon criticism because of his ideas on the sense of touch in relation to sculpture. See Miel: Essai sur les Beaux-Arts et

"...elle se croit seule. Cependant l'aire qui l'entoure (car c'est ainsi qu'elle nommerait les feux que la présence de l'amour fait circuler autour d'elle) l'embrasse. Elle sent un frisonnement inconnu..."[20]

This observer appositely notes that Gérard represented the precise moment when Psyche awakens to her own sensuality, through the anticipation of her lover's passionate embrace.

In this painting the artist has also successfully represented the paradoxical nature of Psyche, for in the myth, although she makes love to her husband nightly, she remains innocent of her own sexuality (this changes only at the moment when she decides to disobey Amor's explicit orders and looks upon him for the first time). Rather than illustrate a scene from the story, however, Gérard chose to invent a transitional moment when Psyche's emotional and physical frigidity are just about to give way to her awakening sexuality, for Psyche, at this moment, is still ignorant of her erotic appeal. Believing herself to be alone in nature, she has removed her cloak and lowered her diaphanous dress to her thighs, thereby exposing her breasts and most of her graceful form. The crossed position of her hands beneath her breasts recalls the modest gesture of the 'Venus Pudica', although the effect here is not entirely chaste since Psyche seems to be offering her right breast to her approaching lover. Yet, in spite of her potentially erotic and titillating gesture and pose, Psyche has little sensuality or erotic appeal. Her frank nudity and ambiguous gesture are contradicted by the marmoreal and inertial aspects of her corporal form. Her restrained pose (she seems to withdraw while at the same time modestly crosses her ankles), is paralleled in her remote facial expression; her thoughts are far away indeed. A contemporary critic praised Gérard's ability to represent virginal innocence in this manner:

"...quelle grace! quelle pudeur! quelle innocence! ah! qui que vous soies, ne troublés pas ces amans. laissés moi jouir de cette brillante aurore, de cet épanouissement d'un coeur virginal..."[21]

The critic perceptively noted that Gérard's Psyche had remained emotionally chaste until this moment of sexual awakening (according to the events of the myth she could no longer be a virgin, but Gérard certainly represents her as one). This is Gérard's principal modern addition to the myth; he invented an encounter not found in the literary sources in order to transform an antique fable into a modern emblem of youthful male/female relations. In this painting we observe the meeting of two shy, inexperienced adolescents who are about to awaken to passionate love. Amor, like Psyche, appears to be a hesitant teenager who approaches the girl he adores with timid deference. His figure, like hers, is unexpectedly chaste and virginal; a conflation of idealized, antique forms with the model from life, it is similarly pristine and bloodless. We cannot imagine that this couple has made love nightly, instead it does seem that this will be their first embrace.

Many critics noted that Gérard had interpreted the mythic rapport of Amor and Psyche as a metaphor of adolescent development. One remarked, "C'est si je ne me trompe l'instant du passage de l'adolescence à la jeunesse que le peintre a voulu nous

particulièrement sur le Salon de 1817, ou Examen critique des principaux ouvrages d'art exposés dans le cours de cette année, Paris 1817; pp. 575 - 576.

20 Mercure de France, 1798, Collection Deloynes, no. 538, p. 13.

21 Ibid.

réveler".[22] This, we remember, is what Gautier appreciated in Gérard's painting. By interpreting the love story of Amor and Psyche as an important stage in the human life cycle Gérard had made the myth both modern and timeless: he created an emblem of the transitional moment of sexual awakening.[23]

What is so remarkable about the critical response to this painting at the Salon of 1798 is it's interpretation as a modern subject. We find almost no references to the mythic nature of the figures and only a rare reference to the neoplatonic interpretation of the theme.[24] The majority of Gérard's contemporaries barely noticed the symbolic butterfly fluttering above Psyche's head and they seemed to ignore Amor's highly preened, realistic wings which provide an odd and disturbing conjunction with the flatness and idealization of his figure. The rich complex of ideas that the public and critics understood in Gérard's painting is related to the general discourse of the time on the meaning of the Psyche myth. One principal interpretation, that coexisted with the neoplatonic view, was that Apuleius' story of Psyche was not an allegory of the soul troubled by desire but a quite different moral tale. Its moral truth concerned the dangers that confront innocence and beauty as well as the obligations of a new husband to understand the chastity and innocence of his young bride.[25]

In his interpretation of Amor and Psyche Gérard may have been influenced by these new concerns associated with the myth. He was also inspired to meditate on its significance by the modern French reworking of Apuleius: La Fontaine's 'Les Amours de Psyché et de Cupidon'. Although, as mentioned earlier, he did not depict a specific moment described in this literary source, we have compelling evidence of its impact, for in 1796-1797 Gérard composed a series of four illustrations for a new edition of La Fontaine's narrative.[26] In his version La Fontaine had dramatically transformed the nature of the antique source by replacing the heartless and callous god of Apuleius' tale with a devoted, gentle suitor who watches over and protects his

22 Sur l'exposition des tableaux au Salon du Louvre, in: Journal de Paris, Collection Deloynes, no. 532, p. 705.

23 Another observer praised Gérard for depicting a moment of moral indecision, that when an emotionally chaste young girl is on the threshold of discovering sexual passion: "Ce beau corps est voilé de décence. Dans tout son attitude, et surtout dans sa phisionomie, regnent ce vague romantique, cette attente muette, ce trouble mystérieux et profond qu'éprouve la vierge timide présentée aux autels de l'amour." See: La Décade philosophique, vol. 118 (an VI), pp. 335 - 336.

24 See: Encore quelques mots sur la Psiché de Gérard, in: Collection Deloynes, no. 533, pp. 707 - 710. The author is disturbed that neither the critics nor the general public seem to be interested in the painting as a neoplatonic expression of the soul trouble by desire: "...on loue beaucoup ce tableau et l'on a bien raison; quelques-uns le critiquent avec amertume et ils ont grand tort; mais dans la plupart des éloges comme des critiques que j'ai entendues, il me semble que l'on ne saisissait pas bien la véritable pensée du peintre", p. 707. He then interprets the work as a neoplatonic allegory.

25 L'Aulnaye discusses this interpretation in his "Avertissement" to Apuleius, La Fable de Psyché; Paris 1802, pp. v - vi. He was paraphrased by Landon in the preface to his edition of 'Les Amours de Psyché' et de 'Cupidon' par Apulée; Paris 1809.

26 Gérard's illustrations to Didot's 1797 edition of La Fontaine, Les Amours de Psyché et de Cupidon, was the third in a series of illustrated editions of the 1790's. Schall executed the compositions for the 1791 edition and Moreau le Jeune prepared and engraved the illustrations in 1795.

beloved from afar even after he is forced to abandon her. Gérard responded to this in his unique and evocative illustrations executed in a rather severe style 'all' antica' which reveals that he interpreted La Fontaine's narrative as a Progress of Love (a theme, of course, that had been extremely popular in France during the second half of the eighteenth century). In the first image, when the oracle announces to the grief-stricken Psyche and her parents that she is destined to wed a monster (fig.17), the god of love, clearly still a malicious boy, casually eavesdrops at the door. In the second image we find the canonical representation of the theme (fig.18), when the voluptuous Psyche breaks her promise to her lover and gazes on him as he sleeps. This is the moment when she recognizes that he is not the monster she believed him to be but instead a god of great beauty and she falls in love with him for the first time. Amor's sensual, recumbent pose clearly recalls that of Girodet's 'Endymion'. In the third image, 'Psyché abandonnée' (Fig.19), Gérard depicts the dejected lover as heavy set and matronly, her thick, inert form and stooped posture help to convey her depressed psychological state (the figure is inspired by Pajou's 'Psyché abandonnée' of 1785-1791 which had created a sensation and provoked severe criticism for its corporal realism at its first exhibition). As in La Fontaine's tale, Amor looks on from above with deep concern and compassion, the first compelling evidence of his newly developing emotions of love and friendship. In the final image Gérard represents the ultimate result of the trials and tribulations suffered by the lovers; subsequent to their wedding in Olympus and Psyche's deification, they begin to make love as fully conscious, consenting adults within the bonds of matrimony. In this provocative yet solemn and deliberate seduction scene, which is portrayed as a momentous, sacrosanct event, Amor is depicted as an ardent young husband and Psyche has been transformed from an awkward adolescent and matronly housewife into a sensual, demure goddess.

The seriousness and gravity of these images clearly demonstrate that Gérard had meditated on the meaning of the myth as a narrative concerning the development of sexuality, love and friendship as well as on the liminal significance of the passage from adolescence to maturity. He crystallized these reflections in his monumental painted version of the theme in which he invented a unique moment, not depicted in any of the engravings. The one important element of the illustrations that he did transpose to his painting was that of the landscape. The landscape figures prominently in three out of four of the engravings, but its importance is most clearly seen in 'Psyché abandonnée' in which the dramatic representation of the earth and sky play a principal role in the composition.

A number of critics at the Salon of 1798 marveled at the extraordinary beauty of the landscape in Gérard's painted version of 'Psyché et l'Amour'. One noted that it seemed as if Amor himself had just transported Psyche to a mountain summit and placed her "sur une terre nouvelle, emaillée de mille fleurs."[27] Gérard's characterization of this landscape represents a further effort on his part to give an antique myth modern significance by making it appear more realistic. He attempted to capture the effects of a springtime mountain setting at dawn thereby providing a site, a season and

27 D. G. Charlton: New Images of the Natural in France; Cambridge 1984.

a time of day that not only accords with the situation of the mythological figures but even enhances it, for, on a symbolic level, the springtime landscape, the newness of the earth and the moment of dawn parallel the pristine, chaste innocence of the lovers at this moment of sexual awakening. The rarified atmosphere and sublimity of the mountains (the magnificence of mountain sites was a notion already current by 1800), provides an ideal ambience for what Gérard represents as a profound and momentous event.

Gérard's decision to place the lovers in a lyrical landscape embodied recent reflections on nature in mythological thinking.[28] Charles Dupuis, in his extremely important and influential 'Origine de tous les cultes ou Religion universelle' of 1795 (which had an immediate impact on mythography),[29] asserted that all religious ideas have their origin in nature:

> "Les Dieux étant la Nature elle-même, l'histoire des Dieux est donc celle de la Nature... C'est dans la Nature elle-même que j'ai puisé les idées fondamentales de ma nouvelle méthode. J'ai mis l'homme en présence avec elle..."[30]

We can see the important ramifications of Dupuis' theory manifest in Gérard's painting. Amor and Psyche are more natural than mythic for, in spite of their mythological accoutrements (Amor's wings and Psyche's butterfly), we can identify them as adolescents on the threshold of sexual awakening. To emphasize the natural import of their situation Gérard placed them in a setting in nature in which the earth itself experiences a moment of reawakening in spring that parallels their own.

Gérard's painting heralds an important new direction and development in the representation of amatory mythological themes in French art. The number of paintings based on this type of subject matter dramatically increased during the first two decades of the nineteenth century in France and almost all of the greatest artists of the day engaged in re-interpreting mythic themes. We need only remember the variety and complexity of mythological paintings by Girodet, Gros, Guérin, Ingres, Prud'hon and the master David himself whose 'Sapho, Phaon et l'Amour' of 1808 prefigures the interest of his last paintings, most of which consist of puzzling and disturbing reinterpretations of myth.[31] Critical response to the exhibition of these works was impassioned and we discover that critics considered mythic painting to be as intellectually and morally significant as history painting. We can look to Guizot as a typical example. In his critique of the Salon of 1810 he addresses the moral and psychological significance of mythological painting which he treats with the same gravity and philosophical tone as he does the representation of contemporary historic events (to cite but one example, he devotes five pages to a detailed analysis of Guérin's 'Aurore et Céphale').[32] Similarly, at the Salon of 1817, Miel offers lengthy,

28 Mercure de France (ann. 20), in: Collection Deloynes, no. 538, p. 12.

29 Charles Dupuis: Origine de tous les cultes ou Religion Universelle; Paris 1795. Noël, in his preface to his Dictionnaire de la Fable, thanks his friend and colleague Dupuis, (ann. 10), p. III.

30 Dupuis, (ann. 29), vol. I, pp. 9 - 10.

31 See my article: Desire Demythologized: David's "L'Amour quittant Psyché", in: Art History, (1986), pp. 450 - 470.

32 Guizot: De l'Etat des Beaux-Arts en France et du Salon de 1810; Paris 1810, pp. 48 - 52. Reprinted in Guizot: Etudes sur les Beaux-Arts en général; Paris 1852.

detailed analyses of paintings with mythological themes.[33] At the Salon of 1819 we find a fervent, overwhelming response to Girodet's 'Pygmalion et Galatée'; the critical acclaim of this painting overshadowed the reactions to Géricault's 'Le Radeau de la Méduse'.[34] (fig. 26) Thus, we can see in the early nineteenth century the value of Millin's succinct phrase, "... il y a une vérité mythologique comme il y a une vérité historique."[35] Millin's statement that places mythic themes in the same category as historical events, manifests the serious, analytic response to mythology which permeates the critical discourse of the time. That mythology enjoyed equal status with newly introduced religious and historic themes at the first Restoration Salons is a phenomenon that has been largely overlooked. Our view of the importance of Géricault's 'Radeau' in 1819 and Delacroix's 'Barque de Dante' in 1822, as manifestos of romanticism, has led us to neglect other significant directions in the art of the time which were of great import for the contemporary public. The reinterpretive possibilities of mythology remained one of the vital concerns of the day.

Delécluze, in his Salon criticism of 1819, provides an important key to understanding this phenomenon for he describes at length the communicative force of mythic subject matter for the modern public.[36] He contends that mythological painting has such compelling power over its audience because it expresses and reveals essential truths of human nature and offers an important means of exploring the human condition.[37] Stressing the primal simplicity and purity of the mythic theme, free from the corrupting influences and complications of civilization which taint history painting, Delécluze suggests that the loves of the gods and goddesses had as much, if not more, to do with innocence than experience or perhaps, to put it better, the experience of innocence.[38]

In concluding, I would like to suggest that if we associate the reintroduction of amatory mythological themes into French art after their neoclassical banishment with only the more extreme forms of exacerbated sensuality and psychological sensationalism that we often link with romanticism, we miss the principal historical mode of reintroduction that took place. This principal mode was meditative, if not solemn, devoid of the more sensational aspects of romanticism. This new approach to myth, so brilliantly exemplified in Gérard's 'Psyché et l'Amour' and several of the other works here briefly examined, was by far the more frequent and much more popular embodiment of the fructive reinterpretation of the mythological theme. This category of painting was no mere attempt to be pleasing, devoid of all seriousness. The subtle manner of the portrayal of myth in Gérard's 'Psyché et l'Amour' was the dominant means French artists used to effect the momentous change from fable to mythology. Mythology was to become psychologically meaningful to the basic concerns of men

33 Miel, (ann. 19).

34 Girodet's 'Pygmalion et Galatée' was the subject of a number of independent booklets and inspired fervent critical response. For a reproduction of this painting and recent discussion see J. Rubin: Pygmalion and Galatea: Girodet and Rousseau", in: The Burlington Magazine (1985), pp. 517 - 520.

35 A. L. Millin: Dictionnaire des Beaux-Arts; Paris 1806, vol. II, p. 568.

36 E. Delécluze: Le Lycée Français, vol. II; Paris 1819, pp. 76 - 77.

37 Ibid., p. 77

38 Ibid., p. 78

and women. The stages of love, for example, were no longer to be seen as platonic or neoplatonic abstractions spiritualized beyond real human concerns, nor were they viewed as playful rococo adventures. Instead they came to be seen as general stages in the sexual relationships and emotional development of individuals. Psychologically, love has returned to the earth, brought to us by mythic figures who enact dramas pertinent to mortals. Certainly the myths celebrated mysteries, but mysteries we all live through. The more extreme forms of psychological portrayal contributed to this movement, but representations such as 'Psyché et l'Amour' were seen to be more important, for example, than images of passionate suicide because they dealt with a universal experience of transition in human development. They also, in some cases, embodied a whole nexus of optimistic ideas associated with the purity and innocence of an early stage in the human life cycle when complications and suffering were still unknown. It was its general relevance to the human condition that made Gérard's 'Psyché et l'Amour' so appreciated by his contemporaries. And if we neglect the reasons for contemporary esteem of the painting we will inevitably falsify the actual nature of the rebirth of the mythic love theme after its suppression in mid-eighteenth-century France.

PHYSIOGNOMIE ALS ZEICHEN
DIE REZEPTION VON CHARLES LE BRUNS MENSCH-TIER-VERGLEICHEN UM 1800

Thomas Kirchner

Die Kunstgeschichte nimmt im allgemeinen etwas irritiert zur Kenntnis, daß Charles Le Bruns Studien zur Physiognomik erst 1806 zusammenhängend publiziert wurden, lag doch sein 'Traité des passions' - zwar auch erst nach dem Tode des Autors - immerhin bereits 1698 in einer ersten Auflage vor[1]. Wie dem Leidenschaftsausdruck hatte Le Brun auch der Physiognomik eine Studie gewidmet, die er in der 'Académie Royale de Peinture et de Sculpture' 1668 im Rahmen der 'Conférences' vortrug[2]. In thematischem Zusammenhang mit dieser Untersuchung ist eine große Anzahl von Zeichnungen entstanden, die nach dem Tode des Künstlers in den Besitz des Königs übergingen[3]. Die Blätter lassen sich in Anlehnung an die Aussagen von Le Bruns Schüler Nivelon, der zur Entstehungszeit der 'Conférence' in Le Bruns Atelier arbeitete, in vier Gruppen unterteilen: antike Büsten, Köpfe mit freigelegten Muskeln, Tierköpfe und menschliche Physiognomien, die einen Bezug zu solchen aus der Tierwelt aufweisen[4]. Zuletzt genannte Gruppe macht den bei weitem größten Teil des Konvolutes aus.

Über Le Bruns Text herrscht weitgehend Unklarheit, er war offensichtlich bereits 1698 nicht mehr greifbar, wie der Vorbemerkung des Verlegers zu Le Bruns 'Sur l'expression generale et particuliere' zu entnehmen ist. In der Publikation von 1806 wird der Verlust des Textes mit dem Hinweis erklärt, er sei im Anschluß an den Vortrag André Félibien übergeben worden, damit dieser seine Veröffentlichung vorbereite. Diese kam dann wegen der bekannten Differenzen zwischen der 'Académie' und Félibien nicht zustande[5].

Unsere Kenntnis der Abhandlung stützt sich neben den Äußerungen Nivelons auf die Bemerkungen, mit denen Henri Testelin die 'Conférence' 'Sur l'expression générale et particulière' enden ließ, veröffentlicht in der zweiten, 1696 erschienenen, Auflage seiner 'Sentimens des plus habiles peintres sur la pratique de la peinture et sculpture, mis en tables de preceptes'[6]. Dieser Text ist auch vielen Ausgaben des Lei-

1 Die Ausgabe erschien in Amsterdam und Paris mit 41 von Bernard Picart gestochenen Illustrationen unter dem Titel 'Sur l'expression generale et particuliere'.

2 J. Montagu, in: Ausst.-Kat. Charles Le Brun. 1619 - 1690. Peintre et dessinateur; Versailles (Château) 1963, S. 309, nennt den 1. September 1668 und eine weitere Sitzung im November desselben Jahres als Termin. Der Vortrag wurde in Anwesenheit von Colbert am 28. März 1671 wiederholt, s. Procès-verbaux de l'Académie royale de peinture et de sculpture (1648 - 1793), Hg. A. de Montaiglon; Paris 1875, Bd. 1, S. 358f.

3 Die Zeichnungen werden heute im 'Cabinet des Dessins' des Louvre aufbewahrt. Das Konvolut umfaßt immerhin 253 Nummern. Siehe J. Guiffrey und P. Marcel: Archives des Musées Nationaux et de l'Ecole du Louvre. Inventaire général du Musée du Louvre et du Musée de Versailles. Ecole française; Paris 1914, Bd. 8, S. 72 - 79.

4 Siehe ebd., S. 73.

5 L.-J.-M. Morel d'Arleux: Dissertation sur un traité de Charles Le Brun, concernant le rapport de la physionomie humaine avec celle des animaux; Paris 1806, S. If.

6 Die erste, 1680 erschienene Auflage umfaßt lediglich die schematischen Übersichtstafeln.

denschaftstraktates als 'Abrégé d'une conférence de Monsieur le Brun, sur la phisionomie' beigegeben.

Wie erklärt sich nun, daß erst circa 140 Jahre nach dem Vortrag eine Publikation zustandekam, die unmittelbar geplant war, und daß andererseits fast eineinhalb Jahrhunderte nach dem Vortrag Text und Zeichnungen noch immer beziehungsweise wieder ein so großes Interesse entgegengebracht wurde? Denn abgesehen von einigen Stichen Louis Simonneaus[7] scheinen die Arbeiten Le Bruns zu diesem Thema während des gesamten 18. Jahrhunderts nicht wahrgenommen worden zu sein, obwohl die Zeichnungen zumindest Akademie-Kreisen zugänglich gewesen sein dürften. Ein äußerer Anlaß für die Publikation - etwa daß das Orginalmanuskript wiedergefunden worden wäre - lag auf jeden Fall 1806 nicht vor.

Sicherlich ist der Studie das wachsende Interesse zugutegekommen, das dem 'grand siècle' und mit ihm Le Brun im Zuge des Neoklassizismus entgegengebracht wurde, eine nähere Betrachtung des Bandes muß jedoch von der Bedeutung ihren Ausgang nehmen, die die Physiognomik besaß, insbesondere die die Physiognomik für die Kunst besaß.

Die Disziplin - bereits seit der Antike bekannt - erfuhr in der zweiten Hälfte des 18. Jahrhunderts einen ungeheuren Aufschwung. Die Aufmerksamkeit, die sie in diesem Zeitraum auf sich lenken konnte, erklärt sich vor dem Hintergrund der Bemühungen um eine Überwindung des Descartes'schen Leib-Seele-Dualismus. Dieser hatte sich als hinderlich für die Entwicklung der Wissenschaften erwiesen. Gefordert wurde ein Menschenbild, das einer einheitlichen wissenschaftlichen, empirisch nachvollziehbaren Betrachtungsweise zugänglich war. Dazu mußten beide Bereiche des Menschen in einem ausgewogenen wechselseitigen Verhältnis stehen. Weder durfte - wie bei Descartes - die Seele den Körper bestimmen noch im materialistischen Sinne umgekehrt der Körper die Seele. Ein wichtiger Schritt zur Überwindung monokausaler Erklärungsmodelle bestand in der Einführung des neuen Begriffspaares 'l'homme physique' und 'l'homme moral'. Mit diesem sprachlichen Instrumentarium konnten Physis und Psyche leichter als interdependent begriffen werden. Kurz nach der Jahrhundertwende hatte man das Problem im Griff: "On voit déjà que l'observation de l'homme physique est intimement liée à celle de l'homme moral, et qu'il est presque impossible d'étudier le corps ou l'esprit d'une manière isolée", so faßte 1802 Louis-François Jauffret, Sekretär der 1799 gegründeten 'Société des Observateurs de l'Homme', den Diskussionsstand zusammen[8]. Die Gesellschaft hatte sich die umfassende Erforschung des Menschen im Sinne einer 'science de l'homme' zur Aufgabe gestellt.

7 Erschienen zwischen 1718 und 1727 in dem 'Livre de portraiture pour ceux qui commencent à dessiner. Inventé et dessiné par Monsieur le Brun'.

8 L.-F. Jauffret: Introduction aux Mémoires de la Société des observateurs de l'homme, Hg. G. Hervé unter dem Titel: Le premier programme de l'anthropologie, in: Revue scientifique, Jg. 47, 2 (1909), S. 523. Zu den Bemühungen um ein ganzheitliches Menschenbild siehe S. Moravia: Beobachtende Vernunft. Philosophie und Anthropologie in der Aufklärung; Frankfurt a. M./ Berlin/Wien 1977.

Die Annahme eines kausalen Bezuges, einer wechselseitigen Abhängigkeit zwischen 'l'homme physique' und 'l'homme moral' zog die Frage nach sich, wo dieses Verhältnis zum Ausdruck kommt. Es legte den Wunsch nahe, den 'homme moral' im 'homme physique' erkennen zu wollen. Ebendies behauptete die Physiognomik leisten zu können. Sie ging davon aus, daß der Charakter eines Menschen eindeutig auf seinem Gesicht ablesbar sei, und sie machte es sich zur Aufgabe, die äußeren Merkmale einer Physiognomie auf ihre Aussagefähigkeit über das Wesen, den Charakter des jeweiligen Menschen zu untersuchen. Der Titel eines mehr oder weniger beliebig ausgewählten Werkes von Antoine-Joseph Pernety spiegelt Bemühen und Anspruch wieder: 'La connoissance de l'homme moral par celle de l'homme physique'[9]. Das Eingebundensein in die übergreifenden Bemühungen um ein neues, ganzheitliches Menschenbild und die Wissenschaftlichkeit, die sie für ihre Vorgehensweise beanspruchte, unterschieden die moderne Physiognomik von derjenigen früherer Epochen. Höhepunkt der Entwicklung war in Frankreich die von dem Mediziner Moreau de la Sarthe 1806-1809 besorgte zehnbändige Neuausgabe von Johann Caspar Lavaters 'Physiognomischen Fragmenten'[10]. Sie wich wesentlich von einer ersten vierbändigen Übersetzung des Werkes ins Französische ab, die etwas stockend 1781-1803 in derselben Aufmachung wie die Orginalausgabe erschienen war[11]. Für eine Disziplin, die auf ihr wissenschaftliches Erscheinungsbild bedacht war, mußten die literarischen, zuweilen sogar ins Mystische gehenden Erläuterungen und Herleitungen Lavaters störend wirken. Aufgabe einer wissenschaftlichen Untersuchung konnte es nicht mehr aufklärerisch sein, neben der "Menschenkenntnis" die "Menschenliebe" zu fördern beziehungsweise "à faire connoître l'homme et à le faire aimer", wie es der Schweizer Theologe bereits im Titel formuliert hatte. So fand Moreau nicht nur einen neuen Titel - 'L'art de connaître les hommes par la physionomie' -, sondern er systematisierte zudem die Ausführungen Lavaters und ergänzte sie durch eigene physiognomische Untersuchungen und durch Texte anderer Autoren sowie durch Erläuterungen zur Anatomie und Physiologie des Gesichtes. Moreau benutzte das ungeheuer populäre Werk Lavaters als Ausgangspunkt, um daraus ein Standardwerk für die Wissenschaft Physiognomik zu machen, das alle relevanten Äußerungen und Ergebnisse vereinigt.

Die Disziplin war indes nicht unumstritten. Ihr wurde während des gesamten Zeitraumes mit einer großen Skepsis begegnet. Es wurde zum Beispiel auf Fehlurteile

9 2 Bde.; Berlin 1776/77.

10 G. Lavater: L'art de connaître les hommes par la physionomie. Nouvelle édition, corrigée et disposée dans un ordre plus méthodique, précédée d'une notice historique sur l'auteur; augmentée d'une exposition des recherches ou des opinions de La Chambre, de Porta, de Camper, de Gall, sur la physionomie; d'une histoire anatomique et physiologique de la face avec des figures coloriées; et d'un très-grand nombre d'articles nouveaux sur les caractères des passions, des tempéramens et des maladies: par M. Moreau (de la Sarthe), 10 Bde.; Paris 1806 - 1809. Zu der Lavater-Rezeption in Frankreich siehe F. Baldensperger: Les théories de Lavater dans la littérature française, in: ders.: Etudes d'histoire littéraire, deuxième série; Paris 1910, besonders S. 51 - 70.

11 J.C. Lavater: Physiognomische Fragmente zur Beförderung der Menschenkenntniß und Menschenliebe, 4 Bde.; Leipzig/Winterthur 1775 - 1778. Die erste Übersetzung erschien unter dem Titel: Essai sur la physiognomonie, destiné à faire connoître l'homme et à le faire aimer, 4 Bde.; La Haye 1781 - 1803.

verwiesen und auf die Frage, ob nicht mit der Möglichkeit einer zufälligen, durch Außeneinflüsse (etwa durch einen Unfall) hervorgerufenen Veränderung ein zweifelsfreies Urteil über eine Physiognomie fragwürdig erscheine. So wurde der Erkenntniswert und damit auch die Wissenschaftlichkeit einer Disziplin angezweifelt, die nicht in der Lage sei, eindeutige und uneingeschränkt gültige Aussagen hervorzubringen. Zum anderen befürchtete man, daß, selbst wenn die Ergebnisse fundiert sein sollten, eine solche Disziplin für das Gemeinschaftsleben eher von Schaden sei. Der bereits zitierte Jauffret war hin- und hergerissen zwischen den Möglichkeiten und den Gefahren der Disziplin, kam aber letztlich doch zu einem ablehnenden Urteil:

> "La Société [des observateurs de l'homme] a ici deux écueils à éviter: ou ce pyrrhonisme absolu, qui ne voit sur les diverses physionomies que des caractères insignificants; ou cette confiance excessive, qui prétend en expliquer le sens et y lire aussitôt toute la destinée d'un homme. Il est sans doute avantageux pour la tranquilité publique et pour le bonheur des particuliers, que la physiognomie ne soit encore qu'une science conjecturale; que le visage humain soit une espèce de masque aux yeux de ceux qui le regardent."[12]

Diderot hatte ganz ähnlich bereits vierzig Jahre zuvor in der Encyclopédie zu bedenken gegeben:

> "Il y a tant de traits mêlés sur le visage et le maintien des hommes, que cela peut souvent confondre; sans parler des accidens qui défigurent les traits naturels, et qui empêchent que l'ame ne se manifeste ..." Und kategorisch stellte er fest: "... il ne faut jamais juger sur la physionomie."[13]

Nun stand für die Vertreter der Physiognomik, etwa Lavater oder Moreau de la Sarthe, außer Frage, daß die Erkenntnisse ihrer Disziplin auch und gerade für die Kunst von Bedeutung seien. So verfaßte zum Beispiel der an der Pariser Kunst-Akademie Anatomie lehrende Mediziner Jean-Joseph Sue 1797 eigens ein für Künstler bestimmtes Werk über diesen Gegenstand: 'Essai sur la physiognomie des corps vivans, considerée depuis l'homme jusqu'à la plante'[14]. Die Kunst war auch gerne bereit, dieses Angebot aufzugreifen, schien doch mit Hilfe der Physiognomik eine seit Mitte des 18. Jahrhunderts immer dringender formulierte Forderung erfüllbar zu sein: die Entwicklung einer moralisch vorbildlichen Handlung aus dem individuellen Charakter des Handelnden. Zudem wurde zunehmend auch der Versinnbildlichung der Charaktere die Möglichkeit zugestanden, den Betrachter anzusprechen, eine Aufgabe, die bis dahin im wesentlichen dem Ausdruck der Leidenschaften oblag.

Jedoch auch in der Kunst gab es Stimmen, die der Physiognomik mit den gleichen Argumenten begegneten, wie sie in der Wissenschaftsdiskussion anzutreffen waren. Einzig die Beispiele unterschieden sich. Wurden Lavater seine zum Teil gravierenden Fehlurteile entgegengehalten, so fragte man sich in der Kunst, wie Sokrates' über

12 Jauffret (Anm. 8), S. 523.

13 Encyclopédie, ou dictionnaire raisonné des sciences, des arts et des metiers; Paris 1765, Bd. 12, S. 538, Stichwort 'Physionomie (Morale)'. De Jaucourt argumentierte in dem anschließenden Artikel 'Physionomie (Scienc. imagin.)' ganz ähnlich, ebd. Er stützte sich in seinem ablehnenden Urteil auf Buffon, der festgestellt hatte: "... comme l'ame n'a point de forme qui puisse être relative à aucune forme materielle, on ne peut pas la juger par la figure du corps ou par la forme du visage." G.-L. Leclerc, Comte de Buffon: Histoire naturelle, générale et particulière, avec la description du cabinet du Roy; Paris 1749, Bd. 2, S. 535.

14 Im Untertitel heißt dieses in Paris erschienene Werk: Ouvrage où l'on traite principalement de la necessité de cette étude dans les arts d'imitations, des véritables règles de la beauté et des graces, des proportions du corps humain, de l'expression des passions, etc.

jeden Zweifel erhabener Charakter zu vereinbaren sei mit seiner nach Überlieferungen 'niederen' Physiognomie, die eher hatte an einen Trunkenbold als an einen Philosophen denken lassen. Die Meinungen trafen anläßlich einer im Jahr V (1797) im Louvre veranstalteten Ausstellung von Zeichnungen großer Meister hart aufeinander, in der auch eine Reihe der physiognomischen Studien Le Bruns zu sehen waren. Louis-Sébastien Mercier und ein "Schüler Lavaters" lieferten sich über mehrere Nummern des 'Journal de Paris' eine Auseinandersetzung über die Bedeutung und Aussagefähigkeit solcher Studien wie der Physiognomik überhaupt[15]. Der Epigone Lavaters versuchte, die Disziplin zu verteidigen, konnte jedoch seinen Standpunkt nur schwer gegenüber dem sprachgewandten Mercier behaupten. Der Literat hielt zwar durchaus den Charakter eines Menschen für entschlüsselbar, er glaubte jedoch nicht, daß dies mit Hilfe eines Regelkanons oder mit Hilfe eindeutig benennbarer äußerer Merkmale, etwa der Form einzelner Gesichtsteile, möglich sei. Ebensowenig wollte Mercier eine Verbindung moralischer und ästhetischer Kriterien akzeptieren. Eine schöne Figur könne durchaus Dummheit und Grausamkeit verbergen wie ein sokratischer Kopf Scharfsinn und Gutherzigkeit. Und auch wenn er in den Physiognomien einiger Revolutionäre animalische Züge feststellte[16], so konnte er doch die Mensch-Tier-Vergleiche nicht billigen. Mensch und Tier unterschieden sich qua Gattung derart, daß sich eine Parallelisierung verbiete. Sie führe zu keinen stichhaltigen Erkenntnissen. Und so ironisierte Mercier das Verhalten der Ausstellungsbesucher, die nach Betrachtung der Le Brunschen Zeichnungen ihre Mitmenschen auf eventuelle Ähnlichkeiten mit Tieren hin in Augenschein nahmen und zu den Spiegeln am Ende des Saales gingen, um ihre eigenen Physiognomien zu befragen.

Eigentliches Ziel der Ausstellung war es, die italienische, flämische und französische Schule mit Spitzenbeispielen aus der Zeit vom 15. bis zum 18. Jahrhundert zu präsentieren[17]. Bei den Exponaten handelte es sich um Einzelstudien, vielfigurige Zeichnungen, ausgearbeitete Kompositionen, gerasterte Vorlagen zu Gemälden. Auswahlkriterium war - so der Katalog - die künstlerische Qualität der Arbeiten. Die Zeichnungen Le Bruns - neben den physiognomischen Studien waren auch solche zum Ausdruck der Leidenschaften zu sehen[18] - bildeten insofern eine Ausnahme. Mit

15 Siehe Collection Deloynes, Bd. 19, pièce 505 - 508. Mercier nahm seinen Hauptbeitrag in erweiterter Form auch auf in sein Werk 'Le nouveau Paris'; Paris 1798, Bd. 6, S. 8 - 21.

16 "Robespierre ressembloit ... à un chat sauvage; Marat à un oiseau de nuit; Collot-d'Herbois avoit dans son front dur et étroit quelque chose du tigre: il y a des bouches visiblement cruelles ... Et ce Danton, que le plaisir ne rendit pas humain, ce qui est la véritable marque d'un caractère féroce, quel cachet sur sa figure hideusement écrasée!". Ebd., S. 11f. Ganz ähnlich hatte auch J.-M. Plane die Protagonisten der Revolution physiognomisch untersucht; siehe J.-M. Plane: Revolution ou l'art de connaître les hommes, sur leur physionomie. Ouvrage extrait de Lavater et de plusieurs autres excellens auteurs, avec des observations sur les traits de quelques personnages, qui ont figurés dans la Révolution Française; Meudon 1797, Bd. 2, S. 300 - 333.

17 Zu der Ausstellung siehe Ausst.-Kat. L'An V. Dessins des grands maîtres; Paris (Musée du Louvre, Cabinet des dessins) 1988.

18 Laut Katalog waren 24 Zeichnungen zum Leidenschaftsausdruck ausgestellt und eine nicht näher bestimmte Anzahl von Zeichnungen zu Mensch-Tier-Vergleichen, für die acht Rahmen genannt werden. Geht man davon aus, daß ein Rahmen wie bei den Leidenschaftsdarstellungen sechs Blätter in sich vereinigte, so wären 48 Zeichnungen zur Physiognomik zu sehen gewesen. Siehe Ausst.-Kat. Notice des dessins originaux, cartons, gouaches, pastels, emaux et miniatures, du

ihnen wurde ein Interesse verfolgt, das von dem Grundanliegen der Ausstellung abwich. Richtete diese sich an ein breites gebildetes Publikum, so waren die Blätter Le Bruns vornehmlich für den Künstler bestimmt. Sie sollten zu seiner Instruktion, zur Orientierung bei der Arbeit dienen. Diese Sonderstellung wird noch dadurch unterstrichen, daß ihnen zusätzlich zu dem Gesamtkatalog eine eigene Publikation gewidmet war, die ebenfalls in der Ausstellung erworben werden konnte: 'Recueil de principes élémentaires de peinture, sur l'expression des passions, suivi d'un abregé sur la physionomie, et d'un exposé du systême nommé physiognomonie. Extrait des œuvres de Ch. Lebrun, Winkelmann, Mengs, Watelet, etc. A l'usage des jeunes artistes, et destiné à faciliter leurs études au Musée Central des Arts ...' Sein Autor war Bernard-Jacques Foubert, der als Mitarbeiter von Léon Dufourny, dem 'Administrateur Général du Musée Central', auch an Ausstellung und Gesamtkatalog beteiligt war. In dem 'Recueil' bilden die Bemerkungen zum Ausdruck der Leidenschaften rein quantitativ das Schwergewicht, bedingt besonders durch die zahlreichen kurzen Beschreibungen des Erscheinungsbildes der einzelnen Affekte. Der Text zur Physiognomik diskutiert vorrangig die Frage der Wissenschaftlichkeit der Disziplin und ihrer Bedeutung als Hilfsmittel für die Kunst. Foubert zitierte aus Le Bruns - im Leidenschaftstraktat abgedruckter - Zusammenfassung zur Physiognomik, lehnte sich aber (ohne dies zu benennen) in seiner allgemeinen Einschätzung weitgehend an den Artikel 'Physionomie' an, den Pierre-Charles Lévesque für den von ihm fertiggestellten und 1792 herausgegebenen 'Dictionnaire des arts de peinture, sculpture et gravure' von Claude-Henri Watelet verfaßt hat. Es überrascht dabei, daß der Katalogautor sich relativ zurückhaltend über den Erkenntniswert der Disziplin zeigte, die die Grundlage von Le Bruns Mensch-Tier-Vergleichen bildete und die laut Titel doch dem angehenden Künstler nahegebracht werden sollte. So stellte er erst einmal eine der Physiognomik zugrundeliegende These in Frage, wenn er bemerkte, daß

> "... la conformation du front, du nez, de la bouche; des yeux plus ou moins fendus, plus ou moins ouverts; des cheveux droits, légèrement frisés ou crêpés, ne décident point du caractère des hommes, ni d'un rapport moral entre l'homme et l'animal qui se ressemblent ..."[19].

Einzig den "parties flexibles du visage" wollte er einen gewissen Aussagewert über den Charakter eines Menschen zugestehen, nicht jedoch den "parties immobiles"[20]. Lévesque ging noch weiter, wenn er dem zitierten Gedanken die Bemerkung voranschickte: "La physiognomonie est une science fausse." Und er fügte hinzu, "qu'il est dangereux de croire à cette science, parce qu'il l'est de former sur les hommes des jugemens iniques"[21]. Anders als Mercier schätzte Lévesque jedoch trotz seiner Skepsis über den Erkenntniswert der Physiognomik deren Ergebnisse als wichtig für die Kunst ein. So unterschied er angesichts der Mensch-Tier-Vergleiche von Aristoteles und della Porta zwischen zwei Wahrheiten, einer wissenschaftlichen und einer künstlerischen: "Ce n'est point une vérité physique, mais ce peut en être une pour

Musée Central des Arts. Exposés pour la première fois dans la Galerie d'Apollon; Paris An V (1797), S. 84, Nr. 351 - 354 (zum Leidenschaftsausdruck) und Nr. 355 - 362 (zur Physiognomik).

19 B.-J. Foubert: Recueil de principes élémentaires de peinture, sur l'expression des passions, suivi d'un abregé sur la physionomie, et d'un exposé du systême nommé physiognomonie ; Paris An V (1797), S. 39.

20 Ebd., S. 40.

21 C.-H. Watelet/P.-C. Lévesque: Dictionnaire des arts de peinture, sculpture et gravure; Paris 1792, Bd. 5, S. 20, Stichwort 'Physionomie'.

l'artiste, et je ne crois pas qu'il doive la négliger.'[22] Die Ungereimtheit wird nicht aus der Welt geräumt: Wohlwissend, daß die Physiognomik keine Wahrheiten im eigentlichen Sinne hervorbringen könne (und damit auch keine Wissenschaft sei), empfahl Lévesque den Künstlern die Ergebnisse dieser "falschen" Disziplin:

"Il n'est pas inutile au peintre de connoître quelques-uns des jugemens que les physionomistes ont porté sur la forme de la tête. Quoique ce soient des signes trompeurs, il suffit pour l'artiste qu'ils soient appuyés sur un assez grand nombre d'observations.'[23]

Und auch hier folgte ihm der Katalogautor Foubert, wenn er an seine ablehnenden Äußerungen zur Physiognomik die Überlegung anschloß,

"...que le peintre doit étudier les caractères qui constituent les physionomies regardées comme basses, nobles, hautaines, fines, spirituelles, etc. Ces caractères, au moral, peuvent être trompeurs, mais ils sont vrais pour le peintre."[24]

Der Widerspruch ist nicht zu übersehen: Begründeten die Anhänger der Physiognomik die Bedeutung der Disziplin wesentlich damit, daß deren Erkenntnisse wissenschaftlich fundiert seien und die Kunst sie deshalb zu berücksichtigen habe, so sollten die Ergebnisse nun für die Kunst herangezogen werden, obwohl sie als falsch und unwissenschaftlich eingeschätzt wurden:

"Un homme peut avoir les yeux couverts, et une ame franche. Mais un peintre ne donnera pas des yeux couverts à une figure dans laquelle il veut exprimer la franchise."[25]

Offensichtlich war das Angebot der Physiognomik so reizvoll und wurde die Notwendigkeit, den Charakter einer Person in eine Darstellung einzubringen, als so groß eingeschätzt, daß man ungeachtet der Einwände ihre Ergebnisse für sich nutzbar machen wollte. Der Schritt war von ungeheurer Tragweite: Mit der Entscheidung, wissenschaftlich nicht haltbare, ja sogar bei der bloßen Beobachtung sich als falsch erweisende Urteile aufzunehmen, gab die Kunst den Anspruch auf, Wirklichkeit wiederzugeben. An Stelle dessen trat ein mehr oder weniger abstraktes Zeichensystem, oder - wie es Lévesque und Foubert formulierten - eine eigene, eine künstlerische Wirklichkeit. Die Zeichensprache beruhte zwar auf Beobachtung, war aber eigentlich eine vereinbarte, sie war möglicherweise im Rezeptionsverhalten begründet, nicht aber wissenschaftlich fundiert. Die Darstellung einer Physiognomie gab somit nicht einen Charakter wieder, sondern sie war vielmehr ein Zeichen für einen bestimmten Charakter[26].

Mit diesem Schritt ist letztlich das Eingeständnis verbunden, daß die Kunst die sich ihr stellenden Aufgaben mit den traditionellen Mitteln, das heißt mit der Wirklichkeit entlehnten, wissenschaftlich hergeleiteten Mitteln, nicht zu leisten imstande war. Durch den Verzicht auf den Anspruch, Wirklichkeit wiederzugeben, war es nun aber möglich, guten Gewissens eine moralisch integre Person mit harmoni-

22 Ebd., S. 23.
23 Ebd., S. 25.
24 Foubert (Anm. 19), S. 39.
25 Watelet/Lévesque (Anm. 21), S.21.
26 Ganz ähnlich argumentierte auch der Architekt Jean-Jacques Lequeu in seiner 'Nouvelle méthode appliquée aux principes élémentaires de dessin, tendant à perfectionner graphiquement le tracé de la tête de l'homme au moyen de diverses figures géométriques', Ms, Bibliothèque Nationale, Cabinet des Estampes, Paris, S. 28. Der Frontispiz zu der Abhandlung ist 1792 datiert, entsprechend dürfte die Schrift entstanden sein, auch wenn der Autor im Vorwort behauptet, seine Theorie 1778/79 entwickelt zu haben, ebd., o. S.

schen Gesichtszügen zu versehen, obwohl sie das Äußere eines Schlägers gehabt hat, oder umgekehrt einer niederträchtigen Person eine entsprechende Physiognomie zu verleihen, obwohl ihr wirkliches Antlitz einen solchen Charakter nicht vermuten ließ. Die Kunst verlor damit an Realitätswert, dafür steigerte sich jedoch ihr Ausdruckswert.

Es gilt noch eine andere Frage zu klären, die auf den ersten Blick nebensächlich erscheinen mag: Wie fügen sich die Studien Le Bruns - sowohl zur Physiognomik wie auch zur Leidenschaftsdarstellung - in das Gesamtkonzept der Ausstellung des Jahres V? Stand bei den Initiatoren ein kulturpolitisches Anliegen im Vordergrund, so verfolgten die Ausstellungsmacher - und hierin liegt ein weiteres Novum des Projektes - ein ausgeprägt kunsthistorisches Interesse. Wie im Vorwort zum Katalog bemerkt, ist die Ausstellung das Ergebnis einer ersten Sichtung und kunsthistorischen Aufarbeitung des ungeheuren Sammlungsbestandes. Die Hängung erfolgte nach Schulen und darin chronologisch, soweit dies ausstellungstechnisch möglich war; der Katalog führt, ebenfalls nach Schulen geschieden, die Künstler alphabetisch auf. Die Künstler sind zudem durch Geburts- und Sterbedaten sowie -orte historisch und geographisch genauer beschrieben. Zu einzelnen Blättern finden sich zuweilen bibliographische Angaben, Zuschreibungsfragen, Provenienzen, Themenbeschreibungen, Verweise auf mit ihnen in Zusammenhang stehende Zyklen, Gobelins, Freskos etc.[27] So war die Ausstellung nicht nur die erste Zeichnungsausstellung überhaupt, die einem breiten Publikum die bisher meist im königlichen Besitz verschlossenen Schätze zugänglich machte; sondern sie bemühte sich zudem, mit qualitativ hochstehenden Werken einen Überblick über das Medium Zeichenkunst und deren Geschichte zu geben. Die Kunstwerke wurden als historische verstanden, und ihre Bedeutung erklärt sich zumindest zu einem Teil aus ihrer Historizität. Aus diesem Konzept fallen die hier interessierenden Blätter Le Bruns deutlich heraus, formal, aber auch in der ihnen zugewiesenen Bedeutung. Denn sie sind nicht auf Grund kunsthistorischer Kriterien ausgewählt worden und nicht vorrangig für ein breites Publikum bestimmt, sondern sollten - wie der Zusatzkatalog deutlich formuliert - den zeitgenössischen Künstlern als Vorlagematerial dienen. An keiner Stelle werden sie als historische Objekte eingeschätzt, und Merciers zitierte Kritik zeigt, daß die Blätter von den Ausstellungsbesuchern wie auch von ihm selbst als zeitlose, noch 1797 Gültigkeit beanspruchende Äußerungen angesehen wurden, unabhängig von der Frage, ob der mit ihnen verbundene wissenschaftliche Anspruch akzeptiert wurde oder nicht. So blieben diese Zeichnungen aus dem kunsthistorischen Gesamtprojekt seltsam ausgespart - ein Zustand, dem letztlich auch der Zusatzkatalog Rechnung trug -, ja, sie mußten aus einer historischen Betrachtung ausgeklammert bleiben, um dem Künstler als Vorlage, zur Orientierung dienen zu können. Denn ein einmal als historisch erkanntes Kunstwerk konnte - wie es scheint - für die aktuelle Kunst nicht mehr verbindlich sein, da die Lösung ja eine bereits vergangene war.

Zudem war es offensichtlich nicht möglich, das aktuelle Problem der Wissenschaftlichkeit der Physiognomik an Hand von Beispielen zu diskutieren, denen man

27 Siehe Ausst.-Kat. 'Notice des dessins originaux' (Anm. 18) und Ausst.-Kat. L'An V (Anm. 17), besonders S.13 - 15.

vor allem ein historisches Interesse entgegenbrachte. Selbst wenn man der Physiognomik die Wissenschaftlichkeit absprach, so entzog sich doch allein die Frage nach deren Erkenntniswert einer historischen Betrachtungsweise. Entsprechend mußte das Anschauungsmaterial als "zeitlos" erachtet werden. Dieser Widerspruch zwischen dem Gesamtkonzept der Ausstellung und dem Teilaspekt der Physiognomie- und Leidenschaftsstudien war den Ausstellungsmachern bewußt, er war gewollt. Es war geradezu Sinn des Zusatzkataloges, diese Arbeiten Le Bruns für die skizzierte Aufgabe von einer vorrangig historischen Betrachtungsweise freizuhalten.

Eine unmittelbare Folge der Ausstellung war die Publikation von 1806, von der unsere Überlegungen ihren Ausgang genommen haben. Die Veröffentlichung des aufwendigen, großformatigen Bandes, mit dem zum ersten Mal eine Rekonstruktion der Le Brunschen Theorie in Zusammenhang mit einer Auswahl der Illustrationen versucht wurde, ging von derselben Institution aus wie auch die Ausstellung im Jahre 1797 mit ihren Katalogen. Es war dies die Verwaltung des 'Musée Central des Arts' beziehungsweise nun 1806 des 'Musée Napoléon'. Autor des Textes war Louis-Jean-Marie Morel d'Arleux, seit 1797 'Garde des Dessins et des Planches Gravées' und seit 1802 'Conservateur des Dessins et Estampes', produziert wurde das Ganze in der 'Calcographie' des Museums. Damit war die Publikation ein quasi offizielles Projekt.

Der Band umfaßt eine kurze Einführung, die vor allem der Frage nach dem Verbleib des verschollenen Orginalmanuskriptes nachgeht, den Hauptteil, in dem Morel d'Arleux (hauptsächlich auf Grundlage von Nivelons Angaben) eine Rekonstruktion von Le Bruns Theorie versuchte, und einen Auszug der die Physiognomik betreffenden Passagen aus Testelins 'Conférence' 'Sur l'expression générale et particulière'.

Morel schickte seinem Rekonstruktionsversuch einige klärende Bemerkungen voraus, die letztlich mehr über ihn selbst und seine Ansichten als über diejenigen von Le Brun aussagen. Danach soll es Le Brun nicht darum gegangen sein, mit seinen physiognomischen Mensch-Tier-Vergleichen irgendwelche Analogien im Wesen der entsprechenden Menschen und Tiere zu behaupten. An einer Nutzbarmachung der Physiognomik sei der Künstler - glaubt man den Formulierungen - nicht interessiert gewesen, wie auch insgesamt Morel d'Arleux-Le Brun dieser Disziplin nicht sonderlich aufgeschlossen gegenüberzustehen schien. Ein mögliches Zusammengehen wissenschaftlicher oder auch nur pseudowissenschaftlicher Gesichtspunkte mit künstlerischen, wie es 1797 von dem Autor des 'Recueil' Foubert noch in Erwägung gezogen worden war, schied für Morel d'Arleux aus. Le Brun habe vielmehr bei seinen physiognomischen Studien ausschließlich die Kunst und deren Anliegen vor Augen gehabt: "Son dessein ... ne tendait qu'à l'avancement des arts."[28]

Le Brun suchte nach Ansicht von Morel d'Arleux in der Antike nach Darstellungstypen, in denen eine Beziehung zwischen den Gesichtszügen und dem Charakter der Personen zum Tragen kommt. So habe er in der Figur des Antonius (Marc Aurel) einen Typus gefunden, "propre à représenter les amis de la vertu et de l'humanité", und in derjenigen des Nero "les signes qui décèlent un méchant homme"[29] (Abb.20). Um die Berechtigung einer solchen Typenbildung zu untermau-

28 Morel d'Arleux (Anm. 5), S. V.
29 Ebd., S. VI.

ern und die dabei relevanten Kriterien aufzuzeigen, machte Morel d'Arleux einen langen, erhellenden Exkurs über die Frage, wie die Griechen ein festes Darstellungsschema für ihre Götter entwickelt haben. Wenn die Tugend den Menschen der Göttlichkeit annähere - so die Überlegung -, kann damit, quasi im Gegenzuge, Göttlichkeit als höchstes, aus dem Menschen herausdestilliertes Ideal begriffen werden. So sei es wahrscheinlich, daß die Griechen das Bild ihrer Gottheiten aus ihrem eigenen Bild hergeleitet haben, derart daß "la beauté seule fournit les traits qui convenaient aux dieux"[30]. Es gibt also eine unmittelbare Korrespondenz zwischen einem ästhetischen und einem moralischen Ideal. Diese Überlegungen haben eine Parallele, wenn nicht sogar ihren Ursprung in Winckelmanns 'Geschichte der Kunst des Alterthums' (1764), die kurz nach Erscheinen auch in einer französischen Übertragung zugänglich war[31]. Dort heißt es:

> "Die höchste Schönheit ist in Gott, und der Begriff der menschlichen Schönheit wird vollkommen, je gemäßer und übereinstimmender derselbe mit dem höchsten Wesen kann gedacht werden ..."[32]

Und so erläuterte Morel d'Arleux in Anlehnung an Winckelmanns Schrift die Vorgehensweise, wie die Griechen ihre Götter dargestellt haben[33], um daraus Regeln für die Wiedergabe von Menschen herleiten zu können.

Ergebnis der Bemühungen der Griechen war nach seiner Meinung ein abgestuftes System, in dem jedem Gott ein seiner Macht und seinen Fähigkeiten gemäßer, verbindlicher Darstellungstypus zugewiesen wurde (Abb.21). Es überrascht nicht weiter, daß dabei von der Wirklichkeit abgehoben wird, denn eine menschliche Schönheit genüge nicht zur Versinnbildlichung göttlicher Eigenschaften:

> "Peu satisfaite de la simple imitation de la beauté humaine, trop frequement altérée dans quelquesunes de ses parties, les Grecs voulurent s'élever au-dessus de la nature, et concurent une beauté idéale telle qu'elle pourrait physiquement exister, mais qui ne fut jamais enfantée que par une imagination ardente et sensible."[34]

Zur besseren Charakterisierung - so fuhr Morel d'Arleux fort - wurden Vergleiche aus dem Tierreich herangezogen: So erhielt der König der Götter Züge vom König der Tiere (Abb.22) und weist das Aussehen des Herkules Parallelen mit demjenigen eines kraftvollen und unbezwingbaren jungen Stieres auf. Der Rückgriff auf tierische Physiognomien diente jedoch nicht nur zur Charakterisierung der Götter, sondern auch zu ihrer besseren Unterscheidung.

Aus dieser an der Antike beobachteten Vorgehensweise entwickelte Le Brun nach Morel d'Arleux seine Vorstellungen, wie Typen für bestimmte Charaktere herzuleiten seien, etwa in den bereits erwähnten Figuren des Antonius (Marc Aurel)

30 Ebd.
31 Im 'Journal Encyclopédique' erschien in den Nummern vom 1. und 15. Oktober, 1. und 15. November und vom 1. Dezember 1764 eine umfangreiche Besprechung, die über weite Strecken den Text Winckelmanns referierte. 1766 wurde in Paris eine erste, wenn auch schlechte, vollständige Übersetzung veröffentlicht.
32 J.J. Winckelmann: Geschichte der Kunst des Alterthums, in: ders.: Kunsttheoretische Schriften; Baden-Baden/Strasbourg 1966 (= Studien zur Deutschen Kunstgeschichte, Bd. 343), Bd. 5, S. 149.
33 Vgl. ebd., S.148 - 166.
34 Morel d'Arleux (Anm. 5), S. VI.

und des Nero. Die typisierten Götterdarstellungen wurden damit auch für profane Themen nutzbar gemacht, wurden auf Menschen übertragen, denen man ähnliche Charaktereigenschaften zuweisen mochte. So hätten zum Beispiel bei der Wiedergabe des Antonius-Kopfes auch Formen Eingang gefunden, mit denen die griechischen Künstler Jupiter auszuzeichnen pflegten:

> "... un ovale de proportion agréable, une division symmétrique semblable à celle que les artistes grecs ont donnée à Jupiter, des yeux séparés par une distance convenable et placés sur une ligne horizontale, des paupières pleines et couronnées de sourcils épais, un front large et élevé, un nez droit et légèrement aquilin."

Auf diese Darstellung sollte der zeitgenössische Künstler wiederum zurückgreifen, wenn er "un homme d'une vertu éminente, et même un dieu"[35] zeigen wolle.

Und es sind genau die beschriebenen Formen, die in die offizielle Napoleon-Ikonographie Eingang fanden, welche seit dem Konsulat ein zunehmend festes, von der Wirklichkeit weitgehend unabhängiges, sogar zum Teil abweichendes Bild des Herrschers etablierte. Die Entwicklung eines solchen Typus war Gegenstand staatlicher Kulturpolitik, zu deren Aktivitäten ebenfalls die Ausstellung von 1797 und die Publikation von 1806 gehörten. Die Institution, der in diesem Zusammenhang eine besondere Bedeutung zukam, war die Münze. Sie unterstand, wie das Museum und die 'Calcographie', dem 'Directeur Général des Musées et de la Monnaie des Médailles'. Diese Position hatte seit 1804 Dominique Vivant Denon inne, der auch die Publikation von Morel d'Arleux mit einem Vorwort einleitete. Die Gegenüberstellung des Profils des Antonius (Abb.20 oben) und einer anläßlich der Kaiserkrönung entstandenen Medaille mit dem Porträt Napoleons von André Galle (1804, Abb.23) zeigt, daß Morels Ratschlag an die zeitgenössischen Künstler zur Wiedergabe eines tugendhaften Menschen beherzigt worden ist, auch wenn es sich hier nicht um eine unmittelbare Abhängigkeit gehandelt haben wird.

Ein Vergleich der zitierten Beschreibung der Physiognomie des Antonius wie auch der dazugehörenden Illustration mit Jean-Auguste-Dominique Ingres' zeitgleichem Porträt Napoleons (1806, Abb.24) erweist ebenfalls, daß die hier diskutierten Überlegungen nicht lediglich theoretischer Natur waren, sondern durchaus ihren Niederschlag in der Kunst gefunden haben. Das für den 'Corps Législatif' im Palais Bourbon bestimmte offizielle Bild wurde noch im Entstehungsjahr auf dem Salon gezeigt. Dort rief es bei den Kritikern Irritationen hervor. Es wurde die Stilisierung der Figur bemängelt, die Ingres in Anlehnung an byzantinische Herrscherdarstellungen und die antike Jupiter-Ikonographiegestaltet hatte, besonders wurde die mangelnde Ähnlichkeit des Porträts hervorgehoben[36]. Jedoch hatte der Künstler bewußt

35 Ebd., S. X.

36 Zu dem Bild und den Kritiken s. Ausst.-Kat. Ingres; Paris (Petit Palais) 1967/68, S. 32-34, Kat.-Nr. 17, und Ausst.-Kat. De David à Delacroix. La peinture française de 1774 à 1830, Paris (Grand Palais) 1974/75, S. 493 - 495, Kat.-Nr. 104. So erkannte z.B. der vom Innenministerium um eine Stellungnahme gebetene J.-F.-L. Mérimée ein wesentliches Merkmal des Bildes, wenn er in seinem Gutachten vom 24.8.1806 hervorhob: "J'y ai remarqué des beautés de premier ordre, mais malheureusement de l'ordre de celles qui ne sont appréciées que par les artistes et je ne pense pas que ce tableau puisse avoir aucun succès à la cour ... le portrait de Mr. Ingre ne ressemble aucunement et dans un portrait la ressemblance est aux yeux du public une qualité indispensable, qui rachette bien des fautes et qu'aucune beauté ne peut compenser. C'est pourtant une belle idée d'avoir dans sa composition évité tout ce qui pouvoit rappeller les portraits de nos souverains

- ganz im Sinne von Morel d'Arleux - auf eine Wirklichkeitsnähe verzichtet, um so darüberhinausgehende Informationen einbringen zu können. Die Deutung, die der Physiognomie mit Hilfe dieses Schrittes unterlegt wurde, entspricht der Charakterisierung des Antonius, beziehungsweise Marc Aurel: Napoleon als moralisch integrer, humaner Herrscher, der in seiner Güte der menschlichen Realität etwas entrückt zu sein scheint und bereits gottähnliche Züge besitzt. Berücksichtigt man, daß das Bild für die Gesetzgebende Versammlung bestimmt war, so scheint auch der von einem Kritiker formulierte Vorwurf nicht berechtigt zu sein, die Darstellung lasse die Kraft des Heerführers Napoleon, des Siegers von Austerlitz, vermissen. Sie war an diesem Ort nicht gefragt. Das Bild sollte hier einerseits die beanspruchte Autorität unmißverständlich klar machen, bemühte sich aber zugleich auch - kurz nach der Kaiserkrönung -, diesen Anspruch durch den Verweis auf die vermeintliche Humanität des Herrschers zu rechtfertigen. Der Rückgriff auf Le Bruns Vorlage aus dem Leidenschaftstraktat zu 'La tranquilité' (Abb. 23a) trägt zu diesem Charakterbild des Herrschers bei und unterstreicht die Zeichenhaftigkeit der Darstellung[37].

Zurück zur Publikation aus dem Jahre 1806. Als Grundlage des Le Brunschen Systems erscheinen darin die Mensch-Tier-Vergleiche. Mit Ausnahme von vier Abbildungen sind alle 36 Illustrationen diesem Thema gewidmet. Morel d'Arleux betonte indes, daß die Mensch-Tier-Vergleiche nicht im Sinne einer physiognomischen Disziplin verstanden werden dürften, die in dem Wesen eines Menschen auf Grund gewisser äußerer Ähnlichkeiten mit einem Tier einzelne Charaktereigenschaften sehen will, die diesem Tier zugewiesen werden. Sie sind vielmehr notwendige Hilfsmittel, um Zeichen zu entwickeln, "à l'aide desquels on pût mesurer l'étendue des facultés, distinguer l'instinct naturel à chaque espèce, et le penchant particulier à chaque individu"[38].

Wie Foubert 1797 wollte auch Morel d'Arleux ein Zeichensystem entwickelt wissen, das dem Künstler die Möglichkeit gibt, den Charakter seiner Protagonisten einzubringen. Beide sahen in Le Bruns Studien einen Ansatz zu einem solchen System. Damit erschöpfen sich aber auch bereits die Gemeinsamkeiten. Denn Foubert - und mit ihm Lévesque - wollte die Zeichen wissenschaftlich beziehungsweise pseudowissenschaftlich herleiten: So falsch die Physiognomik als Wissenschaft auch sein mochte, es bestand doch in seinen Augen die Möglichkeit, sie für die Kunst nutzbringend einzubinden. Für Morel d'Arleux verschloß sich dieser Weg.

modernes mais cette idée a été porté trop loin." Als vermeintliches Vorbild sah Mérimée dabei die Darstellungen Karls d.Gr. Abschließend empfahl er, das Bild zurückzuweisen. Mérimée war also durchaus sensibel für die Eigenheiten des Bildes, wollte jedoch Ingres' Lösung nicht akzeptieren. Das Schreiben Mérimées ist, hg. von H. Bessis, wiedergegeben in: Archives de l'art français, Nouv.pér., Bd. 24 (1969), S. 89f., die zit. Passage ebd., S. 90.

37 Zu der Zeichenhaftigkeit des Bildes s. auch M.P. Driskel: Icon and Narrative in the Art of Ingres, in: Arts Magazine 56, no. 4 (1981), S. 100-102, und U. Fleckner: Napoleon als thronender Jupiter. Eine ikonographische Rechtfertigung kaiserlicher Herrschaft, in: Idea, 8 (1989), S. 121 - 134. Die Ausführungen der beiden Autoren konzentrieren sich auf die Kompositionsform und auf mögliche ikonographische Vorlagen und deren Bedeutung für die Interpretation des Porträts. Die hier interessierende Frage der Wirklichkeitsnähe der Darstellung, insbesondere bei der Darstellung der Physiognomie, ist nicht Gegenstand ihrer Untersuchung.

38 Morel d'Arleux (Anm.5), S. XI.

Zwar stand auch er der Disziplin und ihrem Erkenntniswert skeptisch gegenüber; dies war jedoch nicht der eigentliche Grund für seine ablehnende Haltung. Ihn interessierte die Frage der Wissenschaftlichkeit der Physiognomik nur am Rande. Er wollte vielmehr die Kunst freihalten von Außeneinflüssen. Das von ihm angestrebte Zeichensystem schloß jegliche wissenschaftliche Allusion aus, es war ästhetisch begründet. Damit entwickelte die Kunst eine eigene Sprache, die sich nicht nur gegenüber wissenschaftlichen Einflußnahmen verschloß, sondern auch einer Befragung durch wissenschaftliche Kriterien. Ein Kunstwerk - zumindest ein nach diesen Kriterien entstandenes Kunstwerk - wollte ästhetisch gelesen werden, nicht wissenschaftlich beziehungsweise pseudowissenschaftlich. Die Physiognomik, oder allgemeiner, die Wissenschaften hatten in diesem System keinen Platz mehr.

Mit dem Schritt der Entwicklung einer künstlichen Zeichensprache hielt sich die Kunst zugleich die Möglichkeit offen, eine moralische Disziplin zu sein. Dieser Weg hätte sich bei einer Konzentration auf die Frage der Wissenschaftlichkeit der Ergebnisse der Physiognomik zunehmend verschlossen. Wie der bei Lavater unübersehbar moralische Zug ausgespart werden mußte, um die Wissenschaftlichkeit der Physiognomik zu gewährleisten, so war es umgekehrt notwendig, in der Kunst den wissenschaftlichen Aspekt auszuklammern, um die moralische Dimension eines Kunstwerks zu retten.

Die Argumentation Morel d'Arleux' ist deutlich Winckelmanns 'Geschichte der Kunst des Alterthums' verpflichtet. Dies betrifft einzelne Details, wie den genauen Vergleich der Physiognomien von Jupiter und Herkules mit denjenigen eines Löwen und eines jungen Stieres, die Morel bis in einzelne Formulierungen übernahm - eine Passage, die im übrigen ebenfalls von Lévesque und Foubert zitiert worden ist; dies betrifft aber auch den Grundtenor. Das Konzept Morel d'Arleux' fügt sich bruchlos in die idealistischen Vorstellungen Winckelmanns, daß das ästhetisch Schöne mit dem moralisch Guten einhergehe. Hier wurde die Physiognomik auf ihre ästhetischen Wurzeln zurückgeführt, denn bis zuletzt hatte die Disziplin sich nicht davon freimachen können, ihren Überlegungen ein Raster zu unterlegen, das letztlich ästhetischer Natur war.

Diese Überlegungen und Ansätze zu einer Zeichensprache - denn von einem ausgearbeiteten System konnte noch nicht die Rede sein - fanden ihre konsequente Weiterentwicklung in dem 'Essai sur les signes inconditionnels dans l'art' von David-Pierre-Giottino Humbert de Superville (1827-1832). Der Autor beschränkte sich indes nicht auf die menschliche Physiognomik. Sein System ist umfassender und bewegt sich zugleich auf einem höheren Abstraktionsniveau. Superville lebte von 1800 bis 1802 in Paris, somit gerade zu der Zeit, als die für unsere Fragestellung relevanten Überlegungen angestrengt worden sind. Auch wenn seine eigentliche intellektuelle Prägung im Rom der neunziger Jahre stattgefunden hat, so ist doch nicht auszuschließen, daß von der hier verfolgten Diskussionen wichtige Impulse auf ihn ausgingen[39].

39 Siehe D.-P.-G. Humbert de Superville: Essai sur les signes inconditionnels dans l'art; Leiden 1827 - 1832. Barbara Stafford hat sich in ihrer grundlegenden Untersuchung: Symbol and Myth. Humbert de Superville's Essay on Absolute Signs in Art; London 1979, mit der Bedeutung der Schrift Supervilles auseinandergesetzt. Die hier verfolgte Diskussion um die Physiognomik und

Die Ausstellung von 1797 zeitigte noch eine weitere Folge. 1807 erschien im neunten Band der von Moreau de la Sarthe neu bearbeiteten Lavater-Ausgabe auch eine Auswahl der physiognomischen Studien Le Bruns[40]. In der Originalausgabe waren sie nicht anzutreffen, Lavater hatte sie offensichtlich nicht gekannt. Jedoch ersetzten bereits in der französischen Übersetzung Illustrationen nach Simonneaus Le Brun-Drucken die Mensch-Tier-Vergleiche der deutschen Edition, die Giovanni Battista della Portas 'De humana physiognomia' (zuerst 1586) entnommen waren[41]. In Ermangelung des Le Brun-Textes unterlegte Moreau die Illustrationen mit Auszügen aus della Portas Schrift, die seit 1655 und 1660 auch in französischen Ausgaben vorlag[42]. Für den Mediziner Moreau besaßen die Zeichnungen Le Bruns durchaus einen ernstzunehmenden wissenschaftlichen Wert. Es erstaunt, daß Moreau neben der Testelinschen Zusammenfassung auch den gesamten Text von Morel d'Arleux abdruckte. Die schlechte Quellenlage ließ ihn wohl auf diesen Rekonstruktionsversuch zurückgreifen. Eine inhaltliche Auseinandersetzung mit den darin angestellten Überlegungen findet jedoch nicht statt.

Es ergibt sich damit die überraschende Situation, daß dasselbe Material, dieselben Zeichnungen beziehungsweise Reproduktionen zur gleichen Zeit völlig unterschiedlich gelesen werden konnten. Sie konnten abweichenden Argumentationen dienen, Argumentationen, die einander sogar ausschlossen. Es war also möglich, dasselbe Bild zugleich als ein rein ästhetischen Normen genügendes Zeichen zu verstehen wie auch als Ergebnis wissenschaftlicher Fragestellungen, als wissenschaftlichen Ansprüchen genügendes Anschauungsmaterial, ohne daß dabei aber die eine Deutungsmöglichkeit in die andere einginge. Beide blieben streng getrennt. Die unterschiedlichen Lesarten schlugen sich noch nicht einmal in der Gestaltung der Stiche nieder. Denn legt man die Le Brun-Ausgabe von 1806 neben Moreaus Band aus dem folgenden Jahr und zieht noch die Orginalzeichnungen hinzu, die Foubert 1797 vor Augen gehabt hatte, so lassen sich keine Unterschiede erkennen, die solch voneinander abweichende Lesarten nahelegen, rechtfertigen würden. Und 1807 dienten in der Lavater-Ausgabe dieselben Abbildungen zur Illustration der einen wie auch der anderen Deutung. Diese Beobachtung beschreibt die Situation, daß sich die Disziplinen noch mit demselben Material beschäftigten, jedoch bereits getrennte Wege beschritten.

die damit verbundene Fragestellung streift Stafford jedoch nur am Rande, wie sie auch die im Mittelpunkt dieser Untersuchung stehenden Texte nicht berücksichtigt.

40 Lavater (Anm. 10); Paris 1807, Bd. 9, S. 85 - 166.

41 Sicherlich kam man damit einem Anliegen Lavaters entgegen, der trotz einer starken Kritik an della Portas Illustrationen zu den Mensch-Tier-Vergleichen diese in den vierten Band, S. 56 - 59, seiner 'Physiognomischen Fragmente' aufgenommen hatte.

42 Es sei hier lediglich erwähnt, daß nur kurz zuvor, im Jahre 1803, der Mediziner Robert Textauszüge von della Porta in die zweite Auflage seines Essai sur la mégalanthropogénésie aufgenommen hatte, siehe L.-J.-M. Robert: Nouvel essai sur la mégalanthropogénésie', ou l'art de faire des enfants d'esprits ... Suivi des traits physiognomoniques propres à les faire reconnoître, décrits par Aristote, Porta et Lavater, avec des notes additionelles de l'auteur, 2 Bde.; Paris 1803. 1808 sollte schließlich in Paris eine neue Ausgabe des Werkes von della Porta erscheinen: Le physionomiste, ou l'observateur de l'homme considéré sous les rapports de ses mœurs et de son caractère, d'après les traits du visage, les formes du corps, la démarche, la voix, le rire. Avec des rapprochemens sur la resemblance de divers individus avec certains animaux.

Das Verhältnis Kunst - Physiognomik hat sich in der zweiten Hälfte des 18. Jahrhunderts grundlegend verändert. War man bis zu den achtziger Jahren im allgemeinen bereit, das Angebot der Physiognomik anzunehmen, so wurde in den neunziger Jahren deutlich, daß ein solches System, das von der Kunst ein wissenschaftliches Vorgehen verlangte, diese mehr und mehr einengte. Zudem geriet die Physiognomik in der Wissenschaftsdiskussion in Legitimationsdruck. Hatte der von den Anhängern der Physiognomik auch in Frankreich immer wieder angeführte Johann Gottfried Herder 1778 noch behaupten können:

> "Und dies alles sind keine Kunstregeln, keine studirte Uebereinkommnisse, es ist die natürliche Sprache der Seele durch unsern ganzen Körper, die Grundbuchstaben und das Alphabet alle dessen, was Stellung, Handlung, Charakter ist und wodurch diese nur möglich werden."[43]

- so zeigte sich bald gerade in der von ihm abgelehnten Einschätzung ein Ausweg. Er eröffnete der Kunst ein Spektrum neuer Ausdrucksmöglichkeiten.

Die Publikation von 1806 markiert den wesentlichen Einschnitt in dieser Entwicklung. Hier wurde der Bruch mit der sich als Wissenschaft gebärdenden Physiognomik vollzogen, und zwar - und dies ist von großer Bedeutung - unabhängig von der Frage, ob sie und ihre Ergebnisse ernstzunehmen seien oder nicht. Letzteres war der Stand der Diskussion von 1797 gewesen. Zwar hatte man damals das Zusammenspiel, die Einheit von Kunst und Wissenschaft bereits als brüchig erkannt, wollte sie aber noch nicht aufkündigen. Was gegen die Physiognomik sprach, war ihre wissenschaftliche Fragwürdigkeit gewesen. Dieser Punkt interessierte 1806 nicht mehr. Die Kunst hatte sich nun aus einer Diskussion mit den Wissenschaften - zumindest in diesem Punkt - zurückgezogen[44]. Sie hatte offensichtlich einsehen müssen, daß sie von der wissenschaftlichen Diskussion überfordert war, daß diese sie an ihren eigentliche Zielen vorbeiführte. So entzog sie sich den wissenschaftlichen Anforderungen und setzte diesen selbstbewußt ihre eigenen Gesetzmäßigkeiten entgegen. Der Versuch, ein ästhetisch begründetes Zeichensystem zu entwickeln, war somit Teil des Bemühens, sich auf die eigenen Bedürfnisse und Notwendigkeiten zu besinnen, sich des von außen aufgeladenen Ballasts zu entledigen, zugleich aber auch der Suche nach neuen Ausdrucksmöglichkeiten, wie die angeführten Napoleon-Bildnisse zeigen. Dieses von Morel d'Arleux in Rückgriff auf Winckelmann historisch hergeleitete System mußte sich einer Rückbesinnung auf die wie auch immer eingeschätzte wissenschaftliche Physiognomik enthalten, wollte es nicht seines ästhetischen Wertes verlustig gehen. Andererseits machte es die historische Herleitung und die ästhetische Determiniertheit dieses Systems der Wissenschaft unmöglich, ihrerseits auf die Ergebnisse der Kunst zurückzugreifen. So fand zwischen den beiden Lesarten kein Austausch statt, konnte kein Austausch mehr stattfinden. Sie waren an diesem historischen Punkt nicht mehr vereinbar.

43 J.G. Herder: Plastik. Einige Wahrnehmungen über Form und Gestalt aus Pygmalions bildendem Traume, in: ders., Sämtliche Werke, Hg. B. Suphan; Berlin 1892, Bd. 8, S. 58.

44 Dies schließt nicht aus, daß einzelne Künstler sich weiterhin intensiv mit der Fragestellung auseinandersetzten, etwa im Rahmen der 1831 gegründeten 'Société phrénologique de Paris', der zum Beispiel David d'Angers angehörte. Siehe Ausst.-Kat. Danton Jeune. Caricatures et portraits de la société romantique. Collections du Musée Carnevalet; Paris (Maison de Balzac) 1989, S. 50 - 59.

DAVID'S 'LEONIDAS AUX THERMOPYLES' IN THE ART-CRITICISM OF THE RESTAURATION*

Marijke Jonker

It is often thought that critics writing during the Restauration believed that a chasm of immeasurable depth separated the works of David and those of his younger colleagues, who rose to fame during this period. By tracing the reception of David's most enigmatic painting, 'Léonidas aux Thermopyles' (fig.25), I will try to demonstrate that some critics felt that similarities existed between the composition and emotional impact of 'Léonidas' and the same aspects of the history-paintings created during the Restauration.

David's reputation during the Restauration

From 1816 until his death in 1825, David lived in exile in Brussels. His refusal to ask forgiveness for voting the death of Louis XVI in 1793 effectively barred his return to Paris .

His political and artistic friends campaigned for his return, because they wanted David to retake the place which he had left vacant: that of leader of the French School of painting. David's pupils proved incapable of taking Neo-Classicism any further after the master had left for Brussels.

Before 1819, small "troubadour" paintings were the most important manifestation of Romanticism. In that year, the first important Romantic statement was made by Géricault, with his large history-painting 'Le radeau de la Méduse' (fig.26), an obvious attempt at working in the Davidian tradition of history-painting, while at the same time renewing it. Géricault's death, in 1824, shattered the hopes of those who had thought of him as David's successor. The controversial works shown by Delacroix, Scheffer, Sigalon and others at the Salon of 1824, gave rise to violent disputes about the direction which the French School should take. In 1827 it had become clear that the Neo-Classicists had lost their hold upon French painting and that the painters referred to by the critics as Romantics and moderate Romantics had taken the lead in shaping a modern French School.

The works which David sent to Paris during his exile could hardly convince the critics that the master was still in touch with the great Neo-Classicist principles. He showed an undesirable propensity for drawing and colouring the human body realistically, especially in his 'Amour et Psyché' of 1817. David made Amor look more like a streetboy than a Greek god. His down-to-earth looks and behaviour contrasted with the heavily idealized form of Psyche in a way which shocked the critics of 1817.[1] When David's last painting, 'Mars désarmé par Vénus et les Graces',

* I wish to thank the Netherlands 0rganization for Scientific Research (NW0) for financing the research project on the results of which this article is based, and the Netherlands Institute in Paris for its hospitality. I would equally like to thank Dr. H. W. van Helsdingen and Drs. H. E.M. Braakhuis for their valuable remarks.

1 See D. Johnson: Desire demythologized. David's L'Amour quittant Psyche, in: Art History 9 (1986), pp. 450-470.

was exhibited in Paris, only a few weeks before the opening of the Salon of 1824, some critics adhering to Classicist ideas commented that this unearthly mythological scene was incongruously peopled with gods who looked almost like portraits of ordinary human beings. They thought that if David wanted to develop his work in a new direction, this painting did not present convincing evidence for the rightness of his decision. Indeed, 'Mars désarmé par Vénus et les Graces' looked like the work of a very young man, audacious, but far from perfect.[2] Needless to say, this criticism also held good for the works of the young painters who competed for the part of leader of the French School at the Salon of 1824.

From this we must conclude that David's ascendancy over the French School was, during the Restauration, no longer uncontended even by his admirers. David's reputation as an exemplary artist, a guiding star for young painters, rested upon the works completed before the master went into exile. From these works, beginners could learn beautiful and idealized drawing of human figures, which not only conservative critics, but also some of those who supported the right to freedom for young artists, regarded as the very base of art. Adolphe Thiers, who defended Delacroix's 'Massacre de Scio' (fig.27) in 1824 and who pleaded the artist's right to depict scenes from recent history realistically, maintained that human figures showing Davidian beauty and grandeur were the means through which such scenes could be safeguarded against banality.[3]

The critics writing during the Restauration were well aware of the fact that David had changed his manner and choice of subject several times during the course of his career. They thought that David had mastered the principles of ancient Greek art only relatively late in life. Their opinion was that the works which had earned David his fame as a renewer of French art, 'Le Serment des Horaces' and 'Brutus', from the seventeen-eighties, showed the influence of antique Roman bas-reliefs.[4] No doubt, their refusal to see these works as the culmination of David's career, had something to do with the way in which, during the Revolution, the Jacobins had used them as vehicles for their ideas about Republican virtue. The state-commissioned paintings from the Revolutionary and Napoleonic periods were considered both too realistic and too politicized to serve as examples to young painters.

The critics' almost unanimously expressed opinion was, that the results of David's exploration of the possibilities of the Greek sculptural style became fully visible only in 'Les Sabines' (fig.30), dating from 1799 and 'Léonidas aux Thermopyles', created between 1799 and 1814. They saw in every figure depicted in these paintings a perfect rendering of the human body, to be admired for its own sake and worthy of emulation by other painters.[5] The Bourbon government seems to have held an equally high opinion of these two works. In 1819, the royal art collection acquired

2 Anonymous: Mars désarmé par Vénus et les Grâces, tableau de M. David, in: Le Constitutionnel, 11-6-1824, p. 3. P. A. Coupin: Beaux-Arts. Peinture. Mars désarmé par Venus, l' Amour et les Grâces, in: Revue encyclopédique 22 (1824), pp. 771-772.

3 A. Thiers: Beaux-Arts. Exposition de 1824. (Deuxième article), in: Le Globe, 17-9-1824, p. 8.

4 P. A. Coupin: Notice nécrologique sur Jacques-Louis David, peintre d'histoire, in: Revue encyclopédique, 34 (1827), p. 57.

5 Coupin (ann. 2), p. 770.

them both. Through this decision, 'Les Sabines' and 'Léonidas' received the stamp of official approval as exemplary paintings, regardless of the political choices made by their creator. The Royalist press did not fail to stress the magnanimity and artistic knowledge displayed by the Royalists in this politically delicate matter.[6]

Among the critics who dared to criticize the way in which David had depicted the human figure in 'Les Sabines' and 'Léonidas', P. A. Coupin, one of the best informed critics writing on David during the Restauration, stands out. He detected in 'Léonidas' the first signs of the realism in rendering human bodies that would become so disconcerting to many in David's Post-Napoleonic work.[7] And then there is of course Stendhal's famous Salon of 1824, claiming that copying Greek statues, the mainstay of David's teaching system, invited thoughtless, mechanical drawing and killed all creativity.[8]

Ambiguity in David's history-paintings

There was nothing really new to the mixed responses to David's work during the Restauration. From the very start of his campaign for the purification of French painting, around 1780, his work, especially the history-paintings depicting scenes from Classical Antiquity, had been criticized as well as praised. Always there were some aspects of his paintings which seemed totally beyond the critics' comprehension. Their main problem appears to have been David's refusal to center the composition of his paintings around a protagonist or main action. Every person or group in his works seems equally important, and the paintings lack unity of action. This defect, if it is one, is visible in both 'Le Serment des Horaces' and 'Brutus'.[9] The basic rule of unity of action which history-painters were required to follow prescribed that, in order to make a painting immediately comprehensible to the beholder, all incidents depicted should relate to the main action of the painting. Painters were required to show an event not as it had taken place, but adapted to the demands of unity of action. They could reach this through the clever use of lighting, grouping, easily understandable body movement and facial expression, the so-called "peinture d'expression".

The example of 'Brutus' may serve to clarify the problems caused by David's refusal to make use of unity of action in his paintings. In this work, David depicted the plight of the Roman senator Lucius Junius Brutus, who ordered his sons to be executed, as a punishment for their conspiracy against the Roman Republic. Although the viewer knows Brutus to be the protagonist of the painting, his attention is drawn to the bodies of Brutus' sons, which are being carried into the house by lictors, and to Brutus' wife and daughters, who show their grief and horror at this sight. A broad

6 Gazette de France, 4-7-1822, p. 3.

7 "... il s'est principalement proposé pour modèle la nature dans toute sa vérité. Ce n'est donc pas le peintre des Sabines que l' on a sous les yeux, mais le peintre du Léonidas et de l'Amour et Psyché." Coupin (ann. 2), p. 772.

8 Stendhal: Salon of 1824, reprinted in: Mélanges d'art; Paris 1932, pp. 42-43.

9 See for instance Th. E. Crow: Painters and public life in Eighteenth Century Paris; New Haven 1985, pp. 211-258.

bundle of daylight reaches into the room through the open door, highlighting both the bodies and the group of women, while Brutus sits brooding in the shadow, in the foreground of the painting. The result of this manipulation is that the viewer's thoughts are drawn not only to Brutus' act of civic virtue, but also to its consequences: grief and rupture within the family. 'Brutus' belongs to the category of "exemplum virtutis" paintings, meant to teach the viewer his duties as a citizen. However, its ambiguities make it possible to interpret the painting as a depiction of the conflict between duty towards the state and towards the family, or even as a protest against the demands made by the state on its citizens. The same goes for 'Le Serment des Horaces'.

The Jacobins, with whom David became affiliated during the Revolution, propagated the idea that civic virtue goes before family-interest. They chose to interpret both 'Brutus' and 'Le Serment des Horaces' as perfect depictions of this harsh, unmitigated sense of duty. David never contested the correctness of this interpretation. However, after Robespierre's downfall, he stopped mingling in politics, and his next great history-painting, 'Les Sabines' (1799), seems a denial of the values preached by the Jacobins. The painting shows the Sabine men, attacking Rome to revenge the abduction of their women by the Romans a few years earlier. The abducted women, happy in their life with their Roman husbands, stop the men from fighting each other. The painting thus seems to propagate the idea that a happy family-life is more important than unswerving allegiance to one's country, or even that harmony within the nation is dependent upon harmony within the families who together form the nation.

This last idea seems to have been already current before the Revolution. The popularity of Greuze's scenes from family-life with the public, the critics and the Academy is a sign of its acceptance.[10] David perhaps deliberately took up this idea of civic virtue in his Sabines after it had been repressed for several years by the Jacobins.

Critics writing during the Restauration period generally chose to ignore the problems of interpretation posed by David's history-paintings and, as we have seen, measured his importance as a painter by his skill in drawing the nude. Only a few critics, especially those belonging to the Republican party and sympathizing with Jacobinism, dared to go into these problems. The painting which drew their attention was 'Léonidas aux Thermopyles'.

Problems posed by 'Léonidas'

'Léonidas aux Thermopyles' has been, until recently, the most neglected of all of David's paintings. Art historians have always given more attention to the works dating from the Pre-Revolutionary and Revolutionary periods and the state-commis-

10 The view of virtue as being compliant with a happy family-life is described by J. Lewinter in his article: L' exaltation de la vertu dans le théâtre de Diderot, in: Diderot Studies 8 (1966), pp. 119-169, and by S. Germer and H. Kohle in: From the theatrical to the aesthetic hero: on the privatization of the idea of virtue in David's Brutus and Sabines, in: Art History 9 (1986), pp. 169-184.

sioned works of the Napoleonic era. Especially as compared to the Napoleonic paintings, 'Léonidas', dating from the same period, lacks splendour, and is less easy to understand. Critics writing at the time of its completion often did not know what to think about 'Léonidas'.[11]

The subject of 'Léonidas' aux Thermopyles was taken from the Persian wars. In 480 B.C., king Leonidas of Sparta was trapped, together with his army, in a pass near Thermopylae, by the Persian army under Xerxes. After some deliberation, Leonidas decided to go into battle for the last time, knowing that the Spartans stood no chance against the much stronger Persian army. The painting shows Leonidas brooding over his decision and its consequences, while around him his men are preparing themselves for their last fight. In marked contrast with Leonidas, they seem to be in a happy mood and sure of their reward in the hereafter.

We are told that Napoleon did not like the painting because of the interest the painter showed in the feelings of the vanquished, and that he only expressed sympathy for Leonidas when his own downfall had become unavoidable.[12] Indeed, not only David's choice of subject was incomprehensible to some, but also his decision to paint Leonidas and his men naked or nearly so, since the Spartan soldiers were supposed to have gone into battle completely dressed and armoured. The group of naked soldiers cluttering around their king was to contemporary critics the most disconcerting aspect of the painting. They noticed that although Leonidas stood in the middle of the scene, he seemed completely detached from it. This detachment and Leonidas' inscrutable facial expression made it hard to identify him as the painting's protagonist. The critics also observed that in 'Léonidas', David had introduced an element which had never been prominent in his work before, viz. landscape painting, in this case the allegedly correct rendering of the landscape near Thermopylae.[13]

Latouche and 'Léonidas'

In 1819, the year in which Géricault exhibited his 'Radeau de la Méduse', the majority of the critics united in an attempt to fight the new tendencies in painting while they were still weak. A notable exception was Henri de Latouche, a Republican who felt sympathy towards the Romantic movement and who even furthered it by publishing the poems of André Chenier, which were to exercise a notable influence on the Romantic poetry of the eighteen-twenties. Henri de Latouche published his review of the Salon of 1819 in bookform and anonymously. The book's title was

11 For a thorough analysis of the painting and its genesis the reader should consult Th. W. Gaehtgens: Jacques-Louis David: Leonidas bei den Thermopylen, in: Ideal und Wirklichkeit der bildenden Kunst im späten 18. Jahrhundert; Berlin 1984, pp. 212-251. Gaehtgens also discusses the most important contemporary criticisms of the painting.

12 The most important source for this anecdote is E. J. Delécluze: Louis David, son école et son temps, souvenirs; Paris 1855, pp. 231 and 356. It was also mentioned by numerous other art critics writing during the first half of the nineteenth century.

13 Delécluze tells us that David's depiction of the pass of Thermopylae was based on a perspective drawing, made by Delécluze with the help of a topographical map of the Thermopylae region. Delécluze (ann. 12), p. 223.

'Lettres à David sur le Salon de 1819, par quelques élèves de son école'. In it, Latouche took side with those artists striving to free art from the thoughtless imitation of Classical sculpture, practised by some of David's pupils and defended by conservative critics. Latouche claimed that David had never intended his artistic teaching to be used as a set of unchangeable rules. According to him, David had only wanted to arm his pupils with a sound knowledge of the principles of their profession. This would enable them to develop their own style within the limits set by the need for correctly drawing the human figure.[14] From this, Latouche concluded that it was right for young artists to choose David as their example, because that would inspire them to find their own way. He tried to prove his point by ending his Salon with a detailed analysis of 'Léonidas aux Thermopyles'[15], in which he interpreted all the aspects of the painting which had been worrying the critics as manifestations of David's quest for artistic freedom.

Latouche was not alone in seeing David as a defender of artistic freedom. As we have seen, the tendencies visible in David's last works earned him a reputation as a rebel against Neo-Classicism. In his Romantic manifesto 'Racine et Shakespeare' (1823), Stendhal declared that around 1780 David had been a Romantic artist, because he had braved the Academy in creating art fitted to the needs of the late eighteenth-century public. According to Stendhal, David's ideas had only become Classical or Academic, that is to say conservative, in the hands of critics and imitators. They derived from it a set of binding and simple rules to be used as a shield against young painters craving to create paintings adapted to the needs of the Post-Napoleonic public.[16]

Latouche's essay on 'Léonidas' takes the shape of a conversation held during a visit to the Luxembourg museum. There the painting was put on show after it had been bought by the Bourbon government in 1819. The discussion takes place between a young artist, one of David's pupils, who defends the painting, and a self-styled connoisseur, an old Academician, who criticizes it.

Now, the question is of course: what, beside the beautiful drawing, made Latouche consider 'Léonidas aux Thermopyles' a work of art worthy to be used as a source of inspiration by young painters?

The main fault that David is accused of by the old Academician in Latouche's essay, is that of having based history-painting on a subject very difficult to translate into a work of art. Even before Leonidas' decision to fight the Persians for the last time, it was certain that the Spartans would lose this battle. In the short time remaining before the fighting began, no new developments occurred that would have resulted in giving the Spartans a better chance. They could do nothing but prepare themselves for battle. Since each man is immersed in his own activities, the painting contains no

14 H. O. Borowitz analyses this aspect of Latouche's Salon of 1819 in her article: The man who wrote to David, in: Bulletin of the Cleveland Museum of Art 67 (1980), pp. 256-274.

15 H. de Latouche: Lettres à David sur le Salon de 1819, par quelques élèves de son école; Paris 1819, lettre 33, passim.

16 Racine et Shakespeare; études sur le Romantisme, in: Oeuvres complètes, vol. 12; Paris, n. d., p. 2. Original edition 1823.

protagonist or moment of action to form its binding principle.[17] According to the old amateur, 'Léonidas aux Thermopyles' simply lacks unity of action. Other critics had accused 'Le Serment des Horaces' and 'Brutus' of the same fault.

One of David's pupils, the authoritative art critic Delécluze, reported that David had wanted to show no specific moment or action, but the atmosphere in the Spartan camp before the beginning of battle and "the religious feeling inspired by love of one's country".[18] Most critics of the eighteen-twenties and later thought that for this reason, the painting contains no action or conflict, no agitated facial expression or body movement based on traditional ideas about 'peinture d'expression'. Instead of this men in a resigned and even happy mood, each of them embodying the Spartan code of honour and Winckelmann's ideal of "edle Einfalt und stille Größe". Therefore, the painting is now usually considered an epitome of Neo-Classicism.

The originality of the young artist defending David in Latouche's essay lies in his refusal to interpret the painting along these lines. Although he admires David for his return to the first principles of Greek art, he does not believe the Spartan warriors to be just a series of illustrations of these principles, to be admired for their own sake. If this were the case, the painting would lack unity in its composition. The young artist's (and we may safely assume Latouche's) main object is precisely to show that David has indeed found a way to create compositional unity in his painting, a unity which can compensate for the unity of action so sorely missed by the old amateur.

The young man points out that the action shown in a history-painting does not necessarily have to revolve around a main protagonist for the work to be intelligible and interesting. In his view, David has proved this in 'Léonidas aux Thermopyles' by creating a perfect unity of the human figures with the landscape surrounding them. The young artist goes on to argue that 'Léonidas' is a beautiful history-painting because David has rendered the situation preceding battle, including a variety of small and seemingly insignificant events, with the utmost care and precision.[19] In so doing, the painter has made perfectly clear that the Spartan position was hopeless, and that it formed, at the same time, the only protection of the Greek plains against the threatening presence of the Persians.

This, of course, is a thoroughly unclassical approach to history-painting. It anticipates by a couple of years Stendhal's demand that historical events should be shown realistically, even when that means desisting from the use of the Classical unities.[20] Realism in history-paintings can easily lead to unintelligibility, as the old connoisseur pointed out. Latouche, through the mouth of the young artist, stresses the fact that an artist of genius - and he considers David to be this - can choose to ignore

17 Latouche (ann. 15), p. 244.

18 Delécluze (ann. 12), p. 225.

19 "... La scène est entre des rocs escarpés qui forment un passage étroit d'où l'on découvre au loin la plaine, le rivage et la mer; un temple est sur les flancs de la montagne, dans laquelle est pratiqué le sentier par où s'éloignent les esclaves et les chevaux chargés de bagages, désormais inutiles, car l' heure de mourir est venue. Ce défilé, n'est-ce point celui des Thermopyles? Ces guerriers ne sont-ils pas les trois cents Spartiates? Tous les traits d'héroisme qui signalèrent cette mémorable journée ne sont-ils pas rendus avec l'énergie qui commande un semblable sujet?" Latouche (ann. 15), p. 246.

20 Stendhal (ann. 16), pp. 39 - 41.

the unity of action and other Classical rules, and find his own way of creating unity and intelligibility in a work of art.[21] This remark has the further implication that young and original talents should emulate David in this respect.

Protests against the subject-matter of 'Léonidas' around 1824

At the time of the Salon of 1824, the Spartan defeat at Thermopylae was an immensely popular subject in French art and literature. The French nation sympathized with the Greeks who at this time were fighting their Turkish oppressors. The courage of Leonidas and his men was seen as typical for the unchangeable Greek national character. Marco Botzaris, who had given his life for Greece during the Greek War of Independence, was considered a modern Leonidas.

In 1824, Royalists, Liberals and Republicans were still united in their admiration for the Greeks. Only a short while after the ascent of the extremely conservative Charles X, however, the two opposition parties started to monopolize the concern for the Greeks. The Liberals rallied round the Philhellenic Society, founded to raise money for Greece. They tended to compare their hero, Napoleon, to Leonidas, because they thought that just like Leonidas, Napoleon had been aware of the inevitable end, and had fought a losing battle heroically.[22]

Leonidas was honoured in countless works of art. We will discuss only two of these. The first is a history-painting by David's pupil Couder, 'Les Adieux de Leonidas' (fig.28), exhibited at the Salon of 1824, showing Leonidas and his son saying goodbye to Leonidas' wife Archidamie. The other is Michel Pichat's (or Pichald's) tragedy 'Léonidas', which was first performed by the Comédie-Française in November 1825.

During the eighteen-twenties, the Comédie-Française underwent a major crisis. The public preferred the Romantic dramas played in the boulevard theatres, not only for their daring subjects and unclassical language, but also for their lavish costumes and decors. In the autumn of 1825, the government decided on a major change of policy concerning France's oldest theatre and theatre-company. Baron Taylor, who had owned a boulevard theatre, was entrusted with the rejuvenation of its repertory, style of acting and scenery. The first night of Pichat's 'Léonidas' happened to be the first manifestation of Taylor's interference with the Comédie-Française.

The play had been refused several times by the Comédie-Française's reading committee. Like David's 'Léonidas', the tragedy was considered to be far from perfect as a work of art. If the subject would not easily yield a great history-painting,

21 "L'unité d'intérêt, Monsieur! il n'appartient qu' au génie de le concevoir, et quand il l'a trouvée, il est libre de briser le joug et de s'affranchir de toute entrave ; il donne lui-même une nouvelle théorie de l'art, car il est créateur." Latouche (ann. 15), p. 243.

22 N. Athanassoglou discusses the political use made by the Liberal opposition during the Restauration of 'Léonidas aux Thermopyles', and the way in which it was inspired by the popularity of Leonidas during the French Revolution, in her article: Under the sign of Leonidas. The political and ideological fortune of David's Léonidas aux Thermopyles under the Restoration, in: Art Bulletin (1981), pp. 633 - 649.

it was even less suitable as a subject for a five act tragedy. A hostile critic wrote that conflicts which could have made the play interesting were entirely lacking, the subject of the piece being only the unanimously expressed desire of the Spartans to die for their country. His opinion was that the enormous success of the play's first performance had more to do with the French people's sympathy for the Greeks, than with the play's artistic qualities.[23]

In fact, Pichat, the set-designer Cicéri, and Taylor had done their best to make the most of the story of Thermopylae. Cicéri had designed beautiful back-cloths, one of them a copy of the background of David's 'Léonidas'. Pichat had tried to enliven the story by placing the action alternately in the Spartan and the Persian camp. This infraction of the law of unity of place seemed to conservatives proof enough of the play's modernism. Furthermore he had allowed Archidamie, Leonidas' wife, to have an important part in the action. Unfortunately, the critics were disgusted by Archidamie's unrelenting dedication to Spartan disciplin. In the play, Leonidas wishes to send his fourteen year old son away before the beginning of battle, because he thinks one day the boy will be an excellent king of Sparta. Archidamie prevents this; she can think of no greater honour for her son than to die for his country. The critics loathed this fanaticism, especially in a woman.[24]

Couder's history-painting 'Léonidas' had met with even harsher criticism a year earlier. Not only was the execution of the painting not up to the critics' standards, but they also deplored Couder's idea to make the final decision take place in Leonidas' house, before the beginning of the fatal campaign, an interpretation of the story of Leonidas firmly based on the classical sources. In Couder's 'Léonidas', the Spartans show their intention to die for Sparta, long before the hopeless situation at Thermopylae materializes. Precisely this made the painting repulsive in the eyes of the critics. They liked to think that Leonidas had risen to greatness only at Thermopylae, when circumstances forced him to make his gruesome decision and take responsability. Only knowledge of these tragic circumstances could make the Spartans' display of courage palatable.[25]

This interpretation of the story of the Spartan defeat at Thermopylae corresponds with Latouche's view in his Salon of 1819. He believed that through David's depiction of the crucial circumstances leading to Leonidas' decision and the inevitable death of all his soldiers, 'Léonidas aux Thermopyles' possessed unity and importance far beyond what could be achieved with the help of the Classical unity of action.

23 C.: Théâtre français. Première représentation de Léonidas, tragédie en cinq actes, par M. Pichald, in: Journal des Débats, 28-11-1825, p. 1.

24 For criticism of Archidamie's behaviour see especially Ch. Maurice: Léonidas, tragédie en cinq actes de M. Pichald, in: Le Courrier des théâtres, 28-11-1825, p. 2.

25 See P.A. Chauvin: Beaux-Arts. Salon de 1824. Troisième article, in: Gazette de France, 13-9-1824, p. 3, and Delécluze: Beaux-Arts. Exposition du Louvre 1824. Article no. 4., in: Journal des Débats, 11-9-1824, p. 2.

Rabbe and 'Léonidas'

Alphonse Rabbe was a Royalist who had turned Republican during the early stages of the Restauration. He had been a pupil in David's workshop around 1800 and counted Henri de Latouche among his friends. His review of the Salon of 1824 was published in the Republican newspaper 'Le Courrier français'. Like Latouche's Salon of 1819, Rabbe's Salon contains important remarks on David's 'Léonidas'.[26]

In his Salon of 1824, Rabbe vented his opinion that David's style (beautiful drawing and colouring) was an important, but by no means the most important aspect of his art. According to Rabbe, David's history-paintings appealed to the public because of the master's genius in choosing subjects with great dramatic interest, viz. subjects which enabled the viewer to ponder about the circumstances leading to the depicted event, and especially about what the future would hold for the persons shown in the painting. In slightly different guise, this idea was traditionally bound up with the need for compositional unity in history-paintings. In its more Classical form, this precept says that a painting has to depict an event explicitly, including what happened before and what will come after it. In Rabbe's version, a painting possesses unity and dramatic interest only through suggesting the immediate past and future of the event, and also its historical, cultural and religious context. Rabbe's conviction was that in this way, the viewer could feel surrounded by events which were not in themselves complete - as was the case in paintings obeying the rule of unity of action -, but which formed part of a far greater whole, or in Rabbe's words :'space'[27], not explicitly shown but suggested effectively.

'Le Serment des Horaces', 'Brutus' and 'Léonidas' were mentioned by Rabbe as paintings belonging to the category of 'works having dramatic interest'. In his analysis of 'Léonidas', Rabbe defended the opinion that the painting possessed dramatic interest through the viewer's knowledge of what was to happen in the immediate future. It was clear that all these brave Spartan soldiers were going to die, in obeyance to their code of honour. 0ne had to see only Leonidas' expression, and the vulnerable nakedness of all the Spartans, to realize this. Rabbe specified that it was not the display of virtue which gave the painting its dramatic interest, but the prospect of death. According to him, the painter could have created the same dramatic interest in a far less noble subject: that of Roman gladiators going to the arena. This subject would give the viewer an opportunity to muse on the way in which the gladiators would die, for the pleasure of 'le peuple roi'.

None of the history-paintings shown by David's pupils at the Salon of 1824 met with Rabbe's standards concerning dramatic interest. He reserved his most devastating criticism for Abel de Pujol's 'Germanicus sur le champ de bataille de Varus'. Abel de Pujol's painting only showed Germanicus' soldiers gathering the bones of Varus and his men, endlessly repeating the same motion. It did not suggest anything which took place in the past, or would happen in the future.

26 A. Rabbe: Beaux-Arts, in: Le Courrier français, 29-8-1824, p. 4.

27 "... qu' il emporte l'imagination à la fois sur une double frontière d'où elle découvre une espace plus grand." (ann. 26)

Rabbe mentioned only one painting at the Salon of 1824 which could compete with David's 'Léonidas' in the matter of dramatic interest. It was Sigalon's 'Locuste' (fig.29), one of the most controversial paintings shown at the Salon of 1824. Although most critics thought Sigalon's drawing and colouring acceptable, they felt doubts about the subject. 'Locuste' was based on a few lines from Racine's 'Britannicus', in which Britannicus' murderer Narcissus relates his visit to the witch Locuste. To demonstrate the efficacity of the poison Narcissus had come to buy, she gave it to a slave, who died immediately in Narcissus' presence. Sigalon depicted Narcissus and Locuste intently watching the dying slave. In Racine's play this event is only related and not shown, because of its unpleasantness. In 1824, critics adhering to Classicism still thought that this scene was not fit to be shown.

Rabbe admired not only Sigalon's drawing talent, which he judged impressive, but he also praised the way in which the painting seemed to suggest both Britannicus' inevitable death and the crimes of Nero[28], who planned the murder and during whose reign it took place.

Rabbe and history-painting

We have seen that 'Le Serment des Horaces' and 'Brutus' officially belonged to the category of 'exemplum virtutis' paintings. They were used by the Jacobins for the propagation of their idea of Republican virtue, although their lack of compositional unity made it hard to understand what their real message was.

Critics writing during the eighteen-twenties certainly did not like over-zealous displays of civic virtue, and even less when shown out of context. Couder's painting 'Léonidas' was criticized for this reason. Henri de Latouche, a Republican critic, preferred an interpretation of the story of Leonidas in which the circumstances leading to his decision, and his inner torment over his responsability for it, were shown. He admired David's 'Léonidas' for the painter's accuracy in showing the exact situation at Thermopylae, several years before Stendhal demanded realism in the depiction of historical events.

Latouche's friend Alphonse Rabbe went even further in his demand for realism in history-paintings. His opinion was that David had depicted the Spartans as vulnerable human beings who were to die in the immediate future. For him, the suggestion of impending disaster made up the dramatic interest of the painting. He liked to compare 'Léonidas' with David's history-paintings dating from the seventeen-eighties and with Sigalon's 'Locuste', which also suggested the horrible events surrounding the moment depicted, and the vulnerability of man.

Particularly in Rabbe's criticism, the idea that history-paintings should show a hero - an example of civic virtue - is completely lost. He sees history-paintings as depictions of mankind subject to historical circumstances and the demands made by one's culture and religion.

28 "... je vois un avenir d'horreurs, et ma pensée sortant de cette nuit mystérieuse de l'antre de l'empoisonneuse, découvre la mort de Britannicus et presque tous les crimes de Néron." (ann. 26)

The critics who judged David's 'Mars désarmé par Vénus et les Graces' in 1824 considered it a far from successful attempt at creating a realistic work, related to Romanticism. Rabbe, through drawing the reader's attention to David's depiction of man's vulnerability in 'Léonidas', was able to link this painting to a work belonging to the new School, Sigalon's 'Locuste'.

Many of the critics reviewing the Salon of 1824 showed a liking for paintings depicting man at the mercy of events beyond his control. One of the most important, Thiers, praised 'Locuste' and Delacroix's 'Massacre de Scio' for precisely this quality.[29] In fact, when reading the reviews of the Salon of 1824, it becomes increasingly clear that history-paintings of the sort preferred by Rabbe were more often to be seen there than paintings celebrating a hero in control of events. Cogniet showed 'Le Massacre des Innocents', Ary Scheffer the completely useless death of Gaston de Foix on the battlefield. Victims of the Turkish oppression in Greece, French soldiers during the retreat from Russia and after the abdication of Napoleon, soldiers, widows, and orphans, were depicted in many works of art.

Compositional similarities between 'Léonidas' and Restauration-period history-paintings

In his Salon of 1819, Latouche had invited young artists to imitate David's choice of subject and compositional devices. Rabbe, writing in 1824, saw similarities between the themes of history-paintings shown at the Salon of that year and David's works, especially 'Léonidas aux Thermopyles'. What did critics writing during the Restauration think of the composition of contemporaneous history-paintings? Let us compare the characteristics of history-paintings by Géricault and Delacroix, mentioned by critics from the Restauration period, with those mentioned by critics of David's 'Léonidas'. In order not to complicate things, we shall limit ourselves to criticisms of Géricault's 'Radeau de la Méduse' and Delacroix's 'Massacre de Scio'.

Géricault and Delacroix both based their works on news-stories which had given rise to public outcry. Their paintings show ordinary people as victims of oppression and cruelty, and in Géricault's case, the incompetence and egotism of their leaders who have left them. Just like 'Léonidas', these two works show the vanquished and not the winners.

Contemporary critics commented upon the fact that both 'Le radeau de la Méduse' and 'Le Massacre de Scio' lacked a hero. The two paintings seemed to them to depict a series of personal tragedies, not one of them holding precedence over the others.[30] Both paintings therefore were without a true focus. Moreover, as in the case of 'Léonidas', it was none to clear to the critics which action or moment had been

29 A. Thiers: Salon de mil-huit-cent-vingt-quatre (Deuxième article). MM. Sigalon et Delacroix, in: Le Constitutionnel, 30-8-1824, pp. 3-4, passim, and the same author in: Le Globe, 28-9-1824, p. 27.

30 This characteristic of both 'Le radeau de la Méduse' and 'Le Massacre de Chios' was noted by (among others) C. P. Landon in his: Salon de 1819, pp. 66 - 67, and A. Thiers in his review of the Salon of 1824, in: Le Globe of 28-9-1824, p. 27.

depicted. Géricault's sailors wave frantically to a distant ship. Is this the ship that was to save them, or is it one of the other ships that sailed on without noticing them? And what about the apathic Greek prisoners in 'Le Massacre de Scio'? The critics asked themselves whether they were waiting to be killed or sold as slaves, or dying from a contagious disease. The critics of 'Le Massacre de Scio' noted that interpretation was further hampered by the strange facial expressions of the people depicted. They were shocked by the image of a man in agony who was laughing.[31] Delacroix's interpretation of 'peinture d'expression' was certainly not based on traditional manuals.

Most critics writing about 'Le Massacre de Scio' thought that Delacroix had ruined a great subject through his bad drawing, through his imitation of artists from colourist schools, through depicting too many gruesome details realistically and through the painting's utter lack of compositional unity.[32]

Rabbe had noticed that in 'Léonidas', David had suggested far more than was actually shown in the painting: it seemed to form part of a greater space. Critics of both 'Le radeau de la Méduse' and 'Le Massacre de Scio' were convinced that in these paintings also, lack of unity served to suggest that the events shown were part of a greater whole. This went particularly for 'Le Massacre de Scio'. Critics noticed that the depicted persons not only seemed to be unaware of each other's presence, but also, that on both sides of the scene some of them were shown incompletely, as if cut in half by the painting's frame. This seemed to make sense only when one took the painting's original title, 'Scènes du massacre de Scio', into account. Apparently, the painter had taken only a few representative events out of the many cruelties which had taken place at Chios[33], so as to make the public realize that these scenes of suffering had endlessly repeated themselves there - the Greeks being defenseless and not able to rise against their oppressors.

The critics of 'Le Massacre de Scio' were far more conservative in their judgement than both Latouche and Rabbe. They defended the old idea of unity of action and refused to believe that a painting, through showing a historical event in all its complexity, could possess unity in a different and more complete way. They would probably have preferred it if Delacroix had drawn the viewer's attention to the fate of only a few persons and had made the rest of the composition subject to this main scene. No doubt they had in mind a more anecdotical approach to the subject, and would have liked to see, for instance, a Greek defending his wife and child against the Turkish soldiers. Only the most conservative critics, however, thought the subject of the 'Massacre de Scio' too horrifying to be shown in a painting. The need to see portraits of suffering humanity seems to have been almost universal among the critics and the public in 1824.

31 Thiers: Le Globe, 15-9-1824, p. 8.

32 See for instance: L'amateur sans prétention. Salon de 1824, septième article, in: Le Mercure de France 7 (1824), pp. 199 - 200, Thiers in both Le Constitutionnel and Le Globe (see note 29) and P. A. Coupin in: La Revue encyclopédique 24 (1824), pp. 38 -39.

33 Landon made this point in his Salon de 1824, part 1, p. 53. "Mais il est probable, que frappé des horreurs d' une revolution qui peut-être est loin de toucher à son terme, M. Delacroix en a retenu ou imaginé quelques traits plus ou moins vraisemblables, et qu'il les a réunis..."

David and 'Léonidas'

Latouche and Rabbe considered David's 'Léonidas' the beginning of a new tendency in history-painting, that of painting a historical event and its circumstances realistically, without paying heed to the law of unity of action. For these two art-critics, writing during the Restauration, this realism was bound up with the need to show human beings as subject to historical events and not as shaping them. This is not really surprising in art-critics writing after Napoleon's downfall.

We may well ask ourselves whether David created his 'Léonidas' with a similar view of history in mind. He started to work on 'Léonidas' in 1799 and although no longer involved in politics, he chose a subject that had already been popular earlier. During the Revolution, it was taken to be an illustration of the virtues of love of one's country and resistance to foreign oppression. It was universally believed that the death of Leonidas and his men had not been in vain because it had secured the safety of Greece for a long period. If David shared this view of the significance of the episode at Thermopylae, it is likely that at least at the outset, he regarded the sacrifice of the Spartans as a laudable act of patriotism. His comment that he had wanted to show "the almost religious feeling inspired by love of one's country" appears to point in this direction.

However, 'Léonidas aux Thermopyles' proved a difficult work to finish. It took David fifteen years, from 1799 to 1814. During this period, Napoleon's star rose and fell again, and at the end of the Napoleonic era, many people thought of Napoleon as a second Leonidas, a man who knew that his downfall was unavoidable.

The Restauration history-paintings to which 'Léonidas' has been compared during the course of this article, differ widely from it in one significant aspect, namely that the viewer of 'Le radeau de la Méduse', 'Locuste' and 'Le Massacre de Scio' is in no doubt as to where his sympathies should lie. He is clearly required to sympathize with the innocent victims. In the case of 'Léonidas' this is less easy. Although the persons shown can be interpreted as victims of historical circumstances and of their own culture, the viewer has to ask himself whether he can sympathize with Spartan culture, its agressiveness and the tendency to self-destruction which it engendered. For the critics writing during the Restauration, the painting and the story of Leonidas certainly formed an invitation to reflect upon these moral issues. The generation that had witnessed the downfall of Napoleon's aggressive, militarist Empire, which had given countless people a chance to die for their country, was bound to feel doubts about Spartan virtue.

It is tempting to think that David's trouble in finishing 'Léonidas' was caused by a growing awareness of the agressiveness and suicidal tendencies of the Empire. His tormented, vulnerable Leonidas certainly has little in common with the glamourous heroes the Emperor preferred to see in paintings depicting the events from his reign.

That it was difficult for David to identify with the values of the Empire, becomes all the more likely when we take into account the way in which 'Le Serment des Horaces' and 'Brutus' force us to reconsider the acceptability of acts which do great damage to the families and individuals involved, while being allegedly of great value to the state.

'Le Serment des Horaces', 'Brutus ' and 'Léonidas aux Thermopyles' stood at the beginning of the tendency in art to let go of the unity of action, which became one of the most important issues in the Classicism-Romanticism debate of the eighteen-twenties. David no longer had any use for unity of action because he did not wish to show unity and harmony within the family or the state, but isolation and despair. Géricault and Delacroix, whose negative attitude to unity of action was criticized during the Restauration, had no longer any use for it because they wanted to show people who held no power over events, and who were reduced to lonely suffering. Thus, David's preoccupation with vulnerable people suffering from feelings of doubt and guilt, appears to anticipate Romanticism's awareness of the helpnessless of human beings.

Conclusion

Although it is often believed that David's Neo-Classicism and the Romanticism of the Restauration were each other's opposites, there is evidence that at least two critics writing during the Restauration could still cross the gap between them. In their critical essays on 'Léonidas at Thermopylae', they noticed the importance laid by David on the exact depiction of the historical circumstances surrounding the events at Thermopylae and the inability of human beings to influence these circumstances. 0ther critics read the same message in the history-paintings of the Restauration, and, which is equally important, noticed in these paintings compositional devices which were already used by David, particularly in 'Léonidas'. He desisted from the use of 'unity of action' to be able to depict isolated human beings, showing a penchant for life-like colouring of the human body, and discarding the traditional 'peinture d'expression'.

DAVIDS 'LEONIDAS BEI DEN THERMOPYLEN': KLASSIZISTISCH VOLLZOGENE KUNSTAUTONOMIE ALS "PATRIOTISME SUR LA TOILE"

Gregor Stemmrich

David hat wie kaum ein anderer Künstler vor und nach ihm die Vorstellung von Kunst als initiatorischem und integralem Bestimmungsmoment einer fortschrittlichen gesellschaftlichen Entwicklung geprägt. Durch das Hineinwachsen seiner Kunst in die Zusammenhänge der Französischen Revolution ist diese Vorstellung für die Moderne verbindlich geworden. Entsprechend konzentriert sich das Hauptinteresse der kunsthistorischen Forschung bis heute auf die Werkentwicklung von den 'Horatiern' zum 'Marat'. Vergleichsweise wenig Beachtung dagegen findet das Hineinwachsen von Davids Kunst in die Zusammenhänge der Restauration; gemeint sind damit nicht die Auftragsarbeiten für Napoleon, sondern Davids 'Leonidas bei den Thermopylen' (Abb.25), der vor 1800 begonnen wurde, jedoch erst 1814 seine endgültige Fassung erhielt. Es ist das letzte in der Reihe der großen Historienbilder nicht-mythologischen Inhaltes und wurde von David selbst als ihr künstlerischer Höhepunkt verstanden. In einem Brief bezeichnet er den 'Leonidas' als sein "bestes Werk"[1]. Ganz im Gegensatz zu dieser Selbsteinschätzung Davids reduziert sich der Wert des Werkes für die Kunsthistorie tendentiell auf den eines bloßen Kontrastmittels, um die Modernität der anbrechenden Romantik hervorzuheben. Ungeachtet ästhetischer Qualitäten im einzelnen vermag man in dem Bild zumeist nur einen steril und dogmatisch gewordenen Neoklassizismus zu erkennen; es erscheint abwegig, ihm ein Interesse unter dem Gesichtspunkt der Modernität abgewinnen zu wollen.

Dennoch läßt sich fragen, ob die Problematik, mit der sich David in seinem 'Leonidas' auseinandergesetzt hat, nicht eine überaus moderne ist, die zugleich ein Licht auf die historischen Voraussetzungen seiner früheren Historienbilder wirft, deren bahnbrechende Modernität unmittelbar in die Augen sticht[2]. Sein Schüler Delécluze hat den Ausspruch überliefert: "Je veux au moins...montrer mon *patriotisme sur la toile*"[3]. Unter politisch repressiven Bedingungen wollte David das republikanisch-patriotische Ideal der Revolution 'zumindest' ästhetisch gewahrt sehen[4]; Kunstauto-

1 Vgl. D. et G. Wildenstein: Louis David, Recueil de documents; Paris 1973, S. 196; Nr. 1701, 1703.

2 Die herausragende Bedeutung von Davids Historienmalerei für die Entwicklung der Moderne behandelt Werner Busch in seinem Aufsatz: Ursprünge der Moderne - David, Goya, C.D. Friedrich. In: Funkkolleg Moderne Kunst. Studienbegleitbrief 1. Hrsg. vom Deutschen Institut für Fernstudien an der Universität Tübingen; Weinheim/Basel 1989.

3 E.J. Delécluze: Louis David, son école et son temps. Souvenirs; Paris 1855, S. 231 (Hervorhebung im Original); siehe dazu: J. Rubin: J.-L. David's Patriotism, or the Conspiracy of Gracchus, in: Art Bulletin Vol. LVIII (December 1976), S. 547 - 68. Rubin geht davon aus, daß die Popularität des Themas im jakobinischen Milieu auf die politische Radikalität Davids schließen lasse; demgegenüber sieht M. Levin das Thema mehr im politischen Kontext des Empire verankert: M. Levin: David, De Staël and Fontanes: The 'Leonidas at Thermopylae' and some Intellectual Controversies of the Napoleonic Era, in: Gazette des Beaux Arts (Janvier 1980), S. 5 - 12.

4 M. Levin bemerkt: "Le 'Léonidas' est l'expression de la loyauté de David à la philosophie des Lumières, source, selon lui, des idées républicaines françaises. C'etait là des ideaux que Napolèon

nomie gilt ihm als Minimalbestimmung eines politisch-patriotischen Ideals. Als ihren Sinn setzt Kunstautonomie die Bürgerfreiheit unabdingbar voraus, sei es, daß diese von der Kunst auf ihre höchste Möglichkeit (Maximalbestimmung) hin zu entwerfen ist oder kontrafaktisch gegenüber politischen Restriktionen beansprucht werden muß. Unter dieser Prämisse impliziert der politisch erzwungene Rückzug auf die Kunstautonomie eine kaum lösbare Zwiespältigkeit: er muß sich gleichzeitig als ein durch politische Repression erzwungener zu erkennen geben und über jede Nötigung erhaben erweisen. Die Autonomie der Kunst muß eine doppelte Funktion erfüllen: die wirkliche Einheit von politischer und ästhetischer Praxis apostrophieren und deren ästhetizistische Reduzierbarkeit garantieren. Als klassizistisch vollzogene sieht sie sich mit dem Problem konfrontiert, ihren Zerfall in die Minimal- und Maximalbestimmung eines politisch-aufklärerischen Ideals zu bewältigen.

II

Wann genau David mit der Arbeit am 'Leonidas' begann, ist nicht bekannt; als wahrscheinlich gilt, daß er das Gemälde vor der Vollendung der 'Sabinerinnen' (Abb.30) in Angriff nahm[5]. Im Verlauf der Arbeit an den 'Sabinerinnen' hat David seine Konzeption der bildlichen Figurenpräsentation einschneidend verändert. War er zunächst von der Notwendigkeit ausgegangen, die Krieger historisch korrekt in voller Rüstung darzustellen, so wurde er schließlich vom Gegenteil überzeugt und präsentierte sie nackt. Ohne den Einfluß derjenigen Schülergruppe in seinem Atelier, die wegen ihrer Einstellung zur Kunst 'les penseurs' genannt wurde, wäre dieser Schritt kaum denkbar gewesen. Diese Schüler wollten zu den Quellen der Kunst zurückkehren, zur frühantiken und präraffaelitischen Kunst, und machten David den Vorwurf eines halbherzigen Klassizismus. In ihrer meditierenden Einstellung zur Kunst der Vergangenheit blieben sie jedoch derart befangen, daß sie nichts mehr zu produzieren vermochten. David kam ihren Einwänden gegen seine Kunst so weit entgegen, wie ihm dies ohne die Aufgabe einer eigenständigen Bildproduktion überhaupt denkbar schien; während der Arbeit an den 'Sabinerinnen' erklärte er, die Römer seien auf dem Gebiet der Kunst 'Barbaren'[6] gewesen, er wolle deshalb in seinem nächsten Bild nicht bloß die Figuren nackt darstellen, sondern auch ein Thema aus der griechischen statt römischen Geschichte behandeln.

avait tout d'abord soutenus à son arrivée au pouvoir, et qu'il cherchait à reprimer dans les dernières années de son règne", in: La définition du charactère républicain dans l'art français après la Revolution: le 'Léonidas aux Thermophyles' de David, in: Revue de l'Institut Napoléon 137 (1981), S. 41.

5 Siehe dazu die Untersuchung von T.W. Gaethgens: Jacques-Louis David: Leonidas bei den Thermopylen, in: Ideal und Wirklichkeit der bildenden Kunst im späten 18. Jahrhundert. Hrsg. von H. Beck, P.C. Bol, E. Maek-Gérard; Berlin 1984, S. 211 - 251. Siehe auch A. Schnappers Untersuchung in dem Ausstellungskatalog: Jacques-Louis David 1748 - 1825; Paris 1989, S. 486 - 512.

6 Siehe dieses Zitat im Kontext von A. Schnappers Darstellung: J.L. David und seine Zeit; Würzburg 1981, S. 189.

Der Sinneswandel mochte veranlaßt sein durch die Auseinandersetzungen in Davids Atelier, zudem war er begünstigt durch die politischen Umstände, denn der Napoleonische Kunstraub hatte eine Fülle von antiken Kunstwerken nach Paris gebracht, aus denen David Anregungen für seine Arbeit beziehen konnte, doch erklären diese Umstände kaum die Entschiedenheit, mit der sich David von seinen römischen Themen abwandte. Plausibel erscheint vielmehr, daß Davids Hauptinteresse an den römischen Themen, die politisch wie ästhetisch zugkräftigen Behandlung des Konfliktes zwischen Legalität und Moralität, nach der Revolution an Bedeutung verlieren mußte. Dieser Konflikt wird bereits in den 'Sabinerinnen' nicht mehr wie in Davids früherer Malerei in seiner ganzen Schärfe präsentiert, vielmehr seine Auflösung vorgeführt. An seine Stelle tritt die Reflexion der Kunstproblematik, doch wurde dieser Kurswechsel von den Zeitgenossen nicht mitvollzogen. In politischer Hinsicht wurden die 'Sabinerinnen' als Zeichen der Versöhnung gewürdigt und ästhetisch als Bild der Waffenruhe gefeiert, aber die Nacktheit der männlichen Protagonisten wurde als anstößig und lächerlich empfunden.

David blieb durch diese Kritik offenbar unbeeindruckt und meinte, die Vorwürfe entkräften zu können: die Nacktheit der Protagonisten sollte im 'Leonidas' durch einen Gegenstand aus der griechischen Geschichte als prinzipiell kunstgemäß vorgeführt werden. Die Konvergenz der historisch-politischen und der aufklärerisch-sittlichen Bedeutung seiner Darstellung wird damit jedoch nicht mehr wie in seinen früheren Historiengemälden in der realen geschichtlichen Situation selbst vorausgesetzt, sondern nur noch ästhetisch in der idealischen Nacktheit der Gestalten 'sur la toile'.

In einer gerasterten Vorzeichnung zur ersten Fassung des 'Leonidas' (Abb.31) erscheint die Nacktheit der Gestalten noch der dramatischen Auffassung der historischen Begebenheit untergeordnet. Dargestellt ist die Situation vor der entscheidenden Schlacht; die Spartaner wissen, daß sie sterben werden, da die Perser einen Weg gefunden haben, sie von beiden Seiten der Paßenge anzugreifen. Die Erwartung eines Angriffes von zwei Seiten ist durch die Stellung der Figuren zum Ausdruck gebracht. Leonidas sitzt im Vordergrund am Rande eines Abgrundes ruhig auf einem Baumstumpf und blickt sinnierend aus dem Bild heraus; sein Kopf (Nasenwurzel und Mundpartie) ist horizonatel, vertikal und diagonal im goldenen Schnitt verankert und damit formal als das Zentrum des Geschehens ausgewiesen. Seine Haltung ist derjenigen von Davids 'Brutus' verwandt, doch unverkrampft, und provoziert die Reflexion des Betrachters auf die Bedeutung des historischen Augenblicks[7]. Auf den selbstherrlichen Vorwurf Napoleons aber: "...vous avez tort, de vous fatiguer à peindre des vaincus"[8], wußte David nur empört zu antworten, daß das 'Exemplum virtutis' des Leonidas eine herausragende Bedeutung für die griechische Geschichte gehabt habe, nicht jedoch, welche Bedeutung seine Darstellung für die Gegenwart haben sollte. -

Wie lange David an der ersten Fassung des 'Leonidas' gearbeitet hat, warum er die Arbeit an dem Gemälde unterbrach und in welchem Zustand das Gemälde war,

7 Siehe dazu: S. Germer/H. Kohle: From the theatrical to the aesthetic hero: On the Privatization of the idea of virtue in David's 'Brutus' and 'Sabines', in: Art History, (1986) Vol. 9 No. 2, S. 168 - 184.

als er die Arbeit daran ruhen ließ, ist nicht bekannt. Als wahrscheinlich gilt, daß er mit Unterbrechungen bis 1803/4 an dem Gemälde gearbeitet hat und dann durch seine Aufträge für Napoleon zu sehr in Anspruch genommen war, um die Arbeit fortzusetzen. Doch kann es sich hierbei nur um die halbe Wahrheit handeln, denn es erklärt nicht, warum David 1810 die Arbeit an dem Gemälde wieder aufnahm und es vollständig überarbeitete, ja praktisch neu konzipierte. Die Gründe für seine Unzufriedenheit mit der ersten Bildfassung können sowohl ästhetischer als auch politischer Art gewesen sein. Zunächst sei nur von ästhetischen ausgegangen, denn für politische gibt es keine Belege.

Einer der Gründe für seine Unzufriedenheit ist sicherlich in der Überladenheit des ursprünglichen Bildes mit Figuren zu sehen[9]. Ein weiterer Grund kann gewesen sein, daß David sich in kompositorischer Hinsicht einen ausgeprägteren Pendantcharakter zu den 'Sabinerinnen' wünschte. Dieser wird in der endgültigen Fassung durch die reliefartige Komposition fast lebensgroßer nackter Gestalten erzielt. Außerdem bemüht sich David offensichtlich um eine historisch korrekte Darstellung der geographischen Lage: in der zweiten Fassung ist aus dem Paßweg, der an einer Seite steil abfällt, in Übereinstimmung mit der geschichtlichen Überlieferung eine Felsschlucht geworden[10]. Doch selbst zusammengenommen erscheinen diese Gründe nicht so zwingend, daß die vollständige Überarbeitung der ersten Fassung dadurch unmittelbar plausibel würde. Festzustellen ist vielmehr eine grundsätzlich gewandelte Einstellung der Behandlung des Themas gegenüber. Delécluze verweist darauf, daß bei der Gestaltung des Bildes zwei Manieren eine Rolle gespielt haben, eine lyrische und eine dramatische[11]. Es geht David in der überarbeiteten Fassung nicht mehr um die Bedeutung des historischen Augenblicks, sondern um den reinen Kunstcharakter der Darstellung. Die einzelnen Gestalten erscheinen nicht mehr einem dramatischen Gesamteffekt untergeordnet, sondern ästhetizistisch isoliert, so daß der Betrachter gehalten ist, jede einzelne Figur für sich zu betrachten.

8 Delécluze (Anm. 3), S. 231.

9 Es ist allerdings nicht sicher, ob die gerasterte Vorzeichnung tatsächlich der ersten Bildfassung zugrundegelegt wurde.

10 Die möglichen Gründe für Davids Unzufriedenheit mit der ersten Bildfassung nennt Gaethgens (s. Anm. 5). Zur topographischen Lage siehe: M. Kemp: J.-L. David and the Prelude to a Moral Victory for Sparta, in: The Art Bulletin Vol. LI (March 1969), S. 178 - 183. Bzw. auch: Gaethgens (Anm. 5), S. 219.

11 Delécluze (Anm. 3), S. 339; in der Forschung gehen die Meinungen darüber auseinander, welche der beiden Bildfassungen als die 'lyrische' zu gelten hat. Levin (Anm. 4) vertritt die Auffassung, daß die erste Bildfassung einen ausgeprägt lyrischen Charakter hat, während Gaethgens der Auffassung ist, daß nur die endgültige Bildgestaltung als lyrisch bezeichnet werden kann. Mit der Bezeichnung 'lyrisch' werden jeweils unterschiedliche ästhetische Phänomene belegt. Levin versteht darunter insbesondere den sinnierenden Charakter der Haltung des Leonidas wie zugleich der gesamten Komposition in der Entwurfszeichnung zur ersten Bildfassung, während Gaethgens darunter ein Kompositionssystem versteht, in dem jede einzelne Figur für sich betrachtet sein will, obwohl die Komposition auf diese Weise auseinanderfällt. Levins Gebrauch des Ausdrucks 'lyrisch' bezieht sich auf eine dramatisch zugespitzte Situation, die den sinnierenden Ausdruck der Hauptfigur verständlich macht; es gibt insofern keinen Gegensatz zwischen dem 'Lyrischen' und 'Dramatischen'. Deshalb ist m.E. nur Gaethgens Verwendung des Ausdrucks sinnvoll.

Der Lyrismus der Figurenbehandlung beruht auf einer perfektionistisch betriebenen Harmonisierung von Idealismus und Realismus als Darstellungsprinzipien. Man erhält den Eindruck, das Winckelmannsche Antikenideal als 'lebendes Bild' vor Augen geführt zu bekommen[12]; doch der Preis für diese Verbindung von 'Kunst' und 'Leben' ist die ästhetizistische Reduktion des Ausdrucks. Die Gestalten erscheinen als separate, formal vollendete Objekte bzw. Objektgruppen auf eine Bildbühne gestellt - kompositorisch kombiniert, doch psychologisch interaktionslos. Da auf diese Weise Ausdruck nicht stilisiert, sondern sterilisiert zur Erscheinung kommt, um seinen Aussagewert gebracht ist[13], sieht sich der Betrachter vor die Alternative gestellt, entweder vergeblich eine psychologisch plausible Explikation der dagestellten Situation zu fordern, oder zu akzeptieren, daß die Gestalten als Kunstzitate gelesen werden wollen, die eine ästhetische und historische Reflexion auf ihren Kunstcharakter provozieren. Eine Entscheidung ist jedoch nicht möglich, vielmehr hat man es mit einer Bildstruktur zu tun, die beide Rezeptionseinstellungen unabschließbar oszillieren läßt und auf die einzelne Figur bezogen den Eindruck des Lyrischen hervortreibt.

Die meisten Motive hat David aus der ersten Bildfassung übernommen bzw. weiterentwickelt: den sandalenbindenden Jüngling, die Gruppe der kränzehaltenden Jünglinge, die Trompetenbläser, die Jünglinge, die nach den Waffen greifen, den Soldat, der das Epigramm in die Felswand meißelt, die Abschiedsumarmung des alten und jungen Soldaten, den Tempel im Hintergrund. Während jedoch die Aufzählung von Motivübernahmen den Eindruck vermittelt, die endgültige Bildfassung sei nur die konsequente 'innere' Entwicklung des ursprünglichen Bildentwurfs, ist demgegenüber festzustellen, daß die kompositorische Ordnung in der endgültigen Bildfassung entscheidend durch zwei 'äußere' Störfaktoren im Vordergrund geprägt ist: durch den Altarblock, über den die mit ausgestreckten Kränzen laufenden Jünglinge in nächsten Augenblick stolpern werden, und den Baum, der in krasser Weise die Trompetenbläser überschneidet und in Flächensegmente zerlegt. Die beiden Störfaktoren der Komposition machen bewußt, daß das Bildpersonal allein die kompositorische Ordnung nicht aufrechtzuerhalten vermöchte.

Die Ordnung des Ganzen scheint nur durch diejenigen Elemente gewährleistet, die sie in Frage stellen. Daß dieser Zwiespalt ästhetisch keine Auflösung findet, wird im Bild selbst dadurch betont, daß im Landschaftshintergrund die Utopie dieser Auflösung vor Augen steht. Der durch die Felsmassive gebildete Himmelsausschnitt parallelisiert die Biegung des Baumes im Vordergrund und der Gebirgsrücken im Innern dieses Ausschnittes die Richtung seines Astes; zugleich setzt er die Bewegung

12 Auf die Bedeutung des Winckelmannschen Antikenideals für Davids Figurenauffassung im 'Leonidas' hat vor allem Kemp (Anm. 10) aufmerksam gemacht ; die Ästhetik der 'lebenden Bilder' wurde ausführlich untersucht von A. Langen: Attitüde und Tableau der Goethezeit, in: Jahrbuch der Deutschen Schillergesellschaft, 12 (1968), S. 194 - 258.

13 Zur neoklassizistischen Strategie der Stilisierung siehe: W. Busch: Die 'große simple Linie' und die 'allgemeine Harmonie' der Farben. Zum Konflikt zwischen Goethes Kunstbegriff, seiner Naturerfahrung und seiner künstlerischen Praxis auf der italienischen Reise, in: Goethejahrbuch, Bd 105; Weimar 1988, S. 144 - 164; das Prinzip der Stilisierung gerät bei David in Konflikt mit der realistischen und zugleich idealisierenden Darstellungsform; durch Stilisierung aufgehoben erscheint dieser Konflikt m.E. einzig in der Gestalt des sandalenbindenden Jünglings.

der ausgestreckten Arme der kränzehaltenden Jünglinge vor dem Altar fort. In Korrespondenz dazu spiegelt der in die Landschaft harmonisch eingefügte Tempel als architektonisches Bildelement das Motiv des Altarblocks im Vordergrund. Die harmonische Ausgeglichenheit der Komposition im Hintergrund kann sich nicht ungebrochen bis in den Vordergrund fortsetzen, sondern bewirkt hier offenkundige Disharmonie.

Die Stützung der Komposition durch Gegenstände, die sie stören, erweist sich als unmittelbare Konsequenz des Lyrismus der Figurenbehandlung; Figur und Bildraum bilden keine kompositorische Einheit, sondern werden kompositorisch bloß verklammert, so daß sie sich gegenseitig widersprechen und im Wege stehen. Zwar hat man bereits angesichts der 'Horatier' und des 'Brutus' bemerkt, daß der Bildraum die Protagonisten nicht beherbergt, sondern isoliert, doch konnten die auf solche Isolierung abzielenden kompositorischen Maßnahmen als konstitutiv für den Aussagewert der Darstellung ästhetisch eingelöst werden. Demgegenüber erscheinen die Figuren im 'Leonidas' nicht kompositorisch isoliert, sondern wollen je für sich ästhetisch befriedigende Eindrücke bieten, die einer kompositorischen Subordination nicht fähig sind. Sie erscheinen als 'Skulpturen'-zitate, die in Widerspruch zu den kompositorischen Ansprüchen des Bildraumes der Malerei geraten, indem sie diese Ansprüche lyrisch verinnerlichen.

III

Die Figur des Leonidas in der Bildmitte bildet zusammen mit der an der Kante einer Felsspalte sitzenden Figur seines Schwagers Aigis und der Figur des sandalenbindenden Jünglings eine pyramidalische Gruppierung. Alle drei Figuren gehen auf antike Motive zurück. Die Körperhaltung des Leonidas basiert auf einer Ajax-Darstellung auf einer antiken Gemme, die Winckelmann publiziert hatte[14], die des Aigis entspricht einer antiken Statue des ruhenden Merkur[15], und der sandalenbindende Jüngling ist der sog. 'Cincinnatus'. Entgegen der tradtionellen Bestimmung einer pyramidalischen Gruppe verhalten sich die Figuren psychologisch interaktionslos, so daß die Aufmerksamkeit ganz auf ihren antikischen Kunstcharakter gelenkt wird. Dies erfolgt gemäß einem bildstrategisch-psychologischen Kalkül, der im Bild thematisiert ist.

Die Figur des Leonidas erfüllt eine ähnliche Funktion wie im Falle der 'Sabinerinnen' die in der Bildmitte zitierte zentrale Gestalt aus Raffaels 'Bethlehemitischem Kindermord'[16]. In beiden Fällen wird ein Kunstzitat als Projektionsfigur eingesetzt. Im Unterschied zu dem Raffelzitat in den 'Sabinerinnen' ist Leonidas jedoch die Hauptfigur; hatte David bei den 'Sabinerinnen' die Haltung seiner Protagonisten noch erfunden, so vermeidet er es beim 'Leonidas', eigene Erfindungen vorzuführen[17]. Damit verschiebt sich die Gewichtung der Bestimmungen; Leonidas präsentiert

14 Darauf verweist bereits Delécluze (Anm. 3) S. 337.

15 Siehe dazu: Gaethgens; (Anm. 5), S. 239.

16 Auf dieses Kunstzitat verweist Schnapper (Anm. 6), S. 187ff.

17 Zur Reduktion von Erfindung in Davids 'Leonidas' siehe die Ausführungen von A. Brookner in:

sich als Projektionsfigur, um sich bildstrategisch als Kopie in seinem Status als Hauptfigur behaupten zu können. Durch den Verzicht auf Erfindung erscheint die Figur in ästhetizistisch selbstzweckhafter Vollendung; David scheint seine eigene ästhetische Praxis mit der antiken kurzschließen zu wollen[18].

Der Kopie- und Zitatcharakter des Leonidas wird im szenischen Zusammenhang thematisch durch die Figur des am Boden sitzenden Aigis aufgenommen. Seine Gestalt erscheint als leicht verzerrte Wiederholung derjenigen des Leonidas. Mit hypnotisch wirkender Intensität schaut Aigis auf (bzw. in) den Schild des Leonidas, von dem man annehmen kann, daß er als Konvexspiegel fungiert, der das gesamte Geschehen in seinem Umkreis reflektierend in sich einsaugt; diese Annahme wird jedoch allein dadurch zwingend, daß Aigis selbst als konvexspiegelartig verzerrte Kopie der Gestalt des Leonidas dargestellt ist[19]. Die Funktionsweise einer Projektionsfigur, in der sich für den Betrachter die totale Bedeutung eines Geschehenszusammenhanges ästhetisch einlösbar konzentriert, wird im Bildzusammenhang selbst veranschaulicht. Während die Wiederholung der Haltung der Hauptfigur in einer Nebenfigur an traditionellen Maßstäben der Figurenkomposition gemessen nur als Entgleisung gewertet werden kann, rechtfertigt sie sich hier als innerbildliche Reflexion auf die Verhältnisse von Funktion und Bedeutung, Nachahmung und Kopie, Werk und Betrachter.

Eine Anregung, den Schild des Leonidas als Spiegelmotiv zu verwenden, kann David durch Goethes Weimarer Preisaufgaben erhalten haben. In seiner 1801 preisgekrönten Zeichnung 'Achill unter den Töchtern des Lykomedes' hatte Nahl das Motiv des Schildes als Spiegel erfunden, um Odysseus' listige Konfrontation des als Mädchen verkleideten Helden mit sich selbst darzustellen. Als problematisch hatte Goethe an Nahls Zeichnung herausgestellt, daß der Betrachter das Spiegelbild nicht sehen kann, sondern das Motiv erraten muß. David hat sich diese Kritik, falls er sie kannte[20], nicht zueigen gemacht, aber die von Goethe/Meyer angesprochene Problematik durch die Aigis-Gestalt als 'Spiegelung' der Leonidas-Gestalt zu lösen versucht. Im Unterschied zu Nahl geht es ihm weniger darum, innerbildlich den Imperativ 'Erkenne dich selbst' zu präsentieren, als vielmehr die Reflexion auf gegenwärtige Strategien der Repräsentation des Antiken offensichtlich zu machen.

Diese Absicht wird auch in der Behandlung des Motivs des sandalenbindenden Jünglings deutlich. Es handelt sich um ein klassisch-griechisches Motiv, das dem Grundinteresse der antiken Kunstbildung entspricht, das ruhige Bei-sich-selbst-sein des Individuums sinnfällig zu machen. David zitiert nicht einfach das antike Vorbild, sondern zeigt, wodurch für den modernen Betrachter erst der antike Charakter des

Jacques-Louis David. London 1980, S. 164 ff und von Gaethgens (Anm. 5), der diese Reduktion mit Davids Rezeption von Lessings 'Laokoon' in Verbindung bringt.

18 Brookner (Anm. 17) verweist darauf, daß die Zeitgenossen auf den Kopie- und Zitatcharakter des 'Leonidas' schockiert reagiert haben.

19 Daß man sich den Schild des Leonidas als Konvexspiegel vorzustellen hat, wird auch dadurch betont, daß im Hintergrund rechts der blanke Schild eines Soldaten zu sehen ist.

20 Siehe dazu: W. Scheidig: Goethes Preisaufgaben für bildende Künstler 1799 - 1805; Weimar 1958, S. 222ff; 1801 stellte die Akademie in Frankreich den Rom-Preis-Bewerbern eine ganz ähnlich Aufgabe: 'Die Gesandten Agamemnoms bei Achilles'. Ingres' Teilnahme am Wettbewerb macht deutlich, daß das Thema in Davids Atelier diskutiert wurde.

Motivs zum Vorschein gebracht wird: der Rückenkontur wird über den Körper des Jünglings hinaus im Bein des vor dem Altar laufenden/stehenden Jünglings fortgeführt. Aus dem Kontur wird so ein abstraktes Liniengebilde, das die Wahrnehmung des Betrachters modelliert[21]. Die über die Gestalt hinausweisende, aber so erst für die kontemplative Betrachtung abschließende Autonomie der Linienführung bringt die Wesenhaftigkeit des Vollzugs des Sandalenbindens zur Anschauung. Erinnert wird zugleich an die anthropomorphe Plastizität antiker Skulptur und an die strikte Flächenbezogenheit antiker Vasenmalerei; die bruchlose Zusammenführung beider Bestimmungsmomente der antiken Kunst läßt die Figur völlig durchdrungen von ihrer Tätigkeit erscheinen.

In den drei Figuren des mittleren Vordergrundes wird auf der Basis des Zitatcharakters der Darstellung in jeweils unterschiedlicher Weise ein bildstrategisches Kalkül offensichtlich, das den Verzicht auf Nachahmung zu kompensieren scheint. Die antike Kunst wird als Instanz zitiert, aber nicht im traditionellen Sinne als Vorbild nachgeahmt. Während akademisches Kopieren antiker Meisterwerke im Dienst der Nachahmung steht, kehrt David den Sinn des Kopierens gegen das Nachahmungsprinzip: kopiert wird, um gegenwärtige Präsentations- und Vollzugsbedingungen des Antiken zu thematisieren.

IV

Gleich zweimal hat David in seinem Bild Giovanni da Bolognas manieristische Merkurstatue[22] (Abb.32) zitiert: in dem Jüngling an der Kante des Altarblocks und von entgegengesetzter Seite in dem Jüngling unterhalb des Baumes, der nach den Waffen greift. Das doppelte Zitat beruft sich auf die allansichtige Schönheit von Giovanni da Bolognas Statue; dem Manierismus wird damit korrelativ zur Antike ein Instanzcharakter zugesprochen. Zwar ist in der ästhetischen Behandlung der Zitate aus unterschiedlichen Kunstepochen kein Unterschied festzustellen; hier orientiert sich David, wie M. Kemp beobachtet hat, am Winckelmannschen Schönheitsideal. Aber die Winckelmannsche Schönheitsforderung wird von David in einer Weise ästhetizistisch absolut gesetzt, die demonstrativ ihre Affinität zum Manierismus zu erkennen gibt. Der Instanzcharakter der Antike wird von David zwar klassizistisch vorausgesetzt, doch im Rückgriff auf manieristische Gestalten zugleich als obsolet erwiesen.

Noch in anderer Weise legt es David darauf an, Antikes und Modernes zitatweise zusammenzubringen. Rechts neben Leonidas sieht man im Hintergrund (den Kopf im goldenen Schnitt der Bildbreite) einen Heerführer mit dem ausgestreckten Arm des Belvedere-Apollo[23] und hinter dem Arm vor einer Reihe von Soldatenköpfen den

21 Den Hinweis auf die Bedeutung des verlängerten Rückenkonturs verdanke ich W. Busch; siehe dazu auch Busch (Anm. 13).

22 Auf die politischen Implikationen dieses Zitat kann hier nicht eingegangen werden; siehe dazu: Levin (Anm. 4).

23 In einer Vorzeichnung ist die Gestalt als Herkules mit einer Keule statt einem Bogen in der erhobenen Hand zu sehen; in dieser Form findet sich die Gestalt auf einer antiken Vase; vgl. J.

Seher Megistias mit einem leonardesken Fingerzeig zum Himmel[24]. Aufgrund ihres Zusammenhanges mit der Isokephalie erinnern die beiden Gesten an ein Bild aus der Frührenaissance: Masaccios Zinsgroschenfresko[25] (Abb.33). Masaccio hatte die Erzählung des Matthäusevangeliums (XVII, 24 ff), nach der Jesus - Petrus zuvorkommend - die Frage aufwirft, ob es legitim sei, von den Kindern Gottes Tribut für den Eintritt in den Tempel zu fordern, in seiner Darstellung einschneidend verändert. Er läßt die Szene vor einem Stadttor in einer Gebirgslandschaft spielen, so daß Stadt und Tempel gleichgesetzt erscheinen[26], und macht Christus zur Hauptfigur, an die der Zöllner seine Forderung richtet, so daß er Petrus gegen Christi Bereitschaft aufbegehren lassen kann, zur Vermeidung von Ärgernis auf diese Forderung einzugehen; nur durch ein von Christus bewirktes Wunder läßt sich Petrus beruhigen.

David benutzt die von Masaccio geschaffene Konstellation, um sie mit antikischem Inhalt zu besetzen, sorgt aber zugleich dafür, daß der Betrachter den christlichen Sinn nicht ausblenden kann. Die Spartaner befinden sich wie Jesus mit den Jüngern außerhalb ihrer Stadt in einer Gebirgslandschaft und sind aufgefordert, Tribut zu zahlen für etwas, das sie als ihr Eigentum betrachten und zu verteidigen haben. Während Masaccio Christus und Petrus mit weisendem Gestus im Umkreis der Jünger darstellt, zeigt David den Heerführer und den Priester mit weisenden Gesten vor einer Reihe von Soldatenköpfen; wie bei Masaccio von Christus geht bei David vom Heerführer alle dynamische Gewalt aus. Der Kopf des Priesters erscheint dem Petruskopf Masaccios nachgebildet. Durch das Zitat der Konstellation einerseits und die unterschiedliche Provenienz der zitierten Gesten andererseits fühlt sich der Betrachter aufgefordert, sich des Gegensatzes zwischen der christlichen und der antikischen Bedeutung der Szene bewußt zu werden. Anders als für die Jünger Christi gibt es für die Spartaner keinen Konflikt zwischen Moralität und Legalitität, der nur durch ein Wunder lösbar wäre. Das 'Wie das Gesetz es befahl' des in die Felswand gemeißelten Epigramms ist als Manifestation der sittlichen Einheit beider Bestimmungen zu verstehen. Aber die Präsentationsform des Zitats bzw. seine Aufgespaltenheit in eine antikische und christliche Bedeutung läßt es fragwürdig erscheinen, ob solche Einheit in der Gegenwart noch ungebrochen als Ideal fungieren kann.

Dies umso mehr als die Gestalten nicht bloß als Kunstzitate vorgeführt, sondern überdies in einen kompositorischen Zusammenhang gebracht sind, der an Karikatur gemahnt. Der Heerführer mit dem ausgestreckten Arm des Belvedere-Apollo hält einen Bogen mit derjenigen Hand hoch, in welchem man der ganzen Körperhaltung zufolge nur die angespannte Sehne des Bogens vermuten würde. In Korrespondenz

Bean/D. von Bothmer: A propos du 'Léonidas aux Thermophyles' de David, in: Revue du Louvre, XIV (1964), S. 327 - 333. Zu den politischen Implikationen der Verweises auf Herkules siehe: Levin (Anm. 4)

24 Darauf hat zuerst Kemp (Anm. 10) aufmerksam gemacht.

25 Delécluze verweist darauf, daß David sich während der Arbeit am 'Leonidas' mit Masaccio auseinander gesetzt hat; Delécluze, S. 227.

26 Zu Masaccios Veränderungen der Erzählung siehe: H. von Einem: Masaccios "Zingsgroschen"; Köln/Opladen 1967. Von Einem sieht die Bedeutung der Verlegung der Szene vor ein Stadttor bloß darin, daß auf diese Weise die geforderte Steuer als weltliche gekennzeichnet wird; durch die Gleichsetzung von Tempel und Stadt evoziert Masaccio zugleich die Vorstellung der Stadt als himmlisches Jerusalem und als antike Polis.

dazu hält der links im Vordergrund von einem Sklaven auf die Bildbühne geführte blinde Soldat Eurytus seinen Speer zwar in die richtige Richtung, aber verkehrt herum in der Hand; der Soldat, der über ihm das Epigramm in die Felswand meißelt, scheint mit einem Fuß auf dem in die Luft gehaltenen Speer Halt zu finden. Programmatisch unbeholfen erscheint auch, daß die Jünglinge direkt an der Kante des Altarblocks in vollem Lauf dargestellt sind und daß der Jüngling unterhalb des Baumes mit einem Fuß am Helm des Aigis hängenzubleiben scheint. Diese Motive sind kaum dazu geeignet, die innere Bereitschaft zur Selbstaufopferung für das Vaterland sinnfällig zu machen; sie entstammen vielmehr dem Arsenal des Karikaturisten. David präsentiert sie jedoch in einer Weise, als seien sie konstitutiv für die klassizistische Figuralkunst. Für sich betrachtet bleiben die einzelnen Figuren intakt, an ihnen ist keine karikaturmäßige Verzerrung festzustellen, aber die karikaturhaften Motive erscheinen notwendig unter der Voraussetzung, daß das Bild mehr als eine bloße Addition lyrischer Figuren darstellen soll. Sie stellen sich als die einzige Möglichkeit dar, klassizistisch perfektionierte Figuren in eine Beziehung zueinander, zu ihrer Umgebung und zu sich selbst zu setzen. Der im Bild zitatweise apostrophierte Gegensatz von Antikem und Modernem wird anschaulich in die Polarität von klassizistisch-idealischer Figuralkunst und Karikatur überführt[27].

V

Da Winckelmann das Postulat der Antikennachahmung mit dem der Naturnachahmung konfundiert hatte, wundert es kaum, daß auch in Davids Behandlung der Natur karikaturnahe Motive auftauchen. Das Bildpersonal scheint das Postulat der Naturnachahmung wortwörtlich zu nehmen. Die kränzehaltenden Jünglinge vor dem Altarblock strecken ihre Arme in dieselbe Richtung aus wie der Baum im Vordergrund seinen Ast; die Armstellung der Jünglinge rechts unterhalb des Baumes wiederholt die Aststellung des Baumes auf dieser Seite. Während jedoch die Figuren in ihrer Haltung der dargestellten Natur zu entsprechen suchen, scheint diese dazu bestimmt, den Sinnzusammenhang, den sie zu eröffnen verspricht, zu zerstören. Der Baum macht eine Biegung, als wolle er aus eigenem Antrieb den Blick auf die Trompetenbläser freigeben, überschneidet sie dabei aber derart willkürlich, daß der Betrachter nur nach demjenigen Natürlichen fragen kann, das an seiner Stelle dort sein sollte. Anstelle einer Natur, deren Nachahmung als konstitutiv für die Sinnhaftigkeit von Kunst verstanden werden kann, werden im Kunstwerk eine Natur und Naturnachahmung vorgeführt, die die Absichtlichkeit des Nachahmens ad absurdum führen. Natur wird durch ein einzelnes Objekt repräsentiert und damit als unfähig

27 In ihrer Untersuchung "Gegenfüßler des Ideals" - Prozeßgestalt der Kunst - "Mémoire procesive" der Geschichte. Zur ästhetischen Fragwürdigkeit von Karikatur seit dem 18. Jahrhundert (In: Nervöse Auffangorgane des inneren und äusseren Lebens, Karikaturen. Hrsg. von K. Herding und G. Otto; Giessen 1980, S. 87 - 130), stellen G. und I. Oesterle heraus, daß die kunsttheoretische Diskussion um Karikatur und Ideal seit dem 18. Jahrhundert von 'Partialisierungsversuchen' geprägt ist: der Karikatur wird ein Wert für die Entwicklung des Ideals zugeschrieben; diese Beobachtung scheint auch auf Davids 'Leonidas' zuzutreffen.

erwiesen, einen umfassenden Sinnzusammenhang augenscheinlich zu machen. Der Verlust einer unbezweifelbaren Sinneinheit von Kunst und Natur wird im Bild selbst thematisiert. Die Stoffbahnen, die von der Wurzel des Baumes am Rande des Paßweges zu der Stelle des Baumstammes im Vordergrung führen, an der eine Lyra aufgehängt ist, erscheinen als 'natürliche' Verbindung der beiden Baumstämme, indem sie die Stelle eines zweiten Hauptastes des Baumes im Vordergrund einzunehmen scheinen und ihre Farbe der des Baumes am Paßweg entspricht; zugleich wirken sie als 'künstliche' Verbindung des Lyramotivs mit der Natur. Doch werden die Stoffbahnen auf geradezu programmatisch Weise von den Trompetenbläsern an der Wurzel des Baumes am Paßweg durchschnitten, während umgekehrt die Trompetenbläser vom Baumstamm im Vordergrund durchschnitten erscheinen. An die Stelle der klassischen Sinneinheit von Kunst und Natur tritt damit ein Antagonismus, den die Kunst nicht kunstgemäß zu bewältigen vermag, - es sei denn dadurch, daß sie ihn offenlegt.

Traditionelle Qualitäten der Erfindung, der Naturnachahmung und der Antikennachahmung sind in Davids 'Leonidas' unter dem Deckmantel eines nur vordergründig schönen Scheins aufs Spiel gesetzt. Unklar ist jedoch, in welchem Bewußtsein David seine ästhetischen Entscheidungen getroffen hat[28]; denn es ist kaum anzunehmen, daß es sich dabei schlicht um künstlerisches Unvermögen gehandelt hat. Th. Gaethgens hat vorgeschlagen, die kompositorischen 'Ungereimtheiten' damit zu erklären, daß David bei der Überarbeitung der ersten Bildfassung 'Kompromisse' eingehen mußte[29]. Diese Erklärung kann jedoch nicht verständlich machen, warum David eine radikale Überarbeitung bzw. Neufassung überhaupt für notwendig hielt. Auch kann man nicht ohne weiteres davon ausgehen, daß sich die 'Ungereimtheiten' hätten vermeiden lassen, wenn David bloß eine neue Leinwand angefangen hätte[30], denn sie hängen offensichtlich mit der lyrischen Behandlungsweise des Themas zusammen. Zwar lassen sich Gründe dafür anführen, daß die Malerei ihre Mittel verkennt, wenn sie sich auf das Lyrische einläßt, doch erscheint der Lyrismus der Figurenbehandlung selbst bloß als ein Mittel, um in den Bildzusammenhang auf kalkulierte Weise 'Ungereimtheiten' einzubringen.

Ein Anhaltspunkt für das Verständnis der 'Ungereimtheiten' bietet Davids eingehende Auseinandersetzung mit Lessings 'Laokoon', der 1802 auf Französisch publiziert wurde[31]. Der Lessingsche Einfluß kann nicht bloß darin gesehen werden, wie Gaethgens annimmt, daß David in Übereinstimmung mit den Forderungen

28 Levin (Anm. 4) hat das intellektuelle Umfeld Davids während seiner Arbeit am 'Leonidas' untersucht und zahlreiche Beziehungen zwischen dem Werk und den Ideen von David nahestehenden Personen und politischen Gruppierungen aufgewiesen. Das Werk wird als eine von David mit den Mitteln der Malerei durchgeführte Analyse der Idee des Patriotismus interpretiert, die sich methodologisch vor allem auf die Konzepte der Ideologen stützt. Die Erklärung der Autorin: "On ne saurait trop insister sur l'importance du fondement sensoriel de la méthode de David" macht jedoch deutlich, daß dieser Interpretationsansatz nicht in der Lage ist, die einen "*partiotisme sur la toile*" betreffenden ästhetischen Entscheidungen Davids verständlich zu machen.

29 Vgl. Gaethgens (Anm. 5), S. 222.

30 Gaethgens (Anm. 5) wirft selbst die Frage auf, ob sich "in den Veränderungen eine gegenüber früheren Werken geänderte oder gar erweiterte Kunstauffassung" zeigt, S. 222.

31 Siehe dazu: Ebd., S. 231ff.

Lessings den Ausdruck seiner Figuren an der Schönheitsforderung orientiert, einen Moment vor dem Höhepunkt der Handlung wählt und auf eigene Erfindung weitgehend verzichtet. Vielmehr sind dies bloß gesonderte Elemente der Lessingschen Lehre, die auch unabhängig voneinander gefordert werden könnten und z.T. gefordert wurden. Für Lessing ergeben sich diese Bestimmungen sämtlich aus der Grundforderung, der Künstler müsse der Phantasie des Betrachters 'freies Spiel' lassen, d.h. verhindern, daß sie 'nicht weiter kann' und 'beleidigt' und 'genötigt' wird[32]. David scheint sich weniger die einzelnen Forderungen zueigen gemacht, als vielmehr den Versuch unternommen zu haben, den Lessingschen Begründungsanspruch für seinen eigenen Darstellungszusammenhang fruchtbar zu machen. Er zitiert Giovanni da Bolognas manieristische Merkurstatue als moderne Darstellung der antiken mythologischen Vorstellung der freien Phantasie exakt an dem Punkt an der Kante des Altarblocks, an dem sie "nicht weiter kann", doch so, daß sie dadurch nicht "beleidigt" wird und für sich betrachtet als ponderierte Schwebefigur sowie den transitorischen Moment aufhebende Standfigur intakt bleibt. Im Sinne der Lessingschen Lehre ist die Phantasie des Betrachters deshalb, um nicht 'beleidigt' zu werden, 'genötigt', die Figur als lyrische Präsentationsform 'von innen her' wahrzunehmen. Zwar befolgt David die einzelnen Forderungen Lessings, doch nur, um ihrer Begründung zu widersprechen. Denn für Lessing ist es ausgeschlossen, daß die freie Phantasie 'nicht weiter kann', ohne 'beleidigt' zu werden. Indem David bildlich die Gleichzeitigkeit des 'Nicht-weiter-könnens' und 'Nicht-bleidigt-werdens' präsentiert, bringt er die Erhabenheit der freien Phantasie über jede Nötigung zum Ausdruck und läßt die lyrische Präsentationsform als ästhetisch problematische zugleich durch eine Nötigung der freien Phantasie gerechtfertigt erscheinen.

David scheint eine Entwicklungschance für seinen Klassizismus darin zu sehen, theoretische Begründungen klassizistischer Forderungen quasi-zitathaft in seine Darstellung hineinzukomponieren; doch er ist nicht bereit, kunsttheoretisch aufgestellten und begründeten Forderungen bloß praktisch nachzukommen, sondern zieht es vor, die Berechtigung kunsttheoretischer Begründungsansprüche durch deren Verbildlichung in Frage zu stellen. Die Verbildlichung macht die relevanten, sich wechselseitig ausschließenden kunsttheoretischen Bestimmungsgesichtspunkte koexistent und kritisiert damit das Interesse an einer Harmoniestiftung durch Subordination.

Anders als Lessing, der die klassizistische Schönheitsforderung mit der Koexistenz der Zeichen in der Malerei begründet, macht David die Koexistenz der Zeichen zur Voraussetzung einer bildkünstlerischen Auseinandersetzung mit kunsttheoretischen Bestimmungen. So ist es denkbar, daß die mit dem Baum im Vordergrund zusammenhängenden problematischen Motive in der Auseinandersetzung mit Lessing entwickelt wurden, denn Lessing behandelt in den einleitenden Passagen seines 'Laokoon' die Unterschiedlichkeit der antiken und modernen Naturnachahmung. Der antike Künstler, erklärt er, suche und finde in der Natur die Vollkommenheit seines Gegenstandes, der moderne Künstler aber gehe von einer Natur aus, die

32 Vgl. G.E. Lessing: Laokoon oder Über die Grenzen der Mahlerey und Poesie, in: Sämtliche Schriften, Bd 9; Stuttgart 1893, S. 18ff.

jederzeit bereit sei, die Schönheit 'höheren Bestimmungen' aufzuopfern. Beide Bestimmungen lassen sich wörtlich zu Davids Darstellung in Beziehung setzen: während die Behandlung der einzelnen Figuren ganz an der klassizistischen Schönheitsforderung ausgerichtet ist, ist das System der Komposition und darin explizit der Baum im Vordergrund offensichtlich bereit, die Schönheit 'höheren Bestimmungen' aufzuopfern. Seine Lehre von der Fruchtbarkeit des dargestellten Moments wollte Lessing als unabhängig von der Verschiedenheit des antiken und modernen Naturverhältnisses verstanden wissen. Indem jedoch David diese 'Unabhängigkeit' ästhetisch in Gleichzeitigkeit umsetzt, macht er offensichtlich, daß die ästhetische und die moralische (auf 'höhere Bestimmungen' abzielende) Betrachtung nicht harmonisch aufeinander bezogen werden können.

Auch wenn nicht bekannt ist, ob David Schillers Überlegungen zu der mit dem Leonidas-Thema verbundenen Kunstproblematik einer zugleich ästhetischen und moralischen Beurteilung kannte, können diese zur Klärung dienen. Aufgrund Davids Freundschaft mit Wilhelm von Humboldt ist es durchaus wahrscheinlich, daß er mit diesen Überlegungen während der Arbeit am 'Leonidas' vertraut war[33]. Schiller hat in Weiterführung der Lessingschen Gedanken zum Laokoon das Erhabene der Fassung (Laokoon) vom Erhabenen der Handlung (Leonidas) unterschieden und erklärt, daß bei diesem die Vernunftforderung notwendigerweise dem Verlangen der Phantasie entgegenstehe, 'sich frei von Gesetzen im Spiele zu erhalten'. Am Beispiel der Selbstaufopferung des Leonidas an den Thermopylen erläutert Schiller die Gründe dafür, daß "die moralische und die ästhetische Beurteilung...einander...im Wege stehen", anstatt sich wechselseitig zu unterstützen[34].

So sehr sich Schiller gegen die Forderung einer 'moralische(n) Zweckmäßigkeit in ästhetischen Dingen' wendet, so sehr scheint David diese Forderung verteidigen zu wollen. Aber seine Verteidung beruht darauf, daß sie die Problematik durch die Kunst selbst aufdeckt, anstatt sie kunsttheoretisch von der Kunst fernhalten zu wollen. Aus dem Bewußtsein einer politischen Problematik, die ihm nur den Rückzug auf die Kunstautonomie offenließ, konnte im Verlauf der Arbeit ein verschärftes Bewußtsein für die der politischen Situation korrespondierende Kunstproblematik werden. In ihrer Offenlegung bleibt diese Ausdruck des politischen Bewußtseins. Denn bildkünstlerisch vor Augen geführt wird die Zwiespältigkeit einer Kunstautonomie, die sich gleichzeitig über jede Nötigung erhaben und durch die politische Situation erzwungen erweisen soll.

Ein Umstand, der darauf hindeutet, daß David Schillers Überlegungen vertraut waren, kann auch darin gesehen werden, daß er eine antike Ajax-Darstellung benutzt, um Leonidas darzustellen. Denn Schiller hatte erklärt, daß es überhaupt nur zwei Möglichkeiten gibt, eine erhabene Handlung zu vollziehen: entweder wird eine übertretene Pflicht gebüßt (Ajax) oder die Vorstellung der Pflicht wird zum Motiv des Handelns (Leonidas)[35]. Das Ajax-Zitat dient David kaum dazu, wie Gaethgens meint,

33 Levin verweist darauf, daß David während der gesamten Zeitspanne der Arbeit am 'Leonidas' mit Wilhelm von Humboldt befreundet war; vgl. Levin (Anm. 3) S. 12.

34 F. Schiller: Über das Pathetische, in: Schillers Werke. Nationalausgabe Bd 20. Philosophische Schriften. Erster Teil. Hrsg. von L. Blumenthal/B. von Wiese; Weimar 1962, S. 217ff.

35 Zwar nennt Schiller nicht ausdrücklich Ajax beim Namen, doch vor dem Hintergrund der

auf die Vergleichbarkeit der seelischen Anspannung zu verweisen. Diese läßt sich an der Körperhaltung überhaupt nicht ablesen, und physiognomisch ist keine Zerknirschung festzustellen. Dagegen ist es der abstrakte kategoriale Gesichtspunkt der Erhabenheit der Handlung, der die Darstellung des Leonidas in der antiken Gestalt des Ajax rechtfertigt. Indem David unter diesem Gesichtspunkt darauf verweist, daß man in der klassischen Antike kein Problem darin sah, eine erhabene Handlung zum Gegenstand einer künstlerischen Darstellung zu machen, erhebt er implizit den Anspruch, die Schillersche Argumentation widerlegt zu haben[36]. Doch andererseits muß ihm spätestens seit der kritischen Reaktion auf die Nacktheit seiner Protagonisten in den 'Sabinerinnen' bewußt gewesen sein, daß auch die ästhetisch perfektionierteste Schönheit in der Gegenwart nicht viel mehr als ein Zerrspiegel von Moralität sein kann. Dieser kann bestenfalls auf Bedingungen ästhetisch unverzerrter Moralität in der Antike verweisen.

VI

David hat sich während der Arbeit am 'Leonidas' eingehend mit der Verschiedenheit von Antike und Gegenwart auseinandergesetzt und erklärt: "Les grecs, qui certes n'étaient pas près *des idées* comme on les entend de nos jours, les grecs et leurs artistes en particulier étaient bien pénétrés des cette vérité, qu'une idée ne vaut réellement que par la perfection avec laquelle on la rend et on l'emploie"[37]. In der Antike sind Ideen so viel wert wie ihr Gebrauch, der einem natürlichen Streben nach Vollendung entspricht; in der Gegenwart aber werden Ideen nicht maßgeblich in der Vermittlung durch den Gebrauch verstanden, sondern intellektuell. Seine Aufgabe als Künstler erkennt David darin, das moderne Verständnis der Ideen für die Darstellung der antiken Praxis fruchtbar zu machen, damit diese umgekehrt in ihrer Vorbildhaftigkeit für die Gegenwart in Erscheinung treten kann. Dementsprechend hatte er ursprünglich über seine Absicht bei der Wahl des Leonidas-Themas erklärt: "Je veux charactériser ce sentiment profond, grand et religieux qu'inspire l'amour de la patrie"[38]. Er geht hier davon aus, daß die Vaterlandsliebe ein tiefes religiöses Gefühl inspiriert; dies kann so verstanden werden, daß das Gefühl der Vaterlandsliebe aus sich selbst heraus einer religiösen Vertiefung fähig ist, jedoch auch so, daß es sich um zwei Gefühle handelt, die in einem bestimmten Verhältnis zueinander stehen. Beide Verstehensmöglichkeiten widersprechen sich nicht, sondern betreffen Davids Verhältnis zu seinem Gegenstand. Bei den Spartanern, deren Tugenden und Sitten er schildern möchte, kann er voraussetzen, daß die Vaterlandsliebe mit ihrem religiösen Gefühl praktisch identisch war, in der Gegenwart jedoch nicht. Im Gegensatz zu aller

Lessingschen Erörterung einer künstlerisch angemessenen Darstellung des Ajax wird unmittelbar verständlich, daß der von Schiller abstrakt entwickelte Fall der Buße für eine übertretene Pflicht auf Ajax zutrifft.

36 Neuere Forschung verweist darauf, daß es sich bei der von Winckelmann publizierten Gemme nicht um ein originäres Werk handelt; vgl. Bean/von Bothmer (Anm. 23).

37 Delécluze (Anm. 3), S. 227f; siehe dazu auch: Levin (Anm. 4).

38 Ebd., S. 225f.

machtpolitisch orientierten patriotischen Propaganda wollte er deshalb den religiösen Charakter von Gefühlen in der Behandlung eines Themas aus der griechischen Geschichte darstellen: "Je veux donner à cette scène quelque chose de plus grave, de plus réfléchi, de plus religieux"[39]. Im Widerspruch zur politischen Wirklichkeit sollte die Behandlung des Gegenstandes aus der griechischen Geschichte die inspirierende Kraft eines reinen, im Sinne der Aufklärung zur Menschheitsidee verklärten Patriotismus aufdecken[40].

Zwar liegt diese Absicht auch noch der endgültigen Fassung des Bildes zugrunde, doch beinhaltet seine Erklärung: "Je veux au moins... montrer mon patriotisme sur la toile" gegenüber der ursprünglichen eine doppelte Restriktion. Zum einen geht es nur noch um den Patriotismus, nicht um die Charakterisierung eines von diesem inspirierten religiösen Gefühls, zum andern nur noch um eine kunstbezogene Manifestation des Patriotismus des Künstlers, nicht um eine erzieherische Maßnahme. Verändert hat sich nicht die Gesinnung Davids, aber der politische Kontext, in den er sein Werk zu stellen hatte.

Wie sehr Machtinteressen bestimmten, was offiziell als patriotisch zu gelten hatte und was nicht, als David daran ging, seinen 'Leonidas' zu überarbeiten, macht Napoleons Befehl deutlich, die gesamte Ausgabe von Mme de Staëls 'De l'Allemagne' zu vernichten[41]. Die politische Realität sprach der Vorstellung Hohn, der Patriotismus habe eine inspirierende Kraft, die im Studium des Charakters eines anderen Volkes zum Tragen kommen könne und müsse. Auch wenn David sich auf die Antike zurückbezog, mußte er durch die politische Realität den Grundgedanken seiner ursprünglichen Bildkonzeption gefährdet sehen. In der Gegenwart inspiriert nicht der Patriotismus ein religiöses Gefühl, sondern ein Anspruch auf politische Vorherrschaft einen Patriotismus. Die politischen Repressionen konfrontierten ihn deshalb mit dem Problem, den Bekenntnischarakter seiner Darstellung methodologisch zu ihrem Autonomiestatus in Beziehung zu setzen und 'sur la toile' die Situation seiner Kunst zu analysieren. Dieses Problem versuchte er dadurch zu lösen, daß er die Kunst sowohl als Mittel einsetzt, um seinen Patriotismus zu zeigen, als auch, um sie als Mittel autonom zu setzen.

39 Ebd., S. 225f; diese Erklärung Davids bezieht sich auf einen Bildentwurf seines Schülers Delécluze, in welchem Leonidas das Zeichen gibt, zu den Waffen zu greifen. Für David verleiht dies der Darstellung den Charakter einer patriotischen Szene, anstatt daß der Gegensatz von Antike und Gegenwart für die künstlerische Behandlung des Patriotismus fruchtbar gemacht würde.

40 Dem korrespondiert Schillers Begriff einer sentimentalischen Kunst, die auf der "Operation" beruht, "einen mangelhaften Gegenstand aus sich selbst heraus zu ergänzen, und sich durch eigene Macht aus einem begrenzten Zustand in einen Zustand der Freiheit zu versetzen".(Zit. nach: Schillers Werke. Nationalausgabe; Weimar 1962, Bd 20: Ueber Naive und Sentimentalische Dichtung, S. 476). In der Entwurfsskizze zur ersten Bildfassung verlegt David die 'sentimentalische Operation' ästhetisch in die Gestalt des Leonidas am Rande des Abgrundes: "Unser Gemüth ist hier durch das Unendliche der Idee gleichsam über seinen natürlichen Durchmesser ausgedehnt worden, daß nichts vorhandenes es mehr ausfüllen kann. Wir versinken lieber betrachtend in uns selbst" (ebd., 474). Siehe auch: W. Busch: Der sentimentalische Klassizismus bei Carstens, Koch und Genelli, in: Kunst als Bedeutungsträger. Gedenkschrift für Günter Bandmann. Hrsg. von W. Busch, R. Hausherr und E. Trier; Berlin 1978, S. 317 - 343.

41 Siehe dazu die Untersuchung von Levin (Anm. 4).

Unter der Autonomsetzung der künstlerischen Mittel in der Moderne versteht man zumeist die Freisetzung der Mittel eines bestimmten Mediums (in der Malerei der Farbe), die der Analyse des Artefaktes auf dem Niveau seiner eigenen medialen Bestimmtheit Vorschub leistet; David geht es demgegenüber nicht um die Analyse von Malerei, sondern um die Analyse von Kunst. Für ihn läuft die Autonomsetzung der Mittel auf eine kompositorische Freisetzung von Kunstzitaten gegenüber klassischen Harmonieforderungen hinaus. Als gegenüber dem kompositorischen Zusammenhang freigesetzte fordern sie die Reflexion des Betrachters auf ihre ästhetischen, historischen, kunsttheoretischen und politischen Implikationen heraus. Sie verleihen der Bildstruktur bzw. der Behandlung des Themas sowohl Bekenntnis- als auch Kunst- und Denkbildcharakter. Das Problem einer adäquaten Verhältnisbestimmung von Kunstautonomie und politischer Wirkungsabsicht bzw. -möglichkeit wird auf diese Weise zwar nicht gelöst, aber präsentiert.

Problemstellung wie -präsentation sind maßgeblich durch das Bewußtsein von der Unterschiedlichkeit der Epochen bestimmt; vorausgesetzt ist, daß das moderne Verständnis der Ideen die Möglichkeit ausschließt, mit ihrem nach Vollendung strebenden Gebrauch vollkommen übereinzustimmen. Unter klassizistischen Voraussetzungen kann David deshalb nur die *Idee* dieser Übereinstimmung für die Produktion einer Bildstruktur nutzbar machen, die ihre eigene Problematik offenlegt, indem die Idee dieser Produktion die unabdingbare Akzeptanz und Nutzbarmachung karikaturhafter und karikaturnaher Motive erfordert. Die Bildstruktur verweist methodologisch darauf, daß ein '*patriotisme sur la toile*' auch vom Rezipienten nur nutzbar gemacht werden kann.

Die Rezeptionsgeschichte von Davids 'Leonidas' illustriert dies überdeutlich. Das Gemälde wurde in unterschiedliche politische Zusammenhänge hineingestellt, die David nicht voraussehen konnte, und propagandistisch ausgeschlachtet; auf polemische und ironische Weise ließ es sich zugleich gegen diejenigen ausspielen, die ihm einen vom Künstler autorisierten propagandistischen Wert für die Durchsetzung ihrer Interessen beimaßen[42]. Im Unterschied dazu konnte David seine vorrevolutionären Historiengemälde und seine künstlerischen Revolutionsbeiträge für den Gebrauch innerhalb einer fortschrittlichen gesellschaftlichen Entwicklung bestimmen. In dieser beanspruchten sie keine Reflexion, die ihnen nicht in der geschichtlichen Situation unmittelbar zufloß. Die Autonomie der Kunst stand nicht als Problem, nur als Kritik an den verfestigten Strukturen der Akademie auf der politischen Tagesordnung. Zum Problem aber wurde sie nach der Revolution unter dem Druck politischer Repression während der Arbeit am 'Leonidas'. In dieser Situation besinnt sich David nicht bloß auf die antike 'Quelle' der Kunst, sondern zugleich auf die Verschiedenheit des Griechentums von der Gegenwart; am klassischen Griechentum fasziniert ihn gerade das, was er mit seiner früheren Historienmalerei für die Gegenwart selbst leisten konnte: die Verankerung des Wertes der Ideen in ihrem Gebrauch. Da er sich durch die politischen Umstände ebenso wie durch den Epochengegensatz mit der Unmöglichkeit konfrontiert sieht, eine solche Verankerung herzu-

42 Siehe dazu die Untersuchung von N. Athanassoglou: Under the sign of Leonidas: the political and ideological fortune of David's 'Leonidas at Thermopylae' under the Restauration, in: The Art Bulletin 4 (1981), S. 633 - 649.

stellen, entwickelt er stattdessen 'sur la toile' eine Bildstruktur, die die zwiespältigen Verhältnisse von künstlerischem und politischem Anspruch, christlichem und antikischem Sinn, Legalität und Moralität, Gegenwart und Griechentum, Kunsttheorie und Kunstpraxis thematisch in sich aufnimmt und damit ihre eigene Problematik reflektiert. Dieser durch-, ja ausgehaltene Anspruch der Kunst auf ihre Selbstreflexion läßt sich als die moderne Dimension des 'Leonidas' bestimmen.

Für David basierte dieser Anspruch auf der Grundkonzeption seiner Historienmalerei seit den 'Horatiern': der Patriotismus seiner Protagonisten erscheint den Prinzipien, die als konstitutiv für die Wahrung und Gestaltung einer staatlichen Gemeinschaft gelten müssen, gleichsetzbar. Dieses Konzept konnte vor der Revolution dazu dienen, unter Berufung auf den Freiheitsanspruch des einzelnen wie zugleich des Volkes verfestigte Machtstrukturen aufzubrechen, und während der Revolution dazu, diese nicht ins Stocken kommen zu lassen, doch nach der Revolution war es nicht mehr funktional. In seiner Napoleonischen Historienmalerei sieht sich David deshalb genötigt, den Patriotismus wie zugleich die staatstragenden Prinzipien der persönlichen Kontrolle, Anweisung und Inszenierung des Herrschers zu unterstellen, während er gleichzeitig in seiner inoffiziellen Malerei die ursprüngliche Konzeption in Richtung auf die Reflexion der Kunstproblematik weiterzuentwickeln sucht.

Besonders signifikant ist diese Zweigleisigkeit zu dem Zeitpunkt, als David mit der Überarbeitung der ersten Fassung des 'Leonidas' beginnt. 1810 malt er ein Portrait Napoleons, das diesen am frühen Morgen in seinem Arbeitszimmer zeigt, nachdem er die Nacht mit der Arbeit am Code Civil verbracht hat. Während David damit seine Bewunderung für den Herrscher zu erkennen gibt, sieht er sich andererseits durch dessen politische Entscheidungen und die ernüchternde Wirklichkeit des öfteren zu dem Stoßseufzer veranlaßt: "Ah! ah! Ce n'est pas là ce que l'on désirait précisément!"[43] und wendet sich der Arbeit am 'Leonidas' zu, um zumindest in der Kunst festzuhalten, was man sich von der Revolution eigentlich erhofft hatte. Er wird selbst zum Protagonisten seiner Malerei, der seinen Patriotismus unter Beweis stellen will, aber zugleich in Rechnung stellen muß, daß seine Möglichkeit der Gestaltung einer neuen Ordnung sich auf die Leinwand beschränkt. Er sucht nach einem neuen System der Komposition, das seinen künstlerischen und politischen Ansprüchen gerecht wird. Doch "Ce que l'on désirait précisément" kann er nur retrospektiv als Utopie bewahren und die Unmöglichkeit seiner politischen Einlösbarkeit zu einem Lyrismus der Figurenkomposition verinnerlichen, - es wird zu einem '*patriotisme sur la toile*'.

43 Delécluze (Anm. 3), S. 340.

ON MARCHE DANS CE TABLEAU. ZUR KONSTITUIERUNG DES ‘REALISTISCHEN’ IN DEN NAPOLEONISCHEN DARSTELLUNGEN VON JACQUES-LOUIS DAVID

Stefan Germer

I

Die napoleonische Bildpropaganda charakterisiert das Bewußtsein, daß die Darstellung des Politischen einer neuen Form bedürfe. Drei Gründe ließen die überkommenen Darstellungsformen als wenig geeignet erscheinen. Erstens hatte bereits im 18. Jahrhundert ein Prozeß der Privatisierung der Historienmalerei eingesetzt.[1] Er entsprang den Bedürfnissen eines, wenngleich nicht homogen bürgerlichen, so doch an bürgerlichen Wertvorstellungen orientierten Publikums, das die privaten Eigenschaften als die eigentlich menschlichen ansetzte, und deshalb auch in der Darstellung des Helden eher die ‘personne’ als das ‘habit’ verlangte.[2] Teile der Bildproduktion des Ancien Régime hatten diesen Interessen Rechnung getragen und sich zunehmend auf das Privatleben der Heroen, auf die menschlichen Eigenschaften der Könige und auf psychologisch, nicht aber notwendig historisch relevante Momente konzentriert. Folge war nicht nur die Anekdotisierung der Historienmalerei, sondern vor allem das Auseinandertreten von dargestelltem Moment und geschichtlicher Bedeutung. Zweitens setzte mit Ausbildung einer reformerischen Bürokratie schon innerhalb des Ancien Régime die Ablösung der eigentlichen Regierungshandlungen von der persönlichen Intervention des Herrschers ein, eine Entwicklung, deren Konsequenz Hegel - bezeichnenderweise in seiner ‘Ästhetik’ - so bilanzierte: der Herrscher werde von der “konkreten Spitze des Ganzen” zu einem “mehr oder weniger abstrakte(n) Mittelpunkt innerhalb für sich bereits ausgebildeter Verhältnisse und durch Gesetze und Verfassung feststehender Einrichtungen.”[3] War dem König somit eine konstitutionelle Funktion zugemessen, die ihren Ausdruck in Davids Allegorie fand, in den Personifikationen des Volkes, der Freiheit und des Sieges, die dem Monarchen Verfassung und Krone bringen, während die Verfassung von 1791 der Person des Königs Heiligeit und Unverletzlichkeit zusichert, so markierte die Hinrichtung Louis XVI. den endgültigen Abschied von der Vorstellung der somatisch an die Person gebundenen Autorität und den Übergang zur Idee des Körpers der

1 Vgl. dazu: S. Germer: Historizität und Autonomie. Studien zu Wandbildern im Frankreich des 19. Jahrhunderts. Ingres, Chassériau, Chenavard und Puvis de Chavannes; Hildesheim/Zürich/New York 1988, S. 11ff.: “Der Abschied vom Helden”.

2 J.-J. Rousseau: Emile ou de l’Education; (Collection complète des oeuvres de Jean-Jacques Rousseau, Bd. 4) Genf 1782, S. 417f.: “Elle (die gewöhnliche Geschichtsschreibung) n’expose que l’homme public qui s’est arrangé pour être vu. Elle ne le suit point dans sa maison, dans son cabinet, au milieu de ses amis, elle ne le peint que quand il représente, c’est bien plus son habit que sa personne qu’elle peint...tous les détails familiéres et bas, mais vrais et charactéristiques, étant bannis du style moderne, les hommes sont aussi pars par nos auteurs dans leurs vies privées que sur la scène du monde...”

3 G.F.W. Hegel: Vorlesungen über die Ästhetik, in: Theorie Werkausgabe in 20 Bänden, Bd. 13; Frankfurt a. M. 1970, S. 253f.

Gesellschaft, dessen Grenzen sich durch vielfältige Ausgrenzungsprozesse bestimmen.[4]

Die Konsequenzen dieser drei Entwicklungen - der Privatisierung, der Verstaatlichung und der Sozialisierung von Macht - lassen sich mit einem Satz zusammenfassen:der herausragende einzelne ist nicht länger in der Lage, das Ganze zu repräsentieren. Vielmehr muß er seine Autorität dadurch begründen, daß er sie in Bezug zu einer der drei legitimierenden Instanzen - dem Privaten, dem Staat oder der Gesellschaft - setzt. Doch bleibt eine solche abgeleitete Autorität stets partikular. Hier nun war die Kunst in besonderer Weise gefordert: sie sollte dem Herrscher ästhetisch die Allgemeinheit restituieren, die er historisch verloren hatte.

II

Zwei Strategien sind dazu denkbar, beide wurden von der napoleonischen Bildpropaganda genutzt. Die erste ist die Verallgemeinerung eines Individuellen, mithin dessen Stilisierung. Ein Beispiel dafür gibt Pierre Paul Prud'hon mit seinem 1801 entstandenen Bild 'Der Triumph Bonapartes oder der Frieden'. Auf einer schmalen Bildbühne zeigt der Maler einen eng an römischen Reliefs orientierten Triumphzug. Geflügelte Putten führen den Zug an, dann folgt, von den Musen geleitet und von allegorischen Figuren der Wissenschaften und Künste umgeben, eine Quadriga, in deren Wagen Napoleon zwischen einer geflügelten Viktoria und einer Personifikation des Friedens steht. Der von der klassizistischen Kunsttheorie befürchtete[5] Mißklang, der sich aus dem Nebeneinander von historischer Person und allegorischen Personifikationen ergeben könnte, wird dadurch vermieden, daß Prud'hon Napoleon zu einem antiken Heros stilisiert. Dem in strenger Profilansicht gegebenen Gesicht fehlen die individuellen Züge: Prud'hon sucht den aktuellen Inhalt der Allegorie - Napoleon als Friedensstifter - durch die Übernahme der in der römischen Triumphalkunst verfügbaren Formen zu vermitteln. Diese ästhetische Vermittlung sichert zwar die Kohärenz des Bildes, opfert ihr aber jeden Verweis auf die besonderen Leistungen Bonapartes. Die historische Figur wird ganz in die Allegorie zurückgenommen. Demgegenüber setzt die zweite, für die napoleonische Propaganda weit wichtigere Strategie gerade bei den historischen Besonderheiten an.

4 Verfassung von 1791, Kap. II, Abschn. I., Art.2. Zur klassischen Auffassung des Königstums vgl. R. Démoris: Le corps royal et l'imaginaire au XVIIe siècle: Le portrait du Roy par Félibien, in: Revue des sciences humaines, XLIV, 172 (Oktober/Dezember 1978), S. 9 - 30. Zur Veränderung der Auffassung durch die Hinrichtung Ludwig XVI.: D. Arasse: Die Guillotine. Die Macht der Maschine und das Schauspiel der Gerechtigkeit; Reinbeck bei Hamburg 1988, insb. S. 67 - 96. Zum Wechsel vom Körper des Königs zum Körper der Gesellschaft vgl. M. Foucault: Räderwerke des Überwachens und Strafens (Gespräch mit J.-J. Brochier), in: ders.: Mikrophysik der Macht. Über Strafjustiz, Psychiatrie und Medizin; Berlin 1976, S. 26 - 40.

5 A.C. Quatremère de Quincy: Essai sur la nature, le but et les moyens de l'imitation dans les Beaux-Arts; Paris 1823, S. 363: "Le désaccord sera d'autant plus grand que plus sensible sera la différence du costume entre les personnages réels du sujet et les êtres imaginaires de l'allégorie. Voilà ce qui empêche d'admettre l'allégorie dans les sujets modernes, par exemple dont on ne croit pas être libre de transformer les apparences par un changement absolu du costume..."

Man kann sie deshalb als Individualisierung eines Allgemeinen beschreiben. Ansatzpunkt sind die Topoi der Herrscherikonographie, die aber nicht einfach übernommen, sondern in den Darstellungen jeweils konkret auf Napoleon bezogen werden, so daß eine gemeinhin dem Herrscher zugeschriebene Tugend als dessen persönliche Eigenschaft erscheint.

Beispiele für dieses Verfahren bieten die Aktualisierungen der Tugendhistorie[6], die vor allem im Gefolge der napoleonischen Schlachten entstanden, etwa das von Charles Lafond d.J. 1810 gemalte Bild 'Die Milde Napoleons gegenüber Mlle de Saint Simon' , in dem die Clementia des Herrschers als individueller Charakterzug Bonapartes interpretiert wird.[7] Deutlich wird an diesem Beispiel, daß eine Individualisierung des Allgemeinen Gefahr läuft, ins Anekdotische zu verfallen und statt der übergreifenden Bedeutung nur den partikularen Moment zu schildern. Die Gefahr des Auseinanderfallens von besonderem Ereignis und übergreifender Bedeutung war umso größer, als die drei überkommenen Verfahren der idealisierenden Verallgemeinerung - die Allegorie, das antike Kostüm und die ideale Nacktheit - der Kritik verfallen waren und wenn auch nicht als unzulässige, so doch als unzureichende Darstellungsformen galten. In der Ablehnung der Allegorie mischte sich das Erbe der von La Font de Saint-Yenne und Diderot eingeleiteten aufklärerischen Allegoriekritik mit der durch die französische Revolution - nicht aber durch deren Bildproduktion, die durchaus allegorische Elemente aufwies[8] - beförderten Einschätzung[9], daß allegorische Formen der Massenwirksamkeit von Kunst hinderlich seien. Das antike Kostüm und die ideale Nacktheit unterlagen einem ähnlichen Verdikt: zwar fanden beide in napoleonischen Darstellungen Verwendung, stets jedoch unter ausdrücklicher Mißbilligung Bonapartes und deutlicher Ablehnung von Seiten der Kritik.[10] Die Zurückweisung von Allegorie, idealer Nacktheit und antikem Kostüm ist historisch begründet: sie speist sich aus dem Bewußtsein von der geschichtlichen Differenz, die die eigene Zeit von der Vergangenheit trennt.Diese Veränderung der Zeiterfahrung war unmittelbare Konsequenz der Revolution. Ablesbar ist dies bereits am Bedeutungsgehalt des Begriffes 'Revolution' selbst. Statt eine an kosmische Gesetze gebundene, kreisförmig verlaufende Metabolé politeion zu beschreiben[11], an deren Ende die Wiederherstellung des Ausgangszustandes steht, bezeichnet er seit der Französischen Revolution eine Zeitenwende, die die nachrevolutionäre grundsätz-

6 Vgl. R. Schoch: Das Herrscherbild in der Malerei des 19. Jahrhunderts; München 1975, S. 73ff.

7 Zum Verfahren vgl. auch J. Traeger: Napoleon, Trajan, Heine. Imperiale Staatsmalerei in Frankreich, in: H. Bungert (Hg.): Das antike Rom in Europa. Die Kaiserzeit und ihre Nachwirkungen; Regensburg 1985, S. 141ff.; sowie M. Brunner: Antoine Jean Gros. Die napoleonischen Historienbilder; Diss. Bonn 1979.

8 K. Herding: Visuelle Zeichensysteme in der Graphik der Französischen Revolution, in: R. Koselleck/R. Reichard (Hg.): Die französische Revolution als Bruch des gesellschaftlichen Bewußtseins; München 1988, S. 513 - 552.

9 G.-M. Raymond: De la peinture considérée dans ses effets sur les hommes en général et de son influence sur les moeurs et le gouvernement des peuples; Paris An VII, S. 22f.

10 Dazu etwa: P. Lelièvre: Vivant Denon, Directeur des Beaux-Arts de Napoléon. Essai sur la Politique Artistique du Premier Empire; Angers 1942, S. 101.

11 R. Koselleck: Historische Kriterien des neuzeitlichen Revolutionsbegriff, in: derselbe: Vergangene Zukunft. Zur Semantik historischer Zeiten; Frankfurt a. M. ³1984, S. 67 - 86.

lich von der vorrevolutionären Zeit scheidet. Mit dem Zerbrechen der Vorstellung eines durchgängigen Geschichtskontinuums wurde die Übertragbarkeit der bisher gängigen Darstellungsformen zum Problem. Weder ihre Glaubwürdigkeit noch ihre Verbindlichkeit konnten umstandslos vorausgesetzt werden, sondern mußten jeweils aus der Gegenwart heraus begründet werden.

Über Glaubwürdigkeit und Verbindlichkeit einer Darstellung entscheidet fortan nicht die Überlieferung, sondern die historische Erfahrung, weniger als Garantin der geschichtlichen Wahrheit - schließlich haben wir es mit propagandistischen Werken zu tun - als vielmehr als Instanz, vor der sich die Darstellungen legitimieren müssen und die sie legitimiert. Dabei wird Geschichte im modernen Sinne aufgefaßt, also als ein durch Einmaligkeit und Unwiderruflichkeit bestimmter Verlauf[12] und nicht als magistra vitae. Deshalb wird auch nicht vom Topos, sondern vom historisch verbürgten Detail ausgehend argumentiert. Das Einzelne legitimierte das Allgemeine, nicht umgekehrt: diese empirische Vorgehensweise verdankt sich einerseits dem Bemühen, das Spezifische der Gegenwart herauszustellen, andererseits dem Wunsch, dem Allgemeinen durch umfängliche Dokumentation den Anschein des Authentischen zu geben, beide Aspekte erklären sich aus dem Druck, den die neue, empirisch und linear aufgefasste Geschichte auf die Darstellungen ausübt, beide machen die Modernität der hier zu besprechenden Bilder aus, und beide trennen sie endlich von den 'exempla virtutis' des Ancien Régime. Folglich muß die Analyse der Bilder von David bei dieser spezifisch modernen Zeiterfahrung ansetzen und ihre Form als Antwort auf den Druck der Historie begreiflich machen. Insbesondere gilt das vom Hauptkennzeichen der Bilder: dem eigentümlich 'realen' Charakter des von ihnen Gezeigten. Dieses ist von der Forschung zwar beschrieben, nicht aber hinreichend erklärt und begründet worden[13]: einer ikonographischen 'déformation professionelle' folgend wurde der spezifische Realitätscharakter der napoleonischen Bilder meist als 'Verkleidung' traditioneller Topoi und die eigentlich kunsthistorische Aufgabe weniger in der Analyse des Realitätseffektes[14] gesehen als im quellenkundlichen Aufspüren der Vorbilder in der römischen Triumphalkunst, den Darstellungen byzantinischer Kaiser, der Tradition der absolutistischen Herrscherdarstellung oder in der Tugendhistorie des Ancien Régime.[15] So nützlich derartige Hinweise sind, da sie die propagandistische Funktionalisierung eines durch revolutionären Bildersturm und anschließende Musealisierung freigesetzten Bilderrepertoires verdeutlichen, so wenig sind sie in der Lage, die Wirkweise der napoleonischen Propaganda zu erfassen oder die Arbeitssituation einer Gruppe von Malern zu beschreiben, deren Bezugssystem nicht mehr das klassische moralische 'exemplum', sondern die moderne Geschichtserfahrung ist.

12 R. Koselleck: Historia Magistra Vitae. Über die Auflösung des Topos im Horizont neuzeitlich bewegter Geschichte, in: Koselleck (Anm. 11), S. 38 - 66.

13 Vgl. die entsprechenden, von R. Verbraeken zusammengestellten Stimmen, in: Jacques-Louis David jugé par ses contemporains et par la postérité; Paris 1973, S. 154ff.

14 R. Barthes: L'Effet du Réel, in: Communications, 11 (1968), S. 84 - 89; sowie: M. Thevoz: L'Académisme et ses fantasmes. Le réalisme imaginaire de Charles Gleyre; Paris 1980, insb. S. 117 - 57 ("Le réalisme spéculaire") und N. Bryson: Vision and Painting. The Logic of the Gaze; New Haven/London 1983, S. 67 - 86.

15 Zu den Quellen vgl. Schoch (Anm.6) und Traeger (Anm.7).

Diese Arbeit wird daher einen anderen Weg einschlagen und sich mit scheinbar Vordergründigem aufhalten. Exemplarisch soll an Bildern von David die Erzeugung des 'Realitätseffektes' untersucht und dessen Funktion bestimmt werden. Dabei wird es gegen eine vereinfachende ikonographische Interpretation um den Aufweis einer Kunst der Beschreibung gehen, die zwar von der niederländischen Malerei des 17. Jahrhunderts völlig verschieden[16], in ihren Konsequenzen für die Definition des Mediums 'Tafelbild' aber nicht minder bedeutsam ist.

III

Der Eindruck des 'Realistischen' in der Malerei beruht auf der vermeintlichen Äußerlichkeit von Zeichen und Bezeichnetem. Die Bildfläche erscheint nicht als Ort der Bedeutungsproduktion, sondern wird als neutrale, transparente Fläche begriffen: als ein Fenster, das den Blick auf eine hinter ihm gelegene, für sich bestehende Realität eröffnet. Das heißt: die Wirklichkeit des Dargestellten hängt nicht von der Annäherung des darstellenden Mediums an die Realität, sondern davon ab, wie sehr dieses seinen medialen Charakter vergessen machen kann. Was vom Betrachter als Annäherung an die Realität verstanden wird, ist die Überlagerung des denotierenden, bedeutungsgeladenen Codes durch einen konnotativen Code, der einerseits die perspektivische Organisation des Bildes, die die Materialität der Bildfläche negiert, andererseits eine Fülle anekdotischer, beschreibender und dekorativer Elemente umfaßt, die für die Vermittlung des eigentlichen Inhaltes ohne Belang, für den Eindruck historischer Authentizität aber von großer Wichtigkeit sind. Da die Bestandteile des zweiten Codes nicht unmittelbar funktional in die Bedeutungsproduktion eingebunden sind, sondern als zusätzliche, überschüssige Elemente erscheinen, erhöhen sie die Glaubwürdigkeit des Dargestellten. Von den beiden Systemen, aus denen sich die Bedeutungsstruktur des Bildes zusammensetzt, kehrt sich das System der Denotation ab und markiert sich selbst: offensichtliche Mittel der Bedeutungsproduktion wie Komposition, erkennbare ikonographische Schemata, kodifizierte Elemente wie die Allegorie werden vom Betrachter als selbstreferentielle, das heißt sich der künstlerischen Arbeit verdankende Momente identifiziert. Demgegenüber scheint der Ursprung der konnotativen Elemente das Reale selbst zu sein, da sie nicht unmittelbar als Produkt künstlerischer Arbeit erkannt werden können und die Distanz vom offensichtlichen Ort der Bedeutungsproduktion als eine Annäherung an die Wirklichkeit aufgefaßt wird.[17]

Für einen Maler, der dem von ihm Geschilderten den Anschein des 'Realen' geben will, bedeutet dies, daß er Momente der Selbstreferenz zurücknehmen muß, also eine Darstellungsform wählen sollte, die vom Betrachter nicht unmittelbar als bekanntes Schema, sei es ikonographischer oder kompositorischer Art identifiziert werden kann. Mithin konstituiert sich das 'Realistische' eines Bildes durch die

16 S. Alpers: The Art of Describing. Dutch Art in the 17th Century; London/Chicago 1983.

17 R. Barthes: S/Z; Frankfurt a. M. 1987, S. 10ff. ("Gegen die Konnotation") und S. 12ff. ("Für die Konnotation trotz allem").

Abweichung von den bekannten Präsentationsformen oder, in der Terminologie Jakobsons[18], als deren Deformation, die zugleich eine Reduktion der Selbstreferenzialität des Bildes mit sich bringt. Hierin liegt der Unterschied zwischen Davids Arbeiten der napoleonischen und denen der nachthermidorianischen Zeit, in denen der Maler - insbesondere in den 'Sabinerinnen' - durch die Verwendung erkennbarer Kunstzitate gerade die Autonomie des Künstlerischen und damit dessen Distanz von der Wirklichkeit und der Politik herausgearbeitet hatte.[19] Im Gegensatz dazu zeigen die zwischen 1805-1810 entstandenen Bilder und Entwürfe, die die Krönung Josephines, die Ankunft des kaiserlichen Paares vor dem Pariser 'Hotel de Ville' (Abb.34) und den Fahneneid auf dem 'Champ de Mars' (Abb.35) zum Thema haben, die bewußte Verfremdung der gängigen Schemata der Historienmalerei durch die Mischung der Elemente bis dahin getrennter Bildwelten und damit gleichzeitig einen politisch motivierten Verzicht auf die Akzentuierung von Selbstreferenzialität und Autonomie des Bildes.

David selbst war das Neuartige dieser Vorgehensweise deutlich bewußt: in seiner Oeuvreliste verzeichnete er die napoleonischen Darstellungen deshalb nicht als Historienstücke, sondern als 'tableau portrait', 'tableau' und 'peinture portrait', also mit Titeln, die einerseits den von Diderot für eine illusionistische, weil die bewußte Betrachteransprache vermeidende[20] Präsentationsform geprägten Begriff 'tableau' aufnehmen und andererseits den Mischcharakter der Darstellungen unterstreichen. Diese Aspekte sollen im folgenden untersucht werden: dabei wird es um das Phänomen der Mischung, die Konstruktion des Historischen in den Bildern, die Form ihrer Bedeutungsstruktur und schließlich um die Rolle des Betrachters gehen.

IV

Wie David notierte, kombinieren alle zum Krönungszyklus gehörenden Darstellungen Momente unterschiedlicher Gattungen der Malerei. Seiner Bedeutung nach fällt das von ihnen gezeigte Geschehen in die Kompetenz der Historienmalerei, doch zwang die Tatsache, daß zeitgenössische Ereignisse ohne die herkömmlichen Formen der Idealisierung dargestellt werden sollten[21], zu einer Annäherung an die Gattungen, in deren Bereich die Darstellung des Alltäglichen fiel. Der Arbeitsprozeß

18 R. Jakobson: (Die Rolle der subjektiven Einstellung): Über den Realismus in der Kunst, in: derselbe: Poetik. Ausgewählte Aufsätze 1921-71; Frankfurt a. M. 1979, S. 129 - 139.

19 Vgl. etwa die 'Sabinerinnen', dazu: S. Germer/H. Kohle: From the Theatrical to the Aesthetic Hero: On the Privatization of the Idea of Virtue in David's 'Brutus' and 'Sabines', in: Art History, 9 (Juni 1986), S. 168 - 184.

20 M. Fried: Absorption and Theatricality. Painting and Beholder in the Age of Diderot; Berkeley/ Los Angeles 1980.

21 Als Beispiel sei Denons Brief an Napoleon vom 18. Germinal des Jahres XIII zitiert, dort heißt es über das Bild eines gewissen Chauffer: "...rien de plus ordinaire que le talent de M.Chauffer et la pensée et la composition de son tableau. Une Minerve, des Génies, le Tems, l'Immortalité, etc. ... etc. ... une allégorie enfin, de ces flatteries fades et nauséatiques réservées aux princes sans couleur auxquels on prête des qualités banales et insignifiantes pour couvrir leur nullité physique de la pompe des vertus morales." Arch.nat. AF IV 1050, zit. bei Lelièvre (Anm.10), S. 101.

zerfiel dabei in vier Phasen: einer allgemeinen Kompositionsskizze, die den Schauplatz, den Standort der Hauptfiguren und die Verteilung der Massen festlegte, folgte die perspektivische Anlage der architektonischen Rahmen, deren Durchführung David dem Bühnenbildmaler Degotti überließ. Daran schlossen sich Porträtstudien der Personen an, die in die Bilder aufgenommen werden sollten, unabhängig davon, ob sie an dem Ereignis teilgenommen hatten oder ob ihre Anwesenheit aus politischen Gründen fingiert werden sollte. Die Mehrzahl dieser Studien wurde gezeichnet, für den Kopf Junots und den der Madame de la Rochefoucauld haben sich überdies Ölskizzen erhalten. Bis heute ist ungeklärt, welche der gezeichneten Skizzen während der Zeremonien entstanden, welche während der Generalprobe zum 'Sacre' festgehalten wurden und welche sich späteren Sitzungen in Davids Atelier verdanken, doch macht der Grad der Durcharbeitung bei den meisten eine nachträgliche Entstehung wahrscheinlich, zumal sich Briefe erhalten haben, in denen David einzelne Teilnehmer zu Porträtsitzungen bittet.[22] Parallel zur Ausarbeitung der Porträts wird David mit Notizen zu genrehaften Motiven begonnen haben, in denen randständige Episoden, etwa die des Chorknaben, der den Degen von Eugène de Beauharnais bestaunt, verzeichnet wurden. Dieses Vorgehen - hier am Beispiel der Entstehung des 'Sacre' (Abb.36) umrissen - dürfte für alle Darstellungen des Krönungszyklus gelten: verbinden sich Architekturdarstellung, Porträt und Historie mit einigen genrehaften Episoden im 'Sacre', so hätten die Genreelemente die 'Ankunft vor dem Hôtel de Ville' beherrscht und die 'Verteilung der Adler auf dem Champ de Mars' wäre - hätte David sich mit seiner ursprünglichen Konzeption gegen den Widerspruch Napoleons durchgesetzt eine Kombination aus Historienszene, Porträt und Allegorie geworden.[23]

Daß zu der Vorbereitung eines Historienbildes Architekturskizzen, Porträtstudien oder Notizen zu Genremotiven gehören, ist nichts Außergewöhnliches. Neu aber ist der hohe Eigenwert, der diesen Bestandteilen im fertigen Bild eingeräumt wird, oder anders ausgedrückt: das geringe Maß an kompositorischer Hierarchisierung. Dies führt zu einer Dezentrierung der Aufmerksamkeit des Betrachters, dessen Auge ebensosehr von den Gesichtszügen einzelner Personen wie von der exquisiten Schilderung ihrer Gewänder gefangen genommen wird, der sich an Details der minutiös geschilderten Architektur ebenso begeistert wie an der Fülle verschiedenartiger Bewegungsmotive. Konsequenz dieser Zerstreuung der Aufmerksamkeit, die sich der gleichmäßigen Durcharbeitung aller Bestandteile des Bildes verdankt, ist ein Zurücktreten des narrativen gegenüber dem beschreibenden Moment dieser Darstellungen. Genau hierin besteht der Bruch der napoleonischen Darstellungen mit den Konventionen der Historienmalerei.

Tatsächlich fand David das Modell einer solchen Präsentation eines historischen Geschehens nicht in der Tradition der Historienmalerei, sondern in einem anderen Medium: der Reportagegraphik. Diese hatte besonders durch die französische Revolution einen enormen Aufschwung erlebt, der sich an der Edition ganzer Folgen von Ereignisschilderungen ablesen läßt, zu deren bekanntesten die seit 1791 in mehreren

22 A. Schnapper: Jacques-Louis David und seine Zeit; Würzburg 1981, S. 234.
23 Vgl. Schoch (Anm.6), S. 219, Anm. 385.

Ausgaben erschienenen 'Tableaux historiques de la Révolution française' zählen dürften.[24] In napoleonischer Zeit und in unmittelbarem Zusammenhang mit den Krönungsfeierlichkeiten hatten die Illustratoren des von Percier und Fontaine herausgegebenen Werkes über den 'Sacre' die Leistungsfähigkeit dieses Mediums für die Darstellung eines zeitgenössischen Ereignisses eindrucksvoll unter Beweis gestellt. (Abb.37)[25]

Doch dürfte Davids Beschäftigung mit diesem Medium bereits in die Zeit der Vorarbeiten zum Bild des 'Ballhausschwures' datieren, die durch die Verbindung einer aus der Reportagegraphik übernommenen Präsentationsform mit der idealisierenden Figurendarstellung der Historienmalerei charakterisiert sind.[26] Die Bedeutung dieser Stiche liegt darin, daß sie eine neue, von der der Historienmalerei abweichende Auffassungsweise von Geschichte demonstrieren. Geschichte erscheint in ihnen als eine Abfolge von Ereignissen, die zwar tagespolitische Wichtigkeit haben, deren überhistorische Relevanz - anders als in der Historienmalerei - nicht unmittelbar anschaulich gemacht werden kann, weil sie nicht im einzelnen Geschehnis, sondern im historischen Prozeß als Ganzem besteht, den nur die gesamte Serie darzustellen vermag. Mithin rückt die Kunst in ein neues Verhältnis zur Geschichte: statt sie zu gestalten, ist sie ihr unterworfen, darstellbar ist stets nur ein Ausschnitt von partikularer Bedeutung. Weil die historische Entwicklung unabgeschlossen und unabschließbar ist, kennen die Darstellungen zwar den spektakulären Moment, in dem eine Situation kulminiert, nicht aber den prägnanten, der die Historienmalerei auszeichnete und sie in die Lage setzte, Vor- und Nachgeschichte sinnfällig zu machen und sich deshalb auf ein einziges Bild zu beschränken, statt eine ganze Ereigniskette schildern zu müssen. Mehr noch: da die historische Entwicklung noch nicht zu Ende ist, können nachfolgende Ereignisse ein zur Darstellung ausgewähltes in seiner Bedeutung relativieren, dementieren oder annulieren: darin manifestiert sich die übergreifende Macht des Historischen, die zu einer entscheidenden Beschränkung der künstlerischen Arbeit wird. Einher mit der Relativierung des Ereignisses im Verlauf der Geschichte geht die des Protagonisten. Zwar scheint es - mit Blick auf die Abnehmer der Reportagegraphiken - überzogen, sie zum Instrument der Selbsterfahrung der revolutionären Masse[27] stiliseren zu wollen, doch unzweifelhaft manifestiert sich in ihnen eine neue Geschichtserfahrung, die zwar entscheidende Figuren, aber keinen das Historische überragenden Helden mehr kennt und für die deshalb das

24 M. Tourneux: Les Tableaux historiques de la Révolution et leurs transformations. Etude iconographique et bibliographique, in: La Révolution française, Révue historique, 15 (Juillet/ Decembre 1888), S. 123 - 61.

25 C. Percier/P.F.L. Fontaine: Description des cérémonies et des fêtes qui ont eu lieu pour le couronnement de Leurs Majestés Napoléon...et Josephine...; Paris 1807 (Bibliothèque Nationale, Cabinet des Estampes).

26 Zur Genese des Ballhausschwurs vgl. P. Bordes: Le Serment du Jeu de Paume de David: Le peintre, son milieu et son temps de 1789 à 1792; Paris 1983. Zur Funktion des Bildes neuerdings auch: W. Kemp: Das Revolutionstheater des Jacques-Louis David. Eine neue Interpretation des Schwurs im Ballhaus, in: Marburger Jahrbuch, 21 (1986), S. 165 - 84.

27 W. Kemp: Das Bild der Menge (1789 - 1830), in: Städel-Jahrbuch, N.F., IV (1973), S. 249 - 270. Insbesondere S. 263 - 267, auf denen der Blickpunkt der Zeichner und der Stecher als Parteilichkeit interpretiert wird.

Ereignis wichtiger als seine Protagonisten wird, wenngleich auch dessen Relevanz nicht endgültig festgelegt werden kann.

Mit dem Blick auf die Reportagegraphiken sind die Bedingungen formuliert, mit denen auch Davids napoleonische Bilder rechnen müssen. Sie übernehmen mit dem Modell der Reportagegraphik zugleich deren Konstruktion des Historischen. Äußerlich wird das bereits an dem Faktum deutlich, daß nicht ein Ereignis allein den Beginn des Kaiserreiches zu repräsentieren vermag, sondern daß eine ganze Serie konzipiert wird, ja, daß David, während er an der Ausarbeitung der vier geplanten Bilder sitzt, die Erweiterung auf fünf oder mehr Darstellungen vorschlägt.[28] Die Bilder selbst verdanken der Reportagegraphik sowohl die Abschwächung der kompositorischen Hierarchie wie die damit verbundene Dezentrierung der Aufmerksamkeit des Betrachters und die Emanzipation von Detailmotiven, kurz: alles, was die etwas trockene Begrifflichkeit der Semiologie als Überlagerung des denotativen Codes durch den konnotativen bezeichnen würde.

Zwei Momente sollen hier interessieren: einmal das Verhältnis von Figur und Raum, zum anderen die Rolle des Details. Beide sind entscheidende Bestandteile der konnotativen Bedeutungsstruktur. Bestimmend für die Beziehung zwischen den Personen und der Architektur war - zumindest beim 'Sacre' und bei der 'Ankunft vor dem Hôtel de Ville', die 'Verteilung der Adler' ist separat zu behandeln - die Tatsache, daß Figurenkomposition und räumliche Anlage in getrennten Arbeitsschritten und von verschiedenen Künstlern entworfen wurden. David fügt die für sich entworfenen Figuren in Degottis perspektivische Bildanlage ein, ohne daß diese in der Lage wären, den Raum nachhaltig zu bestimmen. Besonders deutlich wird das in der im Louvre (RF 4378) aufbewahrten perspektivischen Vorzeichnung zum 'Sacre' (Abb.38), die vom ausgeführten Gemälde vor allem durch ihre Fokussierung abweicht. Innerhalb der monumentalen Festarchitektur werden die Protagonisten zu winzigen, fast unscheinbaren Gestalten, der entscheidende Akt der Zeremonie, die Selbstkrönung Napoleons, wird zu einer kleinteiligen Geste, die kaum mehr Aufmerksamkeit auf sich zieht als das Gewand des links am Rand erscheinenden Marschalls. Zwar wird ein Bogen der Festdekoration genutzt, um die knieende Josephine nobilitierend zu überfangen, zwar verstärkt ein Pilaster die Stellung Napoleons: aufs Ganze des Entwurfes gerechnet aber bleiben diese Bezüge vereinzelt und deshalb die architektonische Rahmung dem Geschehen äüßerlich. Im ausgeführten Gemälde wurde dieser Eindruck zwar durch einen enger gewählten Ausschnitt korrigiert, doch bleibt die Relativierung der handelnden Personen durch die mächtige Architektur bestehen. Eben die Trennung zwischen Geschehen und architektonischem Rahmen aber trägt entscheidend zum Eindruck des 'Realistischen' in diesem Bild bei. Statt einer auf den Protagonisten bezogenen Anlage findet der Betrachter eine für sich bestehende Raumbühne vor. Napoleon ist zwar in kompositorische Linien eingebunden, doch wird diese Einbindung weder unmittelbar augenfällig, noch erstreckt sie sich über das ganze Bild. Der Kaiser bestimmt seine unmittelbare Umgebung, die Gesamtorganisation des Bildes aber hätte auch ohne ihn Bestand, da sie durch die Architektur und

28 D. und G. Wildenstein: Documents complémentaires au catalogue de l'oeuvre de Louis David; Paris 1973, S. 171 (Brief an Daru vom 19. Juni 1806).

nicht durch die Figuren gestiftet wird. Das erlaubt, die Figuren mit sich selbst beschäftigt zu präsentieren, so als ob sie gar nicht wüßten, daß wir ihnen zusehen. Die Aufgabe der Ansprache und Einbindung des Betrachters wird ganz der Architektur überlassen, weswegen einer korrekten perspektivischen Präsentation so große Bedeutung zukam, daß David sie einem Spezialisten überließ. Absorption der Figuren[29] in das Geschehen und tiefenräumliche Illusion bedingen und ergänzen einander: sie ermöglichen eine Abweichung von den als artifiziell und selbstbezogen verstandenen kompositorischen Schemata der Historienmalerei.

Die Idee, ein historisches Geschehen von seinem Schauplatz ausgehend zu erfassen und die Einbeziehung des Betrachters nicht durch eine Figurenkomposition, sondern durch die räumliche Organisation zu erreichen, war in der Reportagegraphik vorgebildet. Sie bildete den Maßstab für eine überzeugende, weil nicht künstlich wirkende Präsentation des Historischen, ihr verdankte David den Einfall, die Glaubwürdigkeit eines geschichtlichen Ereignisses dadurch zu steigern, daß er dessen Hauptfigur relativierte.

Diese Relativierung des Protagonisten ist besonders deutlich in den gleichzeitig begonnenen Bildern des 'Sacre' und der 'Ankunft vor dem Hôtel de Ville', die beide eine in sich geschlossene Raumbühne aufweisen, die eine kompositorische Akzentuierung der dargestellten Personen verhinderte. Anders ist die Situation in dem Gemälde der 'Verteilung der Adler': in diesem Bild, dessen Ausführung Napoleon der 'Ankunft vor dem Hôtel de Ville' vorzuziehen befahl, weil er sich vermutlich angesichts des Konfliktes mit England und der unruhigen Verhältnisse in Spanien der Loyalität der Armee versichern wollte[30], wird das Verhältnis von Figurenkomposition und Architektur neu bestimmt. Die friesartige Figurengruppe rückt in den Vordergrund, klar wird der Kaiser zum Zielpunkt der aufsteigenden Linie der heranstürmenden Offiziere, deutlich hebt die Beleuchtung den Kaiser heraus. Die Architektur tritt demgegenüber zurück, ja statt eines Innenraumes bildet sie allein eine Folie für den Auftritt des Kaisers, ihre diagonale Tiefenflucht steht in eigentümlichem Gegensatz zu dem horizontal in der Fläche ausgerichteten Geschehen des Vordergrundes. Kannten die beiden anderen Bilder eine einleitende Vordergrundzone, die das Geschehen in einen gewissen Abstand vom Betrachter rückte, so verzichtet David in diesem Bild auf eine derartige Distanzierung: das in der vorbereitenden Zeichnung (Louvre RF 1915, Abb.39) angelegte Podest wird reduziert und der flache, wolkig gehaltene Hintergund schiebt die Figurengruppe auf den Betrachter zu. An den Widersprüchen der räumlichen Organisation wird der Kompromißcharakter des Bildes augenfällig: der Tiefenzug verdankt sich der Absicht, den Schauplatz mit historischer Akkuratesse ins Bild zu bringen, also empirisch zu argumentieren, der horizontale Figurenfries entspringt der Notwendigkeit, das Ereignis durch Stilisierung zu nobilitieren und der Relativierung Napoleons entgegenzuarbeiten. Es ist wahrscheinlich, daß die stärkere Stilisierung im Bild der 'Verteilung der Adler' sich den aktuellen propagandistischen Notwendigkeiten verdankt, belegen läßt sich diese Vermutung freilich nicht.

29 Fried (Anm.20), S. 107 - 160.
30 Schnapper (Anm.22), S. 252.

Folgte David der Reportagegraphik in der Bestimmung des Verhältnisses von Figur und Raum, so ging er in der Ausarbeitung des Details, des zweiten hier zu betrachtenden Bestandteiles des konnotativen Codes, noch über das in der Graphik Angelegte hinaus. Auch dies war ein Verstoß gegen gängige Konventionen, denn kunsttheoretisch hat das Detail einen schlechten Ruf. Der berühmten Unterscheidung folgend, die Aristoteles im 9. Kapitel seiner Poetik zwischen der Verfahrensweise des Dichters und des Historikers trifft, galt das Allgemeine als die eigentliche Domäne des Künstlers, dem Geschichtsschreiber blieb die Aufzeichnung des Besonderen überlassen.[31] Nicht dem 'vrai', sondern dem 'vraisemblable' sei der Maler verpflichtet, folgerte die französische Kunsttheorie aus dieser Unterscheidung und unterwarf das Historienbild den Gesetzen des 'decorums', die sich am Möglichen, also dem innerhalb der Grenzen eines Mediums Denkbaren und seinem Publikum Gefälligen, nicht am Wahren orientierten.[32] Für das Detail bedeutete das die Unterordnung unter die Erfordernisse des künstlerischen Ganzen, notfalls um den Preis historischer Richtigkeit.

Diese Hierarchisierung ließ sich so lange unangefochten aufrecht erhalten, so lange Geschichte in der Form moralischer 'exempla' geschrieben wurde, für deren Gültigkeit die historische Akkuratesse ohne Belang war. Mit der Ausbildung des neuzeitlichen historischen Bewußtseins, wie es sich in der 'Querelle des Anciens et des Modernes' ankündigt und durch die klimatheoretisch begründete Differenzierung der Eigenschaften verschiedener Völker und Nationen bei Dubos und Montesquieu entscheidend befördert wurde, geriet die Hierarchisierung von Ganzem und Detail ins Wanken, da schrittweise jede Epoche in ihrer Spezifität, das heißt ihrer mit keiner anderen vergleichbaren Besonderheit begriffen werden sollte.[33] Von Interesse für den Historienmaler war nun gerade das, was gemeinhin der Geschichtsschreiber aufgezeichnet hatte: die historischen und lokalen Besonderheiten, deren Dokumentation bereits in der Kunsttheorie und Kunstkritik des 18. Jahrhunderts großer Stellenwert eingeräumt wurde.[34] Vollends verkehrte sich das Verhältnis zwischen Allgemeinem und Besonderem durch die Zeitenwende, als welche die Französische Revolution empfunden wurde. Der neuen Zeit schien nur eine solche Darstellungsform angemessen, die deren besonderen Charakter herausstellte, das aber hieß, die

31 Aristoteles: Poetik (Übersetzung M. Fuhrmann); München 1976, S. 58f.: "Daher ist Dichtung (poiesis) etwas Philosophischeres und Ernsthafteres als Geschichtsschreibung; denn die Dichtung teilt mehr das Allgemeine (ta kathólu), die Geschichtsschreibung hingegen das Besondere (ta kath'hékaston) mit. Das Allgemeine besteht darin, daß ein Mensch von bestimmter Beschaffenheit nach der Wahrscheinlichkeit oder Notwendigkeit bestimmte Dinge sagt oder tut... Das Besondere besteht in Fragen wie: was hat Alkibiades getan oder was ist ihm zugestoßen."

32 P.-E. Knabe: Schlüsselbegriffe des kunsttheoretischen Denkens im Frankreich von der Spätklassik bis zum Ende der Aufklärung; Düsseldorf 1972, S. 100 - 106.

33 H.-R. Jauß: Ästhetische Normen und geschichtliche Reflexion in der 'Querelle des Anciens et des Modernes', in: Charles Perrault: Parallèle des Anciens et des Modernes en ce qui regarde les arts et les sciences; München 1964, S. 8 - 64.

34 T. Kirchner ist dieser Frage in seinem Aufsatz "Neue Themen - neue Kunst? Zu einem Versuch, die französische Historienmalerei zu reformieren" nachgegangen, in: E. Mai (Hg.): Historiemmalerei in Europa. Paradigmen in Form, Funktion und Ideologie; Mainz 1990, S. 107 - 119. Ich danke ihm für die Überlassung des Manuskriptes.

historisch argumentierte. Beleg dieser Tendenz sind neben den detaillierten Reportagegraphiken vor allem die Bilder des revolutionären David, die bei aller Aufnahme gängiger Pathosformeln sich von ihren Quellen vornehmlich durch ihren Realitätscharakter unterscheiden, der - und das ist für unseren Zusammenhang entscheidend - Konsequenz eines Bewußtseins für die historische Richtigkeit des Details ist. Deshalb nimmt die Argumentation im 'Ermordeten Marat' die Form eines Indizienbeweises an[35]: die Erzählung wird nicht mehr der Person, sondern den Dingen zur Aufgabe gemacht, eine Strategie, die zugleich die Beteiligung des Betrachters erzwingt. Gerade die Einbeziehung des Betrachters sichert dem Bild seine Glaubwürdigkeit, die revolutionäre Botschaft kann, soll sie nicht bloße Indoktrination sein, nur durch den individuellen Nachvollzug vermittelt werden. Zwar läßt der Maler durch seine Widmung keinen Zweifel an seiner eigenen Haltung zu dem Vorgang, doch ist die Stellungnahme des Betrachters damit keineswegs präjudiziert, sondern soll erst das Ergebnis einer reflektierenden Aneignung sein. Das zwingt den Maler zur Reflexion auf die Möglichkeiten seines Mediums und zum Verzicht auf die Narration herkömmlichen Zuschnittes. Statt ihrer wird der Geschichte, wie sie sich in den Dingen niedergeschlagen hat und aus ihnen entziffert werden kann, das Wort erteilt. Die wirkliche Geschichte, keine literarische Fiktion mehr, bildet die Totalität, auf die die Malerei sich bezieht und die ihrer Vergegenwärtigung die Grenzen zieht. Daß diese Auslieferung der Malerei an die Historie, bei aller damit gesetzten Aufwertung des Einzelnen dennoch in eine in sich kohärente Figuration mündet, liegt in der Parteilichkeit des Malers begründet, die das Einzelne als Verweis auf einen es übergreifenden Zusammenhang nutzt, es seine Bedeutung aus dem revolutionären Prozeß gewinnen läßt, dessen Zeitlichkeit nicht die leere der Chronologie, sondern die teleologisch auf ein utopisches Ziel ausgerichtete ist. Das gibt einerseits der Malerei ihre gesellschaftliche Funktion als Medium der Rettung der geschichtlichen Erfahrung, andererseits ihrem Gegenstand die messianische Qualität.

Diese Parteinahme unterscheidet den 'Ermordeten Marat' von den napoleonischen Historien. Zwar argumentieren auch sie vom historisch belegbaren Detail ausgehend, doch fehlt den Details die Verweiskraft auf ein übergeordnetes sinnstiftendes Ganzes. Deshalb bleiben sie für sich, sie meinen nichts anderes mehr als sich selbst: Konsequenz ist die Zerstreuung der Aufmerksamkeit, die bereits an anderer Stelle beschrieben wurde.

Neutral ist das Detail deswegen jedoch noch lange nicht, vielmehr muß eine Analyse der ideologischen Stuktur dieser Bilder genau bei dem Phänomen der Dezentrierung der Aufmerksamkeit ansetzen. Denn die Überzeugungskraft der Gemälde liegt ja, um es noch einmal zu wiederholen, genau in der Abschwächung des überkommenen denotativen Codes der Historienmalerei und seiner Überlagerung durch einen scheinbar "unschuldiges" System konnotativer Beschreibung. David verbindet dabei die Reflexion auf die Gattungsgrenzen mit den Notwendigkeiten moderner Bildpropaganda: eben weil er weiß, daß eine konventionelle Bilderzählung in ihrem manipulierenden Charakter schneller durchschaut werden könnte, bestimmt er sein Vorhaben nicht als Narration der Ereignisse, sondern als deren Vergegenwär-

35 Vgl. J. Traeger: Der Tod des Marat; München 1986.

tigung. Die Zeitspanne, die die Darstellung umfaßt, ist deswegen weit enger gewählt als die der Historienmalerei im allgemeinen. Es ist das Momentane, der Augenblick, der vorgeführt wird, und diese zeitliche Beschränkung wird in allen Bildern dadurch akzentuiert, daß sie transitorische Motive aufnehmen, deren Vorführung spätestens seit Lessings Bestimmung des in den bildenden Künsten Zulässigen problematisch geworden war. Genau gegen die Lessingsche Unterscheidung zwischen bildenden und poetischen Künsten verstößt David, am unauffälligsten im 'Sacre', wo der kurze Moment, in dem Napoleon die Krone in die Höhe hielt, bevor er Josephine krönte, gewählt wird, deutlicher schon in der 'Ankunft vor dem Hôtel de Ville', in der die zwischen Pferden und Kutsche herbeilaufende Gruppe, von der im ersten Entwurf noch nichts zu sehen war (Abb.40), den Augenblickscharakter des Dargestellten akzentuiert, am greifbarsten endlich in jenem Offizier der 'Verteilung der Adler', der auf der Spitze seines Stiefels balanciert und dessen Bedeutung überdies noch dadurch gesteigert wurde, daß David ihm die Figur von Giambolognas 'Merkur' unterlegte.[36]

Die Konzentration auf das Momentane geschieht in der Absicht, jede zeitliche Differenz zwischen dargestelltem Ereignis und Augenblick der Betrachtung aufzuheben, also nicht einen historischen Verlauf, sondern das Gefühl des Dabeiseins zu vermitteln. Keine qualitative Verdichtung der Zeit, kein prägnanter Moment ist deshalb verlangt, sondern ein bloßer Ausschnitt aus einem zeitlichen Kontinuum. Jedes heteronome Moment, das die Homogenisierung der Zeitordnung durchbrechen könnte, wird daher zurückgenommen, hierher gehört die Reduktion des Ikonographischen, das sich am deutlichsten im Vergleich von Vorzeichnung und Gemälde der 'Verteilung der Adler' fassen läßt, aber auch für die anderen Bilder bestimmend ist. Mit der Eliminierung der Figur der Viktoria aus dem Bild des Fahneneides wird die Zeitordnung des Bildes homogenisiert: wurde die 'Verteilung der Adler' im Entwurf in zweifacher Hinsicht, als Ereignis und allegorische Überhöhung konzipiert, so legitimiert sich das ausgeführte Gemälde allein aus der Evidenz des Visuellen. Geleistet wird diese Legitimation nunmehr allein durch die detaillierte Beschreibung des Geschehens: nicht an die ikonographische Kenntnis des Betrachters, sondern allein an seine Vorstellung vom historischen Ereignis appelliert das Gemälde, statt auf ein überhistorisches Signifikat verweisen die Zeichen jetzt auf die historische Wirklichkeit: in dieser Verschmelzung von Signifikanten und Referenten gründet der "realistische" Charakter des Dargestellten.[37] Gemessen an der Verweiskraft der

36 Für dieses Bild muß das einleitend über die Rücknahme der Selbstreferenz Gesagte modifiziert werden: sowohl das Zitat des 'Merkur' wie die Benutzung der zu Davids Zeit noch Raphael zugeschriebenen Gruppe der 'Bogenschützen' aus Rom als auch schließlich die Verwendung von Studien zum 'Leonidas' sind natürlich selbstreflexive Momente, aber sie bleiben auf einzelne Figuren beschränkt, bestimmen nicht, wie etwa in den 'Sabinerinnen', die Struktur des gesamten Bildes. Verglichen aber mit der 'Ankunft vor dem Hotêl de Ville' wird in der 'Verteilung' der Kunstcharakter des Bildes stärker akzentuiert.

37 Barthes (Anm.14), S. 88: "Sémiotiquement le 'detail concret' est constitué par la collusion directe d'un référent et d'un signifiant; le signifié est expulsé du signe, et avec lui, bien entendu la possibilité de développer une forme du signifié, c'est-à-dire, en fait, la structure narrative elle-même...C'est là ce que l'on pourrait appeler l'illusion referentielle. La vérité de cette illusion est celle-ci: supprimé de l'énonciation réaliste à titre de signifié de dénotation, le 'réel' y revient à titre de signifié de connotation; car dans le moment même où ces details sont réputés dénoter

Ikonographie, die in doppelter Weise, nämlich als textuell wie kunstgeschichtliche Referenz funktioniert, bedeutet dies eine Reduktion von Komplexität des Zeichens, das nunmehr nicht mehr über das vorgeführte "Reale" hinausweist. Kompensiert werden muß dieser Verlust an Verweiskraft durch die Steigerung der optischen Präsenz des Dargestellten, ein Vorgang, der in der nahsichtigen Auffassungsweise des Details anschaulich wird. Dies gilt auch dort, wo David konventionelle Schemata nutzt: mag er die Mittelgruppe des 'Sacre' aus politischen Gründen, nämlich als Veranschaulichung einer dynastischen Kontinuität, als Anspielung auf das Krönungsbild des Medicizyklus angelegt haben, so vertraut das Bild doch weit weniger auf diese ikonographische Referenz als auf die Überzeugungskraft der feinmalerischen Schilderung, die keinen Zweifel daran zuläßt, daß sich das Geschehen so und nicht anders abgespielt habe. Die Hierarchie der Bedeutungen wird auch in diesem Falle verkehrt: nicht das Schema legimitiert die detaillierte Schilderung, sondern das Detail gibt der konventionellen Formulierung historische Glaubwürdigkeit, mithin folgt die Präsentation des Geschehens nicht den Notwendigkeiten der Narration, sondern einer Logik der Implikation. Sie setzt auf die trügerische Evidenz des Empirischen, die der deduktiven Argumentationsweise der klassischen Historienmalerei schon deshalb überlegen ist, weil sie sich scheinbar ganz auf das der Malerei zugewiesene Gebiet des "Figuralen"[38] beschränkt, sich also mit einer bloßen Beschreibung des Vorgefallenen zu bescheiden scheint. Die vorgebliche Bescheidenheit verdeckt die ideologische Struktur der Gemälde. Weil sie sich nämlich als scheinbar rein visuelle Phänomene präsentieren, laden sie den Betrachter zu einer Überprüfung ihrer empirischen Genauigkeit ein, die zu einer Affirmation des Dargestellten führen muß, weil der Betrachter aus seiner Kenntnis, oder besser aus seiner Vorstellung[39] von den Einzelheiten auf die Wahrheit des Vorgeführten schließt. Gemessen an herkömmlichen Historienbildern zeichnen sich die napoleonischen Darstellungen durch ihren Mangel an manifester Bedeutung aus. Eben diese Leere an "Sinn" macht die Raffinesse ihrer ideologischen Struktur aus, denn David impliziert, er arbeitet die ideologische Botschaft dergestalt in seine Bilder ein, daß sie in unschuldigen Fakten erscheint und ihr indoktrinierender Charakter undurchschaut bleibt. Zwei Beispiele für solche Implikationen im 'Sacre': erstens die schon genannte Anlehnung an Rubens' Krönungsbild, die eine Fortsetzung, wenn nicht eine Neubegründung der dynastischen Tradition meint, ihrer durchgängigen Historisierung wegen aber als Ereignisschilderung erscheint. Zweitens das Porträt von Napoleons Mutter auf dem Balkon über der Krönungsszene: Madame Mère weilte zum Zeitpunkt der Krönung in Rom, doch wurde sie hier nicht aus Gründen familiärer

directement le réel, ils ne font rien d'autre, sans le dire, le signifier: ...nous sommes dans le réel; c'est la catégorie du 'réel' (et non ses contenus contigents) qui est signifiée; autrement dit, la carence même du signifié au profit du seul référent devient le signifiant même du réalisme: il se produit un effet de réel, fondement de ce vraisemblable inavoué qui forme l'esthétique de toutes les oeuvres courantes de la modernité."

38 N. Bryson: Word and Image. French Painting of the Ancien Régime; London/New York 1981; und vor allem: J.F. Lyotard: Discours, figure; Paris 1974.

39 Die entrüsteten Anmerkungen von Historikern, die Ungenauigkeiten im Kostüm bemängeln, beweisen einerseits, daß man das Bild als Quelle ernstnimmt, andererseits, daß David auf ein allgemeines Wissen um das "Napoleonische" zielt. Dazu: Schnapper (Anm.22), S. 235.

Sentimentalität aufgenommen, sondern mit bewußter politischer Absicht. Zentral plaziert wird Letizia Bonaporte zur Stammmutter der neuen Dynastie, auch dies ein Topos der Herrscherikonographie, dessen Geschichte Jörg Traeger von Louis Michel van Loos Bildnis der 'Familie Philipps V.' (1743), des ersten spanischen Bourbonen, über Reynolds 'Marlborough Family' (1778) bis hin zu Goya verfolgt hat.[40]

Ihren technischen Grund hat Davids Logik der Implikation in der metikulösen Vorbereitung, die im Falle des 'Sacre' von der Anfertigung von Miniaturfigürchen der Beteiligten über intensive Porträt- und Kostümstudien bis hin zu einer figural gebundenen Untermalung reichte, auf welche Matthias Bleyl in überzeugender Weise[41] die "strukturale Stofflichkeitsillusion" der Gewänder in den Gemälden zurückgeführt hat. Doch tritt zu diesen Vorarbeiten in der Durchführung ein Zweites - die gleichmäßige Durcharbeitung aller Bestandteile eines Bildes, die keinen Unterschied zwischen dem Kopf eines Kaisers und den Falten seines Hermelinmantels zu kennen scheint.[42] Die Egalisierung des Darzustellenden, auf der der "realistische" Eindruck beruht, der von den napoleonischen Darstellungen ausgeht, ist Konsequenz einer Auslieferung der Malerei an die Geschichte, die über die im 'Ermordeten Marat' ablesbare hinausgeht, weil sie die Kapitulation des Malers vor der historischen Faktizität zur Voraussetzung hat. Erst für denjenigen, der sich zum bloßen Medium der historischen Fiktionen macht, haben alle geschichtlichen Fakten die gleiche Wertigkeit, erst der Verzicht auf die parteilich selektierende Vorgehensweise besiegelt die Unterwerfung der Malerei unter die Geschichte, deren Ausdruck die Emanzipation des Details ist. Entgegen den Intentionen seiner Auftraggeber, vielleicht sogar gegen seine bewußten Absichten gelingt es David, durch die Gleichordnung des Dargestellten ein Moment geschichtlicher Wahrheit festzuhalten: einerseits nämlich, daß seine Position als 'Premier peintre de l'Empereur' ihm die Parteinahme verbietet und ihn zum Chronisten der laufenden Ereignisse degradiert, andererseits, daß die übergreifende Macht des Historischen jenen Akt der Selbststilisierung Napoleons zum geschichtsenthobenen Heros, den zu feiern er aufgefordert war, ad absurdum führt. Denn wie der serielle Charakter des ganzen Zyklus auf die Unabschließbarkeit des Historischen und damit auf die Relativität des einzelnen Ereignisses deutet, so verrät die minutiöse Schilderung des Details im einzelnen Gemälde gerade die Geschichtsverfallenheit des Dargestellten, bindet es an einen präzis zu datierenden historischen Ort, statt es der Geschichte zu entreißen.[43]

40 J. Traeger: Francisco Goya: 'Die Familie Karls IV. von Spanien', in: derselbe (Hg.): Kunst in Hauptwerken: Von der Akropolis zu Goya, Schriftenreihe der Universität Regensburg, Bd. 15, S. 267 - 310, insb. S. 276.

41 M. Bleyl: Das klassizistische Porträt. Gestaltungsanalyse am Beispiel Jacques-Louis Davids; Frankfurt a. M./Bern 1982, S. 71 -74.

42 Tatsächlich ist dieser egalisierte Eindruck Resultat eines äußerst differenzierten Vorgehens, vgl. Bleyl, ebd.

43 Davids Haltung in der napoleonischen Zeit zu rekonstruieren, wäre eine dringende Aufgabe. Ausgangspunkt müßte wohl ein Vergleich der 'öffentlichen' Historien mit dem 'privaten' 'Leonidas' sein.

V

Bislang haben wir den "Realitätseffekt", der für Davids napoleonische Historien kennzeichnend ist, als ein immanentes Verhältnis, als die Funktion der Überlagerung des denotativen Codes durch einen beschreibenden, konnotativen erklärt. Zu dieser inneren Voraussetzung tritt ein zweiter, äußerlicher Aspekt, den Jakobson[44] in der auf den ersten Blick tautologisch scheinenden, bei näherem Zusehen aber durchaus operationablen Formel "Realistisch wird ein Werk genannt, das ich kraft meines Urteilsvermögens als wahrscheinlich rezipiere" gefaßt hat.

Angesprochen ist somit die subjektive Einstellung des Betrachters, genauer: die dem historischen Wandel unterworfene Definition dessen, was für "wahrscheinlich" gehalten wird. Dieser wollen wir uns jetzt zuwenden. Notwendig wohnt der Rekonstruktion dieses Erfahrungshorizontes ein spekulatives Moment inne, denn der Rekurs auf die zeitgenössische Rezeption mag zwar belegen, daß ein Werk als "realistisch" empfunden, nicht jedoch erklären, woran diese Einschätzung gemessen wurde.

Wollte man die Kriterien einer solchen Einstufung, wollte man also den historischen Gehalt des Begriffes "realistisch" erfassen, so wäre die umfassende Rekonstruktion jener Faktoren gefordert, die die Definition des "Realen" zu einem bestimmten Zeitpunkt ausmachten: ein Vorgehen, dem praktische wie methodische Grenzen gezogen sind.

Näher liegt daher, die Untersuchung auf die Frage zu beschränken, wie sich das in der Malerei Vorgeführte zu dem in anderen Medien Möglichen verhält. Eine derartige mediengeschichtliche Zuspitzung der Fragestellung erscheint vor allem deshalb erfolgversprechend, weil die Jahre um 1800 im Banne der durch ein neues Medium, das Panorama, durchgesetzten Neubestimmung des "Realen" in der Kunst standen. Mit der Eröffnung der beiden Panoramen des Amerikaners Robert Fulton im Jahre 1799 setzte in Paris eine Debatte um die Vorzüge und Nachteile des neuen Mediums ein, die so engagiert geführt wurde, daß der Korrespondent des 'Journals des Luxus und der Moden' seinen Lesern bereits in seinem ersten Bericht über die französischen Panoramen berichten konnte, der Begriff 'Panorama' habe die Alltagssprache erobert und werde in allen nur denkbaren Verbindungen gebraucht.[45]

Um das Interesse an dem neuen Medium zu verstehen, muß daran erinnert werden, daß es eine technische Lösung für ein Problem darstellte, daß die ästhetischen Debatten seit der Mitte des 18. Jahrhunderts beschäftigt hatte: die Aufhebung der Grenze zwischen Kunst und Natur.[46] Leitfigur der Auseinandersetzung war Pygmalion: ihm gleich sollte der Betrachter die starren Werke zum Leben erwecken, ein Wunsch, der sich der ästhetischen Reflexion ebenso bemächtigte wie der populären Unterhaltung. Denn einmal war die Belebung eines Kunstwerkes eine Form seiner geistigen Aneignung, Winckelmanns Beschreibung des Torso vom Belvedere -

44 Jakobson, Realismus (Anm. 18), S. 130.

45 S. Oettermann: Das Panorama. Geschichte eines Massenmediums; Frankfurt a. M. 1980, S. 114.

46 W. Strube: Ästhetische Illusion. Ein kritischer Beitrag zur Geschichte der Wirkungsästhetik des 18. Jahrhunderts; Bochum 1971; und: M. Hobson: The Object of Art. The Theory of Illusion in Eighteenth Century France; Cambridge/London/New York 1982.

Modell und Meisterstück dieser ästhetischen Vergegenwärtigung - wollte dem Kunstwerk den Geist zurückgeben, dem es seine Entstehung verdankte und hoffte, es durch die Schilderung zum Subjekt, zum lebendigen Gegenüber des Betrachters zu machen. Notwendig war dem Versuch, die Zeitverfallenheit des Kunstwerkes durch die erotisierte Vergegenwärtigung aufzuheben, das Scheitern eingeschrieben: der Abstand, in den das Werk durch die Zeitläufte vom Betrachter gerückt war, bestimmte dessen Reflexion als Erinnerung und mithin als Trauerarbeit.[47]

Stand am Ende der beschreibenden Annäherung die Entäuschung und das Bewußtsein von der unüberwindbaren Distanz, die den Betrachter vom Gegenstand seines Begehrens trennte und ihn auf seine Subjektivität verwies, so setzten die populären Formen der Vergegenwärtigung, die von den lebenden Bildern über die Automaten bis zum Besuch von Skulpturen bei Fackelschein reichten (- den letzteren hatte noch Louis Sébastien Mercier beim Besuch des 'Musée des Petits-Augustins' als Form revolutionärer Museumspädagogik gepriesen -)[48] auf Illusion, Wunscherfüllung und Überrumpelung des bewußten Ich.

Zu diesen Formen trat mit dem Panorama ein Medium, das alles bisher Gebotene an täuschender Wirklichkeitsdarstellung übertraf. Unmittelbar wurde es deshalb als Herausforderung der alten Medien, insbesondere der Malerei empfunden. Eine Kommission des 'Institut de France', zur Hälfte aus Mitgliedern der Klasse für Literatur und Bildende Kunst, zur anderen aus denen der Klasse für Naturwissenschaften und Mathematik zusammengesetzt, untersuchte das Panorama und gab im Jahre 1800 einen ersten Bericht. An der Sitzung nahmen neben den Malern Vincent und Regnault, die bereits der Untersuchungskommission angehört hatten, unter anderen auch Houdon, Vien und Peyre teil, ein Faktum, das das große Interesse der Künstler an der Erfindung belegt.[49] Der Bericht der Kommission ging auf die englischen Ursprünge des neuen Mediums ein und erklärte dessen Wirkung vor allem daraus, daß anders als in der Malerei der Vergleichsmaßstab fehle, so daß der Betrachter über Größe und Realitätsgehalt des Dargestellten getäuscht werden könne. Vollkommenheit erreiche das Panorama vor allem deshalb - schrieb die Kommission -, weil es die praktischen Kenntnisse der Malerei mit einer wissenschaftlichen Berechnung der Be-

47 J.J. Winckelmann: Beschreibung des Torso im Belvedere zu Rom, in: Kleine Schriften, Vorreden, Hg. W. Rehm; Berlin 1968, S. 169ff. Zur Vergegenwärtigung: O. Bätschmann: Pygmalion als Betrachter. Die Rezeption von Plastik und Malerei in der zweiten Hälfte des 18. Jahrhunderts, in: Jahrbuch des Schweizerischen Instituts für Kunstwissenschaft (1974-77), S. 179 - 195.

48 "Wie soll man diesem Museum das Ansehen eines Kirchhofes nehmen ? ... Bringt Fackeln! Alles belebe sich, der Kirchhof mit seinen Umgebungen von Leichenkapellen verschwinde. Dies Museum sey während des Tages verschlossen, der Eintritt nur des Nachts erlaubt. ... Und kömmt ein fremder Fürst, der in Folge einen Thron besteigen wird, dann sage man ihm kein Wort. Schweigend führe man ihn durch alle diese Mausoleen, er errathe, erzähle die Namen aller dieser gestürzten Größe. ... Endlich zeige man ihm das bronzene Fußgestell der Statue Ludwig des funfzehnten zu Pferde, und der Aufseher des Museums sagte ihm in's Ohr: Fürst, die ist alles, was von drei Dynastien übrig blieb!" S. Mercier: Über die Niederlage der Kunstwerke bei den Petits-Augustins;in: Eunomia, 3 (1803), S. 392 - 99, Zitat S. 398f. Ich verdanke die Kenntnis dieser Quelle Justus Fetscher.

49 Die Kommission war aus Brisson, Monge, Charles, Vincent, Regnault und Dufourny zusammengesetzt, ihren Bericht hörten: Houdon, Vien, Dejoux, Raymond, Gossec, Vanspaendonck, Moitte, Roland und Peyre.

urteilungskraft verbände: eine Kombination, von der sie sich weitere Wunderwerke erhoffte. Das Urteil spiegelt nicht allein die Zusammensetzung der Kommission aus Künstlern, Mathematikern und Naturwissenschaftlern wider, sondern erkennt überdies, daß die Verbesserung des Effektes weit weniger ein malerisches als ein technisches Problem sei, womit sie präzis die Voraussetzungen der kulturindustriellen Nutzung des Panoramas benennt. Vorderhand interessierte aber zunächst, in wiefern sich diese technischen Voraussetzungen nicht auch für die Präsentation von Gemälden nutzen ließe, mithin, ob man den in den großen Panoramarotunden erzielten Effekt nicht auf Staffeleibilder übertragen könne.

> "L'illusion produite par le panorama n'ayant d'autre cause que le rapport exact de proportion entre toutes les parties, et l'absence totale des termes de comparaison qui pourraient détruire cette illusion, ne peut-on pas obtenir pour tous les tableaux cet effet magique qui seul peut leur donner tout leur prix. Serait-il donc difficile d'isoler un tableau en sorte que les objets dont il se trouverait environné ne servissent nullement l'oeil pour lui faciliter les moyens de reconnaitre la petitesse, la proximité, la faiblesse du coloris des objets représentés, et le procédé employé pour la totalité et en grand dans le Panorama ne donnerait-il pas le meme résultat? Cette idée digne d'etre approfondie doit fixer l'attention du propriétaire du Panorama, des expriences pourront l'amener à un plein succès."[50]

Einen Augenblick lang träumt die Kommission die Möglichkeiten des neuen Mediums bis an ihr logisches Ende: bis zur Aufhebung der ästhetischen Grenze und der Überführung von Kunst in Simulation, wenn nicht gar bis zum Verschwinden des Museums in den Apparaten der Unterhaltungsindustrie. Noch im Erwachen wird ihr bewußt, daß sich zumindest Teile der panoramischen Inszenierung nutzen lassen, um den Effekt des im Museum Ausgestellten zu erreichen:

> "Mais en supposant même que l'on ne réussit pas à isoler un tableau de manière à lui faire produire une illusion totale, du moins est'il constant que l'inventeur du Panorama a trouvé la meilleure manière d'éclairer les tableaux, la direction qu'il a donné aux rayons de la lumière est la plus avantageuse et son résultat est tel qu'il laisse fort peu à desirer. Peut-être serait-il possible en le modifiant suivant les circonstances et les Localités, d'employer utilement le Procès du Panorama pour éclairer les Musées et toutes les galeries destinées à renfermer les productions des arts."[51]

Im Panorama schien das Problem der Beleuchtung von Kunstwerken gelöst, an dem keine vier Jahre zuvor die mit der Einrichtung des Louvre befaßte Kommission gearbeitet hatte[52]; reizvoll, aber nicht zu belegen, ist deshalb die Vorstellung, der "Realitätseffekt" der Davidschen Bilder wäre in der von Napoleon geplanten 'Galerie de David'[53] durch eine vom Panorama übernommene Lichfürung gesteigert worden.

Doch die Verbindung zwischen Panorama und Historienbild beschränkt sich nicht allein auf die Inszenierung. In dem dem neuen Medium gewidmeten Eintrag seines 'Dictionnaire des Beaux Arts' (1806) verglich Aubin-Louis Millin Panorama und Historienbild unter dem Gesichtspunkt der Darstellbarkeit des Transitorischen.[54]

50 Kommissionsbericht, zitiert bei H. Buddemeier: Panorama, Diorama, Photographie; München 1970, S. 164 - 170, Zitat S. 169.

51 Ebd. S. 169.

52 Vgl. Arch. Louvre TI, 1796, nov.état n. 3: "Apperçu des établissements et des travaux à faire pour donner au Musée Central tout l'éclat dont il est susceptible", art.7. Zit. in: Y. Cantarel-Besson: La naissance du Musée du Louvre; 2 Bde., Paris 1981, Bd. 2, S. 251.

53 Wildenstein (Anm.28), S. 180.

54 A.-L. Millin: Dictionnaire des Beaux-Arts; Paris 1806, Bd. III, S. 38 - 41.

Da es im Panorama um die vollständige Täuschung des Betrachters ginge, wollte Millin es alleine unbelebten Naturszenen vorbehalten wissen, wohingegen die Wahl eines Moments in der Historienmalerei einen "choix poétique" darstelle, dessen Bedeutung den Betrachter das Unwahrscheinliche der Fixierung vergessen lasse. Zwei Konzeptionen des Transitorischen stehen sich in Millins Abgrenzung gegenüber. Auf der Seite der Historienmalerei ein prägnanter Augenblick, der aus einer Erzählung gewählt wird und den Eindruck der Starre des Dargestellten deshalb überwinden kann, weil er über sich hinaus auf das narrative Kontinuum verweist. Auf der Seite des Panoramas gibt es keine aus narrativer Notwendigkeit begründete Selektion, sondern allein die beliebige Nachbildung eines äußerlich Objektiven, dessen Überzeugungskraft sich der Genauigkeit der Beschreibung verdankt.[55] Millin möchte die Historienmalerei vom Panorama abheben, deshalb fällt seine Definition kategorisch aus, verfehlt aber eben darin nicht nur die tatsächlichen Themen der Panoramen, die über die von ihm favorisierte unbelebte Natur weit hinausreichen[56], sondern auch - wenn man sich an Davids beschreibendes Verfahren erinnert - die Veränderung der zeitgenössischen Historienmalerei.

VI

Nun soll aus der Beobachtung, daß es in der Behandlung des Transitorischen Ähnlichkeiten zwischen den Darstellungen des Panoramas und den napoleonischen Bildern Davids gibt, nicht gleich ein "Einfluß" in der einen oder anderen Richtung konstruiert werden. Möglichen Verbindungen gilt es dennoch nachzuspüren. Eine Anedokte erzählt, daß David seine Schüler in eines der Panoramen von Pierre Prévost geführt habe, um dort, nach eingehender Betrachtung des Dargestellten, begeistert auszurufen: "Vraiment, Messieurs, c'est ici qu'il faut venir pour étudier la nature."[57]

Die Glaubwürdigkeit dieses Berichtes ist schon im 19. Jahrhundert bezweifelt worden, wahrscheinlich entsprang er dem Bedürfnis, das neue Medium durch das Urteil des zu seiner Entstehungszeit berühmtesten Malers zu legitimieren, woraus sich erklären dürfte, daß die Anekdote mit Vorliebe von den frühen Historiographen des Panoramas beharrlich wiederholt wurde.[58] Ob David bei Prévost gewesen ist, ob er tatsächlich - postmoderne Theorien der Simulation antizipierend[59]- das Studium der medial vermittelten Natur an die Stelle des Zeichnens nach dieser selbst setzen

55 Buddemeier (Anm.50), S. 18.

56 Vgl. das entsprechende Kapitel bei Oettermann und ebenso: G. Bapst: Essai sur l'histoire des panoramas et des dioramas; Paris 1891 (Extrait des Rapports du Jury international de l'exposition universelle de 1889).

57 J.J. Hittorf: Description de la rotonde des panoramas élévée dans les Champs-Elysées, précédée d' un aperçu historique sur l'origine des panoramas et sur les principales constructions auxquels ils ont donné lieu, in: Revue générale de l'architecture et des travaux publiques (Octobre 1841), Sp. 500ff., Zitat Sp. 501.

58 Zweifel an der Geschichte bei P. Le Bas: Sur les panoramas, in: Univers pittoresque, Bd. XXV; Paris 1841, S. 321.

59 P. Thompson: Essai d'analyse du spectacle dans le Panorama et le Diorama, in: Romantisme, 38 (1982), S. 47 - 64.

wollte, ist für unseren Zusammenhang von geringerem Interesse als der Wunsch der zeitgenössischen Phantasie, David und das neue Medium in Beziehung zueinander zu setzen. Gab es Gründe für eine solche Verbindung? Auf den ersten Blick sind die Belege dürftig: zwar wissen wir von Davids Interesse an der populären Kultur, von seinen Besuchen im Wachsfigurenkabinett des Herrn Curtius, auch macht die große Begeisterung für das Panorama, die um 1800 die Pariser Künstlerschaft ergriff, einen Besuch Davids in einer der Rotunden nicht unwahrscheinlich, zumal einer seiner Schüler, Florent-Fidèle-Constant Bourgeois, an der Ausgestaltung des ersten Pariser Panoramas beteiligt war und ein anderer, Bouton, später zu den Erfindern des Dioramas gehören sollte.[60] Stärker als diese Art von 'circumstancial evidence' bindet der Mann, der die perspektivischen Vorzeichnungen zu den napoleonischen Bildern ausführte, David an die Welt der Phantasmagorien und Illusionskünste. Ignazio Eugenio Maria Degotti, ein in Turin geborener und seit 1796 in Paris tätiger Bühnenbildner, wäre heute vollständig vergessen, hätte nicht einer seiner Schüler, Cicéri, das Bühnenbild von Grund auf revolutioniert, und hätte nicht ein anderer, Daguerre, mit Diorama und Daguerrotypie eine noch weit umfassendere Erschütterung der Medienlandschaft des frühen 19. Jahrhunderts ausgelöst. Degottis Arbeiten am Théatre Feydeau und für kurze Zeit als 'décorateur-en-chef' an der Oper in Paris, sind mit der Überwindung der italienischen, von Servandoni nach Frankreich eingeführten Bühnendekoration verknüpft. Nach Urteil der Zeitgenossen war er es, der die Dekoration zum Hauptanziehungspunkt eines Theaterbesuches machte, eine Attraktion, auf die vor allem die kleineren, meist dem Melodrama verschriebenen Theater rund um den Boulevard du Temple angewiesen waren.[61] Berühmt wurde vor allem seine Dekoration für die Inszenierung von Cherubinis 'Elisa ou le Voyage au Mont Saint-Bernard' im Théatre Feydeau, über die es in einer zeitgenössischen Quelle heißt:

> "Le théatre représente les glaciers du Mont Saint-Bernard. Des précipices, des chemins pratiques dans les glaciers et dans les rochers, indiquent les diverses routes qui arrivent à l'hospice. A un moment désigné dans le deuxième acte, les vents et les nuages annocent qu'un orage va éclater. Les torrents rompent les glaces qui les retenaient, ils coulent impétuesement de toutes parts, les avalanches partent ..."[62]

Derartige Effekte waren Degottis Spezialität, schon in Italien war er für die Darstellung eines bewegten Meeres bekannt geworden, sie beruhten auf einer Erweiterung der Bühnenmaschinerie und der Abkehr vom Konzept der hintereinandergestaffelten, gemalten Kulissen zugunsten von reliefartigen und vollplastischen Bühnenelementen. Colonel Grobert[63] beschrieb 1809 die Wirkung dieser veränderten Bühnendekoration so:

60 Zu David und der populären Kultur im allgemeinen: T.C. Crow: Painters and Public Life in Eighteenth Century Paris; New Haven/London 1985, S. 211 - 54. Zum Wachsfigurenkabinett: H.E. Hinman: Jacques-Louis David and Mme Toussaud, in: Gazette des Beaux-Arts, 66 (1965), S. 331 - 338. Zu den Davidschülern in Panorama und Diorama: Buddemeier (Anm.50), S. 25.

61 F. Brown: Theater and Revolution. The Culture of the French Stage; New York 1980.

62 Zit. bei G. Bapst: Essai sur l'histoire du théatre. La mise-en-scène, le décor, le costume, l'architecture, l'éclairage, l'hygiene; Paris 1893, S. 512, Anm.3.

63 Colonel Grobert: De l'exécution dramatique considérée dans ses rapports avec le matériel de la salle et de la scène; Paris 1809, o.S.: "(im Théatre de Caserte war es Degotti gelungen)...à

"Le public a été agréablement surpris de cette nouveauté par cette seule raison qu'elle rapprochoit la décoration de la nature et du relief qu'il importe de donner afin de créer la véritable illusion: ainsi les théatres qui ne pourroient pas créer le système vrai et imposant des décorations en relief doivent s'efforcer d'en approcher en multipliant les formes dans une raison inverse des coulisses ..."[64]

Bald traten andere Dekorateure neben Degotti: sein Schüler Daguerre nutzte die Möglichkeiten des Panoramas, um im 'Théatre Ambigu-Comique' Tiefeneffekte zu erzielen. Alaux wurde durch sein "Panorama dramatique" bekannt, das als Hintergrund melodramatischer Zweipersonenstücke diente. Im 'Théatre pittoresque' des 'Citoyen Pierre' endlich übernahm das Dekor die Hauptrolle. Vorgeführt wurden Naturspektakel wie das Aufgehen und Versinken der Sonne, bewegte Bilder des Meeres und der Berge, von ihrem Erfinder kommentiert. In dem Führer 'Paris et ses curiosités' von 1804 heißt es über das 'Théatre Pittoresque':

"Jamais la peinture et la mécanique n'ont produit des effets plus surprenants et les illusions plus completes que sur ce théatre. Le citoyen Pierre y présente la nature dans toute sa grandeur et dans toutes ses diversités. Ce sont ses montagnes majesteuses, avec ses sites pittoresques et animés, ses voies lointaines, ses perspectives magnifiques ..."[65]

Dieser Bericht - der in seiner Begeisterung für die artifizielle Landschaft an die kolportierte Empfehlung Davids, im Panorama die Natur zu studieren, gemahnt - führt auf das allen beschriebenen Inszenierungen gemeinsame Interesse an der möglichst vollständigen Illusion. In der Konkurrenz mit den neuen Medien blieb auch die Malerei von der Forderung nach illusionärer Darstellung nicht ausgenommen, noch in dem 'Précis d'un traité de peinture' des David-Schülers Etienne-Jean Delécluze von 1828 wird die Täuschung der Sinne zur Grundlage malerischer Wirkung gemacht, zugleich aber - wohl mit Blick auf die neuen Medien- gewarnt:

"La perfection et l'abus même de l'imitation auxquels on ne parvient plus tard, font naître plus particulièrement les illusions des sens, quand cette disposition domine dans la peinture, l'art sort de ses limites. Le point auquel il faut tendre et dont ne se sont point écartés les grandes maitres, c'est de faire servir l'illusion des sens à entretenir celle de l'imagination."[66]

Im Bereich der Propaganda galten derartige Einwände nicht, Frühzeitig nahm sich das Panorama der napoleonischen Feldzüge an, eines der ersten Pariser Bilder zeigte die Flucht der Engländer aus dem belagerten Toulon. Pierre Prévost, der an dessen Gestaltung beteiligt gewesen war, sollte die Erfolge des Feldherrn und Kaisers gewinnbringend nutzen, nacheinander präsentierte er den Parisern die Begegnung von Napoleon mit Zar Alexander, die Schlacht bei Wagram und den Hafen von

représenter les vagues sur de grandes toiles sous lequelles étaient placés des ouvriers portant des levriers verticaux qu'ils présentaient en plusieurs points en les abaissant et en les élevant successivement."

64 Ebd. S. 137; Zu den Veränderungen vgl. auch: N. Decugis/S. Reymond: Le décor du théatre en France du Moyen Age à 1925; Paris 1953 (Degotti, S. 137); M.-A. Allevy: La Mise en Scène dans la première moitié du dix-neuvième siècle; Paris 1938, ND 1976 (Degotti, S. 27); C. Reynaud: Musée retrospectif de la classe 18, Théatre, à l'Exposition Universelle de 1900 à Paris, Rapport du Comité d'Installation; Paris o.J.(Degotti, Abb. S. 116) M.J. Moynet: L'envers du théatre; Paris [2]1874 (Degotti, S. 33 f, 121); C. Séchan: Souvenirs d'un homme de théatre 1831-55, recueillis par Adolphe Badin; Paris 1883, S. 7.

65 Zit. bei Allevy (Anm. 64), S. 43.

66 E.J. Délécluze: Précis d'un traité de peinture; Paris 1821, S. 240.

Boulogne mit der zur Invasion Englands bestimmten Flotte.[67] Napoleon war nach einem Besuch des Panoramas der Schlacht von Wagram so begeistert von den Möglichkeiten des Mediums, daß er den Architekten Jacques Cellerier mit der Errichtung von sieben großen Rotunden auf dem Carré der Champs Elysées beauftragte, die Bilder der wichtigsten Schlachten der Revolutionszeit und des Empire aufnehmen sollten.[68]

VII

Der Blick auf die Entwicklung des Panoramas und die Veränderung des Bühnenbildes hat deutlich werden lassen, daß Davids Bemühen um die illusionistiche Präsentation der napoleonischen Historie keineswegs isoliert dasteht, sondern in den mediengeschichtlichen Kontext seiner Zeit gehört. Zum Zeitpunkt der Entstehung der napoleonischen Darstellungen beginnen der Malerei in den neuen Medien Konkurrenten zu erwachsen, die ihr einerseits das Monopol auf die Definition des "Realen" streitig zu machen drohten, zum anderen bestimmte ihrer Funktionen übernehmen würden, zumal sie einige traditionell malerische Aufgaben, insbesondere solche propagandistischer Art, effektiver zu lösen versprachen. Noch ist die Konkurrenz nicht gegen die Malerei entschieden, verlangt aber die Überprüfung herkömmlicher Darstellungskonventionen, so daß man Davids Bilder als Antwort auf eine sich wandelnde Definition des Realen, oder vielleicht besser noch, als Beitrag zu dessen Neuformulierung verstehen kann. Eine Analyse der napoleonischen Historienbilder, die diese allein vor dem Hintergrund der kunstgeschichtlichen Vorläufer sehen sollte, ohne sie in den Zusammenhang der gleichzeitigen Medienentwicklung zu stellen, muß notwendig ein wichtiges Charakteristikum der Darstellungen verfehlen.

Man muß dabei keinen 'direkten Einfluß' der neuen Medien auf die Malerei annehmen, denn die Deformationen der Darstellungskonventionen, ganz gleich ob Aufhebung der Gattungsgrenzen und Vermischung des traditionell hierarchisch geschiedenen oder die Annäherung an die Präsentationsformen der neuen Massenmedien, lassen sich durchaus aus einem malereiimmanenten Krisenprozeß, dem Verfall der Gattungshierarchie, ableiten. Auch die Gattungshierarchie kennt ja, freilich in doppelter Form, das Kriterium des 'Realen': einmal als bloße Form äußerlichen Augentruges, wie er für die niedrigen Gattungen kennzeichnend ist, und dann als substantielle Realität des in den höheren Gattungen Vorgeführten. Entscheidend für die letzteren ist, daß zwischen Wesen und Erscheinung unterschieden wird, so daß der Abstand zur einfachen Nachahmung traditionellerweise gleichzeitig als Ausweis künstlerischer Leistung wie als Kriterium der Gattungszuordnung interpretiert werden kann. In dem Maße, in dem die substanzialistische Fundierung dieser Hierachie schwindet und sich die Illusion als das eigentliche Kriterium malerischer Perfektion durchsetzt, wird die Augentäschung zum Gradmesser der 'Realität' in der Malerei. Anders gesagt: was ursprünglich auf die unterste Stufe der Hierarchie verbannt

67 E. Bellier de la Chavignerie/L. Auvray: Dictionnaire général des artistes de l'école française; Paris 1885; Bd. II, S. 314.
68 Oettermann (Anm.45), S. 120.

wurde, weil es als äußerlichste Form der Darstellung galt, wird zum Kern der neuen Definition des "Realen" in der Malerei. Dieses ist mit der Erscheinungsform identisch und läßt die Frage nach einer über diese hinausgehende "Wahrheit" überhaupt nicht mehr zu. Im Gegenteil: gerade auf der Gleichsetzung von Abbildung und Wirklichkeit basiert der populäre Erfolg derartiger Simulationstechniken. An die Stelle einer der substantiellen Rangordnung entsprechenden Hierarchie der Gattungen tritt ein Medium, das derartige Unterscheidungen negiert und dessen Erfolg gerade in der Kombination des traditionell Getrennten liegt. An die Stelle der Gattungsgeschichte tritt die der Medien, die nicht mehr nach der "Wahrheit" des Dargestellten, sondern nach der Stellung der Darstellung im Ensemble der Praktiken der Wirklichkeitsproduktion fragt.[69]

69 Den Hinweis auf den Zusammenhang von Gattungs- und Mediengeschichte verdanke ich den Diskussionen in Bad Homburg, insbesondere den Beiträgen von Werner Busch. Zum Obsoletwerden der Frage nach den Gattungen im Rahmen der neuen Medienpraktiken vgl.: J. Tagg: The Burden of Representation. Essays on Photography and Histories; Basingstoke 1988, S. 63: "What we begin to see is the emergence of a modern photographic economy in which the so-called medium of photography has no meaning outside its historical specification. What alone unites the diversity of sites in which photography operates is the social formation itself: the specific historical spaces for representation and practice which it constitutes. Photography as such has no identity. Its status as a technology varies with the power relations which invest it. Its nature as a practice depends on the institutions and agents which define it and set it to work. Its function as a mode of cultural production is tied to definite conditions of existence, and its products are meaningful and legible only within the flickering across a field of institutional spaces. It is this field we must study, not photography as such." Die Koexistenz der napoleonischen Darstellungen mit dem 'Leonidas' zeigt, daß die Frage nach dem institutionellen Rahmen auch für die Malerei zentrale Wichtigkeit hat.

DIE ANFÄNGE DER 'SCIENCE SOCIALE' BEI DEN FRANZÖSISCHEN IDEOLOGEN UND IN IHREM UMKREIS

Ulrich Dierse

Man hat bislang, mit manch plausiblen Gründen, die Anfänge der Sozialwissenschaft bei dem französischen Restaurationsphilosophen L.-G.-A. de Bonald[1] oder bei dem Frühsozialisten C.-H. de Saint-Simon[2] gesucht. Ich glaube aber, daß man noch einen Schritt weiter zurückgehen und den Ursprung der Sozialwissenschaft in die Französische Revolution verlegen muß. Nicht nur die Wortprägung 'science sociale' erscheint jetzt zum ersten Mal, auch die damit bezeichnete Wissenschaft erfährt hier, vor allem bei den Ideologen und in der von ihnen beherrschten Klasse der 'sciences morales et politiques' des 'Institut national', erste grundlegende Entwürfe.[3] Ihre Schöpfer waren sich der Neuheit der Disziplin durchaus bewußt. Die Annahme erscheint also berechtigt, daß die Prägung des Begriffs 'science sociale' und ähnlicher Wortverbindungen nicht zufällig ist, sondern daß sie, am Ende eines längeren und aus mehreren Komponenten zusammengesetzten Prozesses stehend, in einem historischen Moment erfolgte, der die Frage nach dem Zustand der neuen Gesellschaft besonders dringlich erscheinen ließ.

Wie man herausgefunden hat[4], ist während der Revolution der erste deutliche Gebrauch des Terminus 'art social' (als eines Vorläuferbegriffs von 'science sociale') bei den Mitgliedern eines frühen politischen Clubs, der 'Société de 1789', festzustellen. Gegründet 1790, gehörten zu ihm außer einigen Physiokraten wie Dupont de Nemours und einer großen Anzahl von Angehörigen der Finanzwelt auch führende Vertreter der Revolution: Mirabeau, La Fayette, Condorcet, Brissot, Suard, A. Chénier, Garat, Cabanis, Roederer, La Rochefoucauld und Sieyès. Sieyès hatte schon kurz vor der Revolution von einer 'mécanique sociale' gesprochen, die "in unseren Tagen" durch neue "gesetzgeberische Erfindungen bereichert worden" sei und in der 'art social' neue Fortschritte ermöglicht habe. Das Ziel dieser 'art social' bestehe darin, durch eine "gute Verfassung", die allen Bürgern ihre "natürlichen und gesellschaftlichen Rechte" garantiere, aus einer weit "verstreuten Menschenherde" einen "corps politique", eine durch einen gemeinsamen Willen "organisierte Nation"

1 R. Spaemann: Der Ursprung der Soziologie aus dem Geist der Restauration. Studien über L.G.A. de Bonald; München 1959.

2 E. Pankoke: Art. 'Soziologie', in: Geschichtliche Grundbegriffe; Stuttgart 1984, Bd. 5, S. 1005.

3 Vgl. K.M. Baker: The Early History of the Term 'Social Science', in: Annals of Science, 20 (1964), S. 211 - 226; B.W. Head: The Origins of "la science sociale" in France, 1770-1800, in: Australian Journal of French Studies 19 (1982), S. 115 - 132; S. Moravia: Il pensiero degli ideologues; Firenze 1974, S. 675 - 804: La scienza della società in Francia alla fine del secolo XVIII; dies auch selbständig erschienen als Bd. 23 der Atti e Memorie dell'Accademia Toscana di Scienze e Lettere; Firenze 1968. Ich füge diesen verdienstvollen Arbeiten einige wenige neue Belege hinzu und versuche, sie alle im Zusammenhang zu interpretieren.

4 K.M. Baker: Politics and Social Science in Eighteenth-Century France: the 'Société de 1789', in: J.F. Bosher (Ed.): French Government and Society, 1500 - 1800. Essays in Memory of Alfred Cobban; London 1973, S. 208 - 230, auch in: K.M. Baker: Condorcet. From Natural Philosophy to Social Mathematics; Chicago/London 1975, S. 272 - 285.

zu schaffen.[5] In seiner berühmten Schrift 'Qu'est-ce que le Tiers État?' überlegt Sieyès dann, ob die englische Verfassung von den Franzosen übernommen werden könne, und kommt zu dem Schluß, daß sie wegen ihres Alters kein Vorbild für das Frankreich des Jahres 1789 sein könne: "Sollten vielleicht die Erzeugnisse der art politique am Ende des 18. Jahrhunderts die gleichen sein wie im 17.? Die Engländer sind damals hinter dem Wissen ihrer Zeit nicht zurückgeblieben; bleiben auch wir nicht hinter der Aufklärung unserer Zeit zurück. Vor allem darf es uns nicht entmutigen, daß wir in der Geschichte nichts sehen, was unserer Lage entspräche. Die wahre Wissenschaft vom Gesellschaftszustand ('science de l'état de société') ist ja noch nicht alt. Haben doch die Menschen lange Zeit Hütten gebaut, bevor sie imstande waren, Paläste zu errichten. Wer sähe da nicht ein, daß die Fortschritte der gesellschaftlichen Baukunst ('l'architecture sociale') noch langsamer sein mußten, weil diese Kunst zwar die allerwichtigste ist, aber ... von den Despoten und Aristokraten keinerlei Unterstützung erhalten hat."[6] (An einer Stelle spricht Sieyès auch bereits von einer 'science sociale'[7]; er hat dies allerdings später in 'science de l'ordre social' verbessert.[8])

Wenn diese wenigen Stellen auch nicht überbewertet werden dürfen - an eine ausgeführte Sozialwissenschaft denkt Sieyès sicher noch nicht, und auch die Physiokraten sprachen gelegentlich von einer 'art social'[9] und projektierten einen 'ordre social', der sich als Einheit der wirtschaftenden Subjekte unter einer starken politischen Autorität herstellen sollte[10] -, so wird hier doch sichtbar, daß es Sieyès darum geht, in einer Zeit des politischen Umbruchs und der Auflösung der alten Ordnung neue politische Institutionen zu errichten, die alle Bürger in ihre politischen Rechte einsetzen und zu einem gemeinsamen Willen vereinigen sollen. Für Sieyès hieß dies, eine auf dem Mehrheitsprinzip beruhende Repräsentativverfassung zu schaffen, dadurch die rechtlich gleichen Staatsbürger zu einem 'corps politique' zu vereinigen und so die, wie er mehrfach schreibt, einzig wahre Gesellschaftsordnung ('l'ordre social') zu begründen.[11]

Welch andere Ziele die 'art social' oder 'science sociale' aber noch haben konnte, wird in dem Gründungsdokument der 'Société de 1789' deutlich, den 'Règlemens de la Société de 1789'.[12] Darin wird eine Wissenschaft zur Beförderung und Erhaltung

5 E.J. Sieyès: Vues sur les moyens d'exécution dont les représentants de la France pourront disposer en 1789 (1788, ²1789), dt.: Übersicht über die Ausführungsmittel ..., in: Sieyès: Politische Schriften 1788-1790, Hg. E. Schmitt/R. Reichardt; Darmstadt/Neuwied 1975, S.21f.; vgl. R. Moro: L'arte sociale e l'idea di società nel pensiero politico di Sieyès, in: Rivista internazionale di filosofia del diritto, 4⁰ serie, 45 (1968), S. 226 - 266.

6 Sieyès: Qu'est-ce que le tiers état?, éd. crit. par R. Zapperi; Genève 1970, S. 175, dt.: Sieyès (Anm. 5), S. 162 f.

7 Ed. Zapperi, (Anm. 6), S. 151.

8 Ebd.; dt.: Polit. Schriften, S. 145; dagegen 162 u. 163: 'art social'.

9 Vgl. Head (Anm. 3), S. 119 ff.; Moro (Anm. 5), S. 249.

10 Z.B. P.P. Le Mercier de la Rivière: L'ordre naturel et essentiel des sociétés politiques; London/ Paris 1767; G.-F. Le Trosne: De l'ordre social; Paris 1777.

11 Z.B. Polit. Schriften (Anm. 5), S. 172, 175, 251; Privilegien dagegen sind 'antisociaux', ebd., S. 178.

12 Paris 1790, abgedruckt in: Augustin Challamel: Les clubs contre-révolutionnaires; Paris 1895, S. 391 - 414; vgl. Baker (Anm.4).

des Glücks der Nationen gefordert: “c’est ce qu’on a nommé l’art social”. “Cette science pour laquelle travaillent toutes les autres, ne paroit pas avoir été encore étudiée dans son ensemble. L’art de cultiver, l’art de commercer, l’art de gouverner, l’art de raisonner même, sont que des parties de cette science.” Die verschiedenen Teilwissenschaften sollten zu einem “corps bien organisé” zusammengefaßt werden, um durch den gegenseitigen Austausch von nützlichen Kenntnissen das Wohl der Menschheit (“le bien de l’humanité”) zu befördern. So verstehen sich die Mitglieder der ‘Société de 1789’ als “agens du commerce des vérités sociales.” Entsprechend soll an erster Stelle des von ihnen herausgegebenen ‘Journal de la Société de 1789’ unter dem Titel ‘Art social’ die Bekanntmachung von “dissertations, des mémoires, des remarques sur les principes des constitutions, des corps législatifs, des gouvernemens, des administrations, sur l’agriculture, le commerce, les finances, l’enseignement public, sur les loix et les tribunaux; enfin sur tous les élémens du système social et le bonheur des hommes” stehen.[13] Die Ziele der ‘Société de 1789’ waren demnach in erster Linie solche der Koordination wissenschaftlicher Forschung und des Austauschs ihrer Ergebnisse, und insofern wollte sie eine ähnliche Funktion wie die alten Akademien erfüllen.[14] Deshalb gehören dazu die Korrespondenz mit anderen wissenschaftlichen Gesellschaften und die Propagierung alles dessen, “que l’esprit humain peut imaginer pour le perfectionnement de l’homme.”[15] ‘Art social’ bzw. ‘science sociale’ bedeutet also hier vor allem Sammlung und Verbreitung aller für eine Gesellschaft nützlichen Kenntnisse. Allerdings war dies für die ‘Société de 1789’ nicht denkbar ohne gleichzeitige Arbeit an der politischen Neuorganisation, und so wollte sie auch die Prinzipien einer freien Verfassung entwickeln und ausbreiten: das Wissen um die sozialen Zusammenhänge diente unmittelbar der praktischen Politik. Wenn die ‘Société de 1789’ auch nicht von langer Dauer war - viele ihrer Mitglieder wanderten entweder zu den Jakobinern oder zu den Monarchisten ab -, so wurde ihre Zielsetzung doch von einigen ihrer führenden Köpfe weiterverfolgt.

Dies gilt besonders für Condorcet, der im ‘Journal de la Société de 1789’ mehrere Artikel zu politischen Fragen veröffentlicht[16] und die Aufgaben der ‘Société’ wie folgt beschreibt: “d’approfondir, de développer, de répandre les principes d’une constitution libre, et plus généralement de chercher les moyens de perfectionner l’art social considéré dans toute son étendue.” Nach Condorcet ist die ‘art social’ erst dann eine “véritable science”, wenn sie sich nicht mehr auf die alten Meinungen und Vorurteile in der Gesellschaft stützt, sondern auf die “nature éternelle de l’homme et des choses”, und das heißt für Condorcet: auf Erfahrung und Tatsachen, “sur des raisonnements et sur des calculs.” Sie ist erst dann entwicklungsfähig und nützlich, wenn sie sich auf diese “véritables principes” gründet, die für eine Gesellschaft vorurteilsfreier Menschen die einzig notwendigen sind. Erforscht man so das “système entier de l’ordre social”, kann man die Gesetzmäßigkeiten einer Gesellschaft freier und gleicher Teilnehmer an der Politik berechnen, einer Gesellschaft, die von

13 Ebd., S. 392, 393 f.
14 Baker (Anm. 4), S. 212.
15 Art. 8 der Règlemens, bei Challamel, S. 398.
16 Ebd., S. 431.

willkürlichen Entscheidungen etwa eines absolutistischen Herrschers frei ist und nur den vernünftigen Überlegungen ihrer Mitglieder folgt. Deshalb läßt sich aus ihrem gegenwärtigen Zustand die zukünftige Entwicklung erkennen.[17] Dem liegt Condorcets Vorstellung einer 'mathématique sociale' zugrunde, die noch eigens erwähnt werden muß.

Eine speziellere politische Akzentuierung erhält der Begriff 'science sociale' bei D.-J. Garat, der ebenfalls Mitglied der 'Société de 1789' war und später zu einem der führenden Vertreter der Ideologen wurde. Er spricht 1791 von einer erst noch zu schaffenden 'science sociale', zu der Rousseaus Idee der Volkssouveränität und Montesquieus Theorie der Gewaltenteilung zwar wichtige Vorarbeiten geleistet hätten, die die Franzosen aber jetzt, "au moment de se constituer ou de se reconstituer", zu einer vernünftigen sozialen Ordnung ausarbeiten und politisch verwirklichen müßten, wollten sie nicht ihren "passions" und "conceptions incertaines" ausgeliefert sein.[18] Unverkennbar ist hier Garats Sorge um ein Überborden und einen unkontrollierten Ablauf der Revolution. Die 'science sociale' soll dazu verhelfen, mit politischen Institutionen, die den Willen der Nation ausdrücken und ihn in geordnete Bahnen lenken, Mittel für eine Neuorganisation der Gesellschaft bereitzustellen.

Der Anspruch der 'science sociale', an der politischen Neuordnung mitzuwirken, wird auch erkennbar in ihren Vorschlägen zu einer Reorganisation des Erziehungswesens. Wenn etwa Condorcet in seinen Entwürfen für eine 'instruction publique' vom 30. Januar 1792 von der 'science sociale' spricht[19], so stehen beide, Wissenschaft und Erziehung, wie später bei den Ideologen, im Dienste einer politischen Aufklärung des Volkes. Deutlicher wird dies bei P.-L. Lacretelle, einem weiteren Mitglied der 'Société de 1789', der in seinem Werk 'De l'établissement des connoissances humaines, et de l'instruction publique, dans la constitution française'[20] angesichts des politischen Umbruchs der Zeit einen 'plan d'éducation nationale' zur "rénovation sociale" aufstellt, zu dem ihn der Bischof von Autun aufgefordert hatte.[21] Die Gesellschaft, "notre système social", soll sich des wichtigsten Elements für ihre "rénovation", ihrer sichersten Grundlage, der Wissenschaft, bedienen.[22] Dazu ist ein neuer Aufbau des gesamten Erziehungswesens notwendig, und umgekehrt muß dieses den Stellenwert der Wissenschaft in der 'organisation sociale' berücksichtigen: "une véritable éducation ne peut donc être constituée chez un peuple, dont la constitution a le double caractère de tenir aux principes essentiels de la société, et de tendre à toute l'amélioration sociale."[23] Dort, wo Wissenschaften und Künste vernachlässigt werden, kann sich eine Gesellschaft nicht entwickeln. Deshalb muß sie es sich zur Aufgabe machen, sie nicht nur zu pflegen, sondern auch zu organisieren, "de manière que la société préside toujours aux travaux de la science, et que la science

17 A. Condorcet: Oeuvres, publ. par A. Condorcet O'Connor et M.F. Arago; Paris 1847 - 49, ND 1968, Bd. 10, S. 70 f.; vgl. S. 73; vgl. Baker: Condorcet ... (Anm.4), S.197 ff.

18 Dominique Joseph Garat, membre de l'Assemblée constituante, à A.-M. Condorcet; Paris 1791.

19 Ebd., S. 82. Vgl. ebd., S. 54: Alle Kenntnisse und Erfindungen sollen der "art d'étendre la félicité sociale" dienen. Ebd. S. 79: Alle einzelnen Wissenschaften sollen zu einer "science humaine" zusammengefaßt werden.

20 Paris 1791; vgl. Head (Anm. 3), S. 123 f.

21 Lacretelle S. VI, III.

22 Ebd., S. XI.

23 Ebd., S. 5 f., vgl. S. 48.

environne la société de toutes ses lumières."[24] Umgekehrt verfehlen die Wissenschaften ihre Zielrichtung, wenn sie sich nicht in den Dienst der Vervollkommnung der Gesellschaft stellen, wenn sie außerhalb der "vrais principes de la sociabilité" stehenbleiben. Dann werden sie nicht die "vertus de la sociabilité perfectionné" befördern, sondern die Laster einer falschen "politesse": "La science a acquis un vaste développement; et la société, ébranlée dans ses vieux fondemens, ne peut plus se régénérer que par le secours de la science."[25]

Für die gegenseitige Förderung von Wissenschaft und Gesellschaft ist es nötig, die Wissenschaft neu zu klassifizieren, "relativement à son emploi social." An erster Stelle, als "centre de tous les autres", steht die 'science sociale'. Ihr Gegenstand ist der Mensch in der Gesellschaft, seine Bedürfnisse und Interessen; sie untersucht die Rechte und Pflichten des gesellschaftlichen Menschen: "elle est pour l'homme, la science du bonheur, et pour la société, celle de l'amélioration." Moral und Politik als die beiden Zweige dieser Wissenschaft sollen nicht länger getrennt bleiben, sondern zusammenwirken. Die 'science sociale' heißt deshalb auch 'science civique, politique et morale.'[26] Die zweite Gruppe von Wissenschaften ist die 'science des loix de la nature, et des moyens de l'industrie sociale' oder 'science phisique'; in ihr erforscht der Mensch die Natur und macht sie sich nützlich. Als dritte und vierte Gruppe treten 'littérature' und 'beaux arts' hinzu, die zur Verbesserung und Verschönerung der Gesellschaft beitragen.[27] Alle Wissenschaften haben also eine gesellschaftliche Aufgabe, die 'science sociale' aber handelt direkt von den Beziehungen in der Gesellschaft.

Lacretelle hat nicht weiter ausgeführt, welchen Inhalt die 'science sociale' im einzelnen haben soll. Seine Hauptaufgabe sieht er in der Aufstellung eines einheitlichen Erziehungs- und Bildungssystems. Gegenüber traditionellen Wissenschaftsklassifikationen fällt auf, daß bei ihm alle spekulativen Disziplinen wie Theologie und Metaphysik weggefallen sind. Auch haben 'littérature' und 'beaux arts' einen deutlich nachgeordneten Rang: Es geht Lacretelle darum, alle Wissenschaften an den allgemeinen Zweck der Gesellschaft zu binden und die Gesellschaft auf die Wissenschaft zu gründen: "nous voulons fonder la société sur la science." Deshalb wünscht er sich zusammenfassend: "Que la science fait partie de l'organisation sociale; et que l'organisation sociale ne peut s'améliorer que par la science."[28] (Mit dieser Verpflichtung der Wissenschaft auf den Zweck der Neugestaltung der sozialen Verhältnisse weist Lacretelle auf den Positivismus A. Comtes voraus; auch die herausgehobene Rolle der Erziehung, die ebenfalls bei den Ideologen anzutreffen ist, kann als Vorklang von Comtes parallel zu seiner Wissenschaftsklassifikation konzipierten positivistischen Erziehung verstanden werden.)

Welch andere Aspekte die sich seit dem Beginn der Revolution langsam herausbildende Sozialwissenschaft noch haben konnte, zeigen auch die wenigen,

24 Ebd., S. 11.

25 Ebd., S. 13, 15. Damit will Lacretelle nicht behaupten, die Regierung solle die Wissenschaften völlig lenken. Sie soll anregen und ermuntern, aber nicht direkt in die Entwicklung der Wissenschaften eingreifen. Ebd., S. 17 ff.

26 Ebd., S. 52 - 54.

27 Ebd., S. 55 ff.

28 Ebd., S. 64 f., 93, 96.

aber pointierten Äußerungen Condorcets. Im publizierten Teil seines 'Esquisse ...' (1795) spricht Condorcet zwar nur ein einziges Mal und eher beiläufig von der 'science sociale': bei der Besprechung des politischen Zustands Roms unter den Imperatoren wird erwähnt, daß sie damals nicht gedeihen konnte, weil sie freiheitliche Verhältnisse zur Voraussetzung habe.[29] Näheren Aufschluß geben aber die überlieferten zusätzlichen Fragmente zum 'Esquisse'. Hierin ist noch mehrmals von 'art social'[30] (zu verstehen etwa als praktische Anwendung der 'science sociale'), 'sciences métaphysiques et sociales' und 'science sociale' die Rede, wobei unter 'métaphysique' hier wohl die Erforschung der rein empirischen Grundlagen des menschlichen Erkennens und Wollens zu begreifen ist. Denn es ist Condorcets ausdrückliche Intention, diese Wissenschaften, "qui ont pour objet l'homme lui-même, son intelligence, ses sentiments, ses relations entre les autres hommes", auf dieselbe sichere Basis wie die der Naturwissenschaften zu stellen, nämlich auf Tatsachenbeobachtung und Erfahrung, um so die Gesetzmäßigkeiten unter den Tatsachen zu eruieren.[31] Condorcet will diese Wissenschaften, wie wenig später die Ideologen, der Physik und Mathematik annähern, denn nur so könnten sie zum persönlichen Glück der Menschen und zum Wohlstand der Gesellschaft beitragen: "Les sciences sociales ne tiennent-elles pas aux sciences mathématiques, puisqu'il n'en est aucune qui n'offre des vérités susceptibles d'être appliquées aux besoins des hommes, au bien-être des sociétés?"[32] Eine solche Positivierung der 'science sociale' ist nur möglich in einer aufgeklärten Gesellschaft, denn Aberglaube, Vorurteile und 'systèmes' behindern die Erkenntnis der wahren, d.h. der natürlichen Verhältnisse der Menschen untereinander und fördern stattdessen die Unwissenheit und den Glauben an überweltliche Mächte und Wunder.[33] Zwar wird nicht völlig deutlich, welche Disziplinen das von Condorcet ausdrücklich so betitelte 'système entier de la science sociale' umfassen sollte.[34] Aber seine Aufgabe in der letzten, mit der Revolution eröffneten Epoche der Geschichte ist klar bezeichnet. Die 'science sociale' soll dazu beitragen, daß die Menschen ihre wahren Interessen ("vrais intérêts", auch "intérêts réels et durables") und Pflichten erkennen und daß sie lernen, sie mit dem Interesse der ganzen Gesellschaft und dem der gesamten Menschheit in Übereinstimmung zu bringen: "Il faut donc que l'art social tende ... à diminuer le nombre des circonstances où ces intérêts personnels sont opposés à ceux des autres hommes, à faire même qu'ils se confondent au lieu de s'isoler." So soll, nicht zuletzt durch eine auf den Grundsätzen von Freiheit und Gleichheit gegründete Gesetzgebung, eine 'morale publique' geschaffen werden, die die unterschiedlichen Interessen in der Gesellschaft integriert und ihre Mitglieder zu der Einsicht führt, daß sie nicht in Opposition zueinander stehen. Dies gelingt am ehesten, wenn die "institutions sociales maintiennent une en-

29 Condorcet: Esquisse d'un tableau historique des progrès de l'esprit humain, in: Condorcet (Anm. 17), Bd. 6, S. 97.

30 Ebd., Bd. 6, S. 462, 497, 516, 531, 554, 596.

31 Ebd., S. 494; vgl. bereits die Antrittsrede in der Académie française (1782). Oeuvres Bd. 1, S. 392 f.: hier nur 'sciences morales'.

32 Ebd., S. 608.

33 Ebd., S. 496; vgl. S. 463: In den freien griech. Republiken konnte sich die 'science sociale' stärker entfalten als in der Folgezeit, als das Gefühl für Freiheit und Aufklärung wieder verlorenging.

34 Ebd., S. 282.

tière égalité" ohne irgendwelche Vorrechte, eine "égalité de fait", die das "dernier but de l'art social" ist.[35] Eines der Mittel, mit dem der Interessenausgleich erreicht werden kann, ist die Förderung des Patriotismus, denn dadurch werden sich die Menschen bewußt, daß sie unter gemeinsamen, für alle gleichermaßen geltenden Gesetzen und 'institutions sociales' leben, die ihr Glück und Wohlergehen befördern.[36] Durch eine solche Konstitution der Gesellschaft wird auch, so hofft Condorcet, das Leben in der Gesellschaft ruhiger und ohne große heroische Taten verlaufen: den Menschen wird es leicht fallen, gut zu sein. "Plus l'homme avancera vers ce perfectionnement des peuples, moins les grandes vertus lui deviendront nécessaires; aussi le but de la morale, de l'art social, doit être de les rendre inutiles et non de les rendre communes."[37]

Wenn auch Condorcets Terminologie nicht einheitlich ist, so läßt sich doch erkennen, daß er, ähnlich wie Lacretelle, neben die Gruppe der 'sciences mathématiques et physiques' die Gruppe der 'sciences morales et politiques' stellt und diese auch als 'sciences sociales' bezeichnet. Sie werden ergänzt durch eine dritte Gruppe von Wissenschaften mit dem Obertitel "l'application des sciences mathématiques et physiques aux arts" ('arts' = Techniken) und eine vierte, die "la grammaire, les lettres, les arts d'agrément" und "l'érudition" umfaßt.[38] Diese Klassifikation gibt auch die Gliederung für eine akademie-ähnliche 'société nationale des sciences et des arts' und für den Unterrichtsplan der Lycées, wo jedoch die 'science sociale' nur eine Unterdisziplin der 'sciences morales et politiques' bildet, neben "analyse des sensations et idées", Moral, Naturrecht, öffentlichem Recht, politischer Ökonomie, Geschichte und anderen.[39]

Ein hiermit nicht ganz kompatibler Sprachgebrauch liegt in Condorcets vorrevolutionären Schriften vor. Hier sollen die 'sciences morales et politiques' zwar auch den 'sciences physiques' angenähert werden, aber das bezieht sich vor allem auf die Form der politischen Willensbildung, der Wahrheitsfindung im auf die Wahrscheinlichkeitsrechnung gestützten Verfahren der Abstimmung, durch das, nach Condorcets Überzeugung, eine weitestgehende Annäherung an die Vernunft erreicht und jede Beeinflussung durch egoistische Interessen und Fraktionsgegensätze vermieden werden sollte, u.a. durch geheime Wahlen und die Bildung einer Rangordnung unter den Kandidaten (bei Abstimmung über Personen) und durch die Zerlegung eines Problems in mehrere einfache, einander entgegengesetzte Sätze (Abstimmung über Sachfragen mit bloßem Ja oder Nein). Eine solche, auch 'mathématique sociale' genannte Form der Politik[40] sollte das Regieren an einen mathematisch exakt festgestellten Willen binden und jede Entscheidungswillkür ausschalten.[41] Die 'sciences

35 Ebd., S. 516, 518, 520, 237.

36 Ebd., S. 549 ff.

37 Ebd., S. 596.

38 Rapport et projet de décret sur l'organisation générale de l'instruction publique (1792), Oeuvres Bd. 7, S. 455, 468, 503, 506; vgl. S. 429: dort nur 'sciences naturelles' und 'sciences morales'.

39 Vol. 7, S. 540, 545. In einer früheren Einleitung (unveröff. Ms.) hat Condorcet die "science des rapports moraux ou Politiques" sogar der "science de la nature employée" eingeordnet; s. E. Brian: La foi du géomètre, in: Revue de Synthèse, 4me série, Bd. 109 (1988), S. 60 f.

40 Tableau général de la science, qui a pour objet l'application du calcul aux sciences politiques et morales (1793), Oeuvres Bd. 1, S. 540, 543, 551; vgl. Baker: Condorcet ... (Anm. 4), S. 332 ff.

41 Vgl. R. Reichardt: Reform und Revolution bei Condorcet; Bonn 1973, S.241 - 247; Baker (Anm. 4), S. 225 - 244 (Einzelheiten des Wahlverfahrens bes. S. 235 ff.).

morales et politiques' sind damit aber nicht auf bloße politische Verfahrenstechniken reduziert. 1780 faßt Condorcet sie sehr weit: "Nous entendons, par ce nom [sciences morales], toutes celles qui ont pour sujet de leurs recherches ou l'esprit humain en lui-même, ou les rapports des hommes entre eux."[42] In dieser Bemerkung begreift Condorcet mit dem Begriff 'moralisch' die Konstitution des einzelnen Menschen wie auch sein Verhältnis zu anderen. Allmählich werden dann aber diese politisch-sozialen Beziehungen so wichtig, daß er schließlich (1792) den Begriff 'sozial' als den umfassenderen dem der Moral und Politik vorzieht: "Je préfère le mot 'sociale' aux mots 'morale' ou 'politique', parce que le sens de ces derniers mots est moins étendu et moins précis."[43] Damit entsteht aber die Gefahr, daß nun die Analyse des Erkenntnis- und Verstandesvermögens, die doch der Analyse der sozialen Gegebenheiten vorangehen soll, ausgeblendet wird. Deshalb betont Condorcet, daß die 'mathématique sociale' sowohl den einzelnen Menschen und seine intellektuellen Operationen, wie auch die Sachen und deren Austausch, also die 'économie sociale', behandle.[44] Obwohl die Wahl des Begriffs 'social' also der Mathematisierung der 'sciences morales et politiques' Rechnung trägt, gebraucht Condorcet, wie schon im 'Equisse ...' 'sciences morales et politiques' neben 'sciences sociales': Dieser Begriff war der damals wohl noch gebräuchlichere und verständlichere, auch noch bei den Ideologen und im 'Institut national'.

Die Idee einer 'mathématique sociale' ist Condorcets Spezifikum unter den Theoretikern dieser Frühphase der Sozialwissenschaft. Das Ziel aber, das damit erreicht werden sollte, die Schaffung einer einheitlichen politischen Organisation und einer Willensbildung, die möglichst frei von willkürlichen und parteilichen Interessen sein und nur auf dem aufgeklärten Willen der gleichen Staatsbürger beruhen sollte, kann als das gemeinsame Anliegen all dieser Entwürfe bezeichnet werden. Mit den Ideologen verbindet ihn zudem das Bestreben, die Wissenschaften vom Menschen, vor allem die Erforschung seines Erkennens und Wollens, so streng und exakt wie die Wissenschaften von der Natur zu behandeln. Allerdings lehnen diese dafür die Bezeichnung 'métaphysique' ab, da sie für sie zu sehr mit Theologie und spekulativer Philosophie verbunden ist.

Auch bei A.-L.-C. Destutt de Tracy, dem Schulhaupt der Ideologen und Schöpfer des Begriffs 'idéologie', liegt keine einheitliche Terminologie für die neue Sozialwissenschaft vor. Als er 1796 vor der Klasse der 'Sciences morales et politiques' des 'Institut national' seinen Entwurf einer Wissenschaft der Ideologie vortrug, gebrauchte er noch ausschließlich, entsprechend dem Namen dieser Klasse des 'Institut', die Formulierung 'sciences morales et politiques' (abgekürzt auch: 'sciences morales'), die er auf dieselbe "base stable et certaine" wie die Mathematik und die exakten Naturwissenschaften, besonders die Zoologie, stellen wolle.[45] Diese Be-

42 Oeuvres Bd. 2, S. 410.

43 Tableau général de la science ... (Anm. 40), Bd. 1, S. 541; vgl. S. 550: 'sciences sociales'; dagegen S. 542: 'sciences morales et politiques' bzw. 'sciences politiques'.

44 Ebd., S. 543 f.

45 A.-L.-C Destutt de Tracy: Mémoire sur la faculté de penser, in: Mémoires de l'Institut national des sciences et arts. Sciences morales et politiques, Paris an VI, 1798, Bd. 1 pour l'an IV de la république; S. 283 - 450, zit. S. 285 f.

grifflichkeit ist auch in den 'Élémens d'idéologie' beibehalten[46], und nur selten tritt an ihre Stelle der Terminus 'science sociale'.[47] Sie schließt die Reihe der einzelnen Wissenschaften der Ideologie ab: auf die Untersuchung der Entstehung der menschlichen Vorstellungen ('idées') folgt die Wissenschaft, wie diese nach einem Regelsystem mitgeteilt werden ('grammaire'), wie sie miteinander kombiniert werden ('logique') und wie schließlich unser Wille und seine Wirkungen vernünftig gelenkt werden ('traité de la volonté et ses effets'). Während es die drei ersten Wissenschaften mit unseren intellektuellen Fähigkeiten zu tun haben, und so auch zu einer einzigen Sektion zusammengefaßt werden können, beinhaltet die letzte unser Handeln gemäß unseren Wünschen und Bedürfnissen. Der Name für sie wird von Destutt de Tracy zunächst noch nicht festgelegt: 'Moral', 'Ökonomie' und 'science sociale' erscheinen ihm zu eng, letzterer deshalb, weil er nicht die Erziehung und Gesetzgebung umfasse.[48] 'Ökonomie', 'Moral' und 'gouvernement' sind aber die drei Teile dieser zweiten Sektion, in der die Ergebnisse der ersten angewendet werden. Auf sie sollte als dritte Sektion noch die Ausweitung der Prinzipien der Ideologie auf die nichtmenschlichen Körper folgen (Physik, Mathematik); sie wurde aber von Destutt de Tracy nicht mehr ausgeführt.[49] Der zweiten Sektion gibt Destutt de Tracy schließlich den Titel 'sciences morales et politiques'.[50] In ihr werden in extenso behandelt: die auf Arbeit, Arbeitsteilung, Tausch und Handel beruhende Gesellschaft - hier werden die Ergebnisse der Werke von A. Smith und J.B. Say berücksichtigt -, die Produktion, die Werte, die Industrie, das Geld, die erarbeiteten Reichtümer, die Vermehrung der Bevölkerung und erst am Schluß die Regierung. Die Gewichte gegenüber den bisherigen Entwürfen einer 'science sociale' haben sich also deutlich zugunsten der politischen Ökonomie verschoben. Destutt de Tracy behauptet allerdings von ihr, daß er sie nicht in der früher üblichen Form behandle, sondern nur als Anwendung seiner Abhandlung über die intellektuellen Fähigkeiten des Menschen.[51] Gesellschaftliche Kommunikation heißt wesentlich Erarbeitung von Reichtümern und deren Austausch: "Commerce et société sont une seule et même chose".[52] Die Politik ist demgegenüber zweitrangig geworden. Das Ziel der Gesellschaft, der 'organisation sociale', ist es gerade, die Ungleichheit der Macht durch die Teilnahme aller am Arbeitsprozeß zu vermindern. Dadurch wird zwar die Ungleichheit der Reichtümer begünstigt, diese soll aber wieder politisch gemildert werden, jedoch "par des moyens doux et jamais violens"; denn die Basis der Gesellschaft ist die Respektierung des Eigentums "et sa garantie contre toute violence."[53]

Destutt de Tracy ist bei dieser Umschreibung der neuen Wissenschaft von der Gesellschaft nicht geblieben. Später, unter der Restauration, wird wieder die Politik

46 Destutt de Tracy: Élémens d'idéologie, Bd. 4 (= IVe et Ve parties): Traité de la volonté et ses effets; Paris 1815, S. 2; vgl. ebd., S. 283: hier nur 'sciences morales'.

47 Ebd., Bd. 3: Logique; Paris an XIII, 1805, S. 439; Bd. 4, S. 33.

48 Ebd., Bd. 3, S. 439.

49 Ebd., Bd. 3, S. 520 f.

50 Ebd., Bd. 4, S. 2, 4; im frühesten Entwurf von 1801 (Bd. 1, S. 181) noch: "l'enseignement, morale privée, morale publique (ou l'art social), l'éducation, et la législation."

51 Ebd., Bd. 4, S. 283.

52 Ebd., S. 226.

53 Ebd., S. 351 f.

zum Hauptbestandteil der 'science sociale': Die 'politique, ou science sociale' sei zwar noch keineswegs vollendet, die Arbeit daran aber sehr wichtig, weil auf ihr das Glück der Menschen beruhe und sie "le résultat et le produit de toutes les autres [sciences]" sei.[54]

Äußerungen anderer Autoren zeigen, daß der Begriff 'science sociale' im Kreis der Wissenschaftler des 'Institut national' nicht ungebräuchlich war. Abgesehen von einigen beiläufigen Bemerkungen von Ch.-L. Baudin[55] ist es vor allem eine Abhandlung des Abbé Grégoire[56], die auf die Notwendigkeit der Förderung der 'science sociale' hinweist, ohne allerdings viel darüber auszusagen, welchen Gegenstand diese haben solle. Grégoires Anliegen ist es in erster Linie, den Wert der Wissenschaften und gelehrter Gesellschaften wie der des 'Institut' beim Aufbau des 'édifice social' zu betonen. Bei aller Zuversicht auf die zukünftige Entwicklung weiß er doch, daß die "science sociale, l'une des plus nécessaires", erst am Anfang steht, ebenso wie die 'économie politique', für die in Frankreich sogar die unerläßlichen statistischen Daten fehlen. Aber da die Wissenschaften und Künste die Hebel einer freiheitlichen Gesellschaftsverfassung und die Philosophen die 'législateurs des principes' sind, ist die Auffindung dieser Prinzipien der Maßstab für die "progrès dans l'art social". "La loi protège les sciences, les sciences protégeront la liberté; et par ce concours heureux, toutes les inventions utiles, toutes les vérités neuves ... agrandiront les forces de l'homme par l'adjonction de celles de la nature, ... accroîteront la somme du bonheur."[57]

Wahrscheinlich ist der 'Discours sur la science sociale' von Cambacérès, ebenfalls in der Klasse 'Sciences morales et politiques' des 'Institut national' vorgetragen (am 7 ventôse des Jahres 6, dem 25.2.1798), der erste ausgearbeitete und auch publizierte Entwurf zu einer künftigen Sozialwissenschaft.[58] Um ihre Aufgabe zu bestimmen, fragt Cambacérès zunächst, welche Gründe zum Zusammenschluß der Individuen zu einer Gesellschaft, deren Wissenschaft es zu bestimmen gilt, geführt haben. Die Not, sich vor Bedrohungen schützen zu müssen, und das Bedürfnis, die menschlichen Fähigkeiten zu entwickeln und zu verstärken, haben die Einzelmenschen sich verbinden lassen: "Le besoin a formé les premiers liens de la

54 Destutt de Tracy: Commentaire sur l'esprit des lois de Montesquieu; Paris 1819, ND Genf 1970, S. VII f.; dort S. 473 Anm.: 'sciences morales et politiques'.

55 Ch.-L. Baudin: Des clubs et de leurs rapports avec l'organisation sociale, in: Mémoires de l'Institut national des sciences et arts. Sciences morales et politiques; Paris an VI, 1798, Bd. 1, S. 509, 542; ders.: De l'origine de la loi, in: Mémoires ...; Paris an VII, 1799, Bd. 2, S. 377.

56 H.B. Grégoire: Réflexions extraites d'un ouvrage du citoyen Grégoire sur les moyens de perfectionner les sciences politiques, in: Mémoires ... (Anm. 55); Paris an VI, 1798, Bd. 1, S. 552 - 566.

57 Ebd., S. 554, 556, 560, 566.

58 In: Mémoires de l'Institut national des sciences et arts. Sciences morales et politiques; Paris an IX, 1801, Bd. 3, S. 1 - 14. - Jean-Jaques-Régis de Cambacérès (1753 - 1824) war 1792 Deputierter im Konvent, 1793 dessen Präsident, schlug schon 1793 die Zusammenfassung aller Gesetze in einem einzigen Gesetzbuch vor, was er unter Napoleon verwirklichen konnte. Während des Direktoriums war er nur kurz Justizminister und arbeitete sonst privat als Anwalt. Mit dem 18. brumaire wurde er zweiter Konsul, diente auch später Napoleon, war sein Vertreter, wenn dieser von Paris abwesend war, blieb ihm auch während der 100 Tage treu und konnte danach erst 1818 aus dem Brüsseler Exil heimkehren.

société." Um den Zusammenhalt der Gesellschaft zu gewährleisten, war die Einsetzung einer politischen Autorität notwendig, die über die Achtung der für alle gültigen Gesetze wachte und ihre Stütze in der Moral fand. Nur so konnten die Menschen in Künsten (Techniken) und Wissenschaften ihre Fähigkeiten entfalten und die Natur dazu benutzen, eine zweite Natur ('nature nouvelle') zu schaffen. "Les arts, les lois, la morale, voilà donc les principaux moyens de civilisation, et les véritables élémens de la science sociale." Das Wissen der 'science sociale' ist demnach auch bei Cambacérès unmittelbar dazu bestimmt, den Aufbau einer Gesellschaft zu fördern und ihren Zusammenhalt zu gewährleisten.[59]

Welche Formen der Naturbearbeitung und der Vergesellschaftung treten nun im Laufe der Menschheitsgeschichte auf? Die ersten sind der Ackerbau und die Nutzung des Bodens, die gemeinsame Bearbeitung der Schätze der Natur zur Schaffung der Subsistenzmittel der Menschen. "La terre nourrit l'homme, mais elle ne livre les richesses qu'au travail, et le travail rapproche les individus en les soumettant à des effets communs pour une fin commune. ... Tels ont dû être les premiers liens de la société, tels sont encore aujourd'hui ses plus intimes rapports et ses plus fermes soutiens." Der nächste Schritt in der Bildung eines gesellschaftlichen Ganzen ist die Bildung von Eigentum unter der Garantie des Gesetzes und einer Regierung. Das Eigentum ist einerseits erst unter einer staatlichen Autorität möglich, andererseits ist es ein Mittel zur Aufrechterhaltung der Gesellschaft, weil die Menschen jetzt sicher sind, die rohe Natur zu ihrem Nutzen bearbeiten, Produkte erwirtschaften und genießen zu können. Es ist "une véritable création sociale". Die beste Regierung ist diejenige, die das Eigentum am sichersten schützt. Auf den Ackerbau folgen die 'industrie', das Gewerbe und der Handel, der Austausch hergestellter Waren, der die ganze Welt umfaßt und bereichert. Die Menschen arbeiten nun nicht mehr nur für sich, sondern zu ihrem Vorteil auch für andere und ermöglichen so Verbindungen untereinander, "une communication intime entre les parties les plus extrêmes." Auch dies ist wieder nur in den vom Gesetz geregelten Bahnen möglich: "C'est l'ordre qui constitue l'état social, et c'est la loi qui établit et qui maintient l'ordre." Wird der Zustand einer Gesellschaft nach innen durch das bürgerliche Recht und Verfassungsrecht bestimmt, so entsteht nach außen entweder ein Verhältnis der untereinander Handel treibenden Bürger, das ebenfalls durch Gesetze geregelt ist, oder es bilden sich die politischen Beziehungen der Staaten untereinander. Die 'relations politiques' sind aber keineswegs stärker als die 'relations commerciales': "L'intérêt unit les états comme les individus", wenn es auch ein vorübergehendes, wenig dauerhaftes Interesse ist. Aber in freien Gesellschaften hat das individuelle Geschäftsinteresse um so größere Wirkung auf die Regierung, je mehr diese den Willen einer möglichst großen Anzahl der Individuen ausdrückt. Schließlich betont Cambacérès noch einmal den Wert der Moral als "complément de la loi": "La loi ne commande qu'à l'extérieur: la morale est une loi intérieure: elle règne sur la pensée ... Elle est le vrai principe de l'union entre les hommes."[60]

Der Aufgabenbereich der 'science sociale' ist damit umschrieben: sie umfaßt die politische Ökonomie, die Gesetzgebung und die Moral, unter deutlicher Hervorhe-

59 Cambacérès (Anm. 58), S. 2 f.
60 Ebd., S. 3 - 9.

bung der ersten. Während andere Wissenschaften nur einen indirekten Einfluß auf die Zivilisierung der Menschheit haben, haben die "économie politique, la législation et la morale" die "civilisation" zum "objet direct" und "tendent donc au même but, celui de perfectionner les relations sociales." "L'économie politique cherche les moyens de prospérité; la législation en donne la jouissance; la morale la garantit." Cambacérès nennt die 'science sociale' auch eine 'science de l'homme', weil sie die physischen Fähigkeiten des Menschen, seine Rechte und Leidenschaften ('passions') erforscht und bestimmt. Die 'science sociale' steht zwar erst am Anfang, ja sie muß erst eigentlich noch geschaffen werden, da ihre Prinzipien noch unsicher sind, aber alle Gelehrten sind aufgerufen, sie zu vervollkommnen. Und sie kann nur gedeihen in einer Gesellschaft, in der Intoleranz, Unwissenheit und Fanatismus ausgerottet sind. Damit stellt Cambacérès die neue Wissenschaft in den Umbruch seiner Zeit: Die Nationen, befreit vom Joch der Szepter und Kronen, erwachen zu einer 'société renaissante'. "Législateurs, philosophes, jurisconsultes, voici le moment de la science sociale, et nous pouvons ajouter, de la véritable philosophie." Die sichere Basis für die "reconstruction de la société" und ihrer Wissenschaft sind "l'expérience et le sentiment", gemäß der Lehre der Ideologen, daß alle unsere Vorstellungen und Begriffe auf sinnliche Wahrnehmungen und Empfindungen zurückgehen.[61]

In Cambacérès' Entwicklungsgeschichte des Menschengeschlechts von den ersten Vergesellschaftungen bis zur Ausbildung einer freien Gesellschaft sind Arbeit, Bearbeitung der Natur, Gewerbe und Handel das gemeinsame Interesse aller Mitglieder der Gesellschaft und das tragfähige Fundament der Sozialwissenschaft. Sie entfalten sich unter dem Schutz der Gesetze und der Moral. Dadurch wird sich ein "esprit unique des esprits divers de tout un peuple" bilden, die Leidenschaften werden gezähmt und das öffentliche Wohl, "la félicité publique", das auch hier das Ziel der Sozialwissenschaft ist, wird gefördert.[62]

Fünf Jahre vor Cambacérès, zu Anfang des Jahres 1793, trug P.-L. Roederer seinen 'Cours d'organisation sociale' in einem Pariser Lycée vor.[63] Er ist also vor der eigentlichen Institutionalisierung der Lehre der Ideologen (1795) gehalten. In ihm sollen die Prinzipien aufgestellt werden, nach denen eine Gesellschaft organisiert sein muß, in der die Menschen Glück und Wohlergehen erlangen können. Die

61 Ebd., S. 10 - 14.
62 Ebd., S. 1.
63 P.-L. Roederer: Cours d'organisation sociale, in: Oeuvres, publ. par A.M. Roederer; Paris 1859, Bd. 8, S. 129 - 305. - Roederer (geb. am 15.2.1754 in Metz, gest. am 17. 12. 1835 in Bois-Roussel), war vor der Revolution Mitglied des Parlaments und der Akademie von Metz, 1789 wurde er Deputierter von Metz in der Nationalversammlung, engagierte sich für die Justizreform, die Menschenrechte u.a., war Mitglied des Jakobinerklubs, geriet mit ihm jedoch in Konflikt und zog sich aus der Politik zurück, um erst nach dem Sturz Robespierres wieder aufzutreten. 1795 wurde er Professor für politische Ökonomie der 'Écoles centrales', dann Mitglied des 'Institut national' (1796) und Herausgeber des 'Journal d'économie publique, de morale et de politique'. Er unterstützte wie Sieyès und Cambacérès den 18. brumaire, wurde Staatsrat, Senator, Finanzminister bei Murat in Neapel, dann Minister im Großherzogtum Berg und 'Pair de France' während der 100 Tage. Unter der Restauration lebte er zurückgezogen in Bois-Roussel (Orne). - Zu Roederers politischer Ökonomie vgl. G. Faccarello: L'évolution de l'économie politique pendant la Révolution, in: Französische Revolution und Politische Ökonomie. Vorträge von M. Berg (u.a.); Trier 1989, S. 105 ff.

Organisation einer Gesellschaft besteht nicht allein in der Organisation ihrer Regierung ("la science sociale ne consiste pas uniquement dans celle du droit public"), sondern in erster Linie in der "parfaite fusion de tous les intérêts en un seul", d.h. in einer Ordnung, in der die Menschen durch Arbeit die Produkte der Erde und ihr Eigentum genießen können. Wie bei Cambacérès werden drei Wissenschaften, die bislang nebeneinander bestanden haben, "la morale, la politique et la science économique", zur einen Sozialwissenschaft zusammengeschlossen, damit sie sich in gegenseitiger Abhängigkeit den Menschen als nützlich erweisen können.[64]

In dieser Wissenschaft gibt es zunächst zwei große Teile, die Untersuchung der 'éléments physiques' in einer Gesellschaft, d.h. der physischen Personen und der Sachen, und die der 'éléments moraux', d.h. der Individuen in ihrer Qualität als moralische Wesen und der unter ihnen sich bildenden Institutionen. Im ersten Teil wird festgestellt, wer nach Geschlecht, Alter und Bildungsgrad zur Gesellschaft gehört, im zweiten, wie die 'machine sociale' in Aktion tritt, welches die Motive der Menschen zum Handeln, ihre Bedürfnisse und Interessen sind, und wie die antisozialen Leidenschaften, der Eigennutz, in 'affections sociales' umgewandelt werden können, damit die Gesellschaft wohl organisiert ist. Die Ziele eines jeden gesellschaftlichen Zusammenschlusses sind Sicherheit, Freiheit und Genuß des Eigentums. Gegründet wird die Gesellschaft durch einen 'pacte social', wie ihn etwa Rousseau beschrieben hat. Danach entstehen Regierungen, deren Formen Roederer im einzelnen abhandelt, und schließlich wird das Widerstandsrecht eingeführt, das als Garantie der Beherrschten gegenüber der Obrigkeit bezeichnet wird und dem durch ein geregeltes Verfahren, durch "des moyens de se diriger elle-même" alles Destruktive genommen werden soll.[65]

Zur Besprechung der physischen Elemente der Gesellschaft gehört auch die Abhandlung darüber, wie die Gesellschaft existiert, sich erhält und reproduziert: die zunächst isoliert lebenden Menschen schließen sich zu Gemeinschaften zusammen, um durch Arbeit ihre Subsistenzmittel zu erwerben. Eigentum und Kapital bleiben in der Hand der einzelnen und so kommt es zunächst zur Ausbildung von drei Klassen, der Eigentümer, Kapitalisten und Landwirte ("le propriétaire, le capitaliste, le cultivateur"), später, durch das Hinzutreten des Gewerbes und Handels zum Ackerbau, zur Bildung von zwei Klassen, Arbeitern und Kapitalisten ("capitalistes"), die man jeweils in drei Unterklassen einteilen kann: 1. Arbeiter, die den Boden bearbeiten, solche, die in Manufakturen arbeiten, und Handeltreibende und 2. Kapitalisten (Eigentümer) am Boden, an Manufakturen und am Handel. (Offensichtlich sind aber in dieser idealtypischen Vereinfachung Überschneidungen möglich: Eigentümer, die zugleich arbeiten etc.). Roederer versucht nun zu zeigen, daß diese Kombination ("combinaison") der Menschen nicht nur am geeignetsten für die Reproduktion der Gesellschaft und die Erarbeitung der Subsistenzmittel ist, sondern auch den Rechten des Menschen in der Gesellschaft am besten entspricht. Er wendet sich dabei gegen zwei entgegengesetzte, in seiner Zeit ausgeprägte Tendenzen, das System der Physiokraten und das der 'niveleurs' (Rousseau, Mably). Die Physiokraten haben nur die wirtschaftliche Seite der Gesellschaft gesehen und mußten zum Ausgleich dafür

64 Roederer (Anm. 63), Bd. 8, S. 130 f.
65 Ebd., S. 135, 137, 139, 180.

einen starken Souverän in Gestalt des absoluten Königs oder legalen Despoten schaffen. Die 'niveleurs' meinten, daß der Erwerb von Reichtümern das soziale Band auflöse und die Menschen in Arme und Reiche aufteile; sie strichen deshalb das Recht auf Eigentum aus dem Katalog der Menschenrechte und gründeten die Gesellschaft allein auf die Gleichheit, eine Gleichheit in Armut. Roederer sieht aber in der Freiheit und in der Möglichkeit des Erwerbs von Eigentum die wesentlichen natürlichen Rechte des Menschen und die Grundlegung des 'pacte social': "Liberté, propriété, voilà l'abrégé des droits." Die Gleichheit ist in beiden eingeschlossen. Das erste Bedürfnis des Menschen ist, für seine Subsistenzmittel zu sorgen ("le besoin de subsistances"), die Früchte der Erde und seiner Arbeit zu genießen. Folglich muß er frei sein, seine Fähigkeiten dazu benutzen, und sicher, das erworbene Eigentum zu verwenden: "La propriété suppose la liberté, et la liberté suppose la propriété." Eigentum bedeutet auch Eigentum an Grund und Boden, denn ich muß sicher sein, nicht nur heute, sondern auch in Zukunft für meine Nahrung arbeiten zu können: "Ce que je cherche dans la propriété comme dans la liberté, c'est ma sûreté. Ce que je cherche dans la sûreté, c'est la sécurité qui en a le sentiment."[66]

Diese Ausführungen über das Menschenrecht auf Freiheit und Sicherheit gehören bereits der Abhandlung über die moralischen Elemente der Gesellschaft an. Bevor Roederer darin auf das bürgerliche Recht ('loi civile') und die Moral als Grundlage des Rechts und als Schutz vor einem Mißbrauch der politischen Autorität zu sprechen kommt, bleibt ihm noch zu entwickeln, wie die Moral in jedem einzelnen Menschen fundiert ist. Er geht dazu auf die Antriebe des menschlichen Handelns, auf den Willen und die ihn in Bewegung setzenden Empfindungen ('sensations') zurück. Wie andere vor ihm spricht er sich dafür aus, die 'sciences morales' den 'sciences physiques' möglichst anzugleichen, und zwar durch anatomische und physiologische Forschungen, ohne diese große Aufgabe aber selbst durchführen zu können. In einer weit ausgreifenden Untersuchung versucht er sodann, die menschlichen Handlungsmotive aus der 'sensibilité' (Empfindungsfähigkeit) abzuleiten und diese in der Sinneswahrnehmung zu verankern, weshalb er noch eine 'théorie de l'entendement humain' anschließt. All dies entspricht der gut ideologischen Lehre. Roederer will auf diese Weise zeigen, daß das Verhalten des Menschen zu anderen weder im Eigeninteresse, wie Helvétius wollte, noch in der Sympathie allein, wie A. Smith ('The Theory of Moral Sentiments') glaubte, gründet. Beide, Interesse und Sympathie, sind vielmehr verschiedene Erscheinungsformen der "bienveillance naturelle et de sociabilité". Interesse setzt Sympathie voraus, und in der Sympathie ist persönliches Interesse eingeschlossen. Beide haben ihre Wurzel in der 'sensibilité' als einem ursprünglichen Vermögen der Anteilnahme am anderen, das Grundlage der 'sociabilité' ist. Wenn so die 'passions morales' entstehen und diese, wie vorausgesetzt, phys(iolog)ischen Ursprungs sind, so werden sie "dirigeables", lenkbar, durch "institutions sociales".[67]

Damit ist der Übergang zur bereits erwähnten Behandlung der rechtlichen und politischen Institutionen geschaffen. Es bleibt jetzt noch, dem sozialen Ganzen Stabilität zu verleihen, die Garantie für die Gesellschaft zu bestimmen, d.h. die Grundsätze der Gesetzgebung und Regierung zu entwickeln. Jede freiheitliche

66 Ebd., S. 139 f., 143, 146, 234 - 236.
67 Ebd., S. 180, 182, 186 ff., 190f., 204 ff.

Gesetzgebung muß ausgehen von der Freiheit der Kommunikation der Menschen untereinander, der Freiheit zu sprechen und zu schreiben, der Freiheit der Presse bis zur Freiheit der Eheschließung, der Arbeit und des Ausruhens nach der Arbeit. Sie alle werden garantiert durch Gewaltenteilung als dem "principe fondamental, une condition essentielle de la garantie des pouvoirs". Die Regierung muß an die 'lois civiles' gebunden sein, denn diese sind die Grundlage des 'bonheur public' und regeln das Zusammenleben der Menschen. Sie sorgen auch dafür, daß die Arbeit als der Inbegriff der sozialen Tugenden sich entwickelt und ausbreitet: "le grand, le véritable moyen de mettre ou de rappeler les citoyens dans la règle, de les préparer à l'obéissance des lois, à la régularité des mouvements et des volontés, c'est de l'appliquer sans delai au travail, c'est de le faire passer des camps, des assemblées populaires, dans les ateliers de l'agriculture, des arts et du négoce." Hiermit sind, ohne daß Roederer dies näher ausführt, offenbar Arbeitskorporationen wie Manufakturen, Handwerks- und Kaufmannsbetriebe bzw. -gesellschaften gemeint. Man erkennt also deutlich, wie der Autor, der zuvor die Freiheiten als die Bedingung für die Zustimmung zum 'pacte social' und zu einer politischen Autorität hervorgehoben hatte, nun bemüht ist, entgegenzusteuern und nach Mitteln für den Zusammenhalt der Gesellschaft zu suchen. "Le travail, régénérateur de la société, y est aussi le grand manutenteur de l'ordre." Roederer prüft zuletzt die Voraussetzungen einer jeden Regierung, die als Garant der gesellschaftlichen Beziehungen dienen kann, ferner ihre wesentlichen Elemente wie den Souverän und die möglichen Regierungsformen. Er bricht dann aber die Serie seiner Vorträge ab mit der Erklärung, zu diesem Zeitpunkt sei dem französischen Volk eine neue Verfassung zur Entscheidung vorgelegt, der er nicht mit der Option für eine bestimmte Regierungsform vorgreifen wolle.[68] Damit ist die Verfassung von 1793 gemeint, die vom Volk im Juli und August gebilligt wurde. Die Dynamik der historischen Entwicklung hatte ein Moratorium der Theorie erzwungen.

Obwohl Roederer nur selten von 'science sociale'[69] spricht - er bevorzugt stattdessen 'organisation sociale'[70] und 'système social' - und seine Vorlesungen nicht abgeschlossen hat, sind sie doch die ausführlichste Abhandlung zur Sozialwissenschaft unter den Ideologen. Gibt es, so wäre nun zu fragen, über den wortgeschichtlichen Befund hinaus Gemeinsamkeiten bei den einzelnen Autoren, die es erlauben, bei allen Unterschieden zu Recht von einer ausgeprägten Phase in der Geschichte der Sozialwissenschaft zu sprechen? Man kann sie vielleicht wie folgt umschreiben: Obwohl die meisten Autoren wissen und ausdrücklich hervorheben, daß die 'science sociale' erst am Anfang steht und noch einer eigentlichen Grundlegung bedarf, kommen sie darin überein, daß diese Wissenschaft notwendig ist und eine große Zukunft vor sich hat, da sie das Glück und Wohlergehen der Menschen,

68 Ebd., S.241 ff., 252, 265 f., 305.

69 Ebd., S. 130.

70 Daß der Begriff 'organisation sociale' in dieser Zeit nicht ungewöhnlich ist, zeigt J.-N.-M. Guérineau de Saint-Peravi: Plan de l'organisation sociale, Bd. 1; Paris 1790, der, offensichtlich unter physiokratischem Einfluß, den Plan eines natürlichen 'ordre social', eines freien Wirtschafts- und gerechten Steuersystems entwirft, um auf diese Weise das Nationaleinkommen zu sichern und zu steigern (bes. S. 20 ff., 27, 73, 78, 115).

ihr konfliktloses Zusammenleben ermöglicht und befördert. Sie sind überzeugt, daß sich die 'science sociale' auf eine ebenso sichere Basis stellen läßt wie die Naturwissenschaften; sie erblicken in diesen ihr Vorbild und plädieren für eine weitgehende Angleichung an die 'sciences physiques' bzw., wie Condorcet, an die Mathematik. Hierin dokumentiert sich die Orientierung an dem von Newton vorgegebenen Wissenschaftsideal, das die Ideologen durch die Reduzierung der intellektuellen Operationen auf physiologische Vorgänge zu erreichen suchten. Sie sind vom Wert der Sozialwissenschaft für die Organisation einer aufgeklärten Gesellschaft überzeugt, wie auch umgekehrt davon, daß sie nur in einer von metaphysischen Irrtümern befreiten Gesellschaft gedeihen kann. Sie alle begrüßen deshalb die Revolution als den Beginn einer neuen Ära, arbeiten an ihr mit und hoffen, daß mit ihr der Grund für die neue Gesellschaft gelegt ist. So sehr sie aber die Erklärung der Menschenrechte auf Freiheit und Gleichheit begrüßen, so müssen sie zugleich nach einer Form der Gesellschaft suchen und sie wissenschaftlich begründen, die deren Zusammenhalt gewährleistet. Es wäre aber wohl falsch, dies nur so zu verstehen, als hätten sich die Ideologen die Ergebnisse der Revolution nur notgedrungen angeeignet, um unter dem Schutz des Direktoriums wieder auf eine homogene Gesellschaftsverfassung hinzuarbeiten. Dies blieb eher Bonald vorbehalten, der 1796, vom Direktorium scharf mißbilligt, seine 'Théorie du pouvoir politique et religieux dans la société civile' veröffentlicht, in der er eine 'science de la société' konzipiert, die die Revolution rückgängig machen und die Gesellschaft letztlich metaphysisch verankern will.[71] Den Ideologen aber geht es darum, von Sieyès' 'corps politique' bis zu Roederers 'organisation sociale', politische Institutionen zu schaffen, die den Willen aller als den gemeinsamen Willen der Gesellschaft repräsentieren können. Das Eigeninteresse der arbeitenden und wirtschaftenden Bürger (ausgeprägt bei Destutt de Tracy, Cambacérès und Roederer behandelt[72]) muß mit dem Interesse der Gesellschaft vermittelt werden, und hier erfüllen Gesetzgebung und Moral ihre Funktion. 'Moral public', Bürgertugend, und, wie bei Condorcet und vielen anderen, Patriotismus, sind so einerseits Reaktion auf die Freisetzung der Bürger in ihren Rechten und Interessen, ebenso aber deren notwendiges Komplement, damit sich diese erst entfalten können.

Wie die 'science sociale' nicht sofort beim ersten Auftreten des Begriffs fertig ausgebildet ist, so ist sie natürlich auch nicht über Nacht entstanden. Es liegt auf der Hand, daß ihre ökonomischen Lehren nicht ohne die der Physiokraten und mehr noch derjenigen von Adam Smith, der bei vielen Ideologen großes Ansehen genoß[73] und dessen 'Theory of Moral Sentiments' von Roederer gründlich studiert wurde,[74] zu

71 L.-G.-A. de Bonald: Oeuvres complètes, éd. par J.-P. Migne; Paris 1859, bes. Bd. 1, S. 123 f.; vgl. Bd. 1, S. 1092f.

72 Condorcet hat zwar auch ausgedehnte Studien zur politischen Ökonomie getrieben, diese aber nicht ausdrücklich in die 'science sociale' einbezogen; vgl. J.-C. Perrot: Condorcet: De l'économie politique aux sciences de la société, in: Revue de Synthèse 4me série, 109 (1988), S. 13 - 37; M. Dorigny: Les courants du libéralisme français à la fin de l'Ancien Régime et aux débuts de la Révolution: Quesnay ou Smith?, in: Ökonomie ... (Anm. 63), S. 26 - 36 (auch zu unveröffentl. ökonomischen Mss. von Sieyès).

73 Vgl. Moravia (Anm. 3), S. 762 f.

74 Smith ist deshalb auch zu den Gründern der Sozialwissenschaft gezählt worden; vgl. T.D. Campbell: Adam Smith's Science of Morals; London 1971; H. Medick: Naturzustand und

denken sind. Auch das Wort 'social' und Wortverbindungen damit sind im 18. Jahrhundert nicht ungewöhnlich. Die Physiokraten sprachen von 'ordre social' und 'art social'. Holbach veröffentlichte 1773 sein 'Système social', in dem er die Verbindung der Bürger zu einer ihren eigenen Interessen dienenden Gesellschaft forderte, die nicht mehr, wie bisher, von der Politik gelenkt, sondern von den 'vertus sociales' ihrer Mitglieder zusammengehalten werden sollte. Die Politik ist für Holbach nur mehr "la morale des Nations", d.h. sie anerkennt die Rechte und Bedürfnisse der einzelnen Bürger und gibt ihnen nicht mehr normativ Ziele vor.[75] Bei allen Unterschieden zwischen Holbach und den Ideologen zeigt sich hier doch eine bezeichnende Übereinstimmung: Moral und Tugenden sollen ein Gegengewicht zu den selbstsüchtigen Interessen der Menschen bilden, ohne diese aufzuheben. Sie sollen den Bestand einer Gesellschaft gewährleisten, die doch aus Individuen mit divergenten und u.U. entgegengesetzten Zielen und Zwecken besteht. Hier zeigt sich auch eine Parallele zu Adam Ferguson, der ebenfalls (neben A. Smith) zu den frühen Theoretikern der Sozialwissenschaft gezählt werden kann[76]: Ferguson hat durchaus die aus den ökonomischen und sozialen Gegebenheiten seiner Zeit erwachsenden Interessengegensätze gesehen und in seine Analyse der bürgerlichen Gesellschaft einbezogen. Aber diesen Fliehkräften der Gesellschaft muß er einen 'civic humanism' als Ausgleich entgegenstellen, der auf den Kompromiß der Parteidifferenzen und Erhalt des Gemeinwesens bedacht sein muß.[77] Die einander widerstreitenden Interessen und Meinungen sind dabei nicht prinzipiell hinderlich, da sie ja gerade Ausdruck der Freiheit sind. "Die Liebe zum Gemeinwohl und der Respekt vor den Gesetzen, das sind die Punkte, in denen die Menschen einig sein müssen. Wenn aber in strittigen Fragen die Ansicht eines einzelnen oder irgendeiner Partei unabänderlich befolgt wird, dann ist die Sache der Freiheit bereits verraten."[78] Schließlich hat auch Condorcets 'mathématique sociale' nicht wenige Vorläufer: Seit Hobbes sich bemühte, das Räderwerk des Staates in seine einzelnen Bestandteile zu zerlegen und die Moralphilosophie more geometrico zu betreiben[79], war es das Bestreben vieler, die Politik auf eine ebenso sichere Grundlage wie die Physik und Mathematik zu stellen. Am stärksten ist dies wohl in der 'political arithmetick' des William Petty, der dazu 1690 schon statistische Daten benutzte, ausgeprägt.[80] Aber auch D. Hume zeigt sich davon überzeugt, "daß die Macht der Gesetze und bestimmter Regierungsformen so

Naturgeschichte der bürgerlichen Gesellschaft; Göttingen 1973, S. 171 ff.; A.S. Skinner: A System of Social Science; Oxford 1979.

75 P.-H.Th. d'Holbach: Système social; London 1773, Bd. 2, S. 20.

76 Er verwendet im Titel seines Spätwerks 'Principles of Moral and Political Science' (1792) eben jenen Begriff, der unter den Ideologen gebräuchlich war: 'sciences morales et politiques'. Interessant ist, daß Condorcets Erwähnung der 'science sociale' im 'Esquisse ...' in der engl. Übersetzung mit 'moral science' wiedergegeben wurde; vgl. Baker (Anm. 3), S. 220.

77 Vgl. Z.Batscha, H.Medick: Einleitung zu: A. Ferguson: Versuch über die Geschichte der bürgerlichen Gesellschaft; Frankfurt a.M. 1986, bes. S. 65 ff.

78 Ferguson: Versuch ... (Anm. 77) Teil 6, Kap. 5, S. 455.

79 Th. Hobbes: De Cive. Widmung und Vorwort an den Leser.

80 Vgl. Grundriß der Geschichte der Philosophie. Die Philosophie des 17. Jahrhunderts, Bd. 3: England, Hg. J.P. Schobinger; Basel 1988, S. 408 ff. (P.B. Wood) und 582 ff. (J.A.W. Gunn) mit weiteren Literaturhinweisen. Den Hinweis auf Petty verdanke ich Günter Gawlick.

groß und von den Launen und Gemütern der Menschen so wenig abhängig ist, daß sich daraus manchmal Folgerungen ziehen lassen, die ebenso verallgemeinerbar und sicher sind wie alle, die uns die mathematischen Wissenschaften liefern."[81]

Wie auf diese Weise vieles in die neue Sozialwissenschaft eingeflossen ist, was in der Vergangenheit vorgeprägt war, so unterscheidet sie anderes von der klassischen (aristotelischen) politischen Philosophie: 1. Gesellschaftliche Ordnung ist nicht mehr geschichtlich vorgegeben und kann sich nicht mehr an traditionellen Mustern orientieren; sie ist vielmehr zum Problem geworden und muß deshalb neu gedacht werden. Ihre Verwirklichung ist eine Aufgabe für die Zukunft. 2. Sie muß vor allem zwischen den partikularen Interessen der einzelnen und dem allgemeinen Interesse der Gesamtheit, zwischen Eigennutz und Gemeinwohl, vermitteln. Dies kann, wie bereits in Mandevilles 'Bienenfabel' (1714), so erfolgen, daß sich die 'private vices' quasi hinter ihrem Rücken als 'public benefit' erweisen; es kann aber auch, wie bei Montesquieu und später bei Kant[82], andeutungsweise aber auch bei Cambacérès, durch die Förderung des privaten Handels als des besten Mittels zum Frieden und Gegenmittel gegen die kriegerischen Ambitionen der Fürsten[83] geschehen, oder, wie bei den Ideologen, durch öffentliche Moral und Tugend der Bürger. 3. Die neue Wissenschaft von der Gesellschaft differiert vor allem dadurch von der traditionellen politischen Theorie, daß sie der Gesellschaft nicht mehr normativ sittliche Ziele setzt, trotz allen Insistierens auf der Notwendigkeit einer Moral. Zweck des Gemeinwesens ist nicht mehr das (aristotelisch-christlich gedachte) gute Leben, sondern die Bedürfnisbefriedigung durch Arbeit und die Selbsterhaltung der Gesellschaft zum Zweck der inneren und äußeren Sicherheit und des Friedens.[84] 4. Deshalb bildet die politische Ökonomie einen wichtigen Bestandteil der 'science social'. Das bedeutet aber, daß Staat und Politik nicht mehr die Aufgabe der wirtschaftlichen Existenzsicherung der Individuen haben, daß sie nicht mehr für die Bereitstellung der Subsistenzmittel seiner Mitglieder zu sorgen haben, sondern nur noch für den dazu notwendigen rechtlichen Schutz. Damit sind aber Staat und Gesellschaft im Prinzip unterschieden, auch wenn sie natürlich aufeinander bezogen bleiben. In der 'science sociale' erscheinen so politische Ökonomie und Gesetzgebung als selbständige Disziplinen, die sich aber gegenseitig bedingen.

81 D. Hume: Politische und ökonomische Essays, Hg. U. Bermbach; Hamburg 1988, Bd. 1, S. 8 f. ("Daß Politik sich auf eine Wissenschaft reduzieren lasse").
82 Kant: Zum ewigen Frieden, Akad.-Ausg. Bd. 8, S. 368.
83 Vgl. A.O. Hirschmann: Leidenschaften und Interessen; Frankfurt a.M. 1980, bes. S. 81 ff.
84 Dies gilt auch für Bonald (vgl. Spaemann, Anm. 1), der insofern die Intentionen der Theoretiker der 'science sociale' teilt.

WIDER DIE REVOLUTION ALS PRINZIP UND EREIGNIS
ZU JOSEPH DE MAISTRES 'CONSIDÉRATIONS SUR LA FRANCE'

Gisela Schlüter

I.

1796/97 formiert sich die aristokratische Reaktion im Exil zur ideologischen Gegenoffensive, Louis de Bonald mit seiner 'Théorie du pouvoir politique et religieux, dans la société civile, démontrée par le raisonnement et par l'histoire', Joseph de Maistre mit den 'Considérations sur la France', François René de Chateaubriand mit dem 'Essai historique politique et moral sur les Révolutions anciennes et modernes considérées dans leurs rapports avec la Révolution française, dédié à tous les partis'.

Die historische Wirklichkeit ist neu zu ordnen - sei es via historischer Relativierung der Revolution oder ihrer geschichtsphilosophischen Be- bzw. Überwältigung, sei es via ihrer heilsgeschichtlichen Funktionalisierung.[1]

Aus solchen Entwürfen und aus den Ansätzen eines traditionalistischen Fundamentalismus ergibt sich die Frage nach der Möglichkeit einer Gegenrevolution. Deren Notwendigkeit hatte François Dominique de Montlosier bereits 1791 explizit hervorgehoben mit seiner Schrift 'De la nécessité d'une contre-révolution en France. Pour rétablir les Finances, la Religion, les Moeurs, la Monarchie et la Liberté.'

"Comment se fera la contre-révolution, si elle arrive?", so fragt Maistre (1753-1821) in den im April 1797 anonym in Neuchâtel erschienenen 'Considérations sur la France',[2] seiner Replik auf Benjamin Constants 1796 publizierte Schrift 'De la force du gouvernement actuel et de la nécessité de s'y rallier'.[3] Diesem zentralen Text der französischen Gegenrevolution, der näher beleuchtet werden soll, war eine den Zeitläuften entsprechend wechselvolle Geschichte beschieden. Hatte Maistre - seinem maßgeblichen Biographen Robert Triomphe zufolge, der ihn als üblen Karrieristen darstellt -[4] mit seinen 'Considérations sur la France' versucht, sich angesichts

1 Z.B. Bonald 1800: "Nous touchons à une grande époque du monde social. La révolution religieuse et politique à la fois, comme l'ont été toutes les révolutions, est une suite des lois générales de la conservation des sociétés, et comme une crise terrible et salutaire par laquelle la nature rejette du corps social les principes vicieux que la foiblesse de l'autorité y avoit laissé introduire, et lui rend sa santé et sa vigueur première." L.-G.-A. de Bonald: Essai analytique sur les lois naturelles de l'ordre social; Paris 1800, S. 29.

2 Textausgaben: J. de Maistre: Considérations sur la France, in: ders., O.C. I (1); Hildesheim/Zürich/New York 1984 (ND d. Ausg. Lyon 1884); ders.: Considérations sur la France, publiées d'après les éditions de 1797, 1821 et le manuscrit original, avec une introduction et des notes par R. Johannet et F. Vermale, Paris 1936 (= éd. Johannet/Vermale 1936); ders.: Oeuvres I: Considérations sur la France, éd. critique par J.-L. Darcel; Genève 1980 (Bibliothèque Franco Simone 5) (= éd. Darcel 1980); zitiert wird nach dieser neuesten krit. Edition. Jahr und Ort des ersten Erscheinens sind kontrovers, vorliegende Angaben nach éd. Darcel 1980 (Anm. 2), S. 45f. - Weitere Texte Maistres werden zitiert nach O.C. 1984 (ND d. Ausg. Lyon 1884).

3 Zur kritischen Auseinandersetzung Maistres mit Constant kann hier nur verwiesen werden auf éd. Johannet/Vermale 1936 und éd. Darcel 1980 (Anm. 2).

4 R. Triomphe: Joseph de Maistre. Etude sur la vie et sur la doctrine d'un matérialiste mystique; Genève 1968.

der seinem Eindruck nach unmittelbar bevorstehenden Restauration mit seiner Schrift Ludwig XVIII. als Ratgeber oder gar künftiger Minister zu empfehlen,[5] so reagiert dieser in der Tat positiv - hatte er doch soeben, im März 1797, eine Erklärung 'Louis XVIII, au françois' abgegeben, auf die Maistre in seiner Broschüre detailliert einging.

Ludwig XVIII. gratuliert Maistre schriftlich zu seinem Opus, doch wird der Brief abgefangen und in französischen Zeitschriften - wohl im Zusammenhang des am 4. September (18 fructidor) 1797 erfolgten anti-royalistischen Staatsstreichs - als Beweis eines royalistischen Komplotts veröffentlicht; auch schickt Ludwig XVIII. dem Verfasser 50 Louis, die dieser aber unter Hinweis darauf, daß er sich als Savoyarde noch immer dem König von Sardinien verpflichtet fühle, zurücksendet - freilich nicht ohne stattdessen "un petit bijou, un cachet, un camée", quelque chose "que je pourrais porter et qui ne dirait rien à d'autres yeux que les miens" als Ersatz von Ludwig XVIII. zu erbitten.[6] - Das Werk wurde von den französischen Emigranten begeistert aufgenommen, blieb aber in Frankreich nahezu wirkungslos;[7] Rohden hebt hervor, daß die 'Considérations' zu einem ungünstigen Zeitpunkt erschienen:

> "So waren die 'Considérations sur la France' darauf berechnet, das Wiederaufleben des monarchischen Gedankens in Frankreich nach der Thermidorreaktion zu unterstützen. Als der Verfasser jedoch Mittel und Wege gefunden hatte, das Buch über die Grenze zu bringen, ertötete der Fructidor-Staatsstreich die royalistischen Hoffnungen und damit die Propagandawirkung der 'Considérations'."[8]

Das Buch wurde 1814 neu aufgelegt und stieß in den folgenden Jahren auf große Resonanz, da man hier eine prophetische Vorwegnahme der Restauration zu finden glaubte; Ludwig XVIII. hingegen distanzierte sich, denn er wähnte sich angesichts Maistres Prognose einer triumphalen Rückkehr des französischen Monarchen kompromittiert, weil er die 'Charte constitutionnelle' angenommen hatte.

"*Comment se fera la contre-révolution, si elle arrive?*" - "Wie wird sich die Gegenrevolution vollziehen, wenn ("si") sie eintritt?", so der Titel des neunten Kapitels, auf das die folgenden Überlegungen sich beschränken - womit auch der gesamte moralische, geschichtstheologische und geschichtsphilosophische Aspekt zugunsten des politischen unberücksichtigt bleiben muß.[9] In der titelgebenden Frage

5 "On doit tenir pour certain qu'il (Maistre) rédigea les 'Considérations' pour devenir quelque jour conseiller ou ministre de Louis XVIII, à une époque où la restauration de la royauté française lui paraissait assez proche(...)", Triomphe (Anm. 2), S. 175. - Dieser Vermutung widerspricht Darcel, vgl. éd. Darcel 1980 (Anm. 2), S. 50.

6 Vgl. Triomphe (Anm. 2), S. 176.

7 Vgl. J. Godechot: La Contre-Révolution. Doctrine et action, 1789 - 1804; Paris 1961, S. 104.

8 P.R. Rohden: Joseph de Maistre als politischer Theoretiker. Ein Beitrag zur Geschichte des konservativen Staatsgedankens in Frankreich; München 1929, S. 33.

9 Die ersten drei Kapitel beleuchten die Französische Revolution "sous un point de vue purement moral", die restlichen sind der "politique" gewidmet (vgl. éd. Darcel 1980 (Anm. 2), S. 96). - Zum "moralischen" Aspekt: Maistre betrachtet die Französische Revolution als Strafe, die Gott über Frankreich verhängt hat, weil dieses seine historisch-religiöse Mission verraten und ein "attentat contre la souveraineté" (ebd., S. 72) unternommen hat, welches, da es "au nom de la Nation" geschah, ein "crime national" darstellte (ebd., S. 73). - Die Französische Revolution folgt einer ihr immanenten Logik (bis hierher weiß Maistre sich einig mit Mallet du Pan, der die "force des choses" betont), einer ihr innewohnenden Logik der Vernichtung (vgl. Kap. II: "Conjectures sur

ist an Stelle des konditionalen 'si' wohl ein temporales 'quand' zu lesen, denn die Wiederherstellung der Monarchie in Frankreich ist gewiß, wenngleich "la date paroît douteuse"[10]. Schaut man sich nämlich um im direktorialen Frankreich, so stellt man fest "que la Révolution a beaucoup rétrogradé"[11], daß die Revolution im Rückschritt begriffen, daß Frankreich zu einer "République sans républicains"[12], einer Republik ohne Republikaner geworden ist - "mais les principes subsistent"[13], gleichwohl haben die revolutionär-republikanischen Prinzipien ihre Gültigkeit bewahrt.

II

Wie wird sich innerhalb dieser historisch-politischen Konstellation die Restauration als eine Gegenrevolution vollziehen? Sie wird, so viel ist gewiß, keine der 1789er-Revolution entgegengesetzte Revolution, vielmehr wird sie das Gegenteil der Revolution sein, so Maistre in den Schlußsätzen seiner Schrift:

> "Enfin, c'est ici la grande vérité dont les François ne sauroient trop se pénétrer: *le rétablissement de la Monarchie, qu'on appelle contre-révolution, ne sera point une révolution contraire, mais le contraire de la Révolution.*"[14]

Diese einprägsam pointierende Formulierung wurde vom europäischen Traditionalismus/Konservatismus[15] dankbar aufgegriffen. Der Maistre-Forschung gab sie zu denken, wenngleich der Deutungsspielraum gering scheint.[16]

Einigen wir uns vorerst auf folgende Lesart: Die Gegenrevolution wird nicht die politischen Folgen der Französischen Revolution durch eine entgegengesetzte Revolution beseitigen, sondern sie wird dies auf nicht-revolutionärem Weg leisten und damit zugleich das Prinzip der Revolution historisch widerlegen.[17]

les voies de la Providence dans la Révolution françoise"), so daß Gottes Strafe sich darin erschöpfte, die Revolution in Gang zu setzen. - Was seine moralisch-theologische Auffassung der Revolution und insbesondere seinen Providentialismus betrifft, so hat sich Maistre wohl inspiriert an seinem Vorbild Claude de Saint-Martin, dessen 'Lettre à un Ami ou Considérations politiques, philosophiques et religieuses sur la Révolution française' 1795 erschienen waren.

10 Ed. Darcel 1980 (Anm. 2), S. 152. - Interessanterweise heißt es in der älteren Ausgabe (O.C. I) stattdessen: ein Ereignis, "dont la date *seule* paraît douteuse." (Hervorhebung G.Sch.) (O.C. I, 1, S. 112). Bonald spricht 1796 von "la France, qui n'a jamais été, qui ne sera jamais une république, et qui n'est qu'une monarchie en révolution." Bonald: Oeuvres complètes, éd. par l'abbé Migne; Paris 1859, Bd. 1, S. 741 ('Théorie du pouvoir').

11 Ed. Darcel 1980 (Anm. 2), S. 109.

12 Ebd., S. 128.

13 Ebd., S. 109.

14 Ebd., S. 184 (Hervorhebung G. Sch.)

15 Die Kontroverse um die Unterscheidung zwischen Traditionalismus und Konservatismus im Anschluß an Karl Mannheim muß hier unberücksichtigt bleiben; die Begriffe werden synonym verwendet.

16 E.R. Huber (Deutsche Verfassungsgeschichte seit 1789; Stuttgart 1960, Bd. 2, S. 326) übersetzt: die konservative Revolution sei "nicht die Umkehrung der Revolution, sondern das Gegenteil der Revolution"; vgl. dazu - nicht sehr überzeugend - M. Greiffenhagen: Das Dilemma des Konservatismus in Deutschland; München 1977, S. 68f.; sowie zu der zitierten Formulierung Maistres P.R. Rohden (Anm. 8), S. 137.

17 Diese Lesart scheint auch im Kontext sinnvoll; dort heißt es nämlich: "Le retour à l'ordre ne peut

Damit wird aber die anläßlich der royalistischen Umtriebe der Jahre 1795/96 seitens der Regierung und der republikanisch-konstitutionalistischen Intelligenz ausgesprochene Warnung, die Restauration der Monarchie sei nur zu haben um den Preis einer erneuten Revolution, gegenstandslos:

> "On s'est accoutumé à donner le nom de *contre-révolution* au mouvement quelconque qui doit tuer la Révolution; et parce que ce mouvement sera contraire à l'autre, on en conclut qu'il sera du même genre: il faudroit conclure tout le contraire."[18]

Expliziter wird Maistre freilich nicht, und im Gegensatz zu seinem gründlichen, ja pedantischen Gesinnungsgenossen Bonald, der noch heute als Erz-Scholastiker gilt, bevorzugt Maistre das geistreiche Paradox, die brillante Pointe ohne syllogistischen Schwanz, das anschauliche, möglichst skurrile Exempel.[19] Wenn er an der Stelle, an der wir jetzt stehen - nämlich vor der Frage: "Comment se fera la *contre-révolution*, si elle arrive?" -, eine Geschichte erzählt, indem er uns auffordert: "*Sortons des théories, et représentons-nous des faits*"[20], so ist dies freilich nicht nur seiner Neigung zum Anschaulichen zuzuschreiben, sondern dieser Kunstgriff hat Gründe, die tiefer in seine Denk- und Vorstellungswelt hineinreichen.

III.

> "Quatre ou cinq personnes, peut-être, donneront un roi à la France. Des lettres de Paris annonceront aux provinces que la France a un roi, et les provinces crieront: 'vive le Roi!' A Paris même, tous les habitans moins une vingtaine, peut-être, apprendront, en s'éveillant, qu'ils ont un roi. 'Est-il possible', s'écrieront-ils, 'voilà qui est d'une singularité rare? Qui sait par quelle porte il entrera? Il seroit prudent, peut-être, de louer des fenêtres d'avance, car on s'étouffera.'"[21]

Die Wiederherstellung der Monarchie wird mithin ein politischer Schachzug Weniger sein.[22] Das Volk ist an der politischen Neuordnung nicht beteiligt, vielmehr fügt

être douloureux, parce qu' il sera naturel, et parce qu'il sera favorisé par une force secrète, dont l'action est toute créatrice. On verra précisément le contraire de tout ce qu'on a vu. Au lieu de ces commotions violentes, de ces déchiremens douloureux, de ces oscillations perpétuelles et désespérantes, une certaine stabilité, un repos indéfinissable, un bien-aise universel, annonceront la présence de la souveraineté. Il n'y aura point de secousses, point de violences, point de supplices même (...) Le Roi touchera les plaies de l'Etat d'une main timide et paternelle." Ed. Darcel 1980 (Anm. 2), S. 183.

18 Ebd., S. 159. - Allerdings hatten royalistische Umtriebe tatsächlich Anlaß zu solchen Befürchtungen gegeben, wie Maistre konzediert: "Que demandoient les royalistes lorsqu'ils demandoient une contre-révolution telle qu'ils l'imaginoient, c'est-à-dire, faite brusquement et par la force? Ils demandoient la conquête de la France; ils demandoient donc sa division, l'anéantissement de son influence et l'avilissement de son Roi, c'est-à-dire, des massacres de trois siècles peut-être." Ebd., S. 78.

19 Z.B.: "Que dans le coeur de l'hiver, un homme commande à un arbre, devant mille témoins, de se couvrir subitement de feuilles et de fruits, et que l'arbre obéisse, tout le monde criera au miracle, et s'inclinera devant le thaumaturge. Mais la Révolution françoise, et tout ce qui se passe en Europe dans ce moment, est tout aussi merveilleux dans son genre que la fructification instantanée d'un arbre au mois de janvier (...)", ebd., S. 64.

20 Ed. Darcel 1980 (Anm. 2), S. 154 (Hervorhebung G. Sch.)

21 Ebd., S. 153.

22 Es soll hier nicht weiter interessieren, "wie es tatsächlich gewesen"; die prophetische Gabe Maistres steht nicht zur Diskussion. - Einschlägiges in éd. Johannet/Vermale 1936 (Anm. 2).

es sich der neuen Ordnung widerspruchslos und empfängt den Monarchen in gleichsam österlicher Freude.

Betrachtet man diesen Anfang, Ursprung, Geltungsgrund der Monarchie historisch, so befindet er sich in einem unbestimmten Jederzeit; betrachtet man ihn politisch, so besteht er in machtpolitischem Kalkül; und legitimitätstheoretisch gesehen ist er in Gott - in Maistres 1809 entstandenem 'Essai sur le principe générateur des constitutions politiques et des autres institutions humaines' heißt es, Gott mache die Könige: "Dieu *fait* les Rois, au pied de la lettre. Il prépare les races royales; il les mûrit au milieu d'un nuage qui cache leur origine."[23]

(Diese Wolke, pardon, erinnert fatalerweise ein wenig an die blauen Rokokowölkchen in Wolf von Niebelschütz' Roman 'Der blaue Kammerherr', doch will ich nicht so weit gehen, Maistres Gott in Verbindung zu bringen mit Niebelschütz' Zeus...) Maistre fährt fort: "Elles (sc. les races royales) paraissent ensuite *couronnées de gloire et d'honneur*; elles se placent; et voici le plus grand signe de leur légitimité."[24] Die Inthronisation des Monarchen entspricht der göttlichen Institution der Monarchie und ist insofern per se rechtmäßig; Maistre bezeichnet sie mit einem Oxymoron auch als eine "usurpation légitime"[25].

Um auf die kurze Geschichte über die Restauration zurückzukommen: Undenkbar ist erstens, das Volk beseitige revolutionär oder durch politische Reformen die bestehende Ordnung, um eine neue - und sei es auch die alte Ordnung des Ancien Régime - herbeizuführen, denn das Volk ist nicht Träger der politischen Souveränität. Undenkbar insofern zweitens auch, der König empfange seine Macht aus den Händen des Volkes, denn das Volk besitzt keine Souveränität, die es einer Regierung oder einer Adelsclique oder einem König übertragen könnte. Undenkbar drittens, eine politische Neuordnung könne das Ergebnis von Deliberation sein. Politik ist, ähnlich wie dann bei Carl Schmitt, Dezision, nicht Deliberation; so heißt es auch an der zitierten Stelle des 'Essai' hinsichtlich der Machtübernahme durch die 'races royales' in orakelndem Ton weiter: "c'est qu'elles (sc. les races royales) s'avancent comme d'elles-mêmes, sans violence d'une part, et sans délibération marquée de l'autre: c'est une espèce de tranquillité magnifique qu'il n'est pas aisé d'exprimer"[26]; und in den 'Considérations' behauptet Maistre apodiktisch: "nulle grande institution ne résulte d'une déliberation."[27]

In der Zusammenfassung lautet die politische Moral aus der konterrevolutionären Geschichte:

> "En formant des hypothèses sur la contre-révolution, on commet trop souvent la faute de raisonner comme si cette contre-révolution devoit être et ne pouvoit être que le résultat d'une délibération populaire (...) Le peuple, si la monarchie se rétablit, n'en décrétera pas plus le rétablissement qu'il n'en décréta la destruction, ou l'établissement du gouvernement révolutionnaire."[28]

Deutlich ist schon hier die Frontstellung gegen den Gedanken der Volkssouveränität, gegen die naturrechtlichen Konzepte der Aufklärung - konkreter führt Maistre

23 Maistre, O.C. I (1), S. 232.
24 Ebd.
25 Ebd.
26 Ebd.
27 Ed. Darcel 1980 (Anm. 2), S. 129.
28 Ebd., S. 153.

diese Auseinandersetzung in der etwa gleichzeitig mit den 'Considérations' entstandenen 'Etude sur la souveraineté'.[29] Noch vor dieser Offensive gegen das naturrechtliche Denken - "toute la théorie du contrat social est un rêve de collège"[30] - liegt das Mißtrauen gegen politische Theorie sprich theoretische Politik überhaupt - welche sich zur Gesetzgebung verhalte wie die Poetik zur Dichtung -[31] und der Verdacht, die politische Theorie möge der historischen Praxis Gewalt antun:

> "En politique, comme en mécanique, les théories trompent, si l'on ne prend en considération les différentes qualités des matériaux qui forment *les machines*. Au premier coup d'oeil, par exemple, cette proposition paroît vraie: 'Le consentement préalable des François est nécessaire au rétablissement de la monarchie.' Cependant rien n'est plus faux. Sortons des théories, et représentons-nous des faits."[32]

Theorie ist nämlich, so schon Edmund Burke 1790 und andere nach ihm, untauglich zur politischen Organisation. Die Geschichte, nicht aber die Theorie, kann die Politik instruieren. Burke:

> "Die Wissenschaft, einen Staat zu bauen oder wiederherzustellen oder zu verbessern, kann, wie jede andre Erfahrungswissenschaft, a priori nicht gelehrt werden; und die Erfahrung, die uns in dieser *praktischen* Wissenschaft unterrichten soll, darf keine kurze Erfahrung sein."[33]

Geschichte ist "la politique expérimentale"[34], experimentelle Politik. So wird die Restauration ein unter den Händen des Allmächtigen gelingendes historisches Experiment sein. Die Revolution hingegen, aus dem Wahn entstanden, Politik lasse sich a priori und rationaliter *machen*, ist, so zeigt die Geschichte, als gescheitertes Experiment zu betrachten.[35]

Die Restauration aber wird ein Ereignis sein, das, und zwar genau dann, wenn dem von ihm installierten Regime Dauer beschieden, das "Siegel der Dauer"[36]

29 "C'est une erreur capitale de se représenter l'état social comme un état de choix fondé sur le consentement des hommes, sur une délibération et sur un contrat primitif qui est impossible. Quand on parle de l'état de nature par opposition à l'état social, on déraisonne volontairement." Maistre, O.C. I (1), S. 318 ('Etude sur la souveraineté'); zu Maistres Kritik am Naturrecht und insbesondere an Rousseau vgl. V. Petyx: I selvaggi in Europa. La Francia rivoluzionaria di Maistre e Bonald; Napoli 1987. - Allgemein zur konservativ-traditionalistischen Kritik am Naturrecht vgl. K. Mannheim: Konservatismus. Ein Beitrag zur Soziologie des Wissens, Hg. D. Kettler, V. Meja, N. Stehr; Frankfurt a.M. 1984, S. 132ff.

30 Maistre, O.C. I (1), S. 489 ('Etude sur la souveraineté').

31 "Il y a entre la politique théorique et la législation constituante la même différence qui existe entre la poétique et la poésie." Ed. Darcel 1980 (Anm. 2), S. 122.

32 Ebd., S. 154.

33 Edmund Burke: Betrachtungen über die französische Revolution, dt. Übers. v. Friedrich Gentz; Frankfurt a.M. 1967, S. 109.

34 Ed. Darcel 1980 (Anm. 2), S. 182.

35 "L'auteur d'un système de physique s'applaudiroit sans doute, s'il avoit en sa faveur tous les faits de la nature, comme je puis citer à l'appui de mes réflexions tous les faits de l'histoire. J'examine de bonne foi les monumens qu'elle nous fournit, et je ne vois rien qui favorise ce système chimérique de délibération et de construction politique par des raisonnemens antérieurs." éd. Darcel 1980 (Anm. 2), S. 133. - "Ouvrez l'histoire, vous ne verrez pas une création politique; que dis-je! vous ne verrez pas une institution quelconque, pour peu qu'elle ait de force et de durée, qui ne repose sur une idée divine (...)". Ebd., S. 162. - Das Experiment "Republik" hätte unterbleiben können, denn - so Maistre wie Rousseau - "la grande république est impossible, parce qu'il n'y a jamais eu de grande république". (ebd., S. 99); prinzipielle Einwände gegen die Republik vgl. Kap. IV sowie 'Etude sur la souveraineté'.

36 "le sceau de la durée", éd. Darcel 1980 (Anm. 2), S. 132.

aufgedrückt ist, die politische Richtigkeit und historische Notwendigkeit der Wiederherstellung der Monarchie quasi experimentell bestätigt.

Die Dauerhaftigkeit politischer Herrschaft nämlich, das 'longum tempus',[37] ist Ausweis ihrer Legitimität - dies bekanntlich ein Topos traditionalistisch-konservativen Denkens; entsprechend beschließt Maistre auch die mehrfach zitierte Passage des 'Essai' über die 'usurpation légitime' mit dem Hinweis, der dunkle Ursprung der Monarchie werde durch die Zeit 'geweiht' - "ces sortes d'origines que le temps se hâte de consacrer"[38]. Höchster Legitimitätsausweis einer politischen Ordnung ist das "Quod semper, quod ubique, quod ab omnibus"[39]; daß die Legitimationsquelle 'droit divin' und das, was ich hier vorsichtiger als Legitimationsausweis 'durée' bezeichnen möchte, in einem problematischen Verhältnis zueinander stehen, hat schon Rohden hervorgehoben.[40]

Maistre setzt sein Gedankenspiel über das historische Experiment Restauration fort: "représentons-nous des faits." Die Wendung ins Narrative verrät nicht nur die von Mannheim registrierte Neigung des Konservativen zum Konkreten. Sondern da Geschichte 'politique expérimentale' ist und politische Theorie ungeeignet, die Zukunft zu planen und nach apriorischen Konstruktionen einzurichten, bietet sich das Gedankenspiel oder der narrative Entwurf oder die Vision an, um die Zukunft als politisches Experiment zu konzipieren:[41]

> "Un courrier arrivé à Bordeaux, à Nantes, à Lyon etc., apporte la nouvelle que 'le Roi est reconnu à Paris; qu'une faction quelconque' (qu'on nomme ou qu'on ne nomme pas) 's'est emparée de l'autorité, et a déclaré qu'elle ne la possède qu'au nom du roi: qu'on a dépêché un courrier au Souverain, qui est attendu incessamment, et que de toutes parts on arbore la cocarde blanche'."

37 Zur traditionalistischen Zeitauffassung vgl. Rohden (Anm. 8), Kap. 6: Die Idee der Dauer, S. 169ff., sowie das noch immer lesenswerte Buch von H. Friedrich: Das antiromantische Denken im modernen Frankreich; München 1935, S. 90ff.: "Für den Klassiker und Traditionalisten (...) ist die Geschichte nicht in erster Linie die Offenbarwerdung der Zeit als der Kategorie des Unwiederbringlichen, sondern die Aufhebung der Zeit zugunsten der Dauer, des longum tempus; sie ist die Überwindung des Todes und der Vergänglichkeit." Ebd., S. 100.

38 Maistre, O.C. I (1), S. 232.

39 Vgl. ebd., S. 268, Anm. (Richard de Saint-Victor); dazu M. Zobel-Finger: Quod semper, quod ubique, quod ab omnibus ou L'art de fermer la bouche aux novateurs, in: L. Marino (Hg.): Joseph de Maistre tra Illuminismo et Restaurazione; Torino 1975, S. 70 - 79.

40 Rohden stellt fest, "daß sich die beiden Erlebnisschichten des klerikalen Traditionalismus: das Argument der Dauer und die dogmatische Gottesidee, auf keine Weise begrifflich vollkommen zur Deckung bringen lassen. Wie bei jedem Versuch, den "deus ipse" mit dem Kriterium der Zeit in Beziehung zu setzen, gerät vielmehr der gläubige Katholik in eine nicht unbedenkliche Nachbarschaft zu der Hegelschen Weltgeistlehre." Rohden (Anm. 8), S. 214.

41 Interessanterweise hat auch Bonald keine systematische Prognose der Restauration gegeben, die für ihn nicht weniger gewiß war als für Maistre: "Bonald, der Philosoph der Restauration, der geistige Inspirator Metternichs, hat über das Problem der Restauration selbst nichts Systematisches geschrieben(...) 'Gott wird der Gesellschaft zurückgegeben werden und der König Frankreich und der Friede dem Universum' (I 954). Mit diesen Worten schließt sein erstes Werk, die 'Théorie du pouvoir' von 1796 (...) Bonald hat nie an eine im demokratischen Sinne legale Rückkehr der Monarchie gedacht(...) Es gibt für ihn eine 'Revolution der Natur' (I 338). Sie vollzieht sich nicht in Tumult und Unordnung, sondern wie von selbst(...) Die Herrschaft des Rechtes nach der Revolution ist wie der Regenbogen, der nach einem Gewitter plötzlich am Himmel steht." R. Spaemann: Der Ursprung der Soziologie aus dem Geist der Restauration. Studien über L.G.A. de Bonald; München 1959, S. 167.

Gerüchte entstehen, so fährt Maistre fort, das Volk schmückt die spärlichen Informationen aus und wartet ab: "La renommée s'empare de ces nouvelles et les charge de mille circonstances imposantes. Que fera-t-on?"[42] Da es sich um ein Gedankenspiel handelt, gestattet Maistre es sich, die Umstände zu fingieren, und scheinbar ist es seine Fairneß, die ihm vorschreibt, der Republik bei diesem Spiel um die politische Macht die besseren Startbedingungen einzuräumen: "pour donner plus beau jeu à la République, je lui accorde la majorité, et même un corps de troupes républicaines."[43] Wie sich zeigen wird, geht es ihm aber eher darum, die Republikaner als Opportunisten zu entlarven.

Zunächst werden die republikanischen Truppen sich ruhig verhalten, doch schon abends werden die Soldaten sich fragen, wer ihnen demnächst das Dîner bezahlen wird; ehrgeizige Offiziere werden sich ausrechnen, welch glanzvolle Stellung ihnen der Ruf 'Vive le Roi' bescheren kann, kurzum, die Gesinnungsgemeinschaft zerfällt. In der Zivilbevölkerung breitet sich Unruhe aus: "on va, on vient, on se heurte, on s'interroge(...) où sont les chefs? à qui se fier? Il n'y a pas de danger dans le repos, et le moindre mouvement peut être une faute irrémissible. Il faut donc attendre(...)"[44]. Die Spannung - das Volk wird beschrieben wie ein Tier, das sich bedroht fühlt und sich deshalb ganz ruhig verhält - löst sich, als eine Stadt nach der anderen dem König die Pforten öffnet, als der erste Offizier vom König zum Marschall ernannt wird:

> "A chaque minute, le mouvement royaliste se renforce; bientôt il devient irrésistible. 'Vive le Roi!' s'écrient l'amour et la fidélité, au comble de la joie: 'Vive le Roi!' répond l'hypocrite républicain, au comble de la terreur. Qu'importe? il n'y a qu'un cri. - Et le roi est sacré."[45]

Maistres effektvolle Schilderung der Rückkehr des französischen Monarchen - glücklich vor allem der Kunstgriff der extremen Zeitraffung - dementiert nicht nur das Prinzip des revolutionären Massenaufstandes, des tätig werdenden Volkswillens, sondern implizit auch die aufklärerische Mär vom segensreichen Wirken der 'opinion publique'.

Das Volk hat sich bereitzufinden zur vorbehaltlosen Affirmation der vom König im Auftrag Gottes installierten Ordnung, und es findet sich zwanglos dazu bereit. Ob das politische Votum des Einzelnen auf einer Gewissensentscheidung beruht oder ob der Einzelne durch ein opportunistisches Votum vor dem 'forum internum' schuldig wird, ist in jeder Hinsicht belanglos:[46] die Ausleuchtung dieser gleichsam inneren Dimension politischen Handelns wäre Ausdruck dessen, was Maistre als politischen Protestantismus diskreditiert.[47]

'Vive le Roi!' Im Schlußapplaus des Publikums, in der einstimmigen Bestätigung eines selbsternannten und transzendent verankerten politischen Regimes durch

42 Ed. Darcel 1980 (Anm. 2), S. 154f.

43 Ebd., S. 155.

44 Ebd.

45 Ebd., S. 156.

46 "(...) il faut que les dogmes religieux et politiques mêlés et confondus forment ensemble une raison universelle ou nationale assez forte pour réprimer les aberrations de la raison individuelle qui est, de sa nature, l'ennemie mortelle de toute association quelconque, parce qu'elle ne produit que des opinions divergentes." Maistre (Anm. 30), S. 375 ('Etude sur la souveraineté').

47 Vgl. Maistre: Réflexions sur le protestantisme dans ses rapports avec la souveraineté, O.C. IV (8), S. 63ff.

das Volk, und zwar in einer Affirmation post festum, erfüllt sich die gottgewollte Restauration als Gegenrevolution im doppelten Sinne: wider die Revolution als Prinzip und Ereignis.

Mit der ihm eigenen Impertinenz - Cioran rühmt Maistres "wundervolle Frechheit"[48] - ergänzt dieser: die Providenz treibe ihr gleichsam launiges Spiel mit dem politischen Willen des Volkes, indem es dieses dahin lenke, nolens volens bzw. blind das genaue Gegenteil seiner ursprünglichen Intention zu bewirken:

> "Jamais elle (la multitude) n'obtient ce qu'elle veut: toujours elle accepte, jamais elle ne choisit. On peut même remarquer une *affectation* de la Providence (qu'on me permette cette expression), c'est que les efforts du peuple pour atteindre un objet, sont précisément le moyen qu'elle emploie pour l'en éloigner."[49] Konkret: "(...) si l'on veut savoir le résultat probable de la Révolution françoise, il suffit d'examiner en quoi toutes les factions se sont réunies: toutes ont voulu l'avilissement, la destruction même du Christianisme universel et de la Monarchie; *d'où il suit que* tous leurs efforts n'aboutiront qu'à l'exaltation du Christianisme et de la Monarchie."[50]

Diese Providenz ist das Gegenstück zur historischen Rationalität, die der von Maistre und Bonald gleichermaßen kritisierte Condorcet mit dem Fortschritt beauftragt hatte.[51] Sie bedient sich also Maistre zufolge der Gegenrevolution, um die Revolution zu erfüllen und zu vollenden, indem sie sie in ihre Antithese einmünden läßt. Anders gelesen: so wäre die Revolution nichts weiter als ein Schnörkel, den eine mutwillige Providenz der Geschichte des französischen Königtums einschriebe...[52]

IV.

Maistre hat freilich in seinen Überlegungen zur Konterrevolution nicht nur frivol mit Politik und Geschichte gespielt, andersherum Politik und Geschichte nicht nur geschichtstheologisch manipuliert. Vielmehr enthalten sie, wie deutlich wurde, einen sachlichen Kern, Basiskonzepte des Traditionalismus bzw. der Theokratie.

Auch ist die Art, in der das Thema exponiert und dargestellt, theoretisch und narrativ traktiert wird, durchaus von Belang. Darüber hinaus gilt es festzuhalten, daß Maistre mit seinem fiktional-programmatischen Entwurf der Gegenrevolution seine allerdings recht schemenhafte und sozial blinde Wahrnehmung der politischen

48 E.M. Cioran: Über das reaktionäre Denken; Frankfurt a.M. 1980, S. 10.

49 Ed. Darcel 1980 (Anm. 2), S. 156.

50 Ebd.

51 Vgl. Bonald: Observations sur un ouvrage posthume de Condorcet, intitulé: 'Esquisse d'un tableau historique des progrès de l'esprit humain' (1795), in: Bonald, O.C., éd. Migne; Paris 1859, Bd. 1, S. 721 - 742 (Suppl. aux deux premières parties de la Théorie du pouvoir).

52 Festzustellen ist eine beachtliche Variationsbreite der Geschichtskonzeption Maistres; Providentialismus und heilsgeschichtliche Perspektive konkurrieren nämlich mit Traditionalismus und einem an Argumentationsmuster der 'Querelle' anknüpfenden politischen Klassizismus; über letzteren gibt der Schluß der 'Etude sur la souveraineté' Aufschluß (vgl. O.C. I (1), S. 550ff.): "le siècle de Louis XIV" als "point rayonnant" (S. 551); dessen Definition: "Le plus haut point pour une nation est celui où sa force intellectuelle arrive à son maximum en même temps que sa force physique; et ce point, déterminé par l'état de la langue, n'a jamais eu lieu qu'une fois pour chaque nation." (S. 550, Anm.); Frage, im Anschluß an die Position der 'modernes': "Un autre siècle pourra-t-il présenter encore le même phénomène que le XVIIe (...)?" (S. 551f., Anm.).

Strömungen im direktorialen Frankreich verarbeitet, das ihm als 'Republik ohne Republikaner'[53] erscheint.

Nachdem das jakobinische Fieber mit dem Thermidor geheilt ist,[54] ist in Frankreich ein Erschöpfungszustand eingetreten, der alle politischen Fraktionen im Bedürfnis nach Ruhe ('repos') miteinander vereint:

> "(...) l'accès de fièvre l'ayant (le peuple françois) lassé, l'abattement, l'apathie, l'indifférence, succèdent toujours aux grands efforts de l'enthousiasme. C'est le cas où se trouve la France, qui ne désire plus rien avec passion, excepté le repos."[55]

Dem Paroxysmus der Krankheit wie dem der Leidenschaft folgt Apathie und Ruhebedürfnis, und analog wird sich bei der Rückkehr des Monarchen kein Widerstand regen, nicht einmal auf republikanischer Seite, denn "celui même qui préfère la république à la monarchie, préfère cependant le repos à la république."[56] Und da die Monarchie von Bestand sein und mithin, im Gegensatz zur Republik, öffentliche Ruhe garantieren wird, wird sich das Volk - man ist versucht zu sagen: der 'lex inertia' entsprechend - bereitwillig in die neue alte Ordnung fügen.

1796/97 konkurrieren Royalisten und Republikaner nicht mehr in puncto politische und historische Rationalität, sozialer Konsens oder dergleichen - vielmehr konkurrieren sie in puncto Stabilität. 'Repos' wird zur politischen Losung. Historischer Sieger wird sein, wer Stabilität und Ruhe garantieren kann. So produziert die Parteilichkeit im Werben um das französische Volk parteiliche Alternativen der Form Republik = ständige Revolution = Unruhe versus Monarchie = 'le contraire de la révolution' = Ruhe oder andererseits der Form Republik = Ende der Revolution = Ruhe versus Restauration = Konterrevolution als Fortsetzung der Revolution = Unruhe. Letzteres auch von Benjamin Constant gezeichnete Bild der Konterrevolution sucht Maistre mit erheblichem rhetorischen Aufwand und Geschick zu korrigieren: Der Konterrevolutionär ist keineswegs ein Revolutionär. Maistre entwirft die mythische Gestalt eines Ordnungsstifters, der die historische Mission der Konterrevolution mit dem sakrosankten Tun eines obersten Gesetzgebers verbindet. Er handelt im Auftrag Gottes, und so wird sein Handeln etwas Göttliches haben, mit behutsamer Entschiedenheit[57] wird er das Volk führen und von seiner krankhaften Unruhe, ausgelöst durch die Infektion Revolution, heilen:

53 Die Konservativen reagieren besonders sensibel auf den Niedergang des republikanischen Geistes, das wird noch bei Tocqueville deutlich; so verdankt sich auch der kritische Begriff des "Individualismus" Maistre, und Tocqueville analysiert luzide das politische Phänomen; vgl. dazu St. Lukes: The Meanings of 'Individualism', in: Journal of the History of Ideas XXXII (January-March 1971), S. 45 - 66.

54 Mit dem Thermidor inszeniert die Revolution nach der weisen Vorsehung des Allmächtigen ihr eigenes Strafgericht und entbindet die Konterrevolution von der Verpflichtung zu richten, zu rächen und zu strafen, vgl. éd. Darcel 1980 (Anm. 2), S. 74f. "Qu'on y réfléchisse bien, on verra que le mouvement révolutionnaire une fois établi, la France et la Monarchie ne pouvoient être sauvées que par le jacobinisme." Ebd., S. 77.

55 Ebd., S. 154.

56 Ebd.

57 "Son action a quelque chose de divin; elle est tout à la fois douce et impérieuse. Elle ne force rien et rien ne lui résiste(...)". Ebd., S. 160.

"elle (sc. l'action de l'homme qui travaille pour rétablir l'ordre) rassainit: à mesure qu'elle opère, on voit cesser cette inquiétude, cette agitation pénible qui est l'effet et le signe du désordre; comme, sous la main du chirurgien habile, le corps animal luxé est averti du replacement par la cessation de la douleur."[58]

Der geschickte Mystagoge Maistre läutert den Konterrevolutionär zum Thaumaturgen, um ihm - den Warnrufen des gesamten republikanischen Lagers zum Trotz - 1796/97 in Frankreich Einlaß zu verschaffen. Aber er stattet ihn nicht mit einer Konstitution aus - denn eine Verfassung kann man bekanntlich nicht *machen* und erst recht nicht schriftlich fixieren,[59] und nur Dummköpfe wie Thomas Paine glauben, die Verfassung eines Landes könne man gleichsam in der Tasche mit sich führen.[60] Auch bürdet Maistre seinem Gegenrevolutionär keine zentnerschwere Theorie auf wie Bonald. Sondern er gibt ihm als Marschgepäck nur eine Vision bzw. eine Geschichte mit auf die Reise von Neuchâtel nach Paris.

V.

Dieter Henrich spricht mit Blick auf die Wirkungsgeschichte von Burkes 'Reflections on the Revolution in France' von einer "Apologie des Bestehenden, somit jener Verbindung von gewachsener Lebenswelt, aristokratisch-royalistischer Herrschaft und religiöser Fundierung von Verfassung und Staat, die zuerst von Joseph de Maistre (1796) während der Emigration in Lausanne als Ziel der Restitution entwickelt wurde."[61]

Im 'Essai sur le principe générateur des constitutions politiques' beruft sich Maistre auf den in der deutschen Philosophie eingeführten Begriff der Metapolitik:

"J'entends dire que les philosophes allemands ont inventé le mot *métapolitique*, pour être à celui de *politique* ce que le mot *métaphysique* est à celui de *physique*. Il semble que cette nouvelle expression est fort bien inventée pour exprimer la *métaphysique de la politique*; car il y en a une, et cette science mérite toute l'attention des observateurs."[62]

58 Ebd. - Die mythische Figur des "législateur" bei Maistre ist nicht ohne weiteres im Rahmen der Traditionen des politischen Denkens zu identifizieren. Der "législateur" ist derjenige, der "des lois constitutives" erläßt und die positive Rechtsordnung begründet (vgl. Examen de quelques idées de Rousseau sur le législateur, O.C. I (1), S. 333ff.). "Nul législateur n'a tâtonné; il dit *fiat* à sa manière, et la machine va" (éd. Darcel 1980 (Anm. 2), S. 126); vgl. bes. ebd., S. 121ff.

59 "Aucune constitution ne résulte d'une délibération; les droits des peuples ne sont jamais écrits, ou du moins les actes constitutifs ou les lois fondamentales écrites ne sont jamais que des titres déclaratoires de droits antérieurs, dont on ne peut dire autre chose, sinon qu'ils existent parce qu'ils existent." Ed. Darcel 1980 (Anm. 2), S. 119f. "Il y a même toujours dans chaque constitution quelque chose qui ne peut être écrit, et qu'il faut laisser dans un nuage sombre et vénérable, sous peine de renverser l'Etat." Ebd., S. 120.

60 "Thomas Payne est d'un autre avis, comme on sait. Il prétend qu'une constitution n'existe pas lorsqu'on ne peut la mettre dans sa poche." Ebd., Anm. 4. - "Thomas Payne n'avait-il pas déclaré avec une profondeur qui ravissait les universités, *qu'une constitution n'existe pas tant qu'on ne peut la mettre dans sa poche?*" Maistre, O.C. I (1), S. 243 ('Essai sur le principe générateur...').

61 Und weiter: "Über ihn (Maistre) ist Burke zum Ahnherrn der Theorie der bourbonischen Restauration und schließlich auch der restaurativen Diktatur geworden, mit der Donoso Cortes die Revolution auf revolutionäre Weise beendet sehen wollte." Dieter Henrich: Einleitung, in: E. Burke (Anm. 33), S. 10.

62 Maistre, O.C. I (1), S. 227f.

Was freilich A.L. Schlözer 1793 - nach G. Hufeland (1785/90) - mit dem Begriff 'Metapolitik' zu konzipieren suchte, nämlich eine dem aufklärerischen Naturrecht verpflichtete Theorie des 'status naturalis',[63] ist der Maistreschen Intention durchaus entgegengesetzt.

Und sollte allein der Begriff 'Metapolitik', den er offensichtlich einem On dit verdankt, Maistre angeregt haben, so doch auch nur in einem speziellen Sinne. Legte dieser Begriff nämlich ein Interesse an der Grundlegung und 'Institutionalisierung' einer reflexiv werdenden politischen Theorie nahe, etwa das also, was Novalis in 'Die Christenheit oder Europa' 1799 als "Staat der Staaten", als "politische Wissenschaftslehre"[64] vor-schwebte - sit venia verbo -, so geht es dem Traditionalisten und Theokraten Maistre doch recht eigentlich um anderes: darum, die politische Theorie und Praxis der Revolution in Richtung auf Empirie[65] und Geschichte und das Legitimationsmodell 'droit historique' gleichsam zu unterschreiten - hierin seinem Vorbild Edmund Burke[66] verpflichtet -,[67] sie andererseits, darin einig mit Louis de Bonald, in Richtung auf das 'droit divin' als theologisch-metaphysische Legitimationsquelle jeder positiven Rechtsordnung[68] zu überschreiten.[69]

63 Vgl. Art. 'Metapolitik', in: Historisches Wörterbuch der Philosophie; Darmstadt 1980, Bd. 5, Sp. 1295 - 1298 (M. Forschner/A. Hügli).

64 Novalis: Die Christenheit oder Europa. Ein Fragment, in: Ders.: Werke, Tagebücher und Briefe Friedrich von Hardenbergs, Hgg. H.-J. Mähl und R. Samuel, Bd. 2: Das philosophisch-theoretische Werk, Hg. Mähl; München/Wien 1978, S. 748: "(...)wenn ein Staat der Staaten, eine politische Wissenschaftslehre, uns bevorstände."

65 "(...) l'expérience, qui décide toutes les questions en politique comme en physique (...)", éd. Darcel 1980 (Anm. 2), S. 98.

66 Maistre schrieb im Januar 1791 an Costa de Beauregard: "Avez-vous lu Calonne, Mounier, et l'admirable Burke? Comment trouvez-vous que ce rude sénateur traite le grand tripot du Manège et tous les législateurs 'Bébés'? Pour moi, j'en ai été ravi, et je ne saurais vous exprimer combien il a renforcé mes idées anti-démocrates et anti-gallicanes." O.C. IX, S. 11, zit. nach R. Triomphe (Anm. 2), S. 138.

67 Ähnlich in der Aussage, freilich in einem ganz anderen Geiste, auch Novalis: "An die Geschichte verweise ich euch, forscht in ihrem belehrenden Zusammenhang, nach ähnlichen Zeitpunkten, und lernt den Zauberstab der Analogie gebrauchen." Novalis (Anm. 64) , S. 743.

68 "Les lois viennent (...) de Dieu dans le sens qu'il veut qu'il y ait des lois et qu'on leur obéisse", Maistre (Anm. 30), S. 313 ('Etude sur la souveraineté').

69 Maistre hat seinerseits die konservativ-katholische Romantik in Deutschland stark beeinflußt, vgl. dazu L. Marino: Joseph de Maistre e il romanticismo politico tedesco, in: Studi Piemontesi I (1972), S. 30 - 40.

ÖKONOMIETHEORIE ALS BEITRAG ZUM 'JUSTE MILIEU' ? DER 'TRAITÉ D'ÉCONOMIE POLITIQUE' VON JEAN BAPTISTE SAY

Thomas Nieding

Ökonomietheorie als Beitrag zum 'juste milieu'? Abhandlungen der Politischen Ökonomie als Teil einer Bewältigungsstrategie, die nach den mentalen Umbrüchen der Französischen Revolution ein Modell sozialen und politischen Einklangs zum Ideal erhebt? Bezogen auf die 'économie politique' von Jean Baptiste Say und hierbei insbesondere auf das Harmoniemodell der 'théorie des débouchés', das Kernstück der Sayschen Ökonomietheorie, liegt eine solche Vermutung zumindest nahe. Besagt doch diese 'Theorie der Absatzwege'- auch Says Gesetz, bzw. 'Say's law' genannt - nichts anderes, als daß Produkte sich selbst ihren eigenen Absatzmarkt schaffen, Überproduktionskrisen mit nachfolgender Arbeitslosigkeit und Massenelend also ausgeschlossen sind. Das Vorwort der nach Says Tod erschienenen zweiten Auflage seines 'Cours complet d'économie politique pratique'[1] zeigt in unübertrefflicher Weise die der Theorie der Absatzwege innewohnende unifikatorische Kraft: die Interessen der Menschen und Völker stehen nicht mehr im Gegensatz zueinander und der Samen der Eintracht und des Friedens wird unaufhaltsam ausgestreut.

Die bisherige Say-Forschung hat den Zusammenhang zwischen Ökonomietheorie und deren mentalen Implikationen allenfalls am Rande abgehandelt. Der Schwerpunkt der Arbeiten über Jean Baptiste Say lag eindeutig auf der Analyse des Sayschen Gesetzes[2] bzw. auf der Diskussion über Vorläufer und Originalität von 'Say's law'.[3] Die im 19. und 20. Jahrhundert geführte Debatte um die 'théorie des débouchés' ist ebenso thematisiert worden[4] wie die Frage nach den ökonomiehistorischen und methodologischen Grundlagen von Says Überlegungen;[5] umfassende Studien über Says Gesamtwerk liegen gleichfalls vor.[6] Sowohl in spezielleren wie auch in übergreifenden ökonomiehistorischen Untersuchungen findet Jean Baptiste Say wie selbstverständlich seinen Platz.[7] Aber der Komplex mentaler Grundlagen für Says

1 Paris 1840, S. 574f., 1. Auflage Paris 1828/29.

2 S. die ausführliche Studie von W. Krelle: Das Say'sche Theorem in der Nationalökonomie; Diss. Tübingen 1947; vgl. auch ders.: Jean-Baptiste Say (1767 - 1832), in: Klassiker des ökonomischen Denkens, Hg. J. Starbatty; München 1989, Bd. 1, S. 172 - 187.

3 S. W.J. Baumol: Say's (at Least) Eight Laws, or What Say and James Mill May Really Have Meant, in: Economica, 44 (1977), S. 145 - 162; W.O. Thweatt: Early Formulators of Say's Law, in: The Quarterly Review of Economics and Business, 19 (1979), S. 79 - 96; W.J.Baumol: Jean-Baptiste Say und der >Traité<. Vademecum zu einem frühen Klassiker der ökonomischen Wissenschaft; Düsseldorf 1986 (Kommentar zur Faksimile-Ausgabe der 1803 in Paris erschienenen Erstausgabe von J.-B. Say: Traité d'économie politique); P. Lambert: La loi des débouchés avant J.B.Say et la polémique Say-Malthus, in: Revue d'Economie Politique, 1952.

4 S. Th. Sowell: Say's Law. An Historical Analysis; Princeton University Press 1972.

5 S. J.J.Spengler: The Physiocrats and Say's Law of Markets, in: The Journal of Political Economy, 53 (1945), S. 193 - 211, S. 317 - 347; E. Allix: La méthode et la conception de l'économie politique dans l'oeuvre de J.-B.Say, in: Revue d'histoire des doctrines économiques et sociales, vol. IV; Paris 1911.

6 S. E. Teilhac: L'oeuvre économique de Jean-Baptiste Say; Paris 1927.

7 S. z.B. J. Starbatty: Die englischen Klassiker der Nationalökonomie; Darmstadt 1985; A.E.Ott/

Werk wird in der Regel nicht angesprochen. Allenfalls Abhandlungen wie diejenigen von Edgard Allix[8] und von Michel Bernard[9] kommen der Problematik nahe, wie sie hier verfolgt werden soll.

Nicht nur die auf Interessenidentität abzielende 'théorie des débouchés', die gesamte von starkem Harmoniestreben durchzogene Politische Ökonomie Says weist eindeutig auf die Tendenz hin, auch im ökonomischen Bereich ein 'juste milieu' zu konzipieren. Die Frage nach den Auswirkungen des mentalen Umbruchs,[10] wie ihn nicht nur die Französische, sondern auf dem Feld der Ökonomie in noch viel stärkerem Maße die Industrielle Revolution bewirkt hat, scheint deshalb auch im Hinblick auf die ökonomische Theoriebildung nur allzu berechtigt. Kann also der 'Traité d'économie politique' als Bewältigungsstrategie für die Doppelrevolution, die parallell ablaufende Entwicklung von Industrieller Revolution und Französischer Revolution, angesehen werden? Erscheint es angemessen, im Falle der Politischen Ökonomie, die sich zu Beginn des 19.Jahrhunderts endgültig zu einer eigenen wissenschaftlichen Disziplin mit eigenem methodologischem und theoretischem Regelwerk entwickelt, das vor allem die Autonomie der ökonomischen Wissenschaft gegenüber anderen Wissenschaftszweigen postuliert,[11] auf eine Betrachtung der mentalitätsmäßigen Verankerung dieser Wissenschaft abzuheben?

Schon die Beschäftigung mit der 'théorie des débouchés' lädt zu einer solchen Analyse ein. Genauso bieten aber die biographischen, politischen und sozialen Implikationen von Says Werk einen Anreiz, den Weg Says zum 'juste milieu économique' nachzuzeichnen.

Bereits die Biographie Says dürfte in dieser Hinsicht nähere Aufschlüsse bieten.[12] Jean Baptiste Say, am 5. Januar 1767 in einer protestantischen Lyoner Familie geboren, kann als Beispiel für jene libertären Kreise gelten, die, von aufklärerischen Ideen geprägt, sowohl gegenüber dem Ancien Régime als auch gegenüber dem Empire eine ablehnende Haltung bezogen. Bereits während der Revolution im publizistischen Bereich tätig, wurde Say 1797 Mitglied im Tribunat, das er aber wegen seiner zu liberalen Neigungen verlassen mußte. Das Angebot, Direktor der 'Droits réunis', einer neugeschaffenen Steuerbehörde, zu werden, lehnte er ab, um sich nicht vom Regime korrumpieren zu lassen. Stattdessen wurde er selbst als Unternehmer im Textilsektor tätig. 1803 erschien die erste Auflage seines 'Traité d'économie politique', dessen zweite Auflage durch Napoleon verhindert wurde und erst 1814 aufgelegt werden konnte. In diesem Jahr begann auch im Regierungsauftrag eine intensive Studienreise nach England - eine erste Englandreise war bereits in den

H. Winkel: Geschichte der theoretischen Volkswirtschaftslehre; Göttingen 1985; M. Blaug: Systematische Theoriegeschichte der Ökonomie; München 1972, Bd. 2 (Say-Mill-Marx)

8 J.-B.Say et les origines de l'industrialisme, in: Revue d'économie politique, 24 (1910), S. 303 - 313, 341 - 363.

9 Introduction à une sociologie des doctrines économiques des Physiocrates à Stuart Mill; Paris/ Den Haag 1963, S.99ff.

10 Vgl. den Beitrag von Gudrun Gersmann und Hubertus Kohle in diesem Band.

11 S. J.-M- Servet, 'Présentation' zu J.-M. Servet (Hg.): Idées économiques sous la Révolution 1789-1794; Lyon 1989, S. 26.

12 Vgl. zur Biographie Says: H.C. Recktenwald (Hg.): Lebensbilder großer Ökonomen; Köln/ Berlin 1965, S. 154 ff; Teilhac (Anm. 6), S. 5 ff; Baumol (Anm. 3), S.16ff.

1780er Jahren erfolgt - , in deren Verlauf Say enge Kontakte unter anderem zu Ricardo und Bentham knüpft. Aufgrund der durch den 'Traité' erworbenen Reputation wurde Say der erste, der in Frankreich öffentliche Vorlesungen über Ökonomie hielt, zunächst am Athenäum, ab 1817 als Inhaber des Lehrstuhls für 'Economie industrielle' am Conservatoire des Arts et Métiers, von 1830 bis zu seinem Tod 1832 auch als Professor für Politische Ökonomie am Collège de France.[13] Neben den mehrfachen Auflagen des 'Traité' waren es vor allem der 'Cours complet d'économie politique', der 'Catéchisme d'économie politique' und der Briefwechsel mit Malthus,[14] die den Ruhm Says begründet haben.

Kernstück der Sayschen Ökonomietheorie ist zweifelsohne die 'théorie des débouchés', unabhängig davon, ob sich die alleinige Urheberschaft Says für diese Theorie noch weiterhin aufrechterhalten läßt.[15] Von der zweiten Ausgabe des 'Traité' 1814 an stellt das berühmte Kapitel XV 'Des débouchés' in konzentrierter Form die Hauptthese der Sayschen Ökonomie vor; in der ersten Ausgabe von 1803 war deren Behandlung noch über die gesamte Abhandlung verteilt.

"C'est la production qui ouvre des débouchés aux produits".[16]

Hintergrund dieser Aussage sind sicherlich die im Zusammenhang mit dem Industrialisierungsprozeß auftretenden ersten großen Wirtschaftskrisen,[17] die aufgrund ihrer fatalen Folgen - Unternehmenszusammenbrüche, Kapitalverlust, Arbeitslosigkeit, Massenelend - zumeist als Überproduktionskrisen interpretiert wurden. Dieser Krisenkonstellation setzt Say sein optimistisches Konzept der Absatzwege entgegen, nach dem es also keine Absatzkrisen geben kann, da sich sämtliche Produkte ihren eigenen Absatzmarkt und ihre eigene Nachfrage eröffnen. Überproduktion ist nur partiell möglich, da bei fehlender Nachfrage der Preis eines Produktes sinkt, so daß es letztendlich aufgrund des geringen Preises wieder nachgefragt wird. Das Geheimnis zur Überwindung von Krisen liegt also einzig und allein in einer forciert betriebenen Produktion. Demgegenüber vorgebrachte Einwände, die Schwierigkeit liege nicht im Produzieren, sondern aufgrund allgemeiner Geldknappheit im Verkauf,[18] begegnet Say mit der entwaffnenden These: "On n'achète des produits qu'avec des produits".[19] Geld fungiert demnach lediglich als Tauschmittel, welches wiederum durch andere Produkte erworben wurde. Wer also produziert, kann seine Produkte ständig gegen Geld eintauschen und somit wiederum andere Produkte zur

13 Zur, freilich nur kurzen, öffentlichen Wirkung von A.-Th. Vandermonde, der 1795/96 an der 'école normale' Vorlesungen über Ökonomie hielt, s. J. Hecht: Vandermonde et l'héritage des économistes à l'école normale, in: Studies on Voltaire and the Eighteenth Century, 263 (1989), Transactions of the Seventh International Congress on the Enlightenment, Budapest 1987, Bd. 1, S. 139-141.

14 In: Eugène Daire (Hg.): Collection des principaux économistes, Paris 1848 (ND Osnabrück 1966), Bd.12, S. 439—515.

15 Vgl. vor allem Thweatt (Anm. 3), der Ansätze zu Says Gesetz bereits bei A. Smith (Wealth of Nations) nachweist und vor allem die bedeutende Rolle von J. Mill (Commerce defended, 1808) für die Entwicklung des Theorems herausstellt.

16 Traité 1814, Bd.I, S.144.

17 Vgl. Ott/Winkel 1985 (Anm. 7), S.45.

18 Traité 1814, Bd.I, S. 143.

19 Ebd. Bd II, S. 382 (Table analytique zu Kapitel XV).

Konsumtion erwerben. Im Gegensatz zu den Physiokraten, die zur Erlangung wirtschaftlicher Prosperität auch der Konsumtion eine Funktion beimaßen, gibt Say eindeutig der Produktion den Vorzug.[20] Arbeitslosigkeit wird damit ebenso als Problem hinfällig wie auch Konjunkturschwankungen, denn jedes Arbeitsangebot verschafft sich gemäß der 'théorie des débouchés' die eigene Nachfrage.

Selbst im Zusammenhang mit der Freisetzung von Arbeitskräften aufgrund der Einführung neuer Maschinen geht Say höchstens von einer kurzfristigen Beeinträchtigung aus. Auf längere Sicht würden Maschinen auf jeden Fall die Anzahl der Beschäftigungsmöglichkeiten verbessern.[21] Die Konsequenzen, die Say aus der 'théorie des débouchés' zieht, lassen wie die Theorie selbst nichts an Optimismus zu wünschen übrig. Zum einen wird entsprechend der Produktionstheorie formuliert:

> "...plus les producteurs sont nombreux et les productions multipliées, et plus les débouchés sont faciles, variés et vastes, et, par une suite naturelle, plus ils sont lucratifs, car la demande élève les prix".[22]

Zum anderen wird ein auf Interessenidentität gegründeter Harmoniezustand formuliert:

> "...chacun est interessé à la prospérité de tous, et ... la prospérité d'un genre d'industrie est favorable à la prospérité de tous les autres".[23]

Voraussetzung für eine dermaßen konzipierte Selbstheilungskraft der Wirtschaft ist freilich die Existenz eines dem Modell der ökonomischen Harmonie entsprechenden politischen und gesellschaftlichen Rahmenwerks. 'Libre concurrence' und 'libre commerce' - beide müssen staatlich zugesichert werden - stellen die Hauptgaranten für ein krisenfreies Wirtschaftsleben dar.[24]

Neben fehlender Konkurrenz und fehlendem Freihandel sind es die alten Privilegien für die 'propriétaires fonciers', die Says Unmut hervorrufen und die er für mögliche Miseren verantwortlich macht, da diese das Ideal der gesellschaftlichen Harmonie verhindern.[25]

Es wird kaum verwundern, daß handelshemmende Zollschranken im 'Traité' ebenfalls attackiert werden.[26] Auch die Haupteinnahmequelle des Staates, das Steuerwesen, wird im Sinne einer möglichst wenig staatlich beeinflußten Wirtschaft entworfen. Die geringsten Steuern sind die besten, da hohe Steuern die Steuerquellen zum Versiegen bringen.[27]

Neben den Staatseinnahmen haben sich auch die Staatsausgaben in äußerst geringem Umfang zu halten. Der Staatskonsum hat - vollkommen im Sinne des Utilitarismus gedacht - das Gebot des Vorteils für die Gesamtheit zu berücksichtigen.[28] Wird so doch wenigstens eine gewisse Dienstleistungsproduktion des Staates angenommen, die etwa im Bereich der Infrastruktur und des Bildungswesens als

20 Traité 1803, Bd.II, S. 358f.
21 Traité 1826, Bd. I, S. 68ff.
22 Traité 1814, Bd. I, S. 152.
23 Ebd., S. 152
24 Ebd., S. 166ff.
25 Am pointiertesten wird die Kritik an den 'propriétaires fonciers' ausgedrückt in: Cours complet d'économie politique pratique; zit. nach der Ausgabe Paris 1852, Bd.II, S. 99.
26 Traité 1814, S. 200ff.
27 Traité 1826, Bd.III, S. 508: "Lorsqu'il [l'impôt] est poussé trop loin, il produit ce déplorable effet de priver le contribuable de sa richesse sans en enrichir le gouvernement".
28 Traité 1814, Bd.II, S. 246ff.

geradezu notwendig postuliert wird,[29] müssen sich besonders die Ausgaben für den Militärhaushalt schärfster Kritik unterziehen lassen.[30]

Die für Say notwendigen Maßnahmen staatlicherseits sind ökonomietheoretisch nicht einfach nur als Staatsausgaben zu verstehen. Staatlichen Dienstleistungen wird quasi durch Says ökonomische Theorie selbst die Qualität von Produktivität zuerkannt. In der Form von 'produits immateriels' formuliert Say erstmals in der Geschichte der Ökonomietheorie hinsichtlich der Arbeitsleistung eines Arztes, eines Beamten, eines Künstlers usw. den produktiven Charakter solcher Dienstleistungen.[31]

Daß staatliches Handeln nicht ausschließlich negativ zu bewerten ist, zeigt Say bei seiner Auseinandersetzung mit der Problematik der Arbeitslosigkeit. Obwohl gemäß der 'théorie des débouchés' Arbeitslosigkeit allenfalls als Folgeerscheinung bei der Einführung neuer Maschinen auftreten dürfte, gibt Say sich über dieses Problem zutiefst beunruhigt.[32] Zur Überwindung dieser kurzfristigen Phänomene - denn langfristige Arbeitslosigkeit vermochte er sich aufgrund seiner optimistischen Grundhaltung kaum vorzustellen - werden sogar Maßnahmen wie staatliche Beschäftigungsprogramme anvisiert.[33]

Angesichts des dynamischen und optimistischen Charakters der Sayschen Ökonomietheorie kann es nicht verwundern, daß dem innovativen Einsatz von Technik und Wissenschaft das besondere Augenmerk des Autors gilt.[34]

Wie im Fall der staatlichen Dienstleistungen kommt auch angesichts der Förderung von innovativer Forschung der durch Jeremy Bentham beeinflußte Utilitarismus Says zum Vorschein. Noch offensichtlicher wird dieser Einfluß hinsichtlich der theoretischen Rechtfertigung des Privateigentums. Zwar setzt Say die durch Locke begonnene und unter anderem von Quesnay weitergeführte Linie des 'possessive individualism' uneingeschränkt fort.[35] Doch als Begründung für Privateigentum spielt die naturrechtliche Erklärung von Ursprung und Legalität keine Rolle mehr, ausschlaggebend ist allein die 'utilité générale'.[36]

Fragt man nach dem ökonomischen Hintergrund für Says Werk, ist auf den konzentrierten Komplex der Industrialisierung mit einem bis dahin ungeahnten Strukturwandel aufgrund von Mechanisierung, wissenschaftlicher und technischer Innovation und einem enormen Technologietransfer hinzuweisen. Im Zusammenhang von Produktionszuwachs, Ressourcenverknappung und außerordentlichem Bevölkerungswachstum sind die ersten großen Wirtschaftskrisen der Neuzeit zu ver-

29 Ebd., S. 265ff.

30 Ebd., S. 257ff.

31 Traité 1803 (Anm. 3), S. 183; vgl. zur theoretischen Weiterentwicklung des Produktivitätsbegriffs durch Say auf der Grundlage von A. Smith: J. Burkhardt: Das Verhaltensleitbild "Produktivität" und seine historisch-anthropologische Voraussetzung, in: Saeculum 25 (1974), S. 277 - 289.

32 Vgl. z.B. Traité 1803 (Anm. 3), Bd.I, Kapitel IX : "Des machines qui suppléent au travail de l'homme"

33 Traité 1826, Bd. 1, S. 67ff.; vgl. auch Baumol 1986 (Anm. 3), S. 37ff.

34 Traité 1814, Bd.II, S. 70ff.

35 S. Servet (Anm.11), S. 21f.

36 Traité 1814, Bd.I, S. 135ff.

zeichnen, wobei sich die Problematik von der Ebene der Existenzsicherung auf diejenige des Marktsystems verlagert. Die Subsistenzkrise der Frühen Neuzeit wird zur Verteilungskrise der Industriegesellschaft.[37] Die großen Erschütterungen, in erster Linie zu nennen sind die Krisen von 1793, 1799, 1810 und 1819, werden - vor allem in England - ökonomietheoretisch reflektiert, was vor allem bei Thomas Malthus und in geringerem Maße auch bei David Ricardo ein zutiefst pessimistisches Weltbild entstehen läßt. [38]

Im Vergleich zu den negativen Beurteilungen eines Teils der englischen ökonomischen Klassiker nimmt sich Says Krisenvorstellung geradezu naiv optimistisch aus. Say, der die ökonomischen Krisen seiner Zeit niemals eingehender behandelt hat - eine gewisse Ausnahme bildet die Krise von 1825 [39] - greift zum einen direkt auf die optimistische Weltsicht von Adam Smith zurück. Er ist somit als Vertreter der klassichen Gleichgewichtstheorie anzusehen, wie überhaupt generell die Anleihen bei Adam Smith in vielem deutlich werden. Zum anderen aber ist seine Grundeinstellung wohl kaum ohne die aktuelle Lage Frankreichs zu verstehen. Dabei handelt es sich nicht nur um das französische Gefühl der Unterlegenheit und der Zurückgebliebenheit gegenüber Großbritannien,[40] das man durch forcierte Industrialisierung zu überwinden sucht. Auch die umfassende wirtschaftliche Umgestaltung Frankreichs zur Zeit des 'Empire' spielt in diesem Kontext eine wichtige Rolle. So erlebt Frankreich seit Beginn des 'Empire' die erste Phase seiner Industriellen Revolution.[41] Auf der Grundlage einer 'hausse des prix', einer 'hausse des revenues', einer 'hausse des salaires' und einer 'hausse de la rente foncière' entwickeln sich wirtschaftlicher Aufschwung und Prosperität, die Ernest Labrousse zu der Charakterisierung der 'croissance dans la guerre' veranlaßt haben.

Gleichzeitig verlagert sich der Schwerpunkt der wirtschaftlichen Geographie Frankreichs von 'la France atlantique', den durch Überseehandel wohlhabend gewordenen Hafenstädten Westfrankreichs, in die industriellen Zentren Nord- und Ostfrankreichs. Paris wird eindeutiges Zentrum der französischen Finanzwelt, die 'haute banque'[42] und die 'monde des affaires'[43] entstehen.

Doch auch das Empire ist nicht frei von Wirtschaftskrisen. 1805/1807, 1810/1811, 1811/1812 und 1812/1814 sind die großen Krisenjahre, die freilich nicht immer und nicht immer im gleichen Umfang die gesamte Wirtschaft des Landes treffen.

37 S. Ott/Winkel (Anm. 7), S.40ff.

39 S. E. von Bergmann: Geschichte der Nationalökonomischen Krisentheorien; Stuttgart 1895, S. 77.

40 S. A. Daumard: Der liberale Staat und der wirtschaftliche Liberalismus, in:F.Braudel/E. Labrousse (Hg.): Wirtschaft und Gesellschaft in Frankreich im Zeitalter der Industrialisierung 1789 - 1880; Frankurt a.M. 1986, Bd. 1, S. 123.

41 S. A. Soboul: Le Premier Empire; Paris ²1980, S. 15 ff; J.-C. Asselain: Histoire économique de la France du XVIIIe siècle à nos jours, Bd.I: De l'Ancien Régime à la Première Guerre mondiale; Paris 1984, S. 120 ff; R. Price: An Economic History of Modern France, 1730 - 1914; London/ Basingstoke 21981.

42 S. M. Lévy-Leboyer: Die institutionelle Entwicklung des Geld- und Kreditwesens, in: Braudel/ Labrousse (Anm. 40), S. 262 - 298.

43 S. L. Bergeron: Banquiers, négociants et manufacturiers parisiens du Directoire à l'Empire, 2 Bde.; Paris 1974.

Noch mehr als diese Krisen ist es aber das napoleonische System der Kontinentalsperre, das für Spannung sorgt und die alten Gräben zwischen Dirigismus und Liberalismus erneut, und diesmal in verstärktem Maße, aufreißt.[44]

Auch im Verlauf der Kontinentalsperre gibt Say seine kritische Haltung gegenüber dem Empire mit seinen dirigistischen Wirtschaftsmaßnahmen nicht auf. Als einziger wagt er es im Jahre 1809, dem Präfekt des Département Pas-de-Calais, in dem Says Baumwollspinnerei liegt, freihändlerische Rezepte zu empfehlen.[45] Müssen bereits 'libre commerce' und 'libre concurrence', sowie die Annahme einer spontanen und unabhängigen Regulierung der Märkte als 'arme d'opposition' gegen das 'Empire' gelten, so kann man erst recht im Ideal des Unternehmers, das Say unentwegt propagiert, den Versuch der Konterkarierung des korsischen Helden erblicken. Nicht der 'Empereur', der verantwortlich ist für die "fers qui enchaînaient toute pensée libérale" und für die "barbarie dont nous observions avec terreur les rapides progrès",[46] nicht der strahlende und ruhmreiche Feldherr Bonaparte, sondern der dynamische Pionierunternehmer à la Schumpeter wird als großer Held der Zeit aufgebaut. Der 'entrepreneur' ist "...connu pour un homme prudent, rempli d'ordre et de probité" und er verfolgt eine Tätigkeit, die "exige du jugement et des connaissances". Daß derartige Fähigkeiten nicht von vielen geteilt werden, liegt auf der Hand.[47] Demnach sind nur wenige berufen, die Gesellschaft einer glänzenden Zukunft des Industrialismus entgegenzuführen [48].

Die Opposition gegenüber Napoleon teilt Say mit den 'Idéologues', denen er sowohl politisch als auch wissenschaftstheoretisch verbunden ist. Den Ideen von 1789 verpflichtet, versuchen sie, gegenüber der Restaurierung der alten Ordnung unter Bonaparte - etwa hinsichtlich Klerus, Adel usw. - auf der Basis von 'sciences morales' und 'sciences mathématiques et physiques' eine 'philosophie des sciences' zwecks Etablierung einer neuen Ordnung aufzubauen.[49]

Ihren Niederschlag finden diese Gedanken der 'Idéologues' in Says Wissenschaftstheorie.[50] So wird die politische Ökonomie auf wenige Grundprinzipien zurückgeführt:

> "L'Economie politique, comme les sciences exactes, se compose d'un petit nombre de principes fondamentaux...".[51]

44 S. B. de Jouvenel: Napoléon et l'économie dirigée. Le blocus continental; Bruxelles/Paris 1942; M. Kutz: Außenhandel und Krieg 1789 - 1817, in: W. Fischer/R.M. McInnis/J. Schneider (Hg.): The Emergence of a World Economy 1500 - 1914; Stuttgart 1986, Bd. 1, S. 199 - 277 und, allerdings eher aus britischer Perspektive: F. Crouzet: L'économie britannique et le blocus continental; Paris ²1987.

45 S. Ch. Schmidt: Jean-Baptiste Say et le blocus continental, in : Revue d'histoire des doctrines économiques et sociales, 4 (1911).

46 Traité 1814, Widmung S. VIII.

47 Traité 1803 (Anm.3), S. 224.

48 S. Bernard 1963 (Anm.9), S.103f.

49 Ebd. S.106ff.

50 S. S.M.Gruner: Economic Materialism and Social Moralism. A study in the history of ideas in France from the latter part of the 18th century to the middle of the 19th century; Den Haag/Paris 1973, S. 74.

51 Traité 1803 (Anm.3), Discours préliminaire, S. X.

Basis dieser Grundprinzipien ist die 'nature des choses':

> "Ces principes ne sont point l'ouvrage des hommes; ils dérivent de la nature des choses; on ne les établit pas : on les trouve".

Diese 'nature des choses', der man nur folgen muß, um mit dem Universum und der Natur in Einklang zu kommen, macht den unüberwindlichen Optimismus Says aus. Daß die Berücksichtigung der 'nature des choses' in der Befolgung einer liberalen politischen Ökonomie ihre Erfüllung findet, dürfte kaum weiter überraschen.[52]

Vor diesem Hintergrund, d.h. der Ablehnung des 'Empire' und der Fortführung der Ideale von 1789 mittels der Gedanken der 'Idéologues' dürfte sich die eingangs gestellte Frage nach dem Beitrag Says zum 'juste milieu' von selbst beantwortet haben. Jean Baptiste Say ist demnach sicherlich nicht den Kreisen zuzurechnen, die versuchten, im Rahmen des 'Empire' einen Ausgleich der durch die Französische Revolution heraufbeschworenen gesellschaftlichen Spannungen herbeizuführen. Aber dennoch scheint der Gedanke an ein 'juste milieu' im Falle Says nicht fernzuliegen. Denn was Say konzipiert, ist eine Synthese zwischen den Idealen der Französischen Revolution und der Industriellen Revolution, zwischen dem 'Evangile de 1789' und dem 'Evangile du producteur', die letztendlich im Idealzustand eines 'juste milieu économique' mündet. Mit Hilfe der 'théorie des débouchés', die einen "acte de foi" darstellt, "grâce auquel l'homme peut faire confiance en la nature",[53] werden alle mentalen, sozialen und politischen Krisen glänzend bewältigt; das harmonische Gleichgewicht der Gesellschaft ergibt sich demnach problemlos.

Wenn also die Idee eines 'juste milieu économique' als Bewältigungsstrategie für außerordentliche mentale Umwälzungen angesehen werden kann, was aufgrund des zuvor Gesagten naheliegend ist, soll doch nicht darauf verzichtet werden zu betonen, als wie anfechtbar sich das Saysche Harmoniemodell letztendlich erwiesen hat. Dabei bedarf es mitnichten des Hinweises auf die erst durch Keynes erfolgte theoretische Widerlegung des Sayschen Theorems.[54] Die von Say durchaus positiv gemeinte Dichotomie zwischen 'producteur' und 'non-producteur' sollte nur allzu bald im Gegensatz zwischen 'classe bourgeoise' und 'classe ouvrière' aufgehen, die zeitgenössische Kritik an Says optimistischer Bewältigungsstrategie - etwa von Sismonde de Sismondi - nur allzu deutlich bestätigt werden.

52 S. Bernard 1963 (Anm.9), S. 105f.
53 S. Bernard 1963 (Anm.9), S. 115.

DER HIMMEL ÜBER PARIS
KLEISTS ERSTE REISE IN DIE FRANZÖSISCHE HAUPTSTADT IM JAHRE 1801

Justus Fetscher

> "Von den meisten Menschen gilt, was Hr. de la Lande von unserm Fixsternsysteme sagt: wir reisen, aber ich weiß nicht wohin?"
> Konrad Engelbert Oelsner (1797)[1]

Was macht Kleist in Paris? Die Frage ist berechtigt, und vermutlich hätte sie Kleist selbst nicht beantworten wollen. Kein Ort war für ihn so stark ambivalent aufgeladen wie die französische Capitale.

Die Kleist-Biographik hat die persönlichen, politischen und literarischen Implikationen seiner Parisreisen bis heute nicht vollständig benennen können. Immerhin ist seit 1981 dank der Recherchen von Hilda M. Brown und Richard H. Samuel erwiesen, daß Kleists zweiter dortiger Aufenthalt vom Oktober 1803 nur den Beginn einer Serie von Parisreisen markiert, die sich bis ins Frühjahr 1804 wiederholen.[2] Nach dem Scheitern seines Versuchs, bei der 'décente', dem Übersetzen französischer Truppen nach England, in napoleonische Dienste zu treten, blieb der vom preussischen Gesandten in Paris nach Deutschland zurückgeschickte ungetreue Potsdamer Rekrut nur zeitweilig bei dem Mainzer Arzt Georg Wedekind. Dieser war regierungsoffiziell an der Mainzer Republik beteiligt gewesen und entsandte Kleist wiederum - und vielleicht nicht ohne beschäftigungstherapeutische Nebenabsicht - in die linksrheinische Hauptstadt, vermutlich, um durch ihn von dort über das Ende von Revolution und Nachrevolution informiert zu werden, da sich gerade, im Frühjahr 1804, die letzten Gewaltstreiche abspielten, die Napoleons Aufstieg zum 'Empereur' besiegelten.

Wedekind war zu dieser Zeit selbst kein überzeugter Jakobiner mehr. Er hatte aus seinen politischen und publizistischen Funktionen in die ärztliche Praxis resigniert. Anders zwiespältig muß die Pariserfahrung für Kleist gewesen sein. Als verwaister und verarmter Junker, als ci-devant Lieutenant der preußischen Armee (II, 659)[3] verkehrte er nun in Kreisen republikanischer deutscher Parisbewohner. Die Spannungen und Ambivalenzen, die sich aus den Forschungen Samuels und Browns ergeben, sind nach meiner Einschätzung noch nicht in angemessenem Umfang zum Verständnis von Kleists Leben und Schreiben herangezogen worden. Wenn derselbe Kleist, der sich später um die Verlagnahme des verdeutschten 'Code Napoléon' bewarb, derselbe, der abermals später, der Legende zufolge, ein Attentat auf den Besatzungs-

1 Konrad Engelbert Oelsner: Luzifer oder gereinigte Beyträge zur Geschichte der Französischen Revolution, 2 Bde.; o. O. (= Leipzig) 1797 - 1799, hier Bd. 1, S. 132.

2 H.M. Brown, R.H. Samuel: Kleist's Lost Year and the Quest for 'Robert Guiskard'; Leamington/Spa 1981.

3 Kleist wird zitiert nach: Heinrich von Kleist: Sämtliche Werke und Briefe, Hg. H. Sembdner, 2 Bde.; München ^{7}1984. Diese Ausgabe wird hier wie im Folgenden abgekürzt mit: lateinische Ziffer = Bandangabe, arabische Ziffer = Seitenangabe.

kaiser plante, der Sänger blutrünstiger antifranzösischer Propagandalieder, darin eine besonders schreckliche Zeile ausgerechnet aus Voltaire übersetzt ist, wenn dieser Kleist im Oktober 1803 zweimal zwischen Paris und Boulogne-sur-mer hin und her irrte, um an der Übersetzung napoleonischer Truppen nach England teilzunehmen, dann ergibt sich ein politisch sprunghaftes, emotional und mental überdeterminiertes Verhältnis des Autors zur französischen Zeitgeschichte. Solches gilt nicht nur für das 'verlorene Jahr' von 1803/4, sondern schon für Kleists ersten Parisaufenthalt von Mitte Juli bis Ende November 1801.[4]

Sein erster Biograph vermerkte, daß Kleist in Paris bei Laplace gewohnt habe, und die Forschung hat diesen Namen in den des französischen Astronomen Jérôme de Lalande (1732 - 1807) korrigiert, da Kleist sich im nächsten März bei seiner mitgereisten Schwester Ulrike erkundigt, ob auch "die Lalande geschrieben" habe (II, 721).[5] Hermann F. Weiss hat erstmals einige Überlegungen vorgetragen, die sich aus der Begegnung dieser Biographien in der Tat ergeben.[6] Sie sind zu erweitern, vorher jedoch stadtgeographisch zu präzisieren. Kleist berichtet selbst, daß er, mindestens seit seinem Brief vom 15. August 1801, in der Rue Noyers No. 21 wohnt (II, 685). Die Kommentatoren vermerken dazu, daß die Straße heute nicht mehr existiert und im Quartier Latin lag.[7] Prudhommes 'Miroir historique, politique et critique de l'ancien et du nouveau Paris' von 1807 lokalisiert sie "(à) gauche de la rue St. Jacques".[8] Richtig hieß sie Rue des Noyers.[9]

4 Im Folgenden handle ich nicht von sämtlichen Aspekten dieses Parisaufenthalts. In der Forschung galten die Briefe, die Kleist aus Paris schrieb, meist als authentische Zeugnisse eines sozialgeschichtlich frühen Erlebens von Entfremdungsmomenten der modernen Großstadt. Erst die neuere Literatur hat einen solchen Quellenwert der Kleist-Briefe modifiziert, indem sie auf deren Inszeniertes, Stilisiertes, Literarisiertes hinwies (H. Weidmann: Heinrich von Kleist - Glück und Aufbegehren. Eine Exposition des Redens; Bonn 1984). Die längstens germanisierende Germanistik muß es beschämen, daß vor allem zwei französische Forscher auf die Rekurrenz deutscher Frankreich-Klischees romanhafter Art in den Kleistischen Paris-Briefen aufmerksam gemacht haben: C. David, Kleist und Frankreich, in: W. Müller-Seidel (Hg.): Kleist und Frankreich; Berlin 1969, S. 9 -26; J. Lefebvre: Kleist à Paris en 1801. Stéréotypes et réactions dans les jugements des Allemands sur la France, in: Etudes Germaniques 44 (1989), S. 141 - 157.

5 Siehe A. Koberstein: Vorrede zu: Heinrich von Kleist, Briefe an seine Schwester Ulrike, Hg. A. K.; Berlin 1860, S. III - XXXVI, hier S. IX. Kobersteins Anmerkung, während ihres Parisaufenthaltes hätten die Geschwister Kleist das Haus Lalande "täglich besucht" (S. 72, Anm. 27), ist vielversprechend, aber nicht zu belegen. - Den Umkehrschluß, mit der Unterbringung in der Rue des Noyers müsse Kleist nun also doch bei Laplace eingezogen sein, blockiert wiederum eine Erinnerung des französischen Physikers Jean-Baptiste Biot, derzufolge Laplace um 1800 in der rue Christine wohnte (s. Une anecdote relative à M. Laplace, in: Journal des savants, février 1850, S. 65 - 71, hier S. 69).

6 H.F. Weiss: Funde und Studien zu Heinrich von Kleist; Tübingen 1984, S. 32 - 38.

7 Siehe P. Hoffmann: Kleist in Paris; Berlin 1924, S. 35; Heinrich von Kleist: Werke und Briefe, Hgg. S. Streller, P. Goldammer, W. Barthel, A. Golz, R. Loch, 4 Bde.; Berlin/Weimar 1978, hier Bd. 4, S. 560 ; Sembdner (Anm. 3), II, S. 975.

8 L.M. Prudhomme: Miroir historique, politique et critique de l'ancien et du nouveau Paris et du département de la Seine, 3. Auflage, 6 Bde.; Paris 1807, hier Bd. 3, S. 116. -Beiläufig und unerwartet gibt Prudhomme im gleichen Band eine Beschreibung von Lalandes Begräbnis (S. 118 - 121).

9 Siehe Hoffmann (Anm. 7), S. 35.

Der dänische Astronom Thomas Bugge, der 1798/99 die Seine-Metropole besuchte, bestätigt nun, was ohnehin aus Lalandes Korrespondenz zu folgern ist, daß nämlich dieser im 'Collège de France' wohnte. In der hilfreichen englischen Neuausgabe Bugges heißt es mit wünschenswerter Klarheit: "The French College is situated in the Place de Cambray, close to the Rue St. Jacques".[10] In Nachbarschaft also lebten Kleist und Lalande, und es kann sein, daß der Franzose den Frankfurter da untergebracht hat.[11] Kleist hatte sich vor seiner Abreise in Berlin und Leipzig Adressen Parisischer Gelehrter aufdrängen lassen müssen, da er für seine Reisepapiere einen Besuchsgrund zu nennen verpflichtet war und, wiewohl widerwillig und auf der Flucht vor seiner selbstinszenierten Kant-Krise, wissenschaftliche Studien angegeben hatte (s. II, 643, 658).[12] An der Universität Frankfurt/Oder aber, die er gerade drei

10 Th. Bugge: Science in France in the Revolutionary Era, Hg. M.P. Crosland; Cambridge, Mass./ London 1969, S. 60; vgl. S. 122: "Lalande (...) resides at the Collège de France"; vgl. zudem Lalandes Briefe vom 3. und 25. 2. 1798 an Franz Xaver von Zach, wo er spricht von "unserer Sternwarte im Hause (im Collége (!) de France, Place Cambrai)", in: Allgemeine Geographische Ephemeriden 1,4 (April 1798), S. 472; Weiss (Anm. 6), S. 35, 37. Vgl. die Angaben zu Lalandes Wohnung in der anonymen, wohl Johann Karl Burckhardt zuzuschreibenden Rezension der dänischen Erstausgabe von Bugges 'Reise til Paris i aarene 1798 og 1799', Bd. 1; Kopenhagen 1800, in: Allgemeine Geographische Ephemeriden 5,4 (April 1800), S. 319 - 343, hier S. 337f. Kurz danach erschien auch eine deutsche Übersetzung des Buches, die entsprechend gleichfalls vom Sitz des 'Collège de France' und Lalandes dortiger Wohnung berichtet (s. Th. Bugge: Reise nach Paris in den Jahren 1798 und 1799, übers. J.N. Tilemann; Kobenhavn 1801, S. 100 bzw. 184). Siehe zudem C. Jarrin: Jérôme Lalande, in: Mémoires de la société d'émulation (arts, lettres et agriculture) de l'Ain 19 (1886), S. 73 - 101, 186 - 212, 337 - 360, 20 (1887), S. 1 - 45; hier zitiert nach: ders.: La Bresse et le Bugey. Leur place dans l'histoire; Bourg(-en-Bresse) 1887, Bd. 4, S. 41 - 164 im eigens paginierten Annex, S. 81: "Il avait au Collège de France un logement médiocrement spacieux, meublé sans luxe." - Angesichts dieses Informationsstandes verwundert, daß Weiss (Anm. 6) offen läßt, ob Kleist in Paris bei Lalande gewohnt habe (s. S. 32).

11 Vgl. Paris de 1789 à 1798. Fac-similé du plan de P. Verniquet, in: Atlas des anciens plans de Paris. Reproduction au fac-similé des originaux les plus rares et les plus intéressants pour l'histoire de la topographie de Paris (...) ; Paris 1880, Pl. XXXIe, vgl. S. 27: Der Plan erschien schon 1795/ 96 und fand den Beifall Lalandes.

12 Paradoxe Konsequenz wenigstens der brieflichen Stilisierung seiner Kantkrise war Kleists Erklärung, in Frankreich von der Verbreitung der dort noch völlig unbekannten neuesten (d. h. wohl Kantischen) Philosophie leben zu wollen (II, 587 u. 590). Schon seit der zweiten Hälfte der neunziger Jahre jedoch wurde in französischen Zeitschriften die Philosophie Kants häufiger, wenn auch noch nicht systematisch thematisiert. 1801, genau während des Kleistischen Parisaufenthalts, wurden dann durch Johannes Kinker und Charles de Villers zwei französische Monographien veröffentlicht, die seine Erkenntniskritik rekapitulierten. Siehe O. Ulrich: Charles de Villers; Leipzig 1899, hier zu Kleist S. 19, Anm. 1; L. Wittmer: Charles Villers (...); Genève/ Paris 1908; M. Vallois: La formation de l'influence Kantienne en France; Paris 1924; R.A. Crowley: Mediator and Comparatist: Charles de Villers' Interpretation of German Culture; phil. Diss. Stanford University 1975. An der regen Diskussion um Villers' Buch beteiligte sich mit einem Artikel im 'Moniteur' vom 13. 10. 1801 auch Lalande, dessen abfällige Stellungnahme bald von einer deutschen Zeitschrift übersetzt und verrissen wurde (Frankreich im Jahre 1801, Bd. 2, Achtes Stück, S. 363 - 365; vgl. Wittmer S. 110, Anm. 1). Später aber hat Lalande den Philosophen unter Verweis auf Villers in das erste Supplement-Heft zu seinem 'Dictionnaire' des athées (s. Notice sur Sylvain Maréchal; Paris 1803, S. 48; vgl. Vallois S. 92, Anm. 92) aufgenommen - vermutlich, weil Villers selbst in seinem Buch Lalande geschmeichelt hatte (s. Philosophie de Kant; Metz 1801, S. 205). Im Kontext der Diskussion um Villers stehen partiell

Semester lang besucht hatte, war der polyhistorische Physikprofessor Christian Ernst Wünsch (1744 - 1828) sein Lieblingslehrer und dessen Werk 'Kosmologische Unterhaltungen' unter seinen Lieblingsbüchern gewesen.[13] Wünsch selbst hatte in seiner Jugend einen längeren Text Lalandes sowie die 'Histoire de l'astronomie ancienne' von dessen Kollegen Bailly übersetzt.[14] Mit beiden Arbeiten, den 'Kosmologischen Unterhaltungen' und der Bailly-Übersetzung, wird er in Lalandes 'Bibliographie astronomique' genannt, die 1803 erschien, aber schon seit 1797 in Arbeit war.[15] Zudem folgten Wünschs populärwissenschaftliche Unterhaltungen, wie schon die zeitgenössische Kritik erkannte, den 'Entretiens sur la pluralité des mondes' Fontenelles.[16] Diese 1686 erstpublizierte Schrift war trotz ihrer Verfechtung der seither newtonisch überholten cartesischen Kosmologie eines der erfolgreichsten Bücher auch im 18. Jahrhundert. 1800 erschien sie in Paris mit Ergänzungen, die sie auf den aktuellen wissenschaftsgeschichtlichen Stand bringen sollten. Diese Ausgabe hatte, natürlich, Jérôme de Lalande besorgt.[17]

Freilich ließe sich aus dieser Aufbereitung des Fontenelleschen Buches auch auf eine Verbindung mit Johann Elert Bode schließen. Der Berlinische Hofastronom war - im Gegensatz zu Wünsch - als bedeutender Wissenschaftler auch von Lalande anerkannt und hatte schon 1780 gleichfalls eine fachlich annotierte deutsche Ausgabe der 'Entretiens' herausgebracht.[18] Bode und Lalande hatten sich 1798 in Gotha persönlich kennengelernt, als dieser zum sogenannten ersten astronomischen Kongreß auf der dortigen Sternwarte seines Freundes Franz Xaver von Zach erschienen war.[19]

unpublizierte pro-kantische Voten Merciers, deren Berücksichtigung Hermann Hofer zu dem bemerkenswerten Urteil brachte: "Tout compte fait, l'année 1801 est à Paris l'année kantienne par excellence." (Mercier admirateur de l'Allemagne et ses reflets dans le préclassicisme et le classicisme allemands, in: H. Hofer (Hg.): Louis-Sébastien Mercier précurseur et sa fortune; München 1977, S. 73 - 116, hier S. 103 - 106, Zitat S. 103).

13 Kosmologische Unterhaltungen für die Jugend, 3 Bde.; Leipzig 1776 - 1778; in zweiter Auflage als 'Kosmologische Unterhaltungen für junge Freunde der Naturerkenntniß', 2 Bde.; Leipzig 1791 - 1794, und Unterhaltungen über den Menschen, 2 Bde.; Leipzig 1796 - 1798.

14 J.-S. Bailly: Geschichte der Sternkunde des Alterthums, übers. C. E. Wünsch, 2 Bde.; Leipzig 1772, ND Darmstadt 1970; J. de Lalande: Gedächtnißrede des Herrn Commerson (1775), in: J. Rozier: Sammlung brauchbarer Abhandlungen aus des Herrn Abt Rozier Beobachtungen über die Natur und Kunst, 2 Bde., übers. C.E. Wünsch; Leipzig 1775 - 1776, hier Bd. 2, S. 394 - 438.

15 Siehe Jérôme de Lalànde: Bibliographie astronomique avec l'histoire de l'astronomie depuis 1782 jusqu'à 1802; Paris 1803, ND Amsterdam 1970, S. 572. Zur Entstehung siehe G. Boffito: Come il de Lalande compilò la sua 'Bibliographie astronomique', in: La Bibliofilia 32 (1930); Firenze 1931, S. 361 - 364, insb. S. 363.

16 Siehe Allgemeine Deutsche Bibliothek; Berlin/Stettin 1779, Bd. 37,2, S. 512; vgl. K. Doderer (Hg.): Lexikon der Kinder- und Jugendliteratur; Basel/Weinheim 1979, Bd. 3, S. 238.

17 Entretiens sur la pluralité des mondes. Édités et augmentés des notes par Jérôme Lefrançais de Lalande; Paris 1800. Siehe hierzu M.J. Crowe: The Extraterrestrial Life Debate 1750 - 1900. The Idea of a Plurality of Worlds from Kant to Lowell; Cambridge (U.K.) usw. 1988, S. 79.

18 Gespräche über die Mehrheit der Welten, übers. W.C.S. Mylius, Hg. Johann Elert Bode; Berlin 1780, ND Weinheim 1983, deren Text bald auch französisch erschien (Berlin: Chez Chrétien Fréderic Himburg, 1785).

19 Siehe D.B. Herrmann: Das Astronomentreffen im Jahre 1798 auf dem Seeberg bei Gotha, in:

Schließlich war Wünsch bekennender Freimaurer in Frankfurt an der Oder, Lalande 'franc-maçon' im vorrevolutionären Paris.[20]

Jenseits dieser vermuteten Verbindung zwischen Wünsch und Lalande ist festzuhalten, daß Kleist unter dem Eindruck der 'Kosmologischen Unterhaltungen' einer der letzten Autoren der in England seit Donne, Milton und Pope, in der deutschen Literatur seit Brockes, Haller und Klopstock eindrucksvollen kosmologischen und teils didaktisch-vermittelnden, teils hyperbolisch-wissenschaftsskeptischen Metaphorik wurde. Dank auch der astronomischen Wünsch'schen Einbildungskraft verlegte sich Kleists Kosmos-Rhetorik auf jenes Katastrophische, in das dem Popularwissenschaftler seine szientifisch ansetzenden Rekonstruktionen der Himmelsmechanik immer wieder entglitten. Am mächtigsten hat dies die Figurenwelt der 'Penthesilea' geprägt, eines Dramas, das Schrecken und Faszination der Französischen Revolution mitinszeniert im gewalttätigen Auftreten der, wie es an drei Stellen der Erstfassung heißt, aus Thermidora aufgebrochenen Amazonen. Diese werden als Raubtiere und Mänaden beschrieben wie sonst in der deutschen Publizistik häufig die aktiven Frauen des revolutionären Paris. In der mythischen Bildschicht der Tragödie pervertieren die kopernikanisch geordneten Verhältnisse, wenn der mit Helios konnotierte Achill sein Licht von der Diana, Hekate und dem Mond verbundenen Penthesilea zu empfangen sucht.[21]

Aus Berlin, eben der Stadt der Kant-Krise, brachte der astronomisch unterrichtete Korrespondent einen fremd-traumatisierten Blick auf das Reich des Wissens mit. In Kleists Briefwerk kulminieren aber Wissenschaftskritik und kosmologische Metaphorik ausgerechnet in den Pariser Schreiben aus der Zeit der Verbindung mit dem Astronomen Lalande. Dieser personifizierte die französische Himmelskunde fast mit Alleinvertretungsanspruch. 19-jährig war er 1751 zu astronomischen Observationen von der 'Académie des Sciences' an den preußischen Hof entsandt worden und hatte bei diesem längeren Aufenthalt Voltaire, Euler, Maupertuis, Lamettrie und Friedrich II. kennengelernt.[22] Figur des öffentlichen Bewußtseins wurde er 1773, als sich in

Archive for History of Exact Sciences 6 (1969/70), S. 326 - 344; P. Brosche: Gotha 1798. Vorder- und Hintergründe des ersten Astronomen-Kongresses, in: Photorin 5 (Juni 1982), S. 38 - 59.

20 Wünschs Freimaurertum ist belegt durch seine 'Biographie meiner Jugend oder der durch den Komet von 1769 in einen Professor verwandelte Leineweber'; Leipzig 1818, sowie durch J.H. Zschokke: Eine Selbstschau; Aarau 1842, ND Bern/Stuttgart 1977, S. 47. Zu Lalandes Freimaurertum s. L. Amiable: Le franc-maçon Jérôme de Lalande; Paris 1889; G. Serbanesco: Histoire de la franc-maçonnerie universelle. Son rituel, son symbolisme; Paris 1964, Bd. 2, S. 285 - 316; vgl. auch Weiss (Anm. 6), S. 33.

21 G. Kaiser: Mythos und Person in Kleists 'Penthesilea', in: ders.: Wandrer und Idylle. Goethe und die Phänomenologie der Natur in der deutschen Dichtung von Geßner bis Gottfried Keller; Göttingen 1977, S. 209 - 239.

22 Die biographischen Angaben zu Lalande gehen auf Nachrichten zurück, die vorerst fast ausschließlich von seinem Schüler Jean-Baptiste-Joseph Delambre gegeben wurden: Anfangs in seinem Nekrolog am Grabe Lalandes (Gazette nationale ou le moniteur universel, No. 102 (12 avril 1807), S. 402f.); sodann überarbeitet unter dem Titel 'Eloge historique de M. de Lalande. Lu le 4 janvier 1808', in: Mémoires de la classe des sciences mathématiques et physiques de l'Institut National de France. Second Semestre de 1807; Paris 1808, S. 30 - 57 im eigens paginierten Teil 'Histoire', fast textidentisch auch in: Gazette nationale ou le moniteur universel, No. 10 (10 janvier 1808), S. 38f. und No. 11 (11 janvier 1808), S. 42 - 44; erweitert schließlich

Paris panikartig das Gerücht verbreitete, er habe die nahe bevorstehende Zerstörung der Erde durch einen Kometen angekündigt: vorausberechnet als Astronom und vorausgesagt mit der prophetischen Autorität eines Astrologen.[23]

Zur Vorgeschichte von Kleists Parisbesuch gehört die janusköpfige Art, mit der Lalande die 'terreur' überlebte. Ein Biograph bezeichnete ihn als "homme de 89",[24] und es ist belegt, daß er unter den offiziell beauftragten Kalkulatoren des Revolutionskalenders war. Am 20. Pluviôse des Jahres II (8. Februar 1794) hielt Lalande im Pariser Panthéon eine Rede, von der ein späterer Kommentator schrieb: "En l'entendant, les os de Voltaire et de Jean-Jacques ont dû tressaillir."[25] Gleichwohl soll er, einer unsicheren Überlieferung nach, am 18. Fructidor des Jahres 1797 für kurze Zeit verhaftet worden sein.[26] Nach dem Thermidor, "in November 1794 he gave a well-publicized speech at the Collège de France in which he attacked 'Jacobin vandalism' in the sciences and described the reawakening of scientific activity in France."[27]

in: ders.: Histoire de l'astronomie au dix-huitième siècle, Hg. C.-L. Mathieu; Paris 1827, S. 547 - 621. Schließlich diente ein Text Delambres zur Basis des von Mathieu redigierten Lalande-Artikels in Michauds Biographie universelle ancienne et moderne; Paris o. J. (= ca. 1860), ND Graz 1968, Bd. 22, S. 603 - 613. Sichtlich vergrößert sich mit Zunahme des zeitlichen Abstands auch die Distanz Delambres gegenüber der zu würdigenden Person Lalandes. Zumal seine zweite Rede gehört unter jene Nachrufe, auf deren Lektüre hin man lieber nicht sterben möchte. Vgl. Th. Hankins (Art. Lalande, Joseph-Jérôme Lefrançais de, in: Ch.C. Gillispie (Hg.): Dictionary of Scientific Biography; New York 1973, Bd. 7, S. 579 - 582): Delambres "evaluation is so hostile that it cannot be accepted uncritically." (S. 582) - In Konkurrenz mit Delambres Darstellung stand in dieser Zeit vor allem die biographische Skizze der von Lalande selbst zu seiner Nekrologistin berufenen Constance de Salm: Eloge de Lalande, lu au lycée des arts, le 18 juin 1809, in: dies.: Oeuvres complètes; Paris 1842, Bd. 4, S. 55 - 95, s. auch die folgenden 'Notes extraites d'un manuscrit de Lalande', S. 97 - 109, zuerst in: Magazin encyclopédique, 1810, Bd. 2 (1810), S. 319 - 325. - Umfassender mit Lalande beschäftigen sich in der neueren Literatur insb.: H. Monod-Cassidy: Un astronome-philosophe, Jérôme de Lalande, in: Studies on Voltaire and the Eighteenth Century 66 (1967), S. 907 - 930, vor allem aber der grundlegende an gleicher Stelle (Bd. 245 (1986), S. 373 - 402) erschienene Aufsatz von L. L. Bongie: J.-J. Lalande: Standard Clichés and the Private Man. Gleichzeitig mit der Studie Monod-Cassidys erschien: G.E. Pavlova: Zhosef Zherom Laland (1732 - 1807) (russ.); Leningrad 1967. Pavlovas wenig beachtete Arbeit betont die aufklärerischen, szientifischen und revolutionären Engagements von Lalande unter Absehung von ihren Rücknahmen und Zweideutigkeiten. Hervorgehoben wird der Atheist Lalande, seine Nähe zum französischen Materialismus. Das Buch gehört offensichtlich zu einer Publizistik, welche die Traditionen der religiös emanzipierten Naturwissenschaft vor Augen führen will mithilfe der Lebens- und Erfolgsgeschichten derer, die (regional wie sozial) nicht aus dem Zentrum und der Spitze der Gesellschaft gekommen und dennoch erfolgreich gewesen sind. Für diese Einschätzung danke ich Frau Marina Dalügge, Berlin.

23 Siehe hierzu die luziden Anmerkungen von R. Favre: La mort dans la littérature et la pensée françaises au siècle des lumières; Lyon 1978, S. 62f.

24 Jarrin (Anm. 10), S. 124.

25 Ebd., S. 117; vgl. Amiable (Anm. 20), S. 16; Bongie (Anm. 22), S. 379. Passagen der Rede sind publiziert in: J. Raspail: Les papiers de Lalande, in: La Révolution Française 74 (1921), S. 236 - 254, hier S. 244 - 247.

26 Siehe ebd., S. 248. Die Jahreszahl ergibt sich aus dem hier zuvor (S. 247) abgedruckten Brief, während Bongie (Anm. 22), S. 379, Anm. 27,in diesem Punkt unklar bleibt.

27 Hankins (Anm. 22), S. 581, folgt hier offensichtlich R. Hahn: The Anatomy of a Scientific Institution. The Paris Academy of Sciences, 1666 - 1803; Berkeley/Los Angeles/London 1971, S. 286f., vgl. dort S. 292f.

Tatsächlich perhorreszierte Lalande die 'terreur', insofern sie die Weltferne der Wissenschaft und das Leben der Wissenschaftler bedrohte. Seine Abwendung von der Revolution wird auch außerhalb akademischer Kreise ein Jahr nach dem 'Raison'-Discours publik mit Lalandes Nekrolog-Eloge auf Jean-Sylvain Bailly. Den gewaltsamen Tod des früheren Astronomen empfand Lalande nicht schlichtweg als Mord an einem Kollegen, sondern als Anschlag auf die Disziplin selbst.[28] Im Dezember 1797, zwei Jahre also nach der Lobrede auf Bailly, schreibt Lalande einem deutschen Himmelsforscher: "Roberspierre (!) blutigen Angedenkens ließ die Gelehrten guillotiniren". Formelhaft aber schickt er dieser Schreckenserinnerung den Satz voraus: "Sie sehen, wie (die) Wissenschaften bei uns" - gemeint ist: jetzt, 1797 - "geehrt werden, der Vandalismus ist auf immer verschwunden."[29] Charakteristischer noch, was er ein paar Monate später der Fachzeitschrift des Freundes zu verlautbaren gab: "Es macht mir Vergnügen, meinen Einfluß zum Besten der Wissenschaften und insonderheit der Sternkunde anwenden zu können, nur dazu, nie zu etwas anderem brauche ich ihn, daher bin ich auch während unserer Revolution so glücklich durchgekommen. Ich habe nur meine Sterne im Kopfe; wahre Gelehrte beschäftigen sich nur mit dem, was sie wissen, und mischen sich nicht in Dinge, die sie nicht wissen."[30] Hier sehen wir den Publizisten Lalande bei einer Arbeit, mit der ihn noch Kleist beschäftigt gefunden haben muß: dem Dissimulieren und Ungeschehenmachen seiner revolutionären Beteiligungen. Sie waren im Ausland noch nicht vergessen, so daß ein englisches Journal die Behörden von Sachsen-Gotha 1798 vor Lalandes Einreise warnte. Es gab zu bedenken, "qu'un astronome français pourrait très-bien s'occuper d'autres révolutions que des révolutions célestes".[31]

Genau das bestritt Lalande jetzt. Er log förmlich das Blaue vom Himmel herunter. Ebenso raumgreifend jedoch scheint mir die Neigung der französischen Öffentlichkeit gewesen zu sein, ihm zu glauben. In weiten Teilen stimmte sie wohl auch mit seiner laut geäußerten Dankbarkeit für das Erscheinen Napoleons überein. Nur in ein nicht zur Veröffentlichung bestimmtes Heft notiert sich Lalande 1800 die Anekdote:

28 Siehe Lalandes 'Eloge de Bailly'; lt. Lalandes eigener 'Bibliographie astronomique' (Anm. 15), S. 634, erstpubliziert am 30. Pluviôse des Jahres III (18. Februar 1795) in der 'Décade philosophique, littéraire et politique'; geringfügig überarbeitet dann in der Bibliographie astronomique (Anm. 15), S. 730 - 736. Bald nach dem Erstdruck erschien der Text auf deutsch und mit astronomiehistorisch bedeutenden Anmerkungen unter dem Titel: Lobrede auf Bailly. Aus dem Französischen mit Zusätzen und literarischen Anmerkungen versehen, (übers. F.X. von Zach); Gotha 1795.

29 Briefe Lalandes an Franz Xaver von Zach, November und Dezember 1797, in: Allgemeine Geographische Ephemeriden 1,1 (Januar 1797), S. 127 - 130, hier S. 130.

30 Briefe Lalandes an Zach, 6. und 20. 4. 1798, in: Allgemeine Geographische Ephemeriden 1,6 (Junius 1798), S. 674 - 683, hier S. 678. Diesen Eindruck vermochte der nachrevolutionäre Lalande zu evozieren. Der im Sommer 1798 Paris besuchende Johann Georg Heinzmann vermeldet, der Astronom sei stadtbekannt dafür: "Jérôme de L a L a n d e voit tout par sa lunette astronomique" (Meine Frühstunden in Paris, 2 Bde.; Basel 1800, hier Bd. 1, S. 110 Anm. *; im Druck kursiv).

31 Lalande: Bibliographie astronomique (Anm. 15), S. 799. Vgl. auch die ängstliche Einschätzung des Bremer Astronomen Olbers: "In der Lalandischen Reise nach Gotha liegt ohne Zweifel ein Direktorialplan" (zit. nach: J. Drews, H. Schwier (Hgg.): 'Lilienthal oder die Astronomen'. Historische Materialien zu einem Projekt Arno Schmidts; München 1984, S. 131).

"On demandait la nouvelle Constitution chez un libraire. Il répondit: 'Je ne vends pas les ouvrages périodiques.'"[32] So hatten sich die Pariser an die öffentliche Figur Lalande gewöhnt und schienen bereit, ihr Tribut zu zollen: "Les générations nouvelles s'inclinent devant le dernier survivant des Encyclopédistes, debout sur leurs tombes",[33] stilisierte ein Biograph das Renommée von "Lalande sous l'empire". Lalande hat sich auch selbst zum Überlebenden typisiert. In seinem Rückblick auf die Astronomiegeschichte des Jahres 1801, den er vielleicht an einem der letzten Tage von Kleists Parisaufenthalt im 'Collège de France' präsentiert, feiert er das Erscheinen seiner 'Histoire céleste française', in der er 50.000 observierte Sternörter bekanntgab. "Les observateurs seuls", schließt er daraus, "nous survivront, et les observateurs, que l'on affecte trop souvent de rabaisser, peuvent se consoler; ils seront les seuls astronomes à qui, long-temps après leur mort, s'adresseront les éloges et la reconnaissance de nos successeurs et de la postérité."[34]

Aus dem Zitat wird deutlich die Doppelheit von Lalandes Überlebensstrategie. So, wie ihm Narrenfreiheit nur verblieb, indem er sich zum Fachidioten erklärte, konnte er überleben einzig in einer Selbstdarstellung als Überlebter. Zwar werden die Observateure, zu welchen sich Lalande zählte, überleben, aber überleben werden sie eine Gesamtheit der Sterblichen: "nous", in die er sich einschließt.

Nirgends wird das so greifbar wie in Lalandes Rücknahme des Versuchs, mit der Revolution die Zeitrechnung neu zu beginnen. Gerade weil er an der Erstellung des Revolutionskalenders mitgearbeitet hatte, und zeitweilig sogar der Überlieferung entgegen als dessen alleiniger Autor aufgetreten war,[35] erhob er sich jetzt zum Dornenkronzeugen derer, welche die Jahre seit 1792 in die unauffällige Kontinuität der christlichen Datierung zurückstellen wollen. Am 20. Floréal des Jahres IX - das heißt, am 10. 5. 1801, knapp zwei Monate vor Kleists Ankunft in der Seine-Metropole - plädiert Lalande in einem Artikel des 'Journal de Paris' für die Abschaffung des

32 J. Claretie: L'empire, les Bonaparte & la cour; Paris 1871, S. 234. Zu Claretics Lalande-Teil (S. 231 - 237) s. Bongie (Anm. 22), S. 375f., Anm. 16.

33 Jarrin (Anm. 10), S. 125.

34 Lalande: Bibliographie astronomique (Anm. 15), S. 851. Kleist hat Paris vor dem 29. November 1801 verlassen, wie aus II, S. 703 hervorgeht. Lalande hielt seinen Vortrag am 21. 11. 1801.

35 Siehe M. de Cubières: Le calendrier républicain, poëme; précédé d'une lettre du citoyen Lalande; Paris an VII (= 1798/99), S. 1f., 39 u. Anm. 1. Vgl. Amiable (Anm. 20), S. 46, Appendice H: "Lalande principal auteur du calendrier républicain". Amiable folgt hier loyal seiner Verehrungsfigur. Gordon Brotherstons instruktive Skizze zu Entstehung und Wirkungsgeschichte des Revolutionskalenders stellt G. Romme als dessen Koordinator heraus und spricht nur beiläufig von "the eccentric Lalande who (...) insisted that he alone was the true author of the Republican Calendar" (The Republican Calendar: A Diagnostic of the French Revolution, in: 1789: Reading Writing Revolution. Proceedings of the Essex Conference on the Sociology of Literature July 1981, F. Barker u.a. (Hgg.); Essex 1982, S. 1 - 11, hier S. 4. - Zum Revolutionskalender siehe auch neuerdings: R. Koselleck/R. Reichardt (Hgg.): Die Französische Revolution als Bruch des gesellschaftlichen Bewußtseins; München 1988, S. 21 - 71. - Einiges Licht auf Lalandes wechselnde Attitüden gegenüber dem Revolutionskalender wirft S.L. Chapin (Lalande and the Length of the Year; Or How to Win a Prize and Double Publish, in: Annals of Science 45 (1988), S. 183 - 190, insb. S. 190). Hier erklärt Chapin, er sei "currently preparing an article on Lalande and the Republican calendar." (Ebd., Anm. 31).

Revolutionskalenders.[36] Um nicht in politische Diskussionen oder alte Verantwortlichkeiten gezogen zu werden, begründet er das mit der fortdauernden Unsicherheit über die Aussprache des Namens 'vendémiaire'.[37] Seinen Bericht vom astronomischen Jahr 1801 eröffnet er dann mit der Erklärung: "Je me sers du calendrier de toutes les nations, persuadé que le Gouvernement français renoncera bientôt à un calendrier qui n'est entendu et ne peut être adopté ni de nos voisins ni de la grande majorité des Français."[38] Mit Befriedigung vermerkt er zwei Jahre später beim Druck dieses Vortrags, der zitierte Satz habe ihm langanhaltenden Beifall eingebracht.[39] Im nachgelassenen Schlußband von Montuclas 'Histoire des mathématiques', welcher im Mai 1802, von Lalande ediert und ergänzt, herauskam, stellt er sich gar post festum als ersten und von Beginn an entschiedenen Gegner des Revolutionskalenders dar, der seiner astronomischen Zuständigkeit wegen offiziell zu dessen Erstellung gezwungen worden sei: "Le cit. de la Lande", schreibt er nun unter dem Decknamen des toten Montucla, "paroit plus occupé de le (scil. le calendrier républicain - jf.) faire rejeter que de le perfectionner, parce qu'il voit l'impossibilité de le faire adopter, quoique" - wie er nun doch mit verräterischem Schöpferstolz anfügen muß - "plus simple et plus commode."[40]

36 Als Grundmuster der Lebensgeschichte Lalandes erscheint sein Hang, das Eine zu tun, ohne das Andere zu lassen. Bongies Quellenforschungen (Anm. 22) widerlegen die Selbstdarstellung des Naturwissenschaftlers, am preußischen Hof zum Aufklärer und Atheisten geworden zu sein. Die ganzen sechziger Jahre hindurch brach er nicht öffentlich mit dem Katholizismus. Noch der spätere anonyme Mitherausgeber des 'Dictionnaire des Athées' (1799/1800), dessen Suppléments (1803/5) ihm einen Verweis des 'Empereur' einbrachten (s. G. Barral: Histoire des sciences sous Napoléon Bonaparte Paris, S. 87f., 212; A. Aulard: Napoléon et l'athée Lalande, in: ders.: Etudes et leçons sur la Révolution Française; Paris 1904, Bd. 4, S. 303 - 316; voller Entrüstung über Lalande: J.Ph. Damiron: Mémoires pour servir à l'histoire de la philosophie au XVIIIe siècle; Paris 1858, ND Genève 1969, Bd. 2, S. 465 - 479), blieb Anhänger des Jesuitenordens, dessen Zögling er war; und derselbe Astronom, von dem 1798 aus Gotha der Satz kolportiert wird, er habe "schon 600 Sterne, aber noch keinen Gott entdeckt" (G.C. Lichtenberg: Schriften und Briefe, Hg. W. Promies; Darmstadt 1967, Bd. 4, S. 996), hatte den Klerikern, die er während der 'terreur' in den Katakomben eines Observatoriums versteckte, geraten, sie möchten sich als Kollegen, und, wenn sie nicht direkt lügen dürften, als Himmelskundige ausgeben (lt. Jarrin (Anm. 10), S. 117). Jedes zweite Mal erklärte Lalande, das Vorige nicht so gemeint zu haben; jedenfalls sicherte ihm dieses Hin-und-Her-Spiel sich aufhebender Bekundungen doppelte Gelegenheit zur Publizität. Noch vor der Jahrhundertwende scheint freilich das hauptstädtische Publikum seiner müde zu werden. Siehe A. Aulard (Hg.): Paris pendant la réaction thermidorienne et sous le directoire. Recueil de documents pour l'histoire de l'esprit public à Paris, 5 Bde.; Paris 1898 - 1902, hier Bd. 4, S. 110, Bd. 5, S. 110; vgl. vor allem die übereinstimmenden Berichte Bugges (Anm. 10), S. 123 (Hg. Crosland 1969) bzw. S. 186 (übers. Tilemann 1801) und - vermutlich eben - Burckhardts (Anm. 10), S. 338.

37 Siehe A. Aulard (Hg.): Paris sous le consulat. Recueil de documents pour l'histoire de l'esprit public à Paris, 4 Bde.; Paris 1903 - 1909, hier Bd. 2, S. 294; vgl. Bd. 4, S. 400, 414.

38 Lalande: Bibliographie astronomique (Anm. 15), S. 844.

39 Siehe ebd. Vgl. auch das Tagebuch, das Luigi Valentino Brugnatelli vom 1.9. bis zum 4.12.1801 als Reisebegleiter Alessandro Voltas in Paris führte (in: A. Volta: Epistolario. Edizione nationale, Bd. 4: 1800 - 1805; Bologna 1953, Appendice XXVIII, S. 461 - 533). Brugnatelli referiert von Lalandes "memoria" den Satz: "Il est temps de se conformer au(x) calendaires de toutes les autres Nations et abbandonner (!) notre décadaire qui sent du barbarisme", um über die Reaktion darauf zu berichten: "Tutta la numerosa adunanza fece triplice evviva." (S. 526)

40 J.(ean)-F.(sic!, recte: Etienne) Montucla: Histoire des mathématiques. Achevé et publié par

Von solchen Überlegungen sind die kosmischen Bezüge der Kleistischen Parisbriefe nun toto coelo verschieden, und doch scheint, wo der Korrespondent von den himmlischen Dingen spricht, immer auch ein Hieb- und Stichwort gegen Lalande gerichtet. "Ja, tun, was der Himmel sichtbar, unzweifelhaft von uns fordert, das ist genug" (II, 683), schreibt er seiner Verlobten. Lalande hätte das ebenso formulieren können, dabei aber dem Buch des Himmels die Forderung abgelesen, Gegenstand astronomisch-observatorischer Lektürearbeit zu sein. Kleist verstand es anders: "Dem hat der Himmel ein Geheimnis eröffnet, der das tut und weiter nichts. Freiheit, ein eigenes Haus und ein Weib, meine drei Wünsche, die ich beim Auf- und Untergange der Sonne wiederhole, wie ein Mönch seine drei Gelübde! O um diesen Preis will ich allen Ehrgeiz fahren lassen und allen Ruhm der Gelehrten. - Nachruhm! Was ist das für ein seltsames Ding, das man erst genießen kann, wenn man nicht mehr ist?" (II, 683)[41] Lalande wird hierin implizit und flagrant widersprochen. Zu den Topoi der Literatur über den Astronomen gehört, ihm 'le goût de la célébrité' zuzusprechen. Nachruhm war die Form, in der der erklärte Atheist zu überleben hoffte.

Im Sinne der Tempuslehre Walter Benjamins hat aber Kleist, solches im Paris des Jahres 1801 in Frage zu stellen, ein geschichtsphilosophisches Recht. Carl Lotus Becker hat in seinem von der amerikanischen Forschung hochgeschätzten Essay 'The Heavenly City of the Eighteenth-Century Philosophers' (New Haven 1932) dargelegt, wie sich die christlich jenseitige 'Civitas Dei' den Aufklärern des 18. Jahrhunderts und den Revolutionären von 1789 säkularisierte und transformierte in das imaginäre Publikum einer zur historischen Gerechtigkeit fortgeschrittenen Nachwelt. Sie sollte alle Gunst erweisen, welche der vorläufige Stand der Geschichte zurückhielt. In Kleists literarisch forcierter Darstellung war das Paris von 1801 ein Ort, der seiner Vorgeschichte in Publikation und Revolution nicht gerecht wurde.[42] Mit Lalande begegnete er einem an beidem Beteiligten, der seine Beteiligung minderte und leugnete. Kleists Pariser Jenseitsvorstellung ist deshalb weder die augustinische Gemeinschaft der Gläubigen noch die sich kontinuierende Leserschaft künftiger Astronomiehistoriker, sondern die stationenweise gesteigerte Wiedergeburt im Kosmos, die Palingenesie.

Diese beliebte Verlegenheitslösung der Theoretiker von der Mehrheit der Welten und der menschlichen Vervollkommnung und Unsterblichkeit mag er, wie ein

Jérôme DE LA LANDE; Paris, an X (mai 1802), Bd. 4, S. 333. Zur angeblichen Nötigung Lalandes s. S. 329. Um die Publikation der zweiten, ergänzten Ausgabe von Montuclas Werk kümmerte sich Lalande seit dessen Tod, s. D.E. Smith: Among My Autographs. 6. The Threatened Loss of the Second Edition of Montucla's 'History of Mathematics', in: American Mathematical Monthly 28 (1921), S. 207f.

41 M. Moering hat zu Recht darauf hingewiesen, daß 'Witz und Ironie in der Prosa Heinrich von Kleists' (München 1972) stark der französischen Texttradition von der Moralistik bis zu Rousseau verpflichtet sind. Dies gilt insgesamt für die paradoxen antifranzösischen Wendungen Kleists. Moering verwies auch auf die Wiederkehr von Paristopoi der französischen Literatur gerade in den Kleistischen Briefen aus Paris (S. 145 - 153 und ff., vgl. 194 - 196).

42 Vgl. Hoffmann (Anm. 7): "Wenn Kleist (...) auf den 'Nachruhm' zu sprechen kommt (...), so klingt das fast, als wollte er Diderots Ansicht persiflieren, daß keine andere Sterblichkeit als das Fortleben im Nachruhm zu erwarten sei." (S. 42) - Diderot ist einer der ersten Textzeugen für Beckers These.

markantes Zitat andeutet, der Herderschen Schrift 'Über die Seelenwandrung' entnommen haben.[43] Sich auch versprach er, was er seiner Adressatin Karoline von Schlieben in Aussicht stellte: "Wenn Sie auf diesem Sterne keinen Platz finden, der Ihrer würdig ist, so finden Sie vielleicht auf einem andern einen um so besseren." (II, 665)

Damit bekommt Kleists Unsterblichkeitsaussicht eine andere kosmische Dimension als die des ambitiösen Astronomen Lalande. Dessen Ehrgeiz blieb seinem Medium unangemessen, da ohne kosmische Erstreckung und wo nicht einfach irdisch, so doch tellurisch beschränkt: "Wer wird nach Jahrhunderten von uns und unserem Ruhme reden? Was wissen Asien und Afrika und Amerika von unseren Genien? Und nun die Planeten - ? Und die Sonne - ? Und die Milchstraße - ? Und die Nebelflecke - ?" (II, 684)

Die Perspektive auf ein universal multipliziertes Fortleben weist in ihrer selbstunsicheren Rhetorik jedoch auf das jetzige Leben zurück. Es ist das der Erde, als terra: des Körpers, der sich palingenetisch zu sublimieren verspricht, als tellus: unseres Planeten. Zum Arsenal der fremden Blicke, die Kleist auf Paris wirft, gehört der tellurisch umfassende. "So rollt doch unser Planet immer noch freundlich durch den Himmelsraum" (II, 683) - und gibt damit dem irdischen Kleist, der sein Herz an anderer Stelle mit einem wankenden Planeten vergleicht (II, 643), ein Beispiel. Aktionismus, Aktualismus, Genuß verschreibt er sich, "Freiheit, ein eignes Haus und ein Weib" (II, 683), wie er beim Auf- und Untergang der Sonne sich zu wiederholen versichert, während er vom Naturwissenschaftler sagt: "Wenn die Sonne glühend über den Horizont heraufsteigt, so fällt ihm weiter nichts ein, als daß sie eigentlich noch nicht da ist" (II, 679). "Sind wir da", fragt er drohend im Sinne dieses Kontrasts, "die Höhe der Sonne zu ermessen, oder uns an ihren Strahlen zu wärmen?" (II, 678) "Ich glaube", behauptet der Korrespondent vom Begründer der modernen Optik und Himmelsmechanik, "daß Newton an dem Busen eines Mädchens nichts anderes sah, als seine krumme Linie, und daß ihm an ihrem Herzen nichts merkwürdig war, als sein Kubikinhalt." (II, 679) Ob der sich brieflich erprobende Dichter Kleist wußte, daß Lalande, der unverheiratet blieb, auf eine Frau, die ihm bei astronomischen Berechnungen half, ein Gedicht geschrieben hatte, "où il l'appelle le sinus des grâces et la tangente de nos coeurs"?[44]

43 Kleist schwärmt von der "Sonne, (die wir darum auch König*in*, nicht König nennen)", die "alle Sterne, die in ihrem Wirkungsraum schweben, an sicht zieht (...), Licht und Wärme und Leben ihnen gebend", "bis sie am Ende ihrer spiralförmigen Bahn an ihrem glühenden Busen liegen "(II, 573, 660). Eine ähnliche kosmologische Imagination von Weiblichkeit findet sich in der erwähnten Herderschen Schrift. Siehe J.G. Herder: Sämmtliche Werke, Hg. B. Suphan; Berlin 1888, Bd. 15, S. 243 - 303, wo die Sonne bezeichnet wird als "*Versammlungsort* aller Wesen des Systems, das sie beherrscht", als "Königin alles Lichtes und aller Wärme" und "Mittelpunkt und Vaterland dessen, was wir in unserem Sonnensystem *Wahrheit, Licht, Liebe* nennen" (S. 276). Herders Schrift erschien 1785 in der Ersten Sammlung der 'Zerstreuten Blätter'. Zur Nähe Kleistischer Briefpassagen zu diesem Text s. auch die Andeutungen bei R. Unger: Herder, Novalis und Kleist; Frankfurt a. M. 1922, ND Darmstadt 1968, S. 114, vgl. S. 14 - und bei H.-J. Kreutzer: Die dichterische Entwicklung Heinrichs von Kleist. (...); Berlin 1969, S. 67 Anm. 77.

44 Delambre/Mathieu (Anm. 22), S. 612, Anm. 1, rechte Spalte. Der vollständige Text des Gedichtes auf Mme. Lepaute findet sich bei E. Doublet: Le bicentenaire de Jérôme de Lalande, in: Revue scientifique, 5e série, 70e année, No. 15 (13 aout 1932), S. 452 - 458, hier S. 456.

Gegenüber Kleists planetenhaft bewegtem Herz bemühte sich Lalande, in der astronomischen Arbeit alle Leidenschaften und Triebe szientifisch zu disziplinieren. Sein erklärtes Arbeitsethos versprach emotionale Befriedrigung und Genuß bei völliger Schonung der Körperkräfte und des Schamgefühls: "L'étude est d'ailleurs un préservatif contre le désordre des passions (...). Je ne connois rien qui réussisse mieux à cet égard que l'application aux sciences mathématiques, et spécialement à l'astronomie. Les merveilles qu'on y découvre captivent l'âme, et l'occupent d'une manière noble, délicieuse et exempte de dangers: elles élèvent l'imagination, elles perfectionnent l'esprit, elles remplissent et satisfont le coeur, elles éloignent les désirs dangereux et frivoles, elles procurent sans cesse une nouvelle jouissance."[45] Diese Passage aus der Vorrede zu Lalandes Astronomie-Lehrbuch hätte Kleist im Juli 1801, also im Monat seiner Parisankunft, lesen können. Sie wurde zitiert in einer deutschen Fachzeitschrift, die Johann Karl Burckhardt (1773 - 1825) porträtierte, einen Deutschen, der seit gut dreieinhalb Jahren in Lalandes Haus lebte und sich dort zu einem renommierten Astronomen entwickelte.[46] Kleist, über seine eigene Berufung völlig schwankend, hätte von Lalande wohl eine ähnliche Aufforderung gehört, wäre die psychische und gesellschaftliche Unsicherheit des privatisierenden preußischen Offiziers zwischen ihnen zur Sprache gekommen.

Die Triebökonomie täglich sich erneuernder Arbeitsaufgabe, Arbeitskraft und Arbeitslust war längst die zur zweiten Natur erwachsene Lebenslösung Lalandes. Sie war es im Professionellen und im Politischen. Wo neben den "standard clichés" über Lalande der "private man" bleibe, was eine neuere englische Studie wissen will,[47] ist nicht zu beantworten, vielleicht nicht zu fragen. Lalande war irreversibel eine öffentliche Person, und in Voltaireschem Tone publizierte sie, halb Verspieltheit, halb Abgeklärtheit markierend, noch die eigene Hinfälligkeit und Lebendigkeit als Selbstzerstörung und Erotik ihrer triebhaften Bindung an die Disziplin: "Ich habe noch gar keine Lust zu sterben, denn vorerst muß ich Sie" - gemeint ist der Gothaer Kollege Franz Xaver von Zach - "in diesem Leben noch einmahl von Angesicht zu Angesicht sehen und sprechen. Meine Gesundheit ist für mein Alter wirklich merkwürdig, das macht, weil ich vernünftig gelebt habe (...). Arbeit ist bei mir das dringendste Bedürfniß und Astronomie die heftigste Leidenschaft geworden. Man sagt, die Schwäne singen, wenn sie sterben; wenn ich sterbe, so ist Astronomie mein Schwanen-Gesang, aber ich befinde mich noch so wohl, daß ich hoffe, es sollen noch einige Jahre hingehen, ehe ich mein letztes Lied singe. (...) Sehen Sie doch, wie glücklich ich bin; alles gelingt mir, meine Gesundheit ist unzerstörbar, meine Genüsse sind fortdauernd, denn die Astronomie ist meine Geliebte, und ich genieße täglich."[48]

45 J. de Lalande: Astronomie; Paris ³1792, Bd. 1, S. IX. Etwas fehlerhaft zit. von: Anon. (vermutl. F.X. von Zach): Johann Carl Burckhardt (...), in: Monatliche Correspondenz zur Beförderung der Erd- und Himmelskunde 4 (1801), S. 38 - 53, 140 - 154, 264 - 274, hier S. 45.

46 Burckhardt wohnte durch Vermittlung Zachs seit dem 15. Dezember 1797 bei Lalande; später wurde er sein Nachfolger als Direktor der Pariser Nationalsternwarte. Siehe J. von Lücenay: Art. Johann Karl Burckhardt, in: Neuer Nekrolog der Deutschen, 3. Jg., Bd. 1; Ilmenau 1827, Nr. XLIV, S. 747 - 761, hier S. 756.

47 Bongie (Anm. 22).

48 Briefe Lalandes an Zach, Paris, 17., 23. und 29. 3. 1798, in: Allgemeine Geographische Ephemeriden 1,5 (May 1798), S. 603 - 613, hier S. 610f.

Kleist aber verlangte nach sinnlicher Präsenz. Obsessiv mit dem zerstückelten Körper befaßt, muß ihn Paris auch als die Hauptstadt der Guillotine angezogen haben. Wie von der Somatik der Gewalt war er von der der Sexualität entsetzt und fasziniert. Beide fügten sich ihm zum Phantasma der Revolution. "Noch habe ich von den Franzosen nichts als ihre Greuel und Laster kennengelernt", schreibt er vor dem Aufbruch in die Metropole aus Straßburg (II, 659). Greuel und Laster sucht er dann auch in Paris. Seine Schritte umkreisen das Palais Royal und die 'Halle au blé', "wo", 'terreur' der Freiheit, "auch der letzte Zügel gesunken ist" (II, 678). Politisierung der Stadt und Mobilisierung ihrer Straßen hinterlassen für Kleist die Spur der Prostitution. Er will jenes Babylon Paris wiedersehen, von dem Andreas Georg Friedrich Rebmann 1797 geschrieben hatte: "Ich glaubte ins Heiligtum der Freiheit zu treten und trat - in ihr Bordell!"[49]

Statt Freiheit sah Kleist Freizügigkeit, statt Gleichheit Gleichgültigkeit, statt Brüderlichkeit den Vatermord. Denn das ist ihm das zentrale Skandalon dieses Ortes, daß an ihm die Triebe, mithin das Ödipale anstandslos realisiert würden: "Ein Ehebruch des Vaters mit der Tochter, des Sohnes mit der Mutter, ein Totschlag unter Freunden und Anverwandten sind Dinge, dont on a eu d'exemple, und die der Nachbar kaum des Anhörens würdigt." (II, 686) Oswald Kästle hat in der überzeugendsten psychoanalytischen Kleist-Interpretation, die ich kenne, die Fixierung von Kleists Vorstellung der Französischen Revolution auf das Tabu des Königsmords herausgearbeitet.[50] Mit ihm depotenzierte die bürgerliche Majorität des Konvents den 'pater patriae'.[51] Nur so ist zu erklären, daß Napoleon in der späteren besatzungsfeindlichen Propaganda Kleists affektiv als gespenstischer Nachkomme und Invadeur der Französischen Revolution schrecklich gemacht und mit dem Unwort belegt wird, er sei der "Vatermördergeist" (II, 354).[52]

Kleists Pariskritik von 1801 rekurriert hingegen noch auf die Topoi der Vorrevolution. Wenn er die ihn enttäuschende Feier vom 14. Juli gleichwohl als "Fest der

49 Zit. n. Th. Grosser: Reiseziel Frankreich. Deutsche Reiseliteratur vom Barock bis zur Französischen Revolution; Opladen 1989, S. 260. Vgl. Oelsner (Anm. 1): Die Revolutionsverfassung vom 3. 9. 1791 sei "ein schönes Kind, in den Ausschweifungen eines Bordels (!) geboren ," Bd. 1, S. 36. Das Klischeehafte dieser Vorstellung belegt ein bei Grosser zitierter Anonymus, der sich im gleichen Jahr 1797 dagegen verwahrte, daß "'das ganze Land (scil. Frankreich - in der Sicht der Deutschen, jf) (...) nichts anders als ein großes Bordel (!)'" sei (ebd., S. 310).

50 Siehe O. Kästle: Kleists Verhältnis zur Sprache. Eine Interpretation des Aufsatzes 'Über die allmähliche Verfertigung der Gedanken beim Reden' unter besonderer Berücksichtigung psychoanalytischer Gesichtspunkte; Staatsexamensarbeit, FU Berlin, Fachbereich Germanistik, 1976 (Typoskript), S. 75 - 85, 122 - 125.

51 Zur mental-emotionalen Assoziation von Königs- und Vatermord bei den unter Patriarchat und Monarchie sozialisierten Subjekten vgl. H. Peitsch: Georg Forsters 'Geschichte der englischen Litteratur': Ein Beitrag zur Vermittlung der britischen Debatte über die französische Revolution an das deutsche Publikum (Typoskript, 1988), S. 20f. Anm. 76. Dort Verweise auf L. Hunt: Politics, Culture, and Class in the French Revolution; Berkeley, Los Angeles 1984, S. 31f.; M. Vovelle: Die Französische Revolution - Soziale Bewegung und Umbruch der Mentalitäten; München/Wien 1982, S. 106; vgl. auch zur Verankerung dieser Vorstellung in Rechtskodex und Strafvollzug: M. Foucault, Überwachen und Strafen. Die Geburt des Gefängnisses; Frankfurt a. M. [7]1987, S. 22.

52 Vgl. Kästle (Anm. 50), S. 122.

wiedererrungenen Freiheit"(II, 664) bezeichnet,[53] ist mit der Implikation einer ursprünglichen natürlichen Freiheit das deutlichste prorevolutionäre Moment seiner Stadtansicht als rousseauistisches bestimmt. Das Pauschale seiner Aversion begründet er jedoch im Zurückbleiben der Gegenwart hinter den Idealen des Genfer Orateurs: "Rousseau ist immer das vierte Wort der Franzosen; und wie würde er sich schämen, wenn man ihm sagte, daß dies sein Werk sei?" (II, 664f.) Auf Lalande ist nun Kleists rousseauistische Opposition positivistisch und ex negativo zu beziehen. Da der Wissenschaftler ein selbst beinahe astronomisches 'name dropping' betrieb, hat er vielleicht auch Kleist gegenüber nicht unerwähnt gelassen, daß er, wie seinen Freimaurerbrüdern Voltaire, Diderot, Helvétius und d'Alembert, so auch Rousseau persönlich begegnet ist.[54] Längst publiziert war, daß er seine in Gotha deponierten Lebenserinnerungen 'Confessions' genannt hatte.[55]

Mit Rousseau aber wendet sich Kleists Institutionskritik gegen die Wissenschaft. Dies so, daß mit ihr oft auch der Wissenschaftler Lalande gemeint und angegriffen scheint, der Rousseaus Weg kreuzte. Ganz in der Nachfolge von dessen Antwort an die Akademie von Dijon bestätigen seinem deutschen Leser "alle Sinne (...), was längst (s)ein Gefühl (ihm) sagte", nämlich, daß uns die "Wissenschaften weder besser noch glücklicher machen" (II, 681; vgl. 671, 692, 693 u. insb. 682). Kleists Affekt gegen das in Lalande verkörperte nachrevolutionäre Fortleben der Wissenschaft, welche noch kürzlich durch die rousseauistische Phase dieser Umwälzung bedroht schien, steht somit im genauen Gegensatz zu der neun Jahre zuvor geäußerten Befürchtung des deutschen Pariskorrespondenten Oelsner: "Schon beginnt man gegen die Wissenschaften und Künste mit Heftigkeit zu deklamiren. - Rousseau's resultatloser Contractsocial (!) hat viel Schaden gethan; seine paradoxale Deklamationen gegen die Wissenschaften fangen an und drohen zu wirken."[56] Die nun aber von

53 Die Kleist-Biographik hat zuletzt insbesondere Text- und Bildillustrationen zu Kleists Bericht vom Pariser Revolutionsfest am 14. 7. 1801 aufgefunden (s. Weiss (Anm. 6), S. 10 - 15; Th. Wichmann: Heinrich von Kleist; Stuttgart 1988, S. 45f.; I. Oesterle: Werther in Paris? Heinrich von Kleists Briefe über Paris, in: Heinrich von Kleist. Studien zu Werk und Wirkung, Hg. D. Grathoff; Opladen 1988, S. 97 - 116, hier S. 106f.). Zur dort ausgewerteten Zeitschrift 'London und Paris' s. aber auch schon Hoffmann (Anm. 7: S. 83 Anm. 15); Streller u. a. (Anm. 7: Bd. 4, S. 560); E. Siebert (Hg.): Heinrich von Kleist. Leben und Werk im Bild; Frankfurt a. M. 1980, S. 79, Abb. 68. Hinzuweisen ist auf den Bericht H. von Hastfers (später v. Chézy) (Leben und Kunst in Paris unter Napoleon dem Ersten, 2 Bde.; Weimar 1805 - 1806, hier Bd. 2, S. 114 - 118). Dieser Text ist wesentlich ausführlicher und präziser als die von Weiss (S. 12 Anm. 35) erwähnte Passage aus ihren erst 1858 veröffentlichten Memoiren. Mit Recht ist zudem der Quellenwert ihrer späteren Autobiographie angezweifelt worden (s. P. Holzhausen: Der erste Konsul Napoleon und seine deutschen Besucher. (...); Bonn 1900, S. 15; zu Kleist hier nur beiläufig S. 117 Anm. 1, 119 Anm. 1). Zum Fest vom 14. 7. 1801 findet sich weiteres Material, das auch im Bildteil über das von den Kleist-Kommentatoren herangezogene hinausgeht, bei M.-L. Biver: Fêtes révolutionnaires à Paris; Paris 1979, S. 145 - 155 und Abb. 52 - 59.

54 Siehe E. Jovy: Quelques mots de Lalande sur Jean-Jacques Rousseau à Monquin en 1769, in: Bulletin du bibliophile et du bibliothécaire, Jg. 1912, S. 496 - 504; vgl. Bongie (Anm. 22), S. 390, insb. Anm. 57 und 58.

55 Siehe Briefe Lalandes an Zach (Anm. 48), S. 610.

56 Oelsner (Anm. 1), Bd. 2, S. 200. Oelsners Kritik richtet sich insgesamt weniger gegen den Autor als gegen den von den Jakobinern praktizierten Rousseau (vgl. Bd. 1, S. 108, 308, 393; Bd. 2, S. 16).

Napoleon und seinem Innenminister Chaptal unter dem wiederholten Lob Lalandes betriebene Förderung des "Studium(s) der Naturwissenschaft, auf welches der Geist der französischen Nation mit fast vereinten Kräften gefallen ist, wohin", fragt Kleist, "wird (es) führen? Warum verschwendet der Staat Millionen an alle diese Anstalten zur Ausbreitung der Gelehrsamkeit? Ist es ihm um *Wahrheit* zu tun? Dem *Staate*? Ein Staat kennt keinen andern Vorteil, als den er nach Prozenten berechnen kann. Er will die Wahrheit *anwenden* - Und worauf? Auf Künste und Gewerbe." (II, 681) Beachten wir hierzu noch einmal Lalande, dessen 'Histoire céleste françoise' ab dem 15. Mai 1801 auf Staatskosten gedruckt von der Presse ging,[57] und der sich mit mehreren Bänden über das recht angewandte Handwerk des Schusters, Papierherstellers, Weißgerbers usw. beteiligt hatte am 'Académie'-Projekt einer 'Description des arts et métiers', also der Künste und Gewerbe.[58] Auch der erwähnte Katalog von 50.000 Sternörtern wurde schwerlich allein aus Gründen des Nationalprestiges, das heißt zur Demonstration gegenüber den bedrohlich in den Kosmos ausgreifenden Herschelschen Fernrohren subventioniert. Lalande ermüdete nicht, den Anspruch der Astronomie auf staatliche Förderung mit ihrer Orientierungsleistung für Handel und Marine zu begründen. Dem Parisbesucher Kleist scheint die Wahrheit des Forschers nicht mehr so würdig (s. II, 671), und wenn er von der "zyklopischen Einseitigkeit" des Naturwissenschaftlers spricht (II, 679), sehe ich den 1,62 m kleinen Lalande vor mir, dessen Gesicht sich unter dem Teleskop polyphemhaft entstellt.[59] Aufklärerische Wissenschaft schlägt um in Mythologie, und es wird dem späteren Autor der 'Penthesilea' kaum entgangen sein, daß Paris selbst nach dem Trojaner benannt ist, der Helena entführte.

Die Kleist-Kommentatoren haben zur zyklopischen Einseitigkeit des Gelehrten auf eine Stelle in Kants Anthropologie verwiesen.[60] Wenn Kleist behauptet: "Als ich in mein (!) Vaterland war, war ich oft in Paris" (II, 677), verrät er generell die der physischen Reise vorgängigen Exkurse des Parislesers. Tiecks 'William Lovell' und Montesquieus 'Lettres persanes', vielleicht auch die 'Tableaux' Merciers und sicher - und vor allem - Rousseaus Bücher haben ihm längst die stadtgeographischen Topoi mit stadtliterarischen besetzt.[61] Kleist sah Paris im Lichte einer im Ancien Régime

57 Dieses Datum nennt Lalande selbst in seiner 'Bibliographie astronomique' (Anm. 15), S. 850. Da Brugnatelli (Anm. 39) am 3. 11. November 1801 notiert: "LALANDE mi disse que stá stampando un' opera sulla storia celeste" (S. 516), hat es sich am 15. Mai wohl nur um ein frühes Exemplar gehandelt, während der Rest der Auflage noch während des Kleistischen Parisaufenthalts von der Presse lief.

58 F. Klemm (Naturwissenschaften und Technik in der Französischen Revolution; Düsseldorf/ München 1977 (= Deutsches Museum. Abhandlungen und Berichte. 45. Jg., H. 1), S. 24f., 40) verweist auf den militärisch-ökonomischen Utilitarismus der revolutionären Wissenschaftspolitik, der nur zeitweilig von den radikalen Bilder- und Maschinenstürmern verdrängt wurde. So berichtet er von der Gründung des 'Bureau de Consultation des Arts et Métiers' (1791) und derjenigen des 'Conservatoire des Arts et Métiers' (1794)

59 Lalandes Körpergröße nennt Bongie (Anm. 22), S. 381 Anm. 32.

60 Siehe Streller u. a. (Anm. 7), Bd. 4, S. 564; Sembdner II, S. 975, sich berufend auf L. Muth: Kleist und Kant. Versuch einer Interpretation; Köln 1954 (= Kantstudien. Ergänzungshefte, 68), S. 32; H.D. Zimmermann: Kleist, die Liebe und der Tod; Frankfurt a. M. 1989, S. 130.

61 Zu Tieck: W. Herzog: Paris in Kleists Briefen und in Tiecks 'William Lovell', in: Euphorion 15 (1908), S. 713 - 716; vgl. ders.: Heinrich von Kleist. Sein Leben und sein Werk; München 1911,

ausformulierten Kritik. Die spezifische Anziehungskraft der Stadt verdoppelte sich für ihn dadurch, daß in ihr inzwischen eine Revolution stattgefunden hatte, die sich auf Rousseau berief. Gerade die Verbitterung, die Rousseauschen Ideale vor Ort nicht eingelöst zu finden, verschärfte Kleists Rousseauismus wie seine Kritik an Stadt und Revolutionsverlauf. Diesem Paris ist vorgeschrieben, der Korrespondenzort der 'Nouvelle Héloïse', die Lehrstätte des 'Emile' zu sein sowie auch jene Capitale der Demütigungen, in die sich der alte träumende 'promeneur solitaire' Jean-Jacques zurückzieht. In den Straßen von Paris reiteriert Kleist die Kreuzwege Rousseaus. Unfähig gleichfalls, sich "in irgend ein konventionelles Verhältnis zur Welt zu passen" (II, 692), überläßt sich der Nachfolger des Notenkopisten und 'rêveur' aus Genf einer "seltsame(n) Träumerei", die nicht weniger reizend sei als die Sphärenmusik der Dichter (II, 674). Er glaubt, so tun zu müssen, denn die Romane hätten selber "das reinste, menschlichste, einfältigste Glück (...) zu einer bloßen Träumerei herabgewürdigt." (II, 695) Die Übereinstimmungen des Briefschreibers Kleist mit den 'Rêveries du promeneur solitaire' sind nicht streng inhaltliche, sondern formale in der Gleichheit des rhetorischen Appells an die einzigartige Pathosberechtigung des Einsamen.[62] Kleist liest Paris nach literarischen Programmen, das aber, weil er Gelegenheit findet, bei seinem Aufenthalt in der Stadt die Parislektüre Rousseaus für sich zu aktualisieren.

Aus der vermauerten Unnatur der Stadt sucht er Ausflucht in die Erhabenheit der kosmischen Natur. Ingrid Oesterle hat die Verwehrung dieser Perspektive als typische Erfahrung der zeitgenössischen deutschen Parisliteratur bei Tieck, Brentano und Kleist nachgewiesen: "Der Ausfall des gestirnten Himmels über dem Pariser Häusermeer ist Sinnbild großstädtischer Verweigerung erhabener Sittlichkeit."[63] Die

S. 164 - 166; dem folgen Moering (Anm. 41), S. 149; Wichmann (Anm. 53), insb. 27f., 45 - 51, 135f., 222; Zimmermann (Anm. 60), S. 123, 125, 130; ausführlich v. a. P. Struck: Kleists Wahrheitskrise und ihre frühromantische Quelle; Diss. Hannover 1985, S. 149 - 212. - Zu Montesquieu: Hoffmann (Anm. 7), S. 43f.; Sembdner II, S. 974 - 976. Grundlegend für Kleists literarisierte Pariswahrnehmung ist der Aufsatz von I. Oesterle (Anm. 53). Zu Mercier dort S. 98 Anm. 2.

62 Zu Kleist und Rousseau: R. Ayrault: Heinrich von Kleist. Edition définitive; Paris 1966 (erste Fassung Paris 1934), S. 262 - 278; O. Ritter von Xylander: Heinrich von Kleist und J.J. Rousseau; Berlin 1937; S. Streller: Heinrich von Kleist und Jean-Jacques Rousseau, in: Weimarer Beiträge 8 (1962), S. 541 - 566; als Vorarbeit zum Folgenden: B. Böschenstein: Drei Transfigurationen Rousseaus in der deutschen Dichtung um 1800: Hölderlin - Jean Paul - Kleist, in: Jahrbuch der Jean Paul Gesellschaft 1 (1966), S. 101 - 116, insb. S. 112 - 116. Auf Kleists deutliche Beeindruckung durch die 'Rêveries' verwies - nach Ayrault (S. 271) - und vor allem J. Starobinski: L'oeil vivant. Essai; Paris 1961, S. 187 - 190 - Böschensteins Aufsatz 'Kleist und Rousseau', in: Kleist-Jahrbuch 1981 - 1982; Berlin 1983, S. 145 - 156 (s. auch S. 157); daran anknüpfend Wichmann (Anm. 53), S. 27f. Lefebvre (Anm. 4), S. 148 - 150 sieht den engen Anschluß von Kleists Pariser Korrespondenz auch an Saint-Preux' Schreiben aus der Metropole.

63 I. Oesterle: Paris - das moderne Rom, in: Rom - Paris - London. Erfahrung und Selbsterfahrung deutscher Schriftsteller und Künstler in den fremden Metropolen, Hg. C. Wiedemann; Stuttgart 1988, S. 375 - 419, hier S. 380, vgl. S. 406 Anm. 75; vgl. auch Oesterles Kleist-Aufsatz (Anm. 53), S. 104f. Oesterle spricht hier freilich von der seit Kant und Schiller ethisierten Erhabenheit, während ich hier deren ästhetische Vorform meine, die bevorzugt an der räumlich-materiellen Übermacht des Kosmos konstituiert wurde.

Gaslaternen scheinen zu stark, ihr Licht wölbt eine Blende gegen das aufblickende unbewaffnete Auge. "Dann", schreibt Kleist, "ist es Abend, dann habe ich ein brennendes Bedürfnis, das alles aus den Augen zu verlieren, alle diese Dächer und Schornsteine und alle diese Abscheulichkeiten, und nichts zu sehen als rundum den Himmel - aber gibt es einen Ort in dieser Stadt, wo man ihrer nicht gewahr würde?" (II, 678)

Es gab ihn, und er lag um zwei Ecken von der Rue des noyers. In der Opferrolle, die sich Kleist seiner Pariser Privatmythologie gemäß zudachte, ging es ihm wie den aus Italien hierher verschleppten antiken Götterstatuen, "die an diesem Orte wie Emigrierte aussehen - Der Himmel von Frankreich scheint schwer auf ihnen zu liegen." (II, 702)[64] In Lalandes Sternwarte wäre er ihm leicht geworden, freilich um den Preis zyklopischer Einseitigkeit, eingefordert durch die disziplinierte Himmelswahrnehmung der instrumentellen, hier teleskopischen Vernunft. Den Kosmos hätte diese nicht mehr kontemplativ, sondern observatorisch vernommen. Wahrscheinlich ist jedenfalls, daß solches der Astronom Lalande von Kleist erwartet hätte - oder hat. "Tout ce qui l'entourait", schrieb Delambre über seinen wissenschaftlichen Lehrer, "devait observer et calculer sous peine d'être déchu de son amitié et de ses bonnes grâces."[65]

Kleist war ungut darauf gefaßt. "Ich bin", wußte er noch vor der Reise zu berichten, "an lauter Pariser Gelehrte adressiert, und die lassen einen nicht fort, ohne daß man etwas von ihnen lernt."(II, 658) Positiv ist solches für Lalande belegt gerade aus der Zeit von Kleists Parisaufenthalt. Der deutsche Physiker Johann Friedrich Droysen (1770 - 1814), der vom 12. August bis zum 24. September 1801 vor allem die wissenschaftlichen Institutionen der Hauptstadt besuchte, berichtet: "Es ist bewundernswürdig welch lebendiges Interesse der schon so bejahrte, aber noch immer thätige Lalande an seiner Wissenschaft nimmt, wie er nur lediglich in derselben, und für dieselbe lebt, welche Aufopferungen er ihr zur Liebe gemacht hat und noch macht.

64 Dies steht im Kontext der zahlreichen deutschen Kommentare und Reiseberichte über die im Louvre ausgestellten Kunst-Trophäen der napoleonischen Italienarmee. Die Kleist-Biographik hatte einzelne Aspekte davon herangezogen (H. Sembdner: Kleist, Theremin und der Apoll vom Belvedere, in: Euphorion 64 (1970), S. 376 - 379; M. Mouseler: 'Kleist, Theremin et l'Apollon du Belvedere'. Discussion à propos d'un article de H. Sembdner, in: Etudes Germaniques 27 (1972), S. 247 - 250; W. Barthel: Zu Briefen Kleists 1793 - 1803. Erster Teil, in: Beiträge zur Kleist-Forschung 1978, S. 21 - 36; quellenvergleichend der Kunsthistoriker H. Dilly: Apoll in Paris, in: Hephaistos 3 (1981), S. 41 - 54, zu Kleist insb. S. 48f.), bevor ihn die magistrale Studie I. Oesterles (Anm. 63) restituierte. - Zu ergänzen wären Oesterles Ergebnisse durch eine Untersuchung der Eindrücke vom 'Musée des monuments français', das gleichfalls von fast allen deutschen Parisreisenden besucht wurde (ich nenne nur Heinzmann, Solger, W. v. Humboldt, Droysen, Kleist, Hastfer, Matthisson). Bedeutendster zeitgenössischer Text zu diesem Museum scheint mir ein Artikel Merciers (Mercier, über die Niederlage der Kunstwerke bei den Petits-Augustins, in: Eunomia, Jg. 1803 (Mai 1803), Bd. 1, S. 392 - 399), von dem ich noch zwei weitere, voneinander abweichende deutsche Textproben (in: Der Neue Teutsche Merkur, Februar 1798, S. 159; Die kleinen Augustiner, in: J. Pinkerton, L.-S. Mercier und C.F. Cramer: Ansichten der Hauptstadt des französischen Kayserreichs vom Jahre 1806 an; Amsterdam 1807, Bd. 1, S. 338 - 350) ermitteln konnte, nicht jedoch eine französische Fassung (im 'Nouveau tableau de Paris', auf den Oesterle (Anm. 63), S. 410, Anm. 96 verweist, fand ich ihn nicht).

65 Delambre 1807 (Anm. 22), S. 403.

Er hat fast immer einen oder mehrere junge Leute bey sich, die er für die Astronomie aufzieht und unterstützt. In seiner Wohnung, im 'Collège de France', wo er mit seinem Neffen und dessen so geistreichen, als liebenswürdigen (!) Frau und Bur(c)khardt wohnt, ist jeder Ausländer, den die Wissenschaft interessirt, vorzüglich jeder Deutsche willkommen; ich danke diesem Hause sehr vergnügte und frohe Stunden. Ich mag hierher kommen wann ich will, so finde ich diese vier mit astronomischen oder wissenschaftlichen Arbeiten beschäftigt".[66]

Diese vier, und Kleist versagte sich, der Fünfte zu sein. Droysens wie selbstverständlicher Relativsatz über jeden Ausländer, "den die Wissenschaft interessirt", erhält so Ausschließungscharakter disziplinärer, um nicht, für Kleist, zu sagen, disziplinarischer Art. Die Ausfälle gegen Wissenschaft und Wissenschaftler in seinen Parisbriefen lesen sich denn als stellvertretenden Adressaten vorgetragene Zurückweisungen der in Lalande angetroffenen Zumutung, Astronom zu werden. Diese Spannung scheint nicht ausgetragen, sondern in Befremden übersetzt worden zu sein. Von den späteren Parisbesuchen der Jahre 1803/4 ist keine weitere Begegnung mit Lalande überliefert.[67]

Der Glücksfall ihrer zeitweiligen Verbindungen hätte indes sein können, daß der fast siebzigjährige Forscher noch berichten konnte von den französischen Autoren der drei letzten Generationen, die einen Schwerpunkt von Kleists literarischer Sozialisation bildeten. Gerade Montesquieu hat der alte Lalande seine wichtigste Begegnung genannt,[68] und es ist bekannt, wie sich der Pariskorrespondent Kleist in die Perspektive der 'Lettres persanes' einträgt, wohl, um sich darin als Fremder zu bestätigen und der Stadt eine paradoxe Exotik abzugewinnen. Auf den Spuren der bezeichnenden Rückverweise, die der Briefromanautor zwischen der französischen Capitale und dem persischen Harem etabliert, ist seinem preußischen Leser das Viertel ums Palais Royal, was den Figuren Montesquieus das herrschaftliche Lusthaus war.[69] Wie der Romancier beschreibt Kleist das Drängen auf den kotigen Pariser Straßen, wie er "die schmalen, aber hohen Häuser, die sechsfache Stockwerke tragen." (II, 677) "(U)ne ville" erlebte schon eine Person Montesquieus, "bâtie en

66 J.F. Droysen: Bemerkungen gesammelt auf einer Reise durch Holland und einen Theil Frankreichs im Sommer 1801; Göttingen 1802, S. 291f. Zu den Pariser An- und Abreisedaten s. S. 188, 192, 419, 440.

67 Kurz bevor Kleist zum zweiten Mal und wiederum vergeblich versucht, an der 'décente' teilzunehmen, disputieren in Paris Mercier und Lalande öffentlich über die Aussichten der Intervention - am 21. November 1803 (s. Aulard (Anm. 37), Bd. 4, S. 444). Vermutlich am 22. oder 23. wird Kleist die Stadt Richtung Kanalküste verlassen (s. Samuel/Brown (Anm. 2), S. 44).

68 Siehe Amiable (Anm. 20), S. 51, der aus dem bei Salm (Anm. 22) publizierten autobiographischen 'Mémoire' Lalandes vom 21. 10. 1804 zitiert. Zum großen Anteil Montesquieus an den politischen Überzeugungen Lalandes s. auch Jarrin 1887 (Anm. 10), S. 111f.

69 Das unterschwellige Fortdenken in Montesquieus Roman-Orientierung von Paris verrät auch 1803 der deutsche Schriftsteller und Frankreich-Reisende Friedrich Matthisson mit dem Bekenntnis, acht Tage in der Seine-Metropole seien "(n)ichts mehr und nichts weniger, als acht Minuten in Mahomets Freudenhimmel." (Acht Tage in Paris, in: ders.: Schriften. Ausgabe letzter Hand; Zürich 1835, Bd. 6, S. 41 - 100, hier S. 45).

l'air, qui a six ou sept maisons les unes sur les autres".[70] Nicht übernehmen wollte Kleist den vorherigen Satz: "Les maisons y sont si hautes qu'on jugerait qu'elles ne sont habitées que par des astrologues."[71]

70 C. de Secondat dit Montesquieu: Oeuvres complètes, Hg. R. Caillois, 2 Bde.; Paris 1949, hier Bd. 1, S. 165; zur Parallele s. Sembdner II, 974f.

71 Montesquieu (Anm. 70), Bd. 1, S. 165. Mit Kleists Pariser Montesquieu-Berufungen schließt konsequent die umfängliche Darstellung von W. Weißhaupt: Europa sieht sich mit fremdem Blick. Werke nach dem Schema der 'Lettres persanes' in der europäischen und insbesondere der deutschen Literatur des 18. Jahrhunderts, 3 Bde.; Frankfurt a. M./Bern/Las Vegas 1979, hier s. Bd. 2,2, S. 459 - 464.

Nachtrag: Lalandes Freimaurertum belegt eine wenig verbreitete Sammlung: J. de Lalande, Ecrits sur la Franc-Maçonnerie, Hg. Michel Chomarat; Centre Cultur du Buenc, 1982. Ebenso übersehen habe ich die Aufsätze von Jean-Claude Paker u.a., "Jérôme de Lalande"; Bourg-en-Bresse 1985 (= Nouvelles Annales de l'Ain, 1985). Zum Revolutionskalender siehe auch Mona Ozoufs Calendrier-Artikel in: Dictionnaire critique de la Révolution Française, Hgg. François Furet, M. O.; (Paris) 1988, S. 482-491. Ein weiteres Datum von Lalandes Absetzbewegung aus der Mitverantwortung an diesem Kalender ist seine eingeschobene Anmerkung in: (Dominique François) Rivard, "Traité de la sphère et du calendrier. Cinquième édition. Revue et augmentée par Jérôme de Lalande", Paris, an VI (1798), S. 229. Hier bedauert Lalande, daß die Kalenderreform falsch, d.h. nicht genau nach seinen Vorschlägen durchgeführt worden sei. Als sie verabschiedet wurde, im Herbst 1793, sei er auf Reisen gewesen.

DER LANGE ABSCHIED VON DER REVOLUTION

Wahrnehmung und mentalitätsgeschichtliche Verarbeitung der (post-)revolutionären Entwicklungen in den Reiseberichten deutscher Frankreichbesucher 1789 - 1814/15

Thomas Grosser

Obwohl der dokumentarisch-literarische Reisebericht seit dem späten 18. Jahrhundert einen regelrechten Boom erlebte, hat diese Grenzgattung erst in den letzten Jahren ein stärkeres Forschungsinteresse geweckt. Da Reisebeschreibungen eine besonders interessante Quelle für die mentalitätsgeschichtliche Analyse von (Fremd-)Erfahrungsstrukturen darstellen, avancierten sie zu einem wichtigen Gegenstand historischer Kulturbeziehungsforschung. Zudem geben sie aufgrund der unhintergehbaren Interdependenz von intrakulturellen und interkulturellen Wahrnehmungsdeterminanten und Urteilsmustern in vielfältiger Weise Aufschluß über die Dialektik von Selbst- und Fremdbildern wie ihrer Funktionen und Wandlungen.[1] Gerade in einer Umbruchphase wie der der Wende zum 19. Jahrhundert, die in Europa gekennzeichnet war durch die Extensivierung der Erfahrungshorizonte bei einer gleichzeitigen Beschleunigung historischer Entwicklungsprozesse, kam ihnen als Medium der Informationsvermittlung, Selbstverständigung und Reflexion eine eminente Bedeutung zu.

Dies gilt insbesondere für die deutsche Frankreichreiseliteratur dieses Zeitraums. Denn in ihr wird eine besonders wechselvolle Periode in den Beziehungen zwischen dem deutschen Kulturraum und der 'Grande Nation' aus der alltäglichen Sicht der Zeitgenossen dokumentiert. Deutlich läßt deren Analyse erkennen, wie die zahlreichen Brüche der französischen Geschichte in den beiden Jahrzehnten vor und nach 1800 von deutscher Seite wahrgenommen, bewertet und verarbeitet wurden. Dabei gilt es aber in dieser Epoche einer ebenso beschleunigten innerfranzösischen Entwicklung wie einer besonders sprunghaften Veränderung des deutsch-französischen Verhältnisses nicht nur Zeitpunkt, soziale Herkunft und der Mobilität zugrundeliegende Reisetraditionen sowie die Publikationsintentionen der Passagiere im Kontext des Genres "Reiseliteratur" zu berücksichtigen. Vor allem längerfristig angelegte, sozial- wie kultur- und ideengeschichtlich mitbedingte mentale Dispositionen bestimmten nachhaltig das komplexe Bild des (post-)revolutionären Frankreich, das sie entwarfen.[2]

1 Vgl. dazu etwa: G. Huck: Der Reisebericht als historische Quelle, in: Ders./J. Reulecke (Hg.): "...und reges Leben ist überall sichtbar!" Reisen im bergischen Land um 1800; Neustadt/Aisch 1978, S. 27 - 44; M. Harbsmeier: Reisebeschreibungen als mentalitätsgeschichtliche Quellen, in: A. Mączak/J. Teuteberg (Hg.): Reiseberichte als Quellen europäischer Kulturgeschichte; Wolfenbüttel 1982, S. 1 - 31; W. Kessler: Kulturbeziehungen und Reisen im 18. und 19. Jahrhundert, in: Ders. (Hg.): Kulturbeziehungen in Mittel- und Osteuropa im 18. und 19. Jahrhundert; Berlin 1982, S. 263 - 290.

2 Vgl. dazu: T. Grosser: Reisen und Kulturtransfer. Deutsche Frankreichreisende 1650 - 1850, in: M. Espagne/ M. Werner (Hg.): Transferts. Les relations interculturelles dans l'espace franco-allemand (XVIIIe - XIXe siècle); Paris 1988, S. 163 - 230; Ders.: Reiseziel Frankreich. Deutsche

Deutsch-französische Reisekonjunkturen um 1800

Im letzten Drittel des 18. Jahrhunderts war Frankreich ein Land, das "jährlich von Tausenden Deutschen besucht wird".[3] Es zählte somit zu den beliebtesten Zielen deutscher Passagiere. Obwohl mit dem Ausbruch der Französischen Revolution ihr traditioneller Zustrom keineswegs versiegte, so bedeutete doch der Sturm auf die Bastille eine Umorientierung des Reiseverhaltens. Die Zahl der Kavalierstouren ging merklich zurück, wenngleich der deutsche Adel zumindest in der Anfangsphase der Revolution das westliche Nachbarland keineswegs völlig mied.[4] Und während die bedeutende Zuwanderung deutscher Handwerksgesellen im Zuge ihrer vorgeschriebenen und qualifikationsfördernden "Walz" offenbar von den politischen Umbrüchen weniger tangiert wurde,[5] erhielten die bürgerlichen Bildungsreisen, die sich im Zuge der allmählichen Entprivilegisierung des Reisens intensiviert hatten, nun einen neuen Akzent: mehr und mehr dienten sie der Erkundung der konkreten Ausgestaltung und der spektakulären Auswirkungen jenes gesellschaftspolitischen Wandels, der vom "Dritten Stand" in den deutschen Territorien anfangs enthusiastisch begrüßt wurde. Mochte auch insgesamt der Umfang der Frankreichreisen im Vergleich zu den Zeiten des Ancien Régime zurückgegangen sein,[6] die Zahl der Reisebeschreibungen,

Reiseliteratur vom Barock bis zur Französischen Revolution; Opladen 1989. Die älteren Untersuchungen behandeln allein den ideell-politischen Standort der Beobachter, ohne deren sozialpsychologisch-mentale Verarbeitungsmuster herauszuarbeiten; zum Forschungsstand vgl.: Grosser, ebd., S. 13ff., 183, Anm. 1, sowie: A. Ruiz: Heinrich Heines "arme Vorgänger". Zur Tradition der deutschen Freiheitspilger und politischen Emigranten in Frankreich seit 1789, in: Heine-Jahrbuch 26 (1987), S. 92 - 115; T. Höhle (Hg.): Reiseliteratur im Umfeld der Französischen Revolution; Halle/Saale 1987; H. Peitsch: Das Schauspiel der Revolution, in: P.-J. Brenner (Hg.): Der Reisebericht; Frankfurt a.M. 1989, S. 306 - 332; A. Ruiz: Deutsche im Frankreich der Revolution, in: Deutschland und die Französische Revolution 1789/1989; Stuttgart 1989, S. 102 - 125; T. Grosser: Deutsche Begegnungen mit dem Alltag der Revolution. Zur Sozialpsychologie eines komplexen Erfahrungsprozesses, in: T. Höhle: Reisen in das revolutionäre Paris; Halle/Saale 1990 (im Druck).

3 J. von Archenholtz: An Herrn Neumann, die Charakteristik Deutschlands und Frankreichs betreffend (1785), in: Ders.: England und Italien, 5 Bde.; Carlsruhe ²1791, Bd. 5, S. 264 - 282, hier: S. 271; vgl. auch: A. Duvau: Wie fand ich mein Vaterland wieder im Jahr 1802 ?; Leipzig 1803, S. 155: "Kein Land sieht so viele Reisende, als Frankreich".

4 Vgl. dazu etwa: Carl Eugen, Herzog von Württemberg: Tagbuch der Rayße nach Holland und Paris (1791), in: Ders.: Tagbücher seiner Rayßen, Hg. R. Uhland; Tübingen 1968, S. 365 - 391.

5 So schätzte Georg Friedrich Rebmann 1796, daß in Paris "beinahe ein Fünftheil der ehrlichen Vorstadt St. Antoine aus Deutschen" bestehe, "deren man jetzt überhaupt an etablierten 4000 zählt", (G.F. Rebmann: Holland und Frankreich in Briefen geschrieben auf einer Reise von der Niederelbe nach Paris im Jahr 1796, 2 Bde.; Paris und Kölln (= Hamburg), o. J. (= 1797/98), Bd. 2, S. 25; vgl. auch: Neues Paris, die Pariser und die Gärten von Versailles; Altona 1801, S. 103f.). Und Joseph August Schultes wunderte sich 1811 in der französischen Kapitale über die Menge der "deutschen Landsleute (...) unter den Handwerksgesellen, deren es an 25,000 in Paris gibt", (J.A. Schultes: Briefe über Frankreich auf einer Fußreise im Jahr 1811, 2 Bde.; Leipzig 1815, Bd. 1, S. 342). Wenngleich diese Angabe zu hoch gegriffen erscheint, so ist bei ihrer Kritik doch das später feststellbare Verhältnis von fest niedergelassenen Handwerkern zu wandernden Gesellen zu berücksichtigen, das mit 1 : 3 anzusetzen ist (vgl. dazu: J. Grandjonc: Demographische Grundlagenforschung, in: Espagne/Werner (Anm. 2), S. 83 - 96).

6 So berichtete J. H. Merck im Januar 1791 aus Paris: "Übrigens sind wenig Fremde hier, Engländer

die fast ausschließlich aus der Feder der bürgerlichen Intelligenz stammten, stieg durch das immense Publikumsinteresse an den Vorgängen in Paris nach 1789 sprunghaft an. In der Folgezeit führten die verschiedenen Koalitionskriege zu einem ständigen Wechsel zwischen militärischen Feldzügen und friedlichen Reiseströmen, der die Wahrnehmung des westlichen Nachbarlandes nachhaltig beeinflußte. Der Ausbruch des Ersten Koalitionskrieges im Sommer 1792 sowie die Radikalisierung der Revolution unterbanden zwar die private Touristik weitgehend. Und die Xenophobie der jakobinischen 'Terreur' zwang auch diejenigen deutschen Beobachter zur Flucht, die aufgrund ihres politischen Engagements trotz der Zeitumstände in Paris verblieben waren. Doch führte die durch Goethe beschriebene "Kampagne in Frankreich"[7] Zehntausende von Soldaten gen Westen. Im Zuge dieser militärischen Mobilität wurden sie dort als Kampftruppe, aber auch als Kriegsgefangene oder Deserteure mit den Errungenschaften einer neuen Zeit konfrontiert, die von den Franzosen durch ihre militärische Ostexpansion bis an den Rhein getragen wurden und nun auf ehemals deutschem Boden von den Reisenden besichtigt werden konnten. Nach dem Sturz Robespierres suchten dagegen nicht wenige politische Emigranten – wie schon zuvor die führenden Anhänger der "Mainzer Republik" – in Frankreich Zuflucht. Zudem verstärkte sich seit 1795 vor allem der Zustrom deutscher Reisender, die nach dem Baseler Separatfrieden insbesondere aus den norddeutschen Territorien kamen, während die Destabilisierung im Süden bis zum Frieden von Campo Formio 1797 und seit 1799 bis zum Frieden von Luneville noch anhielt. Doch spätestens dann setzte ein regelrechter Reiseboom in die glanzvolle Welt des Konsulats und des Empire ein.[8] Denn das Frankreich Napoleons als kontinentale Ordnungsmacht und die Weltstadt Paris als politischer wie kultureller Mittelpunkt Europas zogen nicht nur die mobiler gewordenen Bürger, die seit dem 'Directoire' an Stelle des revolutionsgeschockten Adels getreten waren, geradezu magisch an. Auch aristokratische Reisende eilten wieder an die Seine, um dort so glanzvoll inszenierte Ereignisse wie die Kaiserkrönung des Jahres 1804 mitzuerleben und in Paris in "die schwere Schule der frivolen Hauptstadt der Welt" zu gehen.[9] Zunehmend suchten sie

keine, und Deutsche sehr wenig", (zit. nach: H. Bräuning-Octavio: Johann Heinrich Merck und sein Bekenntnis zur Französischen Revolution, in: Weimarer Beiträge 3 (1957), S. 201 - 243, 471 - 486, hier: S. 477); zu seinen Pariser Eindrücken vgl.: J.H. Merck: Auszug aus dem Schreiben eines Reisenden, in: Neuer Teutscher Merkur; Weimar, 2 (1791), Bd. 1, 4. Stück, S. 417 - 422.

7 Vgl. dazu: J.W. von Goethe: Kampagne in Frankreich 1792 (1824); in: Sämtliche Werke, Hg. E. Beutler u.a.; Zürich: 1949ff., ²1961/66, ND München, Bd. 12, S. 239 - 425; sowie (sehr viel realistischer): Fr. Chr. Laukhard: Briefe eines preußischen Augenzeugen über den Feldzug des Herzogs von Braunschweig gegen die Neufranken im Jahre 1792 (und 1793), Pack 1 - 4, Germanien/Upsala (= Altona), 1793/95.

8 Daher gab H.A.O. Reichard in Ergänzung seiner weitverbreiteten Reisehandbücher einen gesonderten Parisführer heraus: H.A.O. Reichard: Für Reisende nach Paris. Aus den Papieren des Grafen S.; Berlin 1810. Durch die verstärkten polizeilichen Überwachungsmaßnahmen sind für den Zeitraum des Napoleonischen Kaiserreichs erstmals quantitative Aussagen auf der Basis französischer Archivalien möglich. So strömten etwa alleine zwischen September 1809 und Juni 1811 ca. 1.200 deutsche Reisende nach Paris (P. Gerbod: Les touristes étrangers à Paris dans la première moitié du XIXe siècle, in: Bulletin de la Societé de l'Histoire de Paris et de l'Ile de France 110 (1983), S. 241 - 257, hier: S. 241, 244).

9 E.T. von Uklansky: Ansichten von Paris im Jahre 1809, 2 Bde.; Berlin 1810, Bd. 1, S. 259.

zu erholungstouristischen Zwecken mit ihren bürgerlichen Landsleuten den Süden der Republik auf, der kriegs- und kontinentalsperrebedingt von den bis dato dominierenden englischen Reisenden verlassen worden war. Darüber hinaus stellte Frankreich ein beliebtes Transitland für Italien-, Spanien- oder Englandreisende dar. Und der diplomatische Verkehr intensivierte sich mehr denn je: "Von allen Seiten eilten Teutsche Prinzen und Unterhändler nach dem Mittelpuncte des neuen fränkischen Kaiserreiches hin, um Verbindungen zu befestigen und neue anzuknüpfen".[10] Vor allem wurde Paris durch die von Napoleon aus ganz Europa dorthin verbrachten Kunstwerke zu einem regelrechten Mekka der Bildungsreisenden: "alle Zeitungen sprachen von dem Vortheil und der Bequemlichkeit, jetzt in Paris die berühmtesten Kunstwerke der alten und christlichen Zeit vereinigt zu finden, die man sonst auf einer weiten Reise in verschiedenen Ländern und Städten hätte aufsuchen müssen; und so wanderten schaarenweise Künstler, Kunstfreunde und Neugierige zu diesem Zweck nach der französischen Hauptstadt".[11] Gänzlich unfreiwillig verschaffte hingegen in den Jahren 1806/07 und 1809 der Zusammenbruch Preußens im 4. und die österreichische Niederlage im 5. Koalitionskrieg nicht wenigen Kriegsgefangenen und deportierten Geiseln einen längeren Frankreichaufenthalt, während die zivile Touristik in diesen unruhigen Zeiten wieder zurückging.[12] Die militärischen Auseinandersetzungen der Befreiungskriege schließlich brachten mit den alliierten Frankreichfeldzügen 1814 und 1815 auch "manchen andern frohgesinnten Deutschen, der (...) keinen Franzmann leiden mag, aber seine Weine gerne trinkt", als Kriegstouristen nach Paris: "Aus allen europäischen Ländern eilten, wenn Vermögen und Muße es ihnen erlaubten, Reisende herbei, welche die Stadt erfüllten. (...)Unglaublich war die Menge, die aus allen Gegenden Deutschlands nach Paris strömte".[13]

Diese Phasen erhöhter Mobilität stellten nicht nur tiefgreifende Zäsuren für das Reiseverhalten der Deutschen dar. Unter immer wieder gänzlich gewandelten Vorzeichen intensivierten sie auch deren Auseinandersetzung mit dem westlichen Nachbarland und zugleich mit einer Epoche akzelerierter Wandlungsprozesse, die wesentlich von den politischen und sozio-kulturellen Veränderungen in Frankreich ausgingen oder durch sie verstärkt (ins Bewußtsein gehoben) wurden. So führte den Reisenden nicht allein die innerfranzösische Entwicklung vor Augen, daß sie eine qualitativ neue Phase des Umbruchs miterlebten. Auch der wachsende Abstand und das sich rapide wandelnde Verhältnis zwischen ihrer eigenen Ausgangs- und der französischen Zielkultur verdeutlichte ihnen dies nachhaltig. Diese Erfahrung intensivierte sich noch durch die Fremde einer anderen Kultur. In besonderer Weise stellte

10 H. Graf von Schlitz: Erste Reise nach Paris (1806), in: Denkwürdigkeiten des Grafen Hans von Schlitz, Hg. A. Rolf; Hamburg 1898, S. 103.

11 S. Boisserée: Fragment einer Selbstbiographie (1800 - 1808), in: Ders.: Briefwechsel. Tagebücher, Bd. 1; Stuttgart 1862, ND Göttingen 1970, S. 13 - 45, hier: S. 21.

12 So fand Baron Uklansky (Anm. 9) 1809 "in ganz Paris kaum 2000 Fremde" vor (Bd. 1, S. 149).

13 J.G.C. Kiesewetter: Reise durch einen Theil Deutschlands, der Schweiz, Italiens und des südlichen Frankreichs nach Paris, 2 Bde.; Berlin 1816, Bd. 2, S. 509; H. Steffens: Was ich erlebte (...), 10 Bde.; Breslau 1840/44, Bd. 8, S. 125, 132; vgl. auch: K.A. Varnhagen von Ense: Nach dem Wiener Kongress. Berlin, Paris. 1815, in: Ders.: Denkwürdigkeiten und vermischte Schriften, Bd. 7 (= NF, Bd. 3); Leipzig 1846, S. 137 - 253, insbes. S. 199; sowie: Reise eines Deutschen nach Paris mit der französischen Armee im Jahre 1813-14, 2 Bde.; Quedlinburg 1815.

sich den Passagieren daher das Problem, die gestiegene Komplexität ihres Erfahrungshorizontes mental zu bewältigen. Die Rekonstruktion der unbewußten Verarbeitungsmuster und bewußten Bewältigungsstrategien anhand ihrer publizierten Berichte verlangt indessen, diese relativ reflektierten Dokumente gewissermaßen "gegen den Strich" zu lesen und hinsichtlich der ihnen zugrundeliegenden Motivationsstrukturen und Wahrnehmungsdeterminanten zu befragen. Auch lassen sich aus ihrer Analyse – bis auf wenige Ausnahmen – fast nur Schlüsse über die Reaktionen des Teils der deutschen Gebildeten ziehen, der sich aufgrund eines Frankreichaufenthaltes intensiver und zumeist auch differenzierter mit der französischen Entwicklung beschäftigte, als das zeitgenössische Publikum. Dessen Meinungsbildung dürften die Reisenden als wirksame Multiplikatoren indessen nicht unwesentlich beeinflußt haben.

Die Einschätzung der politischen Entwicklung

Die Bewertung der Entwicklung im revolutionären Frankreich hing naturgemäß von der politischen Voreinstellung und den ständischen Interessen der Reisenden ab. Diese kamen insbesondere dann unmodifiziert zum Tragen, wenn sie sich dort, wie die meisten von ihnen, nur wenige Wochen aufhielten. Im Einklang mit der allgemeinen Stimmung der deutschen Gebildeten wurde der Ausbruch der Revolution und ihre konstitutionelle Anfangsphase voller Zustimmung als "eine der wichtigsten Begebenheiten der Weltgeschichte" eingeschätzt[14] und idealistisch als "Morgenröthe, welche für die Geisterwelt aufgegangen ist", begrüßt, schien doch den aufgeklärt-reformorientierten Bürgern mit ihr der Beweis erbracht: "alle Anstalten des Despotismus zur Unterdrückung der Vernunft sind ietzt umsonst".[15] Und zugleich wurde die Revolution keineswegs als ein nationales Ereignis bewertet, sondern als generelles Signal, das "das Emporkommen der großen Adamsfamilie" verkünde.[16] Doch erhoben sich bereits bei den frühen, enthusiastischen Revolutionspilgern Befürchtungen über die potentielle Eigendynamik dieses Prozesses, so daß etwa Joachim Heinrich Campe schon bei der Abschaffung des Feudalsystems am 4./5. August 1789 fragte: "Wer vermag es, den reissenden Strom, der seine Dämme durchbrochen hat, wieder in das alte Bett zurückzuführen und ihm zu gebieten: zwischen diesen sollst du bleiben, bis wir Zeit gewinnen werden, dich durch neue einzuschränken?"[17] Während die wenigen aristokratischen Anhänger des Feudalsystems unter den Reisenden, die

14 K.Fr. Reinhard: Übersicht einiger vorbereitender Ursachen der französischen Staatsveränderung. Von einem in Bordeaux sich aufhaltenden Deutschen, in: Thalia, Hg. Fr. Schiller; Leipzig 1791, Bd. 1, Heft 12, S. 30 - 77; vgl. auch: Ders.: Briefe über die Revolution in Frankreich, in: Schwäbisches Archiv, Hg. Ph. W. G. Hausleutner; Stuttgart 1 (1790), 4. Stück, S. 459 - 518.

15 J.H. Campe: Briefe aus Paris zur Zeit der Revolution geschrieben; Braunschweig 1790, ^{3}1790, ND, Hg. H. W. Jäger; Hildesheim 1977, S. 8, 143; vgl. dagegen die weniger enthusiastische Einschätzung seines Reisebegleiters: W. von Humboldt: Tagebuch der Reise nach Paris und der Schweiz 1789, in: Ders.: Gesammelte Schriften, Bd. 14; Berlin 1916, ND Berlin 1968, S. 76 - 192.

16 Campe (Anm. 15), S. 34.

17 Ebd., S. 91; vgl. ebenso: G.A. von Halem: Blicke auf einen Theil Deutschlands, der Schweiz und Frankreichs bey einer Reise vom Jahre 1790, 2 Bde.; Hamburg 1791, Bd. 1, S. 240f.

um ihre heimatlichen Privilegien fürchteten, im Pariser "Freyheitsfieber" nur die "Impertinenz des französischen Pöbels" erblickten,[18] an einen schnell vorübergehenden Spuk glaubten und voll Unverständnis darauf bestanden, daß "nur Ordnung von oben und daraus fließender Gehorsam der Weeg seye, Länder glücklich zu machen und zu erhalten",[19] bestärkten die Ereignisse die aufgeklärte Intelligenz in ihrem "Glaubensbekenntniss: Freyheit; Freyheit ist der Himmelsäther, worin vorzüglich alles Gute und Schöne keimt".[20] Als Anhänger einer konstitutionellen Monarchie waren ihre Vertreter von der Legitimität und Moralität der Revolution ebenso überzeugt wie von ihrer Unumkehrbarkeit: "Nie mehr wird der Franzose Sklave seyn".[21] Und wenn sie auch die französische Verfassung des Jahres 1791 begrüßten, so bezweifelten sie doch deren Umsetzbarkeit: "Sie ist zu metaphysisch, zu abstrakt, gründet sich zu sehr auf die ersten Grundsätze primitiver Menschen und einer unverdorbenen Gesellschaft, und ist folglich zu gut für Menschen, wovon der größte Teil überall der Pöbel ist".[22] Obwohl ihr anfänglich ungebrochenes Vertrauen in die ausgleichende Rolle Ludwigs XVI. mit dessen gescheitertem Fluchtversuch schwand, so empfanden sie es doch als ein "Übel, welches die jetzige Nationalversammlung anrichten könnte (...), wenn sie dem Volke die Idee einer republikanischen Verfassung angenehm und wichtig machte".[23] So formulierte der aufgeklärte Publizist Johann Wilhelm von Archenholtz den allgemeinen Tenor in der Einschätzung der deutschen Frankreichbesucher: "Ich liebe also die französische Revolution, als die Abschaffung zahlloser Mißbräuche und namenloser Gräuel (...). Ich verehre die französische Constitution mit allen ihren großen auffallenden Mängeln, die zum Theil die Lage Frankreichs erzeugte. (...) Ich verachte die Häupter der Jakobiner, auf die allein der Fluch der Nation und aller unbefangener Menschen im Auslande haftete, da sie die betrogene Menge mißleiteten. Ich beklage den König, sowohl weil er als Monarch ein trauriges Leben führt, als auch weil seine (...) Hoffnungen von wieder zu erlangender Macht ihn hindern, mit der Nation in den Hauptsachen gleichstimmig zu denken und zu handeln".[24]

Indessen ließ der Ausbruch des 1. Koalitionskrieges und der Einmarsch der alliierten Truppen zur Wiederherstellung des status quo ante manchen Beobachter sich nun offen auf die Seite der Girondisten schlagen und sich "freimüthig für die Partei der Republikaner" bekennen.[25] Doch die Gewaltszenen des Sturms auf die

18 A. von Kotzebue: Meine Flucht nach Paris im Winter 1790; Leipzig 1791, S. 118, 166.

19 Carl Eugen, Herzog von Württemberg (Anm. 4), S. 390.

20 Halem (Anm. 17), Bd. 2, S. 265.

21 C.G. Küttner: Beyträge zur Kenntnis vorzüglich des gegenwärtigen Zustandes von Frankreich und Holland; Leipzig 1792, S. 128.

22 Ebd., S. 184.

23 J.Fr. Reichardt: Vertraute Briefe aus Frankreich. Auf einer Reise im Jahr 1792 geschrieben, 2 Bde.; Berlin 1792/93, ND (in 1 Bd.), Hg. R. Weber; Berlin (DDR) 1980, S. 218.

24 J.W. von Archenholtz: Politisches Glaubensbekenntnis des Herausgebers, in Rücksicht auf die französischen Angelegenheiten, in: Minerva, Berlin, 1 (1792), Bd. 3, S. 179 - 182; zu seiner Frankreichreise vgl.: Ders.: Reise des Herausgebers nach Frankreich, in: ebd. 1 (1792), Bd. 1, Januar, Heft 1, S. 3 - 7; zu seinen Berichten: Grosser (Anm. 2), S. 213 - 216.

25 K.E. Oelsner: Bruchstücke aus den Papieren eines Augenzeugen und unparteiischen Beobachters der Französischen Revolution; o. O. (= Leipzig), 1794, ND in: Ders.: Luzifer oder gereinigte Beiträge zur Geschichte der Französischen Revolution, 2 Bde.; o. O. (= Leipzig), Bd. 1, 1797, S. 453.

Tuilerien,[26] die Septembermorde und die Hinrichtung Ludwigs XVI. machten den "Aufenthalt in Paris (...) jetzt äusserst unangenehm".[27] Diese Entwicklung führte zu einer grundlegenden Traumatisierung der zuvor so begeisterten Revolutionspilger, deren Zahl sich angesichts der 'Terreur' rapide verminderte.[28] So konnten sich selbst aus den Reihen der überwiegend girondistischen Revolutionssympathisanten auch nur wenige Stimmen zur Verteidigung des Jakobinismus erheben. Aus eigener Anschauung betonten sie aber, daß das "Schreckenssystem" der 'Montagnards' angesichts der innen- wie außenpolitischen Bedrohungssituation ein "nothwendiges Uebel" gewesen sei, so daß "Frankreich eigentlich dem Jakobinismus seine Rettung und seine Existenz, als Republik, zu verdanken" habe.[29] Zugleich litten diese unmittelbar involvierten Beobachter – wie Georg Forster – zutiefst unter "der traurigen Erfahrung, daß ohne ganze Ströme Bluts die Vortheile der Revolution, deren die Welt notwendig bedarf, ihr nicht zugute gekommen wären".[30] Die Radikalisierung der Revolution führte zu einer weitgehenden Polarisierung ihrer Einschätzung, die bei den wenigen Deutschen, die die 'Terreur' miterlebten, allerdings keineswegs so stark in eine pauschale Verurteilung umbrach, wie in der deutschen Öffentlichkeit. Selbst unter den Kriegsgefangenen gab es Offiziere, denen "die Franzosen nicht als Menschenfresser (...), aber auch nicht (...) wie Römische Helden" erschienen, während in ihrer Heimat "Frankreich als Mördergrube und die Bewohner desselben als Ungeheuer" gesehen wurden.[31]

Der anfängliche Jubel und die später um so tiefgreifendere Traumatisierung durch die 'Terreur' bildeten denn auch den Ausgangspunkt dafür, daß der Sturz Robespierres und die bürgerlich gemäßigte Direktorialverfassung mit großer Erleichterung und neuer Hoffnung als Rückkehr der Revolution zu ihren "reinen" Ursprüngen bewertet wurde. Endlich schien ein bereits von den ersten Revolutionsreisenden erhoffter "Geist der Mässigung (...) und der Ruhe" als "gute(r) Geist der jetzigen Verfassung" eingekehrt zu sein: "jetzt wird die Ordnung in Paris gegründet".[32] Doch wurde das Direktorialsystem im Laufe der Zeit immer ambivalenter

26 Vgl. dazu den Augenzeugenbericht: J.E. Bollmann: Fragmente aus Briefen, in: Friedens= Präliminarien, Berlin, 1 (1793), Bd. 1, Stück 1, S. 32 - 48.

27 K.E. Oelsner: Briefe aus Paris über die neuesten Begebenheiten in Frankreich (1792/93), ND in: Ders.: Luzifer (Anm. 25), Bd. 2, 1799, S. 3 - 427, hier: S. 118; zu den genannten Ereignissen vgl.: ebd., S. 61 - 100, 138 - 181, 312 - 399.

28 Vgl. als Ausnahme: Fr. Butenschoen: Meine Erfahrungen in den fürchterlichsten Tagen der französischen Revolution, in: Klio; Leipzig, 2 (1796), Bd. 1, Heft 1, S. 10 - 35, Heft 3, S. 334 - 349.

29 Fr.Chr.Laukhard: Begebenheiten, Erfahrungen und Bemerkungen während des Feldzugs gegen Frankreich, 2 Theile (in 3 Bden); Leipzig 1796/97 (= Ders.: Leben und Schicksale von ihm selbst beschrieben, Bd. 3 - 4; Leipzig 1796/97) ND, Hg. H.-W. Engels u. A. Harms; Frankfurt a.M. 1987, Bd. 4.1, S. 115f.; vgl. auch: W. Hensler: Auszüge aus den freundschaftlichen Briefen eines Nordländers bey der französischen westlichen Pyrenäen-Armee, in: Frankreich im Jahre 1795 (- 1797), Altona 1 (1795) - 3 (1797), hier: 2 (1796), Bd. 1, S. 102.

30 G. Forster: Parisische Umrisse (1793/94), in: Forsters Werke in zwei Bänden, Hg. G. Steiner; Berlin (DDR)/Weimar 1979, Bd. 1, S. 215.

31 Bemerkungen über Frankreich während der Feldzüge 1793 - 1795; o.O. 1797, S. 1, 292.

32 Fr.J.L. Meyer: Fragmente aus Paris im IVten Jahr der französischen Republik, 2 Bde.; Hamburg 1797, [2]1798, Bd. 1, S. 189; K.Fr. Cramer: Auszug aus dem Tagebuche eines Deutschen in Paris, in: Frankreich im Jahre 1795 (- 1800), Altona, 1 (1795) - 6 (1800), hier: 1 (1795), Bd. 3, S. 80.

beurteilt. Dies lag nicht nur in der Ausrichtung seiner Politik begründet. Vielmehr hatte sich das Meinungsspektrum der deutschen Beobachter im Vergleich zum Anfang der Revolution sehr viel weiter differenziert. Die nun in Frankreich wieder vorsichtig sondierenden Anhänger des Ancien Régime bedauerten etwa das Scheitern jenes royalistischen Aufstandes vom Oktober 1795, sahen die "finstern Grundsätze der Gleichheit" noch immer an der Macht[33] und zogen aus der französischen Entwicklung lediglich die Lehre, "das ungeheuer Schreckliche einer Revolution zu scheuen", die ihnen nur als "Krieg aller gegen alle" erschien.[34] Die deutschen Republikaner hingegen beklagten einen weitverbreiteten "Fond von Royalism",[35] fanden nur "einen Schatten der bürgerlichen Gleichheit und Freiheit" realisiert und beurteilten die Verhältnisse als "ein bloßes Zerrbild eines Freistaates, mit Despotismus von oben und Anarchie von unten".[36] So hielten sie der "gegenwärtigen soidisant republikanische(n) Form" entgegen, daß durch die weitreichenden Machtbefugnisse des Direktoriums im Grunde "keine Demokratie, sondern eine Oligarchie in Frankreich herrscht".[37] Die Befürworter eines aufgeklärten, nötigenfalls aber mit starker Hand regierenden Absolutismus begrüßten dagegen "den zur Bändigung des wilden Haufens mit sta kem Arm regierten Zügel", wie er sich in der Entwaffnung der sansculottischen Pariser Vorstädte und der Niederschlagung des Babeuf-Aufstandes zeigte.[38] Und ebenso verteidigten sie den Staatsstreich des 18. Fructidor als Zeichen einer "gemäßigten Demokratie",[39] selbst wenn dabei offensichtlich die Verfassung gebrochen wurde, was in den Augen der an den reinen Idealen festhaltenden Beobachter "die fränkische Republik in einen wahrhaft despotischen Staat umänderte".[40] Mancher pragmatisch eingestellte Reisende meinte zwar mit einem vergleichenden Blick auf die deutschen Zustände, angesichts des hier ungebrochen herrschenden Feudalsystems lasse er sich gerne "einen solchen Despotismus (...) gefallen".[41] Doch die immer deutlicher werdende Kluft zwischen Anspruch und Wirklichkeit verschärfte die Kritik der Revolutionssympathisanten immer weiter. So

33 J.H. Meister: Meine letzte Reise nach Paris; Zürich 1798, S. 54.

34 B. Merrem: Reise nach Paris. Im August und September 1798; Deutschland (= Essen) 1800, S. 306, 295.

35 G. Kerner: Briefe über Frankreich, die Niederlande und Deutschland (1797/98), ND in: Georg Kerner. Jakobiner und Armenarzt, Hg. H. Voegt; Berlin (DDR) 1978, S. 67 - 199, S. 85.

36 H. Zschokke: Auszüge aus Briefen eines Norddeutschen an einen Freund in Z. geschrieben aus Paris im April 1796, in: Der Neue Teutsche Merkur, Weimar, 7 (1796), 6. Stück, S. 147 - 173, S. 148; Ders.: Eine Selbstschau, 2 Bde.; Aarau 1842, ND Bern/Stuttgart 1977, S. 72; vgl. auch: Ders.: Kleine Bemerkungen, auf einer Reise durch Bourgogne und Champagne nach Paris gesammelt, in: Berlinisches Archiv der Zeit und ihres Geschmacks; Berlin, 2 (1796) , Bd. 2, S. 461 - 491; Ders.: Meine Wallfahrt nach Paris, 2 Bde.; Zürich 1796/97.

37 Rebmann (Anm. 5), Bd. 2, S. 143f.

38 Meyer (Anm. 32), Bd. 1, S. 37f.

39 K. Woyda: Vertrauliche Briefe über Frankreich und Paris im Jahr 1797, 2 Bde.; Zürich 1798, Bd. 2, S. 426.

40 A. Riem: Reisen durch Frankreich vor und nach der Revolution (= Ders.: Reisen durch Deutschland, Holland, England, Frankreich und die Schweiz, Bd. 6 - 8), 3 Bde.; Leipzig 1799/1801, Bd. 3, S. 9.

41 Reminiszenzen nach einer Reise durch einen Theil von Frankreich, am Ende des 6ten Jahres der Republik, in: Frankreich im Jahr 1799, Altona, 5 (1799), hier: Bd. 1, S. 267.

fragte etwa Johann Georg Heinzmann im Sommer 1798 in Paris: "Wo ist aber bisher die Sicherheit für das Eigenthum und die Preßfreiheit geblieben, ob sie gleich in der Konstitution heilig dekretiert sind? (...)Wo sind die Freiheits- und Gleichheitsgesetze? (...)Wenn man solche Fragen thut, so stellt sich eben kein tröstliches Bild von den neuen repräsentativen Regierungen dar".[42] Und wenn die Reisenden mitunter noch immer in der Stimmung einer "süßen Freiheitsschwärmerei" nach Frankreich kamen, wie der 1799 noch frankophile Ernst Moritz Arndt, so ernüchterten sie die autoritären Maßnahmen der direktorialen Pentarchie nicht wenig, hatten doch die Wahlmanipulationen und Ausnahmegesetze das politische Klima sehr verändert: "So hatten diese fünf Despoten, die Schreier der Freiheit bei den Fremden, alles eingeschüchtert und eingeschult; so frei waren sie mit Kerkern, Konfiskationen, Deportirungen und Entsetzungen gewesen, daß man in der weiland freien Stadt vor dem schwülen Siroccowind des Despotismus nicht den Mund aufthun durfte. Es war wirklich eine recht erbärmliche und freudenlose Zeit. Ich kannte die offenen und kühnen Franzosen gar nicht mehr".[43]

Die Enttäuschung wuchs um so mehr, da sich in den linksrheinischen Territorien die französischen Befreier bald als Eroberer gerierten. Die Reisenden, die sich 1792/93 zu einem Besuch der Mainzer Republik aufmachten, hatten vor den Toren der von den alliierten Truppen belagerten ersten republikanischen Enklave auf deutschem Boden noch wohlwollend festgestellt, dies seien "nicht mehr die alten Franzosen", da die Revolutionstruppen im Gegensatz zu den früheren Expansionskriegen nun beabsichtigten, hier "ihre Rechte einzuführen".[44] Und mancher Beobachter wunderte sich keineswegs, daß links des Rheins angesichts der nun abgeschafften Mißstände des Feudalsystems "der Geist der Revolution in deutschen Köpfen (...) spukt".[45] Doch machte sich auch hier bald eine tiefgreifende Desillusionierung breit, sei es aufgrund des realen Verhaltens der Besatzungstruppen[46] oder angesichts der letztlich nur punktuellen Resonanz der importierten Revolution bei der deutschen Landbevölkerung,[47] so daß die Reisenden der Konsulatszeit feststellten: "Die Zeiten sind vorbei, wo man von der Französischen Revolution Glück für die Menschheit erwartete. (...)

42 J.G. Heinzmann: Meine Frühstunden in Paris, 2 Bde.; Basel 1800, Bd. 1, S. 166f.

43 E.M. Arndt: Bruchstücke einer Reise durch Frankreich im Frühling und Sommer 1799, 3 Bde.; Leipzig 1802/03, Bd. 1, S. 43, 297.

44 J.H. Liebeskind: Rückerinnerungen von einer Reise durch einen Theil von Teutschland, Preußen, Kurland und Liefland während des Aufenthalts der Franzosen in Mainz; Straßburg (= Königsberg) 1795, S. 119f.; zur touristischen Sensation der Belagerung von Mainz vgl. auch: J.W. von Goethe: Belagerung von Mainz; Stuttgart/Tübingen 1824; zur Mainzer Republik in weiteren Reisebeschreibungen: Grosser (Anm. 2), S. 315ff.

45 Reise von Mainz nach Kölln im Frühjahr 1794; Kölln (= Rostock) 1795, S. 13f.

46 Vgl. v. a.: K.D.H. Bensen: Schreiben eines reisenden Preussischen Patrioten an das Französische Direktorium; Germanien (= Erlangen) 1798.

47 Vgl. dazu aus prorevolutionärer Sicht: J.N. Becker: Beschreibung meiner Reise in den Departementern vom Donnersberge, vom Rhein und von der Mosel im sechsten Jahr der Französischen Republik; Berlin 1799; Meine wirkliche Reise unter die Franzosen; Leipzig 1801, insbes. S. 122ff.; aus konservativer Perspektive: C.U.D. von Eggers: Bemerkungen auf einer Reise durch das südliche Deutschland, den Elsaß und die Schweiz in den Jahren 1798 und 1799, 8 Bde.; Kopenhagen/Braunschweig 1801/09, Bd. 1, S. 76ff.; Chr. Meiners: Beschreibung einer Reise nach Stuttgart und Strasburg im Herbste 1801; Göttingen 1803.

Man hat das Land geplündert, ungeheure Armeen sind Jahrelang darin ernährt worden, man hat (...) den Handel vernichtet (...) und dennoch (...) unermeßliche Taxen eingeführt. (...) Die Männer, welche hingerissen vom Geist der Zeit, voll Ahndungen einer schönern Zukunft für ihr Vaterland, hier mit Entzücken die Franzosen ankommen sahen, haben ihren Irrthum eingesehen. Treu geblieben den schönen Grundsätzen, welche die französische Revolution aufstellte, (...) stehen sie einsam zwischen den wankelmüthigen Franzosen und den Feinden aller Aufklärung und Freiheit".[48]

Genau dies war das Dilemma, in dem sich die deutschen Revolutionssympathisanten befanden. Die Gegner des gesellschaftspolitischen Umbruchs, die zuweilen die Grenzen des westlichen Nachbarlandes streiften, konnten ja ungebrochen an ihrer Ablehnung festhalten, die durch ihre flüchtigen und nach Bestätigung suchenden Eindrücke nie gefährdet war. Und sie verschärften diese im Zuge des bedrohlichen Vorrückens der Revolution durch erste antifranzösische Haßtiraden und nationalistische Abgrenzungsverdikte noch weiter.[49] Die Situation der Revolutionsanhänger, die in Frankreich mit der Verfallsgeschichte und mit der tristen Realität ihrer Ideale konfrontiert wurden, gestaltete sich ungleich schwieriger. Die Ambivalenz ihrer eigenen Situation und die der innerfranzösischen Entwicklung potenzierten sich wechselseitig. Dies galt in besonderem Maße für ihre Beurteilung des Staatsstreichs vom 18. Brumaire. So stellte etwa der engagierte Cisrhenane Joseph Görres im November 1799 in Paris mit Blick auf den jungen General Bonaparte fest: "Während die politischen Zeloten in dem Zwielichte, in dem das räthselhafteste Wesen sich zeigte, Thron und Altar wieder aufschimmern sahen, erblickten die andern nur Lykurge vom Genius der Freiheit umschwebt".[50]

Der Adel pflegte denn auch die restaurativen Tendenzen zu begrüßen und stellte fest, "daß der 18te Brumaire zu rechter Zeit kam, um der Direktorial-Regierung ein Ende zu machen, denn mit derselben ward auch dem Jakobinismus der letzte Stoß gegeben".[51] Und auch für Görres stand – allerdings mit entgegengesetzter Stoßrichtung – "unwidersprechlich" fest, daß mit diesem Putsch endgültig "der Zweck der Revolution gänzlich verfehlt ist. (...) Nach einem chaotischen Durcheinanderwirbeln

48 Fr. A. Klebe: Reise auf dem Rhein durch die Deutschen Staaten von Frankfurt bis zur Grenze der Batavischen Republick, 2 Bde.; Frankfurt a.M. 1801/02, Bd. 1, S. 201 - 203; vgl. auch die nur etwas optimistischere Einschätzung bei J.G. Schulz: Briefe eines Reisenden an den Ufern des Rheins in den Jahren 1803 und 1804; Altenburg 1805, S. 15, 343f.

49 Vgl. dazu etwa: E.A.A. von Göchhausen: Meine Wanderung durch die Rhein- und Mayn-Gegenden und die Preußischen Kantonnirungsquartiere im Februar 1794; Frankfurt/Leipzig o. J. (= 1795); A.W. Schreiber: Bemerkungen auf einer Reise von Straßburg bis an die Ostsee, 2 Bde.; Leipzig 1793/94, insbes. Bd. 1, S. 1 - 29; K. Witte: Scenen aus meinen Reisen durch Deutschland, die Schweiz, Italien, einen Theil von Frankreich und Polen, 2 Bde.; Mainz/Hamburg 1804/05, insbes. Bd. 1, S. 31ff.; P.D. Frisch, geb. Tutein: Reise durch Teutschland, Holland, Frankreich, die Schweiz und Italien in den Jahren 1797, 1803 und 1804; Altona 1816, insbes. S. 225.

50 J. Görres: Resultate meiner Sendung nach Paris im Brumaire des achten Jahres (1800), in: Ders.: Gesammelte Schriften, Hg. M. Braubach; Köln 1928, Bd. 1, S. 553 - 608, hier: S. 562.

51 C. U. von Salis-Marschlins: Streifereyen durch den französischen Jura während den Jahren 1799 und 1800, 2 Bde.; Winterthur 1805, Bd. 1, S. 151; vgl. auch: ebd., S. 26.

(...) sah man sich genötigt, (...) sich wieder einem Charakter, einem Geiste in die Arme zu werfen, und von ihm Rettung aus dem Abgrunde zu flehen (...). Am Ende der Rennbahn mußte man der Eintracht (...) den letzten Rest der schlechtbewahrten Freiheit zum Opfer schlachten".[52] So prognostizierten die deutschen Revolutionsanhänger, verwundert darüber, wie schnell "ein kühner Cäsar (...) nach (...) kaum 10 Jahren der neuen Welt die alte Diktatur wiedergeben" konnte, "daß Bonaparte als Erz=Royalist von der Bühne tritt": "In der That, man muß in dieses glatte höhnische Antlitz gesehen haben, um die jakobinische Anklage: er ist im Verdacht, verdächtig zu sein, nicht ganz ungereimt zu finden; und man braucht eben kein Terrorist zu sein, um ihn für einen ekelhaften Royalisten zu halten".[53] Daraus sprach keineswegs Sympathie für das Direktorium, wie Johann Gottfried Seume bei seinem Paris-Besuch 1802 angesichts des Ersten Konsuls klarstellte: "Ich tadle ihn nicht, daß er das Direktorium stürzte [...]. Ich tadle ihn nicht, daß er so viel als möglich in der wichtigen Periode das Ruder des Staats für sich in die Hände zu bekommen suchte: es war in der Vehemenz der Faktionen vielleicht das einzige Mittel, diese Faktionen zu stillen. Aber nun fängt der Punkt an, wo sein eigenster Charakter hervorzutreten scheint. Seitdem hat er durchaus nichts mehr für die Republik getan, sondern alles für sich selbst, eben da er aufhören sollte irgend etwas mehr für sich selbst zu tun, sondern alles für die Republik".[54] Letztlich aber schien sich dieser "Mann, der das große Thema der Geschichte geworden war",[55] den bisherigen Kategorien zu entziehen: "Er will weder König noch Republik, sondern Sich selbst".[56] Daß damit zugleich ein alle anderen politischen Werte degradierender Cäsarismus verbunden war, sprachen aber nur Wenige aus, wie etwa Johann Friedrich Reichardt, der aus Paris Graf Schlabrendorffs vehementes Verdikt gegen das Napoleonische Regime herausschmuggeln sollte: "Bonaparte hat nun zwar nur Eine Leidenschaft, aber es ist auch die mächtigste und zerstörendste von allen: Herrschsucht! Und nie hat wohl ein zum Herrschen Geborener sich so viel Gewalt angethan, seinen Charakter der Menge zu verbergen, als er".[57] Die meisten Besucher betrachteten Napoleon jedoch als einen zwar "rein von Herrschsucht und Ehrgeiz regiert(en)" aber dennoch "guten Despoten", denn zugleich sahen sie "überall ein Land, das nach Verheerungen wieder im Aufblühen war, wiederkehrenden Wohlstand, Sicherheit und Zutrauen" zu zeigen schien.[58] Schnell gerieten sie in den Bann der glanzvollen Inszenierungen der öffentlichen

52 Görres (Anm. 50), S. 586f.

53 Neues Paris (Anm. 5), S. 10, 151, 177f.

54 J.G. Seume: Spaziergang nach Syrakrus; Braunschweig/Leipzig 1803, ND, Hg. A. Meier; München 1985, S. 273f.

55 A.H. Niemeyer: Beobachtungen auf einer Deportationsreise nach Frankreich im Jahre 1807, 2 Bde.; Halle 1824, Bd. 1, S. 277.

56 U. Hegner: Auch ich war in Paris, 3 Bde.; Winterthur 1803/04, ND in: Ders.: Gesammelte Schriften, Bd. 1; Berlin 1828, S. 315.

57 J.Fr. Reichardt: Vertraute Briefe aus Paris, geschrieben in den Jahren 1802 und 1803, 3 Bde.; Hamburg ²1805, ND (in 1 Bd.), Hg. R. Weber; Berlin (DDR) 1981, hier: ²1805, Bd. 1, S. 323; vgl. auch: G. von Schlabrendorff: Napoleon Bonaparte und das französische Volk unter seinem Konsulate; Germanien 1804.

58 J.H. Fries: Brief an W. Erdmann, Paris, 22. 2. 1804, in: Jakob Heinrich Fries. Aus seinem handschriftlichen Nachlaß dargestellt von E. L. T. Henke; Marburg 1886, Berlin ²1937, S. 89.

Truppenparaden, die selbst die eiligsten Geschäftsreisenden besuchten.[59] Nicht nur für einen jugendlichen Beobachter wie Arthur Schopenhauer waren sie "ein herrlicher Anblick".[60] Auch so manch Anderer urteilte enthusiastisch: "Unbeschreiblich ist der Eindruck, den ein solches Schauspiel, das Entfalten einer solchen Macht, mit solchem Luxus gepaart, auf mich hervorbrachte".[61] Und sogar distanzierte Betrachter dieser "monarchischen Regierung im Consularcostum" konnten sich der Faszination einer persönlichen Begegnung mit diesem "allmächtigen Menschen" kaum entziehen: "den Augenblick neben ihm zu stehen, zählt man unter die Hauptepochen seines Lebens, und jeder (...) sieht in ihm alles, was zur Größe und Vollkommenheit gehören mag, im allerhöchsten Grade".[62]

Insbesondere jene Reisende, die Ruhe, Ordnung, Einheit und materiellen Wohlstand den Mühen der Freiheit vorzogen, begrüßten das Konsulat. Wenngleich sie die rückschrittlichen Maßnahmen des Napoleonischen Regimes deutlich zur Kenntnis nahmen und – als Vertreter einer wesentlich auf Gedankenfreiheit sich kaprizierenden Liberalität – etwa die verschärfte Pressezensur lebhaft beklagten,[63] so suchten doch auch liberale Beobachter – wie Johann Friedrich Benzenberg – noch die Kaiserkrönung mühsam zu rechtfertigen, : "H a n d e ln und h e r r s c h e n, das bedurfte das zerrüttete Frankreich, das bedurften die geschlagenen Armeen, die zerstörten Finanzen, - die Muthlosigkeit und Ungewißheit der Bürger, - und hiezu war Bonaparte von der Natur gemacht [...]. Er (...) brachte das gesunkene Frankreich in vier Jahren zu einer solchen Höhe und zu einem Ansehn in Europa, das es nie, selbst nicht in der glänzendsten Epoche von Ludwig XIV hatte. Das verständige Lenken der Kräfte zu einem Ziel ist immer erfreulich für das Gemüth; und das zwecklose Widereinanderrennen und Aufreiben der Kräfte in den kleinlichen Zwecken des Tages thut immer wehe, wenn auch die, welche an der Spitze der Regierung stehen, unsere Grundsätze haben und nur mehr schwache Menschen sind, als böse. Und wie zerrissen und zerstört war nicht alles zu den Zeiten des Direktoriums, bis der Held kam, der das anarchische Zerstören und das kleinliche Zersplittern der Zwecke mit seiner Ueber-

59 Vgl. dazu etwa: Ein deutsches Bürgerleben vor 100 Jahren. Selbstbiographie des Peter Eberhard Müllensiefen, Hg. Fr. von Oppeln-Bronikowski; Berlin 1931, S. 195; V. Nolte: Fünfzig Jahre in beiden Hemisphären. Reminiszenzen aus dem Leben eines ehemaligen Kaufmanns, 2 Bde.; Hamburg 1854, Bd. 1, S. 31f.

60 A.Schopenhauer: Reisetagebücher aus den Jahren 1803 - 1804, Hg. Ch. von Gwinner; Leipzig 1923, S. 107.

61 K.J. Weber: Auch ich war in Paris oder Paris im Jahre 1806, in: Ders.: Sämmtliche Werke; Stuttgart 1843, Bd. 29, S. 79; zu den vielbesuchten Truppenparaden vgl. etwa: J.Fr. Droysen: Bemerkungen gesammelt auf einer Reise durch Holland und einen Theil Frankreichs im Sommer 1801; Göttingen 1802, S. 384 - 389; Fr.J.L. Meyer: Briefe aus der Hauptstadt und aus dem Innern Frankreichs, 2 Bde.; Tübingen 1802, ^{2}1803, Bd. 1, S. 73ff.

62 C.H. von Sierstorpff: Bemerkungen auf einer Reise durch die Niederlande nach Paris im eilften Jahre der Republik, 2 Bde.; o.O. (= Hamburg) 1804, Bd. 1, S. 429, 472, 478; vgl. etwa auch: J.Fr. Benzenberg: Briefe geschrieben auf einer Reise nach Paris im Jahre 1804, 2 Bde.; Dortmund 1805/06, Bd. 2, S. 7; K.J. A. von Rennenkampff: Paris 1809, in: Ders.: Umrisse aus meinem Skizzenbuche, 2 Bde.; Hannover 1828, Bd. 2, S. 323 - 438, hier: S. 324ff.

63 Vgl. etwa: J. von Voß: Beleuchtung der vertrauten Briefe über Frankreich des Herrn J. F. Reichardt; Berlin 1804, S. 209; Ph.F. Brede: Reise durch Teutschland, Frankreich und Holland im Jahr 1806, 2 Bde.; Göttingen 1807, Bd. 1, S. 428.

sicht über die Bedürfnisse des Staates und mit der eisernen Festigkeit seines Willens hemmte, und alles zu einem Ziele führte. Hier sieht man den Unterschied zwischen den gebohrenen Regenten der Völker und denen, die es nur aus Gottes Gnade sind".[64] Doch letztlich lief diese 'Säkularisierung' des Gottesgnadentums durch eine leistungsorientierte Selbstlegitimation auf eine Apologie des machtbewußten Realpolitikers hinaus, in die auch konservative Reisende wie August von Kotzebue mühelos einstimmen konnten: "Thaten durch Erfolg gekrönt, sind immer Heldenthaten, und diejenige Staatskunst ist die rechte, die dem Lande Glück und Ruhm bringt".[65] Die ideelle Begründung politischen Handelns trat immer deutlicher in den Hintergrund[66] und wandelte sich zugleich in die Projektion eines genuin bürgerlichen Arbeitsethos, so daß Philipp Joseph von Rehfues 1808 Bewunderung äußerte über "einen Regenten, welcher durch seine rastlose Thätigkeit, seine Scharf- und Ueber-Blick und durch seine eiserne Konsequenz wirklich des Throns würdig schien", wobei er zugleich urteilte: "Fürsten können nicht immer nach blos humanistischen Ideen handeln".[67] Angesichts der weitreichenden infrastrukturellen Maßnahmen des Napoleonischen Regimes, der Effizienz der reorganisierten Verwaltung und der ökonomischen Konsolidierung entfaltete sich eine weitreichende Verehrung für das "Genie des großen Kaisers".[68] Der von den Reisenden immer mehr auf die ökonomisch-materielle Bedürfnisbefriedigung reduzierte Staatszweck heiligte dabei fast jedes Mittel, und der häufige Hinweis auf die relative Fortschrittlichkeit des Regimes nahm bald groteske Züge an.[69] Indessen wurden die expliziten politischen Stellungnahmen zusehends seltener. Denn es entpolitisierte sich nicht nur die Zielkultur der deutschen Passagiere und ihr Reiseverhalten, so daß Ludwig Uhland 1810 halb enttäuscht und halb erleichtert aus Paris berichtete: "Von politischen Dingen hört man hier wenig".[70] Die Reisenden sahen sich angesichts des berüchtigten Pariser Polizeiapparats darüber

64 Benzenberg (Anm. 62), Bd. 2, S. 12 - 14.

65 A. von Kotzebue: Erinnerungen aus Paris im Jahre 1804; Berlin 1804, S. 106.

66 Vgl. etwa: Voß (Anm. 63), S. 188f., 217f., 237.

67 Ph. J. von Rehfues: Reisen durch die südlichen, westlichen und nördlichen Provinzen von Frankreich, während der Jahre 1807 - 1809 und im Jahre 1815, 2 Bde.; Frankfurt a.M. 1816, Bd. 1, S. IIIf., 178.

68 Schultes (Anm. 5), Bd. 1, S. 141; zur Effizienz des Napoleonischen Präfektursystems vgl. etwa: ebd., S. 28 sowie: K. A. von Boguslawsky: Briefe über die Champagne und Lothringen an einen Landwirth in Schlesien; Breslau/Leipzig 1809, S. 58f.; J.A. Demian: Briefe aus Paris geschrieben in den Monaten Juli, August, September und Oktober 1815; Frankfurt a.M. 1816, S. 202f.; trotz der offenen Militarisierung des Bildungswesens urteilte etwa der Hallesche Pädagoge Niemeyer, für den Napoleon ein "zweyter Cromwell" war, über die französischen Schulen nach dessen Reformen: "Man konnte indeß nicht verkennen, daß sie an Einheit, Ordnung und Disciplin gewonnen hatten" (Niemeyer (Anm. 55), Bd. 2, S. 264, 341).

69 Vgl. dazu etwa: Paris zur Zeit der Kaiserkrönung. Aus den Briefen eines Augenzeugen; Köln 1805, S. 107: "die Nothwendigkeit, nach so vielen Umwandlungen und Verunstaltungen der Regierung, ihr einmal die mögliche Festigkeit zu geben, kann doch wohl hier und da auch den Gebrauch außerordentlicher Mittel erlauben, die in der Türkei beständig, und vor kurzem noch in Rußland einige Zeit zur Ordnung des Tages gehörten".

70 L. Uhland: Brief an die Eltern, 13./15. 7. 1810, in: Uhlands Briefwechsel, Hg. J. Hartmann, Bd. 1; Stuttgart/Berlin 1911, S. 175; vgl. auch: ebd., S. 210; zu dieser Reise vgl. auch: Uhlands Tagebuch 1810 - 1820, Hg. I. Hartmann; Stuttgart 1898, insbes. S. 9 - 35.

hinaus ebenso zur Vorsicht angehalten[71] wie durch die heimische Zensur, die sich durch den außenpolitischen Druck in den deutschen Territorien bereits vor dem Einmarsch französischer Truppen verschärfte.[72]

So artikulierte sich in den Berichten deutscher Frankreichbesucher nach der Niederlage Preußens nur verhalten die Klage über die nationale Schmach, wenn sie sich angesichts der Napoleonischen Siegesdenkmäler in Paris gezwungen sahen, "im Schmerz über Deutschlands Erniedrigung betrachtend still zu stehen".[73] Gerade die pronapoleonischen Beobachter sahen sich nun einer erneuten Ambivalenz ausgesetzt und empfanden in der "weltherrschenden Metropolis" ein "gemischtes Gefühl von freudiger Bewunderung und Trauer".[74] Dies änderte sich erst, als im Zuge der Befreiungskriege die deutschen Kriegstouristen, die mit den alliierten Truppen 1814 und nochmals 1815 in Paris einrückten, offen mit dem geschlagenen Kaiser abrechnen konnten: "Überhaupt war Napoleon der größte Heuchler und Betrüger, der je auf einem Thron saß; er war ein Machiavell, wie es noch keinen gab, er hatte sich bloß durch ein System von Lügen, Täuschungen und geheimnißvollem Betrug emporgehoben. Mehr als hundert Millionen Menschen erwarteten ihr Glück von ihm, er hat sie alle betrogen. (...) Anstatt der Wiederhersteller unsers so tief gesunkenen, gesellschaftlichen Zustandes zu seyn, versprach er den Gewaltigen und Mächtigen die Unterdrückung des erwachten Freyheits-Gefühls, und that alles, um die Regenten, Großen und Reichen (...) zu gewinnen. (...) Napoleon war die Geißel, aber nicht der Erlöser des Menschengeschlechts".[75] Aus derartigen Verdikten sprach jedoch nicht in erster Linie ein nationalistisches Bewußtsein, sondern die tiefe Enttäuschung darüber, daß der von zahlreichen Hoffnungen immer wieder unterbrochene lange Abschied von der Revolution nun endgültig vollzogen werden mußte.[76] Zwar berauschten sich nicht wenige Feldzugsteilnehmer im Paris des Jahres 1814 vor allem an der deutschen Aussicht auf "eine edle Herrlichkeit nach Jahren schweren Drucks und entsetzlicher Schmach".[77] Und dies verstärkte sich nach der Herrschaft der Hundert Tage und nach Waterloo noch weiter, denn bei den Soldaten war "La Belle-Alliance (...) fortan der sinnvolle Ausruf, mit welchem jede Trennung und Spaltung

71 Johann Georg Rist etwa befand 1803: "eine ruchlose Polizei hielt über die öffentliche Ordnung Wache, und die größte Vorsicht in Reden und Thun wurde jedem Fremden von seinen Freunden und besonders von den Gesandten empfohlen" (J.G. Rist: Lebenserinnerungen, Hg. G. Poel, 2 Bde.; Gotha 1880, Bd. 1, S. 261); vgl. dazu etwa auch: J.F. Miller: Gemälde und Szenen aus Paris; Reutlingen 1807, S. 94f.; Niemeyer (Anm. 55), Bd. 2, S. 78. In den Reiseführern wurde etwa bei der "Wahl eines Lohnlaquays" gewarnt: "Alle sollen mehr oder weniger mit der Polizei in Verbindung stehen - man sei daher in Gesprächen, die dieser Behörde mißfallen könnten, vorsichtig gegen sie" (Reichard (Anm. 8), S. 30).

72 Vgl. zu diesem grundlegenden, jedoch selten explizierten Umstand: Voß (Anm. 63), S. 212.

73 Niemeyer (Anm. 55), Bd. 2, S. 146.

74 Brede (Anm. 63), Bd. 1, S. 296.

75 Demian (Anm. 68), S. 196.

76 Vgl. etwa auch: K.A. Rade: Meine Flucht nach und aus Frankreich; Leipzig 1816, S. 199: "Man muß so große Erwartungen von Buonaparte gehabt haben, als ich seit 1796 sie hatte; man muß diese Erwartungen so ganz in sich aufgenommen, sich angeeignet haben, und dann so schmerzlich getäuscht worden seyn, als ich, um dann eines solchen Jubels (sc.: über Napoleons Sturz 1814) fähig zu seyn".

77 K. von Raumer: Erinnerungen aus den Jahren 1813 und 1814; Stuttgart 1850, S. 114.

geistiger und physischer Interessen, des materiellen und politischen Vortheils und Vorurtheils beendet zu sein schien".[78] Doch selbst die Hoffnung, wenn schon nicht die mittlerweile diskreditierte Freiheit, so doch die ebenso von der Revolution propagierte nationale Einheit im Sieg über den Feind errungen zu haben, erwies sich bald als Illusion: "Wir konnten nicht läugnen, daß die Franzosen in ihrer damaligen grausamen Demüthigung und Zerrissenheit (...) immer noch eine Stärke und Einheit des Nationalgefühls erkennen ließen, die wir auf unserer Seite gar sehr vermißten".[79] So wurde gerade diese Defizienzerfahrung zu einer wesentlichen Voraussetzung dafür, daß sich mit der Vorstellung der Erbfeindschaft der Außenfeind Frankreich als Vehikel nationalistischer Identitätsstiftung im deutschen Bewußtsein festsetzte.

Der Wandel der reflektierten Deutungs- und Kompensationsmuster

Der abstrakte Jubel der frühen Revolutionsreisenden beruhte vornehmlich darauf, daß sie den Gang der Ereignisse im grundsätzlichen Einklang mit den Axiomen der aufklärerischen Geschichtsphilosophie und in völliger Übereinstimmung mit ihren bürgerlichen Wertvorstellungen sehen zu können glaubten.[80] Die Radikalisierung der Revolution erschütterte jedoch die Vorstellung eines kontinuierlichen gesellschaftlichen Entwicklungsprozesses, dessen phasenhafte Beschleunigung an seiner Linearität nichts ändern sollte. Und seine bislang unbezweifelte Teleologie, die Ausrichtung auf eine immer weitergehende Realisierung von Humanität, Toleranz, Freiheit und Gerechtigkeit, wurde durch die 'Terreur' grundlegend in Frage gestellt: "Wäre es in der unglücklichen Bestimmung der Menschheit, keinen kühnen Schritt nach Verbesserung zu thun, ohne sich mit Greueln zu beladen?"[81] Die geschichtsphilosophisch-makrohistorischen Deutungsmuster mußten daher korrigiert werden, um dem Geschehen noch einen Sinn unterlegen zu können. Die dazu notwendige Entwicklung differenzierterer Erklärungsmodelle "mittlerer Reichweite" gelang indessen nur Beobachtern, die längere Zeit vor Ort waren. Konrad Engelbert Oelsner etwa sah die ungleiche Diffusion der Aufklärungsideen und die ebenfalls schichtenspezifisch zu differenzierenden Zivilisationsstandards, Aggressionspotentiale und materiellen Interessen als Ursachen für den Gang der Revolution.[82] Die im revolutionären Paris sich konstituierende öffentliche Meinung betrachtete Georg Forster als Movens wie als letztliche Kontrollinstanz der politischen Entwicklung,[83] deren Radikalisierung Georg Kerner auf die strukturelle Schwäche des französischen Bürgertums zurückführte.[84] Und Georg Friedrich Rebmann hob die Ungleichzeitigkeit und Divergenz des institutionellen und des mentalen Wandels hervor, um die

78 W. von Rahden: Wanderungen eines alten Soldaten, 3 Bde.; Berlin 1846/51, Bd. 1, S. 400.
79 Varnhagen von Ense (Anm. 13), S. 251; vgl. auch: Ders.: Paris 1814, in: Ders.: Denkwürdigkeiten und vermischte Schriften, Bd. 6 (= NF, Bd. 2); Leipzig 1842, S. 85 - 151, insbes. S. 90.
80 Vgl. dazu beispielhaft: Campe 1790 (Anm. 15), S. 135ff.
81 Oelsner (Anm. 27), Bd. 2, S. 139.
82 Vgl. dazu: ebd., Bd. 2, S. 77f.
83 Vgl. dazu: Forster (Anm. 30), S. 221, 228f.
84 Vgl. dazu Kerner (Anm. 35), S. 94.

Gefährdung und Instabilität des 'Directoire' als einer "Republik ohne Republikaner" zu begründen.[85] Zugleich waren dies auch Versuche, den Aufklärungsoptimismus über die trüben Zeiten der Konfusion hinüberzuretten. In dem Maße aber, in dem die Stabilisierungsbemühungen des Direktoriums immer autoritärere Züge annahmen und den Prinzipien der Revolution immer mehr Hohn sprachen, wurde die Aufgabe der universalistischen Deutungen unvermeidlich. Mit dem auch durch geduldige Hoffnung nicht mehr überbrückbaren Bruch zwischen Erfahrungs- und Erwartungshorizont hatte die Geschichtsphilosophie ausgedient als sinnstiftender Bezugsrahmen. Die unkalkulierbar erscheinenden Ereignisse vermittelten Wilhelm von Humboldt im Paris des Jahres 1797 die Erkenntnis einer generell zu spät kommenden, prognostisch irrelevanten Reflexion, so daß er betonte, "que les événements iraient avant les idées et que c'était là un grand malheur".[86] Die aufklärerische Konstruktion einer stetigen Perfektibilisierung konnte so nur noch im Rückgriff auf vorrevolutionäre utilitaristische Gesellschaftskonzepte durch eine Entkoppelung von politischer Reform und technologisch-zivilisatorischer Entwicklung aufrechterhalten werden. Hatten die ersten Revolutionsreisenden noch den politischen Strukturwandel als Voraussetzung für die Entbindung einer beschleunigten Entwicklung zu einer sozial nivellierten Wohlstands- und Überflußgesellschaft betrachtet,[87] so begnügten sich die späteren Frankreichbesucher nun zu konstatieren, daß trotz des Scheiterns der Revolution der materielle Fortschritt ungebrochen sei, ja durch die Zwänge der Kriegswirtschaft, die institutionellen Reformen und die Napoleonische Wirtschaftspolitik wesentlich beschleunigt werde.[88] Dies galt – generationen- und wissenssoziologisch gesehen – primär für die älteren, in der vorrevolutionären Aufklärungsbewegung verwurzelten Beobachter und für den naturwissenschaftlich orientierten Teil der deutschen Intelligenz,[89] die zusammen mit den besitzbürgerlichen Reisenden ihre Hoffnungen auf einen zivilisatorischen Fortschrittsglauben konzentrierten und im ökonomisch-materiellen Aufschwung einen wesentlichen Empanzipationsspielraum für ihre Interessen wie für ihren gesellschaftlichen Status sahen. Daher lobte Campe 1802 bei einem erneuten Besuch in Paris die Franzosen: "Mit einer Art von Wuth haben sie sich jetzt, nicht bloß in alle Fächer der Künste und Wissenschaften, sondern auch in alle Felder des Kunstfleißes und der Gewerbe gestürzt. (...) Entdeckung auf Entdeckung, Erfindung auf Erfindung, Vervollkommnung auf Vervollkommnung, Meisterwerke auf Meisterwerke sind die herrlichen Folgen davon, welche jeden Unbefangenen in Erstaunen setzen".[90]

85 Vgl. dazu: Rebmann (Anm. 5), Bd. 1, S. 53ff.

86 W. von Humboldt: Reisetagebücher aus den Jahren 1796 bis 1799, in: Gesammelte Schriften, Bd. 14; Berlin 1916, ND Berlin 1968, S. 258 - 644, Bd. 15, S. 1 - 46, hier: Bd. 14, S. 409.

87 Vgl. dazu etwa: Campe (Anm. 15), insbes. S. 72ff.; Oelsner (Anm. 25), S. 3 - 5.

88 Vgl. dazu etwa: Meyer (Anm. 32), Bd. 2, S. 1 - 56, 82 - 110, 114 - 146; Heinzmann (Anm. 42), Bd. 1, S. 109f.

89 Vgl. dazu etwa: J.G. Schmeißer: Beyträge zur näheren Kenntniß des gegenwärtigen Zustandes der Wissenschaften in Frankreich, 2 Bde.; Hamburg 1797/98, Bd. 1, S. IX; G. Wardenburg: Briefe eines Arztes geschrieben zu Paris, 2 Bde.; Göttingen 1798/1801, insbes. Bd. 1, S. 15; Ph.A. Nemnich: Tagebuch einer der Kultur und Industrie gewidmeten Reise; Tübingen 1810, Bd. 5.

90 J.H. Campe: Rückreise von Paris nach Braunschweig, Braunschweig 1804, S. 115; vgl. auch: ebd., S. 99f.

Gerade dieser Hintergrund prägte auch weitgehend das Bild Napoleons, auf den sich das Interesse der Reisenden bald konzentrierte, denn mit ihm bot sich nun eine - wenn auch schillernde - Leitfigur an, in der die Entwicklung des Nachbarlandes paradigmatisch fokussierbar erschien. Endlich vermochte wieder ein großer Mann als lange vermißter Orientierungspunkt zu dienen, hatte doch zuvor der "tolle(.) Gang der Sache alle Begriffe mehr als je verworren" und die außenstehenden Beobachter orientierungslos werden lassen.[91] In dem daraus resultierenden Deutungsvakuum spielte die Vermengung von gesellschafts- wie ordnungspolitischen und schichtenspezifisch moralischen Wertvorstellungen eine dominante Rolle. Ob ihrer starken und eher emotionalen als kognitiven Verankerung wurden gerade letztere vermehrt aktiviert und auf den späteren Kaiser projiziert. Seine Bewunderer betonten daher nicht nur, daß er "30 Millionen verwilderte, widerspenstige, zu allen Extremen fähige Menschen fest und sicher" in den Griff bekommen habe und eine "lichte Ordnung" bringe.[92] Vielmehr sahen sie in ihm zugleich die Inkarnation ihrer entpolitisierten bürgerlichen Werte: "Arbeitsamkeit, Freundschaft und Ehe, diese drei Hauptstützen des Privatglücks, hat er unter den Franzosen wieder emporgehoben".[93] Dem französischen Volk, das als leichtsinnig, veränderlich, aufbrausend, oberflächlich, ignorant, egoistisch und letztlich noch immer höfisch geprägt stereotypisiert wurde, setzte man den großen Korsen entgegen, der sich weitblickend, kenntnisreich, diszipliniert, arbeitsam und energisch durchgesetzt hatte. Gerade als Aufsteiger bildete "dieser Mann, der das, was er ist, durch sich selber ist, der durch rastlose Thätigkeit und durch das Benutzen glücklicher Umstände im 25ten Jahre Lieutenant unter der Artillerie, im 27ten Jahre General en Chef, im 32ten erster Consul von Frankreich, und im 36ten Kaiser wurde",[94] eine Projektionsfigur für die sehnsuchtsvollen Wünsche des deutschen Besitzbürgertums nach einer Teilhabe an der Macht und einer gesellschaftlichen Anerkennung seiner Normen.[95]

An die Stelle der universalistischen geschichtsphilosophischen Fortschrittskonzepte, die vom aufstiegsorientierten Besitzbürgertum utilitaristisch verkürzt wurden, traten bei der jüngeren, vom zivilisationskritisch ausgerichteten romantischen Impuls nationaler Identitätsfindung weit mehr beeinflußten Generation der literarisch orientierten bildungsbürgerlichen Intellektuellen hingegen nationalkulturell ausgerichtete anthropologische Deutungsmuster: "Die Revolution wundert einen weniger, wenn man die Verkehrtheit und Aermlichkeit der Moralität dieses Landes sieht".[96] Für diese Beobachter war die Revolutionsgeschichte fortan nicht mehr identisch mit der Menschheitsgeschichte; sie erschien vielmehr als eine französische Sonderentwick-

91 Reichardt (Anm. 57), ND S. 263.
92 Voß (Anm. 63), S. 96.
93 Meine wirkliche Reise (Anm. 47), S. 361.
94 Benzenberg (Anm. 62), Bd. 2, S. 8.
95 Varnhagen von Ense erkannte diese von Napoleon in seiner propagandistischen Selbstinszenierung geschickt ausgenutzte Projektionen genau, bezog sie jedoch nur auf die Franzosen: "die Franzosen, sofern sie ihn als groß anerkannten, hielten ihn doch nur für groß in dem, was sie Alle zu leisten sich getrauten; sie sahen in ihm nicht andre, sondern die gemeinen, gang und gäben Eigenschaften, nur in ungemeinen Maßen" (K.A. Varnhagen von Ense: Am Hofe Napoleons; Paris 1810, in: Ders.: Denkwürdigkeiten und vermischte Schriften, Bd. 2; Mannheim 1837, S. 292 - 307, hier: S. 307).
96 Humboldt (Anm. 86), Bd. 14, S. 589.

lung: die "Revolution hat das allgemeine weltbürgerliche Interesse verlohren".[97] Der spezifisch französische Nationalcharakter fungierte nun als Komponente, die allein Kontinuität in die Diskontinuität zu bringen vermochte: "In vieler Hinsicht hat sich seit der Revolution in Frankreich nichts (...) geändert, (...) und dies beweiset vielleicht am auffallendsten, daß der Nationalcharakter, bei allen neuen Formen, die man ihm durchaus geben will, stets derselbe bleibt. Aber könnte auch wohl der Charakter irgend einer Nation in dem beschränkten Laufe so weniger Jahre umgeschaffen werden? Und könnte wohl irgend ein Nationalcharakter den herrschsüchtigen Meinungen und gewaltsamen Erschütterungen besser widerstehen, als derjenige, dessen Kraft wesentlich in derjenigen Elasticität besteht, die ihn zu gleicher Zeit so leichtsinnig, so beständig und auch so veränderlich macht?"[98] Damit aber wurde zugleich ein Reservoir reaktiviert, das die frühen Revolutionsreisenden in der Tradition eines naturrechtlich fundierten Aufklärungsoptimismus programmatisch verdrängt hatten:[99] das der nationalen Stereotypen. Diese traten nun wieder hervor, wurden aber wesentlich verstärkt. Hatte sich zu Zeiten des Ancien Regime die Kritik der deutschen Bürger an der französischen Oberflächlichkeit, Wankelmütigkeit und Unmoral mehr oder minder direkt gegen den frankophilen deutschen Adel gerichtet, so fiel dieser nun als negativer Attributionsrahmen ebenso aus wie die französische Hofgesellschaft. Vielmehr hatten sich ja im Verlauf der Revolution die eigenen bürgerlichen Ideale als korrumpierbar erwiesen. Die entsprechende Enttäuschung schlug sich implosionsartig in einer um so vehementeren Kritik nieder. Um den universellen Geltungsanspruch der Prinzipien zu retten, wurden diese überlagert durch ihre nationalkulturelle Segmentierung. Die Revolution war damit in den Augen dieser deutschen Reisenden an der spezifisch französischen Mentalität gescheitert, wie sie sich ihnen nun beispielhaft an den Pariser Neureichen, den 'Incroyables' und der 'Jeunesse dorée' zeigte: "wie? all das bunte Gemeng soll nun republicanisch seyn? Für solche Leute wäre nun die blutige Revolution gemacht worden? Für die zahllosen Plusmacher, die alle üppigen Freuden genießen (...)?"[100] Wie schon zu Zeiten des Ancien Régime artikulierte sich die Kritik vor allem im Gewand einer eher individualistisch als gesellschaftspolitisch ausgerichteten Moral, die einen zentralen Stabilisierungsfaktor für die sozio-kulturelle Identität der deutschen Bürger darstellte. So konstatierten sie mit Blick auf ihr Nachbarland: "die Nation hat sich zu Egoisten und Epikureern ausgebildet".[101] Intrakulturell griff man dabei nur zu oft auf Wertvorstellungen zurück, die an die Enge agrarisch-kleinstädtischer Strukturen rückgebunden waren, aber dennoch ins Weltbürgerliche universalisiert wurden. Dabei konnten diese Normen ebenso mit einer antibourgeoisen und antigroßstädtischen 'Citoyen'-Aura umgeben wie evasiv auf einen entpolitisierten Rückzugsraum privater Intimität ausgerichtet werden.[102] Im Rückzug auf die Überschaubarkeit statisch-häuslicher

97 Görres (Anm. 50), S. 587.
98 Meister (Anm. 33), S. 111.
99 Vgl. dazu etwa: Campe (Anm. 15), S. 12: "Aller Nationalunterschied, alle Nationalvorurtheile schwanden dahin".
100 Heinzmann (Anm. 42), Bd. 1, S. 62.
101 Woyda (Anm. 39), Bd. 2, S. 130.
102 Beides zugleich gelang etwa Heinzmann (Anm. 42, Bd. 1, S. 34, 241ff.).

Idyllen artikulierte sich zum einen die Enttäuschung der Revolutionsanhänger. So meinte Reichardt 1802 in Paris: "Wenn ich noch so bedenke, in welchem reinen Geiste ich damals (sc.: 1792) (...) die große und groß begonnene Sache beherzigte, und was daraus geworden ist! Es ist recht herzkränkend! Nur in schöner häuslicher Ruhe und Eintracht, deren wir in unserm glücklichen Vaterlande so ganz genießen, werd ich alle diese unangenehmen Gefühle (...) wiederum ganz loswerden können".[103] Zum anderen konvergierten in derartigen (Selbst-) Entlastungsstrategien die konservativen Wertmuster der Revolutionsskeptiker, die jenen ideologisierbaren Rückzug in ein entpolitisiertes Biedermeier festschrieben, auf den hin etwa Goethe seine Erfahrungen auf der "Kampagne in Frankreich" perspektivierte: "Wir wenden uns, wie auch die Welt entzücke/Der Enge zu, die uns allein beglücke".[104] Interkulturell war es dabei leicht möglich, auf traditionelle Topoi zu rekurrieren, die nur wenig anders unterfüttert werden mußten. Denn schon lange hatte man dem leichtsinnigen, zu Extremen neigenden, flatterhaften, unberechenbaren, leicht entflammbaren und höflich-galanten, aber oberflächlichen und außengeleiteten Franzosen den biederen, treuen, aufrichtigen, tugendhaften, häuslichen, sehr viel gebildeteren, gefühlvollen, reflektierten und innengeleiteten Deutschen entgegengehalten. Doch waren diese Eigenschaftsmuster, die im aufklärerischen Diskurs als mentales Kondensat der historischen Entwicklung der in verschiedenen klimatisch-geographischen Räumen lebenden Gesellschaftsverbände aufgefaßt wurden, trotz ihrer impliziten Spannung zwischen aristokratischen und bürgerlichen Wertmustern komplementär aufeinander bezogen und in ihrer relativen Berechtigung anerkannt worden. Im Sinne einer arbeitsteiligen Ergänzung wurden sie letztlich als unterschiedliche und zu vermittelnde Aspekte der gesamten Menschheitsentwicklung gedeutet.[105] Nun erhob man sie jedoch zu nationalkulturell-anthropologischen Konstanten, enthistorisierte und ontologisierte sie zu substantiellen Wesensmerkmalen und unüberbrückbaren Wesensgegensätzen: "So bedeutend ist die Differenz in dem innern Wesen beyder Nationen; eine natürliche Grenze ist zwischen beyde gezogen; (...) die Weinreben des Rheines und die Orangen des Südens gedeihen nicht unter der nämlichen Sonne, sie schied die Natur".[106] Damit wurden jene nationalen Eigenschaftsmuster nicht nur verschärft, sondern antithetisch voneinander abgegrenzt, so daß mit ihnen segmentierte nationale Entwicklungslinien begründet werden konnten, was ebenso der psychischen Entlastung wie der Stabilisierung des eigenen Selbstbildes diente.

103 Reichardt (Anm. 57), ND S. 263.
104 Goethe (Anm. 7), S. 425.
105 Vgl. dazu: J. Garber: Peripherie oder Zentrum? Die 'europäische Triarchie' (Deutschland, Frankreich, England) als transnationales Deutungssystem der Nationalgeschichte, in: Espagne/ Werner (Anm. 2), S. 97 - 161.
106 Görres (Anm. 50), S. 593; vgl. dazu auch die analogen Reflexionen von Clausewitz 1807 in französischer Kriegsgefangenschaft, C. von Clausewitz: Die Deutschen und die Franzosen, in: K. Schwartz: Leben des Generals Carl von Clausewitz (...); Berlin 1878, Bd. 1, S. 73 - 88.

Sozialpsychologische Strukturen der mentalitätsgeschichtlichen Bewältigung

Die reflektierte Bewertung der politischen Entwicklung in Frankreich durch die zeitgenössischen deutschen Besucher resultierte zwar maßgeblich aus derem politischen Standort, ihren ständischen Interessen und ihren ideengeschichtlich bestimmbaren Idealen. Doch waren diese in hohem Maße durchsetzt von Wertvorstellungen und mentalen Dispositionen, die den Beobachtern kaum voll bewußt waren. Ihre konkrete Wahrnehmung wurde noch mehr durch unterschwellige Attitüden geleitet, die im Zuge der steigenden Desorientierung in der Fremde deutlich hervortraten. Denn aus relativ stabilen Umwelten kommend, die evolutionär zu verändern für sie primär ein Gedankenspiel war, trafen die deutschen Frankreichbesucher auf einen instabilen gesellschaftlichen Kontext, dessen Wandel sie zwar theoretisch begrüßten, in dem sie sich aber zunächst einmal konkret orientieren mußten und dabei den Umbruch in all seinen Facetten hautnah erfuhren.

Bereits der 14. Juli 1789 und die damit verbundenen "Auftritte (...) waren zu neu, zu überraschend und zu schrecklich, als daß die, welche die Verzweiflung zu diesem Ausbruche getrieben hatte, ruhig dabei hätten bleiben können".[107] Diese Feststellung, die Friedrich Schulz als Augenzeuge des Revolutionsausbruchs mit Blick auf die Pariser Bevölkerung traf, galt noch mehr für die deutschen Beobachter, wenngleich diese zunächst geglaubt hatten, "jenseits des Rheins unbefangene, partheilose, gleichgültige Zuschauer, mithin desto ruhigere Beobachter bleiben zu können".[108] Die konkrete Erfahrung vor Ort involvierte sie indessen erheblich mehr als der distanziert-abstrakte Jubel aus der sicheren Ferne. Dieser war zwar ebenso emotional aufgeladen und ließ etwa Campe auf seinem Wege nach Paris freudig hoffen, "noch immer früh genug zu kommen, um dem Leichenbegängniß des französischen Despotismus beizuwohnen".[109] Doch die Aussicht, eventuell auch am "eigenen Körper Wirkungen der Revolution zu erleben", verunsicherte selbst dezidierte Revolutionssympathisanten.[110] Hineingezogen in den Strudel der Ereignisse sahen sie sich gezwungen, bald Partei zu ergreifen: "Die Gelassenheit, womit wir auf unserm Sopha oder an unserm Schreibtisch über die Welthändel urtheilen und die Partheien bald lossprechen, bald verdammen, fällt auf dem Schauplatze der Handlung weg; man steht dort gleichsam auf glühendem Boden".[111] Die Nähe steigerte die Komplexität, zerstörte die illusionsbildende Kraft der Ferne, die vieles vereinfachte. Die theoretischen Schreibtischkonzepte zeigten sich bald als untauglich, wurden durch die tägliche Entwicklung immer wieder umgeworfen, ohne daß schlüssige Alternativen gleich bei der Hand gewesen wären.[112] Selbst die Verifizierung einfacher Informationen erwies sich im Strudel der parteipolitisch kontrovers diskutierten

107 Fr. Schulz: Geschichte der Großen Französischen Revolution; Berlin 1790, ND, Hg. G. Kozielek, Frankfurt a.M. 1989, S. 98f.

108 G. Forster: Französischer Enthusiasmus auf dem März- oder Konföderationsfelde, in: Ders.: Erinnerungen aus dem Jahr 1790, in: Werke in vier Bänden, Hg. G. Steiner; Frankfurt a.M. 1970, Bd. 3, S. 456 - 465, hier: S. 456.

109 Campe (Anm. 115), S. 4.

110 Reichardt (Anm. 23), S. 108.

111 Forster (Anm. 108), S. 461.

112 Vgl. dazu etwa: Reichardt (Anm. 23), S. 224.

Ereignisse fast als unmöglich.[113] Sogar ein so geübter Beobachter wie Oelsner gestand bald ein, nurmehr "eine empfindungsartige Überzeugung" gewinnen zu können.[114] Die mit der Dynamisierung eines bislang beispiellosen Umbruchs verbundene Verunsicherung ließ mentalitätsgeschichtlich weit zurückreichende Verhaltensmuster hervortreten. Gerade deren emotional verankerte Komponenten gerieten schon früh in einen latenten Widerspruch zur reflektierten Oberflächenideologie. Nicht nur die unterschwelligen Ängste gegenüber der bedrohlichen Eigendynamik der Revolution konnten nur mühsam zurückgehalten werden. Auch aufklärerische Theorie und alltägliche Lebenspraxis klafften auseinander. So goutierte Campe sichtlich, daß bei den Versammlungen der Nationalversammlung die Etikette keine Rolle mehr spielte. Als sein französischer Diener sich jedoch mit ihm in seine Kutsche setzte, statt hinten auf zu stehen, wies er ein derartiges Verhalten brüsk von sich.[115] Die Forderung nach einer Aufhebung ständischer Barrieren und das Ertragen der damit verbundenen Herabsetzung der schützenden räumlich-körperlichen wie sozialen Distanz waren offenbar ebenso zweierlei Dinge, wie das Eintreten für Freiheit, Gleichheit und Brüderlichkeit auf der einen Seite und auf der anderen der gleichzeitige Unwillen darüber, "wie liederlich und lumpig schneidergesellen- und gewürzkrämermäßig fast die Hälfte der Leute in der Nationalversammlung aussieht".[116]

Angesichts dieser kaum reflektierten Widersprüche erwies sich vor allem bei der allzu euphorischen weil hoffnungsbesetzten Perzeption der ersten Revolutionsphase nur zu oft der Wunsch nach Harmonie als Vater der Wahrnehmung. Die hohe affektive Wertbesetztheit ihrer moralischen und gesellschaftspolitischen Normen bewirkte, daß die bürgerlichen Reisenden diese allzu unkritisch auf das projizierten, was sie als objektives Faktum mit Händen greifen zu können glaubten. Je mehr sie die bruchlose und konfliktfreie Realisierung ihrer abstrakten Ideale erhofft hatten, desto unvermittelter und heftiger traf sie der Schock, wenn sie mit nicht mehr zu übersehenden Akten revolutionärer Gewalt konfrontiert wurden. Die projektionshaft aufgeladene Überidentifikation mit den Franzosen drohte dann im Zuge der Reduktion dieser kognitiven Dissonanz umzuschlagen in eine ebenso undifferenzierte Abwehr als Verarbeitungsmuster, so daß sie nun "den paradiesischen Garten Frankreichs (...) von blutgierigen Teufeln bewohnt" sahen.[117] Als einer von wenigen Reisenden diagnostizierte Georg Forster, der sich mit der Sache der Franzosen identifizierte, vor Ort diese hoch emotionalisierte Verschiebung: "Diese utopischen Träume mußten bei der Wendung, die hernach die Sachen nahmen, eine höchst nachteilige Wirkung tun: man ließ es uns entgelten, daß man sich in seinen Hoffnungen so verrechnet hatte".[118] Oft half den Betroffenen dann nur die regressive Zuflucht zu relativ atavistischen Deutungsmustern wie bei dem nur knapp der Guillotine entronnenen Jakobiner

113 Vgl. dazu etwa: ebd., S. 193f.
114 Oelsner (Anm. 25), Bd. 1, S. 379.
115 Vgl. dazu: J.H. Campe: Reise von Braunschweig nach Paris im Heumonat 1789; Braunschweig 1790, S. 258f.
116 Reichardt (Anm. 23), S. 168.
117 Reisen durch den größten und wichtigsten Theil Frankreichs im dritten und vierten Jahr der Revolution; Helmstedt 1796, Bd. 1, S. 321.
118 Forster (Anm. 30), S. 247.

Friedrich Butenschoen, der das resakralisierte "Dasein(.) einer weisen Vorsehung" bemühen mußte, um nicht ein "blindes Ungefähr" des Geschehens akzeptieren zu müssen.[119]

Noch mehr als jene wenigen prorevolutionären Berichterstatter, die die 'Terreur' selbst länger miterlebt hatten, ihre Erfahrungen dadurch differenzierter verarbeiten konnten und dies aus Gründen des mentalen Selbstschutzes auch mußten,[120] bildete die blutige Eskalation der Revolution für die weit später nach Frankreich kommenden Reisenden die zentrale Schlüsselphase für die Verarbeitung des gesamten gesellschaftspolitischen Umbruchs. Dies galt in erster Linie für die Passagiere, die den Vorgängen in Frankreich distanziert gegenüberstanden. So stellte etwa Graf Schlitz bei der Einfahrt in Paris 1806 fest: "Noch von den Blut-Nachrichten der Revolutionszeit erschüttert, glaubte ich das Pflaster der Stadt mit Blute befleckt finden zu müssen".[121] Um so erstaunter waren diese Besucher, bald kaum noch Spuren der Ereignisse besichtigen zu können, wenngleich sie es als "Erstes" unternahmen, "diese blutige Stadt in allen Richtungen zu durchstreifen, um die Schauplätze jener Gräuelscenen zu besuchen".[122] Zutiefst befremdet registrierten sie, daß nicht ganz Frankreich noch immer Trauer trug und das Leben weitergegangen war: "unbegreiflich schien es uns oft, daß diese Menschen wieder lachen, singen, fröhlich ihren Geschäften nachgehen konnten, ohne bei jedem Schritt von den schrecklichen Erinnerungen ergriffen und gelähmt zu werden".[123] Denn hier vor Ort trat die 'Terreur' den Reisenden "durch die Stellen, wo sich alles ereignet hat, noch lebhafter vor Augen".[124] So durchlebten sie in ihrer Phantasie noch einmal jene "furchtbaren Scenen der Vergangenheit"[125] und wollten "auf jedem Gesichte lesen: Wo warst du am 5. und 6. October 1789, am 14. Juli, am 2. September, am 21. Januar?"[126] Angewidert besahen sie die verödeten Stätten der Massenhinrichtungen: "Es schaudert mir immer über einen solchen Platz zu gehen, besonders möchte ich nicht stets da wohnen, u. es gehört wirklich die leichtsinnige französische Nation dazu um dies alles den andern Tag zu vergessen", meinte Jacob Grimm wie viele seiner Zeitgenossen.[127] Die traumatische

119 Butenschoen (Anm. 28), S. 9, vgl. auch: ebd., S. 16f. sowie: Niemeyer (Anm. 55), Bd. 2, S. 514.

120 Vgl. dazu etwa: Laukhard (Anm. 29), Bd. 4.1., S. 115 - 117, 356 - 367; Bemerkungen (Anm. 31), S. 2, 6, 117, 255 - 257.

121 Schlitz (Anm. 10), S. 103.

122 Rist (Anm. 71), Bd. 1, S. 262.

123 J. Schopenhauer: Reise durch das südliche Frankreich, 2 Bde.; Rudolstadt 1817, ND Wien 1825, Bd. 1, S. 65; vgl. auch: Dies.: Reiseerinnerungen aus früherer Zeit; Paris 1803, in: Dies.: Jugendleben und Wanderbilder. Johanna Schopenhauer's Nachlaß, hg. von ihrer Tochter, Bd. 2; Braunschweig 1839, S. 149 - 210.

124 Niemeyer (Anm. 55), Bd. 2, S. 197f.; vgl. etwa auch: G.H. Behn: Erinnerungen an Paris, zunächst für Ärzte geschrieben; Berlin/Stettin 1799, Bd. 1, S. 39: "Man führte mich über den Greveplatz. Alle Geister der hier Erschlagenen schwebten meiner Seele vor".

125 C.G. Horstig: Reise nach Frankreich, England und Holland zu Anfange des Jahres 1803; Berlin 1806, S. 30.

126 Rist (Anm. 71), Bd. 1, S. 251.

127 J. Grimm an W. Grimm, Paris, den 1./3.3.1805, zit. nach: D. Hennig/B. Lauer (Hg.): Die Brüder Grimm. Dokumente ihres Lebens; Kassel o.J., S. 184; vgl. etwa auch: Kurze Bemerkungen auf langen Berufswegen. Während dem Aufenthalt der Alliirten Truppen in Frankreich 1814; Dinkelsbühl 1815, S. 123f.: "Ein hohes Geländer sollte diesen Platz umziehen. Kein menschli-

Besetzung der blutigen Radikalisierung der Revolution evozierte einen regelrechten Wiederholungszwang: "Es liegt ein unerklärbares Etwas tief in uns, welches uns zwingt, gern von Dingen zu hören, die mit Grausen erfüllen. Ein ähnliches Gefühl treibt uns, von vergangenen Schrecknissen und jammervollen Tagen zu sprechen, deren Erinnerung uns doch jedes Mahl mit neuem Schmerz ergreift".[128] Die hochgradige emotionale Betroffenheit, die eine rationale Verarbeitung des Geschehens stark behinderte, verschärfte die tiefsitzende Aversion gegen den neuen Glanz und befestigte eine primär individualethische Verurteilung dieses "großen Kraters, aus dem die Lavaströme des Luxus, des Sittenverderbens und der Verheerung über die ruhigen Anpflanzungen Europa's brausen": "man tanzt und tanzt überall auf Abgründen".[129] Im krampfhaften Festhalten an der Erinnerung insistierten die deutschen Besucher jedoch darauf, in diese Abgründe, die in den Pariser Vergnügungsvierteln gezielt vermarktet wurden,[130] mit einem wohligen Grausen hinabzublicken: "Wo kann der Blick in die offne Gruft der Zeitperiode (...) wichtiger und lehrreicher sein, als in dieser Stadt?"[131] Geradezu archäologisch entzifferten sie die letzten Spuren der für sie noch immer präsenten 'Terreur' in den Aufschriften an den öffentlichen Gebäuden: "liberté, égalité, fraternité, ou la mort, wovon das letzte gewöhnlich so ausgelöscht ist, daß man es noch lesen kann".[132]

Vor allem die erinnerungstilgende Dynamik der Großstadt Paris irritierte nicht wenig und verschärfte die mit moralischen Verdikten kompensierte Orientierungslosigkeit noch weiter. Die Seine-Metropole, die die ersten Revolutionsreisenden aufgrund der dortigen urbanen sozialen Verschmelzung und akzelerierten Informationsdiffusion als "Geburtsorth der Freiheit",[133] als "Lichtpunkt" der Aufklärung[134] und als "Quelle der öffentlichen Meinung"[135] emphatisch gefeiert hatten, erschien den Besuchern im 'Directoire' als ein einziges "Chaos",[136] als "Meer der unreinen

cher Fuß dürfte ihn betreten. Thränenweiden und Cypressen müßten dort grünen, und auf die schauervolle Richtstätte pflanzte ich stille Todtenblumen".

128 Schopenhauer 1817 (Anm. 123), ND Bd. 1, S. 95f.

129 Neues Paris (Anm. 5), S. 7, 291.

130 Viele Touristen besuchten im 'Palais Egalité' das 'Café du Sauvage', "wo der ehemalige Kutscher von Robertspierre (sic!) als Wilder angezogen, bey der Musik die Pauke schlägt", (Sierstorpff (Anm. 62), Bd. 2, S. 231), die Curtius'sche Wachsfigurensammlung (vgl. dazu: Miller (Anm. 71), S. 72f.) oder die magischen Kabinette des Dr. Robertson im ehemaligen Kapuzinerkloster: "Malerisch zeigen sich besonders Mordscenen aus der französischen Geschichte, besonders aus der Schreckenszeit" (J.C.A. Murhard: Blicke auf Paris von einem Augenzeugen; Altenburg 1805, S. 40).

131 Ph.J. von Rehfues: Ansichten von Paris, 2 Bde.; Zürich 1809, Bd. 2, S. 115.

132 H.Fr. Link: Bemerkungen auf einer Reise durch Frankreich, Spanien und vorzüglich Portugal, 3 Bde.; Kiel 1801/04, Bd. 1, S. 21; vgl. dagegen die analoge Struktur, aber die entgegengesetzte politische Ausrichtung des Blicks bei Heinzmann (Anm. 42): "Das Wort ou la mort hat man jetzt fast überall ausgestrichen. Man hätte das Ende der Revolution erwarten sollen, oder es auch lieber zum Andenken für die Nachwelt beybehalten können: ohne einen heilsamen Schrecken können Tyrannen nicht im Zaum gehalten werden" (S. 27).

133 Campe (Anm. 15), S. 29.

134 Oelsner (Anm. 25), Bd. 1, S. 6.

135 Forster (Anm. 30), S. 260.

136 G.Fr. Rebmann: Ein Abend in Paris, in: Das neue graue Ungeheuer, Upsala (= Altona); 3 (1797), Heft 10, S. 55 - 98, hier: S. 97.

Leidenschaften"[137] und als prinzipiell unregierbare Stätte, an der es "immer Partheyen, Gährungen, Konspirazionen geben" mußte.[138] Schon durch das alltägliche turbulente Treiben auf den Straßen glaubten sie hier, "alle Tage eine neue Revolution ausbrechen zu sehen".[139] Gerade die Revolutionsanhänger konstatierten angesichts der Verfallsgeschichte ihrer Ideale, das einstige "Heiligthum der Freiheit" habe sich in ein einziges "Bordell" verwandelt,[140] in einen neureichen kriegs- und revolutionsgewinnlerischen "Sumpf", der nur noch die "Gebrechen der Menschheit" offenbare.[141] An diese moralisierende Abwehrhaltung, die gespeist war von einer tiefsitzenden, nun wieder aufbrechenden Großstadtaversion, konnten konservative Vorbehalte mühelos anknüpfen, die "das große Babylon der neuen Zeiten"[142] im Gegensatz zur vermeintlichen Idylle des ländlichen Frankreich nur noch als "Tummelplatz alles Haders und Widerspruchs"[143] wie als Stätte einer allumfassenden "Marktschreyerei" und "Unverschämtheit"[144] wahrnahmen. Angesichts der weitreichenden städtebaulichen Veränderungen unter Napoleon betrachteten sie die Metropole als ein regelrechtes "Chamäleon",[145] dessen permanente Verwandlung kontinuitätskonstituierende Erinnerung ebenso unmöglich machte wie moralische Reflexion: "In Paris ist in vier und zwanzig Stunden alles vergessen".[146] So sahen sie in dieser "zweyte(n) Büchse der Pandora" eine Stätte, "wo Wahrheit und Natur beynahe unter die Undinge gehören", und einen Platz, der "vieles mit einem Opernball gemein hat, wo man immer (...) dieselben zusammengeborgten Masken wieder findet".[147]

Andererseits zog das Faszinosum der urbanen Pariser Überflußgesellschaft selbst kritische Reisende bald in seinen Bann. Sogar Rebmann, der sonst gesellschaftspolitisch an einem frugalen 'Citoyen'-Ideal festhielt, konstatierte, daß in der wiederaufblühenden Metropole "selbst ein Spartaner seinen Haß gegen den Luxus eine halbe Stunde lang vergessen würde".[148] Die Abkehr von der Revolution wurde indessen auch durch eine grundlegende Entpolitisierung des Reiseverhaltens begün-

137 Heinzmann (Anm. 42), Bd. 1, S. 189.
138 Zschokke: Auszüge (Anm. 36), S. 155.
139 Woyda (Anm. 39), Bd. 2, S. 45.
140 Rebmann (Anm. 5), Bd. 2, S. 89.
141 Görres (Anm. 50), S. 555.
142 Rist (Anm. 71), Bd. 1, S. 251.
143 Meyer (Anm. 61), Bd. 2, S. 21; vgl. auch: W. Chr. Müller: Paris im Scheitelpunkte oder flüchtige Reise durch Hospitäler und Schlachtfelder zu den Herrlichkeiten in Frankreichs Herrscherstadt im August 1815, 2 Bde.; Bremen 1816, Bd. 2, S. 300.
144 J. Frank: Reise nach Paris, London und einen großen Theile des übrigen Englands und Schottlands, 2 Bde.; Wien 1804/05, ^{2}1816, Bd. 1, S. 169.
145 Schopenhauer (Anm. 123), ND Bd. 1, S. 3; vgl. auch Rists Beobachtung über den Unterschied des Paris des Jahres 1814 von der Metropole im Jahre 1806: "Paris war nun auf vielen Puncten nicht wieder zu erkennen" (Rist (Anm. 71), Bd. 2, S. 273).
146 Niemeyer (Anm. 55), Bd. 1, S. 308; vgl. auch: ebd., S. 231: "noch täglich entsteht so viel Neues, daß ältere Bewohner der Stadt sich kaum noch des Früheren erinnern können".
147 J. Eremita (= J.Chr. Gretschel): Skizzen aus Paris. Aus dem Tagebuche eines Reisenden im Jahre 1803, in: Ders.: Kleine satirische Schriften; Leipzig 1804, S. 3 - 250, hier: S. 27, 21; Paris, wie es jetzt ist; Chemnitz 1810, S. 21.
148 G.Fr. Rebmann: Schreiben aus Paris, vom 18. Prairial, in: Die Geißel, Upsala (= Altona) 1 (1797), Heft 9, S. 256 - 281, hier: S. 271.

stigt. Die deutschen Bürger, die im 'Directoire' in das Vakuum hineinstießen, das der traditionelle Adelstourismus hinterlassen hatte, fühlten sich gerade dadurch wesentlich aufgewertet. Hatten die materiell ungebundenen Aristokraten einst das Paris des Ancien Régime aufgrund der hier für sie leicht verfügbaren Unterhaltungsmöglichkeiten als regelrechtes Paradies wahrgenommen, so vermeldeten nun auch die bürgerlichen Reisenden an ihrer Stelle: "Der Vergnügungen sind hier so viele, daß die Wahl uns viel zu schaffen macht".[149] Nur zu gerne flüchteten sie in dieser Stadt, "wo von allen Seiten auf die Sinne gewirkt wird, wo man nicht genug sehen, hören, schmecken, fühlen kann", in den hastigen Genuß ihrer 'Divertissements': "Welche Resourcen bieten sie dem, der von Außen unterhalten sein will und sich unter Fremden selbst zu vergessen wünscht, dar".[150] Auch für die nicht-adeligen Passagiere wurde nun ein Parisaufenthalt zur ostentativ demonstrierten und genossenen Prestigeangelegenheit, so daß sie sich nur an die Seine begaben, um sagen zu können: "Ich bin auch da gewesen".[151] Im Zuge einer ersatzweisen Emanzipation wurde die revolutionäre Metropole, einst Projektionsraum ihrer politischen Befreiung von den ständischen Barrieren, nun zum Wunschbild ihrer durch ökonomische Potenz erreichbaren Gleichstellung mit den alten Eliten. Zwar fanden sie "es erstaunlich, wie sehr der Luxus und der Aufwand (...) so bald nach einer solch' blutigen Revolution überhand gewonnen hat", doch schwelgten sie nicht ungern "in mitten dieser Schätze einer Feenwelt, wie man sie nur im Lesen der orientalischen Märchen-Sammlung von Tausend und Einer Nacht zu ahnen gewohnt war".[152] Vor allem das ehemalige Palais Royal übte auf sie die Magie eines "Zauberpallastes" aus.[153] Bereits die frühen Revolutionspilger hatten hier angesichts der überbordenden Warenvielfalt sogar ihre moralischen Vorbehalte zurückgestellt und die horrend teure Freiheit selbstbestimmten Luxuskonsums als Nivellierung ständischer Privilegien verteidigt: "Man hat diese Modengewölbe oft mit Serails verglichen, aber dieser Vergleich hinkt gerade in dem wichtigsten Zuge: denn hier ist Sultan wer will und wer bezahlt".[154] Und so begnügten sich die späteren Passagiere in analoger Weise gerne mit der "auffallende(n) Gleichheit des gesellschaftlichen Tons (mehr wohl als der Rechte)", den sie im konsularischen Paris wahrnehmen zu können glaubten.[155] Immer unbeschwerter genossen sie das Leben in den luxuriösen Lokalen der Metropole, wo, wie Kotzebue feststellte, "keine politische Wolke den Himmel zu trüben wagte, den wir mit Champagnerstöpseln erstürmten".[156]

Die französische Hauptstadt hatte aber vor allem vom Napoleonischen Kunstraub in den von Frankreich besetzten Ländern profitiert. Denn deren Skulpturen, Bilder und Handschriften waren an die Seine deportiert worden und ergänzten dort

149 Frisch (Anm. 49), S. 100.
150 J.G.A. Galletti: Reise nach Paris im Sommer 1808; Gotha 1809, S. 108; Bemerkungen auf einer Reise durch einen Theil von Deutschland, der Schweiz, Italien und Frankreich im Jahr 1806, Königsberg 1809, S. 254.
151 Hegner (Anm. 56), S. 6.
152 Weber (Anm. 61), S. 35, 57.
153 A. Storck: Episoden aus einer Reise nach Paris im Sommer 1809; Duisburg/Essen 1810, S. 247.
154 Fr. Schulz: Ueber Paris und die Pariser. Erster Band (mehr nicht erschienen); Berlin 1791, S. 431.
155 Hegner (Anm. 56), S. 108.
156 Kotzebue (Anm. 65), S. 265.

die im Verlauf der Revolution beschlagnahmten, nationalisierten und in den neuen Museen allgemein zugänglich gemachten französischen Bestände an Kunstwerken aus dem Besitz der Königsfamilie, des emigrierten Adels und der Kirche zu einer beispiellosen Ansammlung ausgesuchter Meisterwerke. Nicht nur Künstler wie Karl Friedrich Schinkel besuchten zu Studienzwecken "die der Kunst geheiligten Säle des vortrefflichen Museums" und wurden dort wie Schnorr von Carolsfeld "vom Erstaunen ergriffen über die ungeheure Anzahl von Kunstwerken".[157] Die "heilige Versammlung der Antiken" zog vielmehr gerade die Bildungsreisenden magisch an, die von einem regelrechten "Kunstfieber" ergriffen wurden.[158] In Scharen besuchten sie den Louvre, wo "alle weltliche Furcht und Begierde verschwanden, und Frieden, Freyheit und ursprüngliche Einfalt in die Seele zurückkehrten", wo "die heilige Kraft der Kunst" das "Daseyn (...) zu einem lieblichen Traume" erhob und "wo die unbefangene Seele die Fesseln des gewohnten Lebens abstreift, und sich geheimnisvoll in seligere Höhen emporschwingt".[159] Das im revolutionserschütterten Alltag nicht mehr erfüllbare Bedürfnis nach einer harmonischen Freiheitserfahrung wurde ersatzweise auf den Bereich der Kunst umgelenkt. Das auf gesellschaftliche Reformen ausgerichtete Identifikationspotential wurde einfühlungsästhetisch gewendet, schienen doch die enttäuschten Hoffnungen von einst alleine in den antiken Kunstwerken noch Gestalt anzunehmen. Mancher Reisender ging in den Museumssälen umher "wie ein Träumender [...], den eine glückliche Täuschung in die griechische Vorwelt versetzt zu haben schien".[160] Deren Wirkung wurde dabei als Purifikation des Individuums von den Schlacken einer wirren Zeit empfunden: "Ich weiß nichts, was die Seele so reinigt und erhebt, sie so ganz mit einer erhabenen Anschauung füllt", notierte Karl Ferdinand Solger angesichts des Apolls von Belvedere.[161]

Dieser letztlich evasiven Tendenz huldigten auch die ehemaligen Revolutionspilger, die nochmals in das Paris des Konsulats oder des Empire zurückkehrten. Hatte sich Campe 1789 bereits an der französischen Grenze alleine durch den Anblick kokardentragender Bürger in ein Reich allgemeiner Humanität versetzt gesehen, so ließen ihn im Paris des Jahres 1802 nur noch die antiken Statuen im Louvre fühlen, "daß ich ein Mensch bin".[162] Und ganz im Gegensatz zu seinen einstigen Interessen meinte Reichardt zehn Jahre nach seiner Reise in die Revolution: "um politische und Regierungssachen muß man sich hier gar nicht bekümmern, wenn man Paris ohne Aerger von seiner interessanten und unerschöpflich-reichen Seite genießen will. Künste und Kunstwerke, und immer wieder Kunstwerke und Künstler, denen muß

157 K.Fr. Schinkel: Brief an V. Rose, Paris, den 9.12.1804, in: Aus Schinkel's Nachlaß. Reisetagebücher, Briefe und Aphorismen. Mitgeteilt von A. von Wolzogen; Berlin 1862, Bd. 1, S. 156; Schnorr von Carolsfeld, H. Fr.: Erinnerungen aus meiner artistischen Wanderschaft, in: Der Neue Teutsche Merkur, Bd. 1 (Jg. 1803), S. 6 - 33 und 86 - 98, hier: S. 20.

158 Hegner (Anm. 56), S. 199; Sierstorpff (Anm. 60), Bd. 1, S. 159.

159 Hegner (Anm. 56), S. 270f.

160 Rist (Anm. 71), Bd. 1, S. 254f.

161 K.W.F. Solger: Tagebuchauszüge (1800), in: Ders.: Nachgelassene Schriften und Briefwechsel. Hgg. L. Tieck und Fr. von Raumer; Leipzig 1826, Bd. 1, S. 1 - 84, hier: S. 81.

162 J.H. Campe: Reise durch England und Frankreich in Briefen an einen jungen Freund in Deutschland, 2 Bde.; Braunschweig 1803, Bd. 2, S. 313; vgl. dazu: Campe (Anm. 15), S. 12.

man sich hier ganz widmen".[163] Angesichts der gescheiterten gesellschaftspolitischen Hoffnungen vereinzelte die Flucht in den sakralisierten Bereich der Kunst das Individuum in deren Betrachtung ebenso wie sie es mit der Fiktion autonomer Empfindung umgab. Während 1791 für Halem der Höhepunkt seiner Paris-Reise in den Besuchen des dortigen Jakobiner-Klubs, des "Foyer(s) der öffentlichen Freyheit", bestanden hatte,[164] kulminierte sein Aufenthalt an der Seine 1811 nun im Museum: "Ich habe vor dem Apoll und der Verklärung gestanden, und - die Mühen der Reise sind belohnt. (...) Schaudernd fühlen wir in der tiefsten Tiefe den Gott in uns, wenn wir die vollendetste Darstellung des Idealsten (...) vor uns sehen, und, willig hingegeben, von der unendlichen Schau uns durchdringen lassen".[165] Diese Tendenz privatisierend-individualistischer Kunsterfahrung stand dabei im Zeichen einer rückwärtsgewandten und zugleich zyklischen Zeitorientierung. So glaubte mancher Reisender, im Louvre die "Wiederauferstehung der Götter" erleben zu können und in einer anderen Welt zu sein: "ich war im Olymp und nicht in Paris".[166] Vor allem die durch die museale Aura verstärkte Entzeitlichung ließ diesen weihevollen Bereich innerer Einkehr in wohltuender Weise den Turbulenzen der Zeit entzogen erscheinen: "alle Götter des Olymp leben hier noch, stehn wie sie vor Jahrtausenden standen, und sehn mit ruhigem Blick den Wechsel der Zeiten um sich herum", befand der junge Schopenhauer 1803.[167] Gerade angesichts der Unsicherheit der politischen Entwicklung, der Relativität der Beurteilungsmaßstäbe und der Beschleunigung des gesellschaftlichen Wandels wurde die Kunst zu einem zeitenthobenen Absolutum erhoben: "Die Kunst ist nicht relatif (sic!), sie ist eins und abgesondert von allen Verhältnissen".[168] So suchten die Reisenden vor allem "das stille Umherwandeln unter diesen Kunstschätzen und das Abgezogenseyn von der Welt im sich selbst genügenden Genuß des Schönen und Idealen".[169] Und dem postulierten Absolutheitsanspruch und autonomen Status der Kunst, der – angesichts seiner exogenen politischen oder auch kommerziellen Funktionalisierung – bezeichnenderweise fast nie dem zeitgenössischen Revolutionsklassizismus zugesprochen wurde,[170] war letztlich der Wunsch nach einer einheitlichen Erfahrbarkeit des Zeitalters unterlegt. Die Fragmentierung des nicht mehr überschaubaren Erfahrungsraumes trug dazu ebensoviel bei wie das von Friedrich Schlegel in Frankreich konstatierte Auseinanderbrechen des Gegenwartshorizontes in ungleichzeitige Partikel und das Bewußtsein, an "der Grenze zweier sehr verschiedener Zeitalter" zu leben, an der sich "die heterogenen Elemente der alten und der gegenwärtigen Zeit" sowohl "gemischt" haben, wie sie sich auch "absondern und scheiden".[171] Angesichts dessen wurde die Kunst zu einem utopisch

163 Reichardt ^{2}1805 (Anm. 57), Bd. 1, S. 488.

164 Halem (Anm. 17), Bd. 2, S. 79; vgl. auch: Ders.: Schreiben aus Paris an den Herausgeber, in: Neuer Teutscher Merkur, Weimar 1 (1790), Heft 12, S. 396 - 410.

165 G.A. von Halem: Erinnerungsblätter von einer Reise nach Paris im Sommer 1811; Hamburg 1813, S. 206; vgl. auch: Horstig 1806 (Anm. 125), S. 56.

166 C.B. Hase: Briefe von der Wanderung und aus Paris, Hg. O. Heine; Leipzig 1891, S. 5.

167 A. Schopenhauer (Anm. 60), S. 87.

168 Woyda (Anm. 39), Bd. 2, S. 201.

169 Kiesewetter (Anm. 13), Bd. 2, S. 349.

170 Vgl. dazu etwa: ebd., S. 342.

171 Fr. Schlegel: Reise nach Frankreich (1803), in: Werke in zwei Bänden, Hg. W. Hecht; Berlin/

wertbesetzten Gegenentwurf und zum einzig möglichen Bereich einer Homogenisierung der zeittypischen Disparatheit: "Sollte die Kunst nicht endlich an die Stelle der Moden treten können und von neuem das ganze Leben mit einer gleichförmigen Bildung veredeln und durchdringen (...)?"[172] Daher wurde die neue, demokratische Öffentlichkeit des Museums im Sinne einer langfristigen ästhetischen Erziehung zunächst durchaus begrüßt: "Die Aufstellung dieser Kunstwerke, und der freye Genuß derselben muß wirklich auf den Geschmack Einfluß haben und ihn bilden. (...) Und überdies hat es wirklich etwas Gerechtes und Edles, daß diese dem Ganzen gehörige Kunstwerke, auch dem Ganzen zum Nutzen sind. Jeder wird ohne Unterschied des Standes hinzugelassen".[173] Doch zogen sich die damit verbundenen indirekten Hoffnungen auf eine konsensusschaffende Annäherung der verschiedenen Sozialschichten aus den niederen Gefilden kurzatmiger gesellschaftlicher Reformen bald zurück auf das Konzept einer genuin elitenorientierten ästhetischen Bildung, die nun die Demokratisierung jener Meisterwerke als "Profanation" empfand: "wenn (...) ganze Schaaren Pöbels, Fischweiber, Soldaten, Bauern in Holzschuhen, Sackträger, mit dem Hut auf dem Kopf und die Tabackspfeife in der Hand, unter gemeinen Scherzen und rohem Lachen, auch wohl unter Stoßen und Drängen, zwischen den Geniuswerken sich herumtreiben, dann überfällt uns doch ein schmerzlicher Jammer und wir erkennen die Wahrheit des Dichterworts: Werke des Geists und der Kunst sind für den Pöbel nicht da!"[174]

Der in der Verarbeitung der Revolution zu Tage tretende Mentalitätswandel schlug sich aber ebenso in einer wachsenden Zahl von Reisebeschreibungen über das ländliche Frankreich nieder, die eine weitere Kompensationsstrategie der deutschen Frankreichreisenden gegenüber der gesellschaftspolitischen Umbruchsituation freilegt: die Flucht aus dem revolutionären Paris und vor den urbanen Zivilisationsmenschen in eine von deren Wirren vermeintlich freie und ursprüngliche Natur, in den "glücklichen Süden".[175] Je mehr sich der politische Horizont in den deutschen Territorien angesichts der Napoleonischen Expansion verdüsterte, desto eher trieb eine "schöne Resignation" die Reisenden ins "Feenland des ewigen Frühlings", wo sie angesichts des zeitgeschichtlichen "Ruin(s) aller eitlen Größe" "lieber das dolce far niente als erstes Princip der Lebensweisheit" erholungstouristisch kultivierten und sich selbst versicherten: "das Glück des Landlebens ist kein Dichtertraum, Ar-

Weimar 1980, Bd. 2, S. 215 - 244, hier: S. 235; diese Ungleichzeitigkeitserfahrung zeigte sich auch für Rahel Varnhagen in Paris, war dieses doch "angefüllt mit allen gewesenen Zeitaltern, die es zerbrochen und schwankend, zum allgemeinen Zergehen - wenn nicht Zerplatzen - in sich hält" (R. Varnhagen: Brief an V. Rose, Paris, den 25. 9. 1800, in: Dies.: Briefwechsel, Hg. Fr. Kemp; München 1979, Bd. 4, S. 12).

172 Fr. Schlegel: Briefe auf einer Reise durch die Niederlande, Rheingegenden, die Schweiz und einen Theil von Frankreich (1808), ND in: Kritische Friedrich-Schlegel-Ausgabe, Hg. H. Eichner; Paderborn/München/Wien 1959, Bd. 4, S. 155 - 204, hier: S. 203f.

173 Droysen (Anm. 61), S. 253.

174 K.A. Varnhagen von Ense: Aufenthalt in Paris. 1810, in: Ders.: Denkwürdigkeiten und vermischte Schriften, Bd. 7 (= NF, Bd. 3); Leipzig 1846, S. 57 - 136, hier: S. 61, 59f.

175 Schopenhauer (Anm. 123), ND Bd. 1, S. 190; vgl. auch: Chr.A. Fischer: Reisen in das südliche Frankreich in den Jahren 1803 und 1804, 2 Bde.; Leipzig 1805/06.

kadien keine blos idealische Welt".[176] Die um sich greifende "Sehnsucht nach dem südlichen Himmel" führte immer mehr Passagiere in den Süden Frankreichs, um dort "frei von allen Fesseln, und drückenden Verhältnissen des bürgerlichen Lebens, seine reitzendsten Paradiese, seine Lorbeer-, Myrthen- und Orangenhaine, die herrlichen Reste einer hier verblühten schönern Welt zu durchstreifen" und in den Genuß "der Paradiese bei der Saone, bei Montpellier, bei Nizza, bei Hyeres, (...) der arkadischen Hirtenthäler in den Pyrenäen, des (...) herrlichen Meeres" zu kommen.[177] Der rückwärtsgewandte Ausbruch aus den politischen Wirren der Gegenwart in eine davon nicht betroffene Natur trug dabei durchaus sinnstiftenden Charakter: "O hinweg, hinweg aus der Menschenwelt, in den Schooß der Natur, wo der freie Gedanke ungestört wandelt, und in den ewigen Gesetzen unwandelbarer Güte, den großen Weltregierer wieder findet, den er, wie das bange Kindlein die Mutterhand, im blutigen Getümmel des sich zerstörenden Menschengeschlechtes verlor!"[178] Auf den Gipfeln der Berge, die sie nun zuhauf erklommen, machten die Reisenden die Erfahrung: "Die Seele auf erhabenem Standpunkt entfliegt der Welt".[179] In der Faszination des in die Weite schweifenden Blicks, der auf keine Begrenzung mehr stieß, artikulierte sich indirekt die Enttäuschung über die immer noch bestehenden sozialen Barrieren: "Das Auge findet nur in seiner Unmacht seine Gränze. (...) die Ferne verbirgt jede Spur von Menschenhand".[180] Und die Natur bot ihren Betrachtern nicht nur ein kontrastives "Bild des anspruchlosen, friedlichen, engen Daseins", sondern vermittelte ihnen zugleich ein Selbstgefühl, das sie gesellschaftspolitisch nicht mehr realisieren zu können glaubten: "Wessen Stolz erwacht nicht beim Anblick dieser großen Bühne, welche die Weltregierung dem Menschen aufbaute; wer wollte andere Schranken seines Wirkens sehen als die des inneren Vermögens?"[181]

Die Suche nach festgefügten Orientierungsmustern, die den Einzelnen in dieser historischen Umbruchsphase entlasten sollten, artikulierte sich damit auch im wachsenden Wunsch nach einer Stabilisierung der eigenen personalen Identität. Gerade angesichts der durch den gesellschaftspolitischen Wandel relativierten traditionellen Normen, die im revolutionären Frankreich und vor allem in der Weltstadt Paris weniger denn sonstwo noch zu gelten schienen, wurde die Autonomie des Individuums als letzte änderungsresistente Größe begriffen. Es ist kein Zufall, daß Wilhelm von Humboldt in der revolutionären Seine-Metropole des Jahres 1797 ein entsprechendes Bildungsideal entwarf: "Wenn aber alles um uns wankt, so ist allein noch in unserm Innern eine sickre Zuflucht offen. (...) Der Mensch muß Etwas aufsuchen,

176 J.Fr. Raupach: Durchflug eines Humoristen durch Deutschland, die Schweiz und das südliche Frankreich; Breslau 1811, S. 3f., 166f., 375.

177 Chr.Fr. Mylius: Malerische Fußreise durch das südliche Frankreich und einen Theil von Oberitalien, 4 Bde.; Karlsruhe 1818/19, Bd. 1, S. 1, 6, 12.

178 Fr. Brun: Reise von Genf in das südliche Frankreich und nach Italien; Mannheim/Heidelberg 1816, S. 1 - 182, hier: S. 108. Zur Analogie ihrer früheren Südfrankreichreise 1791 vgl.: Dies.: Prosaische Schriften; Zürich 1799, Bd. 1, S. 4 - 142.

179 Salis-Marschlins (Anm. 51), Bd. 1, S. 100.

180 Rehfues (Anm. 67), S. 346; vgl. auch: Schultes (Anm. 5), Bd. 1, S. 215f.

181 C. von Clausewitz: Journal einer Reise von Soisson über Dijon nach Genf, in: Schwartz (Anm. 106), S. 88 - 110, hier: S. 97, 94.

dem er, als einem letzten Ziele, alles unterordnen, und nach dem er, als einem absoluten Maßstab, alles beurtheilen kann. Dies kann er nicht anders als in sich selbst finden (...); es kann nur in seinem innern Werth, in seiner höheren Vollkommenheit liegen".[182] Doch bedurften auch jene "inneren Werte" einer äußeren Rückversicherung. Und diese gewannen die Reisenden im Rekurs auf eine nationale Kollektiv-Identität mehr und mehr aus der Abgrenzung von den Franzosen. Bereits die deutschen Revolutionsanhänger konnten in der für sie enttäuschenden Realität des frühen 'Directoire' ihre Ideale nur dadurch aufrechterhalten, indem sie sich als die besseren Republikaner ansahen, hatten die Franzosen in ihren Augen doch die gemeinsame Sache verraten: "Nein! Es gibt wenig Franzosen, die die Freyheit und die Republik so rein, so ganz ohne Egoismus liebten, wie mancher von uns Deutschen. Das himmlische Ideal geht bey diesem verderbten, sinnlichen, erniedrigten Volke verlohren, das ich hasse, und das ich liebe, das ich schätze und das ich verabscheue".[183] Und in einer regelrechten zeitverzögerten Trotzreaktion meinte Seume, dem Napoleon als "böser Geist" seinen "Himmel verdorben" hatte: "Seitdem Bonaparte die Freiheit entschieden wieder zu Grabe tragen droht, ist mirs als ob ich erst Republikaner geworden wäre".[184] Je mehr die Heimat in das machtpolitische Gravitationsfeld des expandierenden Frankreich geriet, desto eher empfanden sich die Reisenden bereits am Rhein "zu sehr (als) Deutscher, um nicht über die unselige Uneinigkeit unserer Fürsten zu klagen, um nicht mit Schmerzen einen so großen und schönen Theil Deutschlands und so viele Deutsche in den Händen einer fremden Macht zu sehen".[185] Bevor sie nach Frankreich reisten, versprachen sie (sich), wie Heinrich von Kleist, auf jeden Fall "als ein Deutscher zurückzukehren".[186] Und in Paris beschworen sie, wie Achim von Arnim, ihr "heiliges Vaterland": "ich fühle es, daß du mich hier noch in der Fremde begeisternd anhauchst, du hebst mich, du treibst mich, zu dir hin lebe ich".[187] Mitten unter den Franzosen weilte Jakob Grimm "noch immer in Deutschland".[188] Und Friedrich Karl von Savigny, der die Seine-Metropole "sehr ordinär" fand und hoffte, "selbst unverändert zurück(zu)kommen", meinte: "das Vaterland ist mir hier in Paris überaus lieb und werth geworden".[189] In einer antithetischen Rückprojektion ergriff just an der Seine manchen Reisenden die glorifizierte "Sehnsucht nach Deutschland, nach deutschem Boden und deutschem Volke",[190] die ihre Intensität und ihre diffuse Füllung wesentlich aus der Entgegen-

182 W. von Humboldt: Über den Geist der Menschheit; Paris, Dezember 1797, in: Gesammelte Schriften; Berlin 1916, ND Berlin 1968, Bd. 2, S. 324 - 334, hier: S. 324f.

183 Rebmann (Anm. 136), S. 60.

184 Seume (Anm. 54), S. 278, 275.

185 Solger (Anm. 161), S. 27.

186 H. von Kleist: Brief an W. von Zange, Straßburg, den 28.6.1801, in: Sämtliche Werke und Briefe in vier Bänden, Hg. H. Sembdner; München 1977, [6]1982, Bd. 4, S. 659.

187 A. von Arnim: Brief an C. Brentano, Paris, den 4.4.1803, zit. nach: Achim von Arnim und Clemens Brentano, bearb. von R. Steig; Stuttgart 1894, S. 69.

188 J. Grimm: Brief an W. Grimm, Paris, den 10.2.1805, zit. nach: Hennig/Lauer (Anm. 127), S. 183.

189 Fr. K. von Savigny: Brief an C. Brentano, Paris, den 26. 2. 1805, zit. nach: Der junge Savigny, Hg. A. Stoll; Berlin 1927, S. 249f.; Ders.: Brief an Fr. Creuzer, Paris, den 20. 2. 1805, zit. nach: ebd., S. 246.

190 Varnhagen (Anm. 174), S. 135.

setzung bezog: "nirgends bin ich klotziger deutsch gewesen, als eben in Paris", meldete der aus einer französischen Emigrantenfamilie stammende Chamisso 1810.[191]

Doch gerade der Fluchtpunkt der patriotisch ausgerichteten kollektiven Orientierung einer "warme(n) Liebe zu ihrem Vaterlande" war bereits von den frühen Beobachtern an den Franzosen als Ergebnis der Revolution bewundert worden, wobei sie festgestellt hatten, dies sei "eine Liebe, die der Deutsche deswegen nicht kennt, weil er als Deutscher kein Vaterland mehr hat".[192] Hatten sie sich daher im Kontext eines aufklärerischen Universalismus und ihres prorevolutionären Engagements zunächst als "Weltbürger" verstanden,[193] so bedauerten sie nun zusehends, "die Spur eines eigentlichen Nationalgeistes unter den Deutschen nicht zu finden".[194] Obgleich das Bedürfnis nach einer festgefügten Kollektividentität ständig stieg, so mußte diese doch erst künstlich evoziert werden, wie Rehfues 1808 in Frankreich feststellte: "Ich möchte sogar gerne Nationalstolz besitzen, weil man ihn im Auslande am nöthigsten hat, und wenn es mir zuweilen in einigem Gefühl desselben warm wird, so überläuft mich gleich wieder der eiskalte Gedanke, daß ich es nicht mit der Muttermilch eingesogen habe, sondern mit Mühe unter fremden Ländern mir suchen mußte".[195] Der gesellschaftsreformerische Impetus eines republikanischen Patriotismus, den die Reisenden einst an ihren französischen Nachbarn bewundert hatten,[196] wurde nun vor dem Hintergrund ihrer militärischen Ostexpansion überlagert von einem aggressiv zugespitzten Nationalismus, der das kollektive Identifikationspotential fast vollständig absorbierte und nach außen umlenkte. Als im Zuge der Befreiungskriege die deutschen Soldaten "mit dem Racheschwert in der Hand" in Paris einzogen und es "fast wie ein Wunder" empfanden, "daß wir in Paris sind und als Sieger", schienen sich die "frohen Hoffnungen über deutsche Kraft und deutschen Sinn" denn auch erfüllt zu haben.[197] Denn im Kampf gegen den Außenfeind eines mittlerweile durch die deutsche Kriegspropaganda "entmenschten Volks" wurde "im jetzigen Vaterlandskriege" im Gegenzug auch "im deutschen Volke ein allgemeines, organisches Leben" geweckt, das die Kriegstouristen über die besiegten Franzosen triumphieren ließ: "Welch unaussprechliches Glück für mein Herz! Ich sah in P a r i s diese D e m ü t h i g u n g der Geschlagenen - und dieses S i n k e n der irdischen Götter von ihrem S c h e i t e l p u n k t e !!"[198] Im Jubel darüber, "uns nun ganz von dem schändlichen Joche der Franzosen und ihrer Helfershelfer in Deutschland befreyt (zu) haben", kompensierten sie das lange gewachsene kulturelle und auch (macht-)politische

191 A. von Chamisso: Brief an Fouqué, Paris, den 18.10.1810, zit. nach: Leben und Briefe, Hg. E. Hitzig; Leipzig 1839, (= Werke, Bd. 5), S. 254.

192 Laukhard (Anm. 29), Bd. 4.1, S. 71.

193 Halem (Anm. 17), Bd. 2, S. 327.

194 Meine wirkliche Reise (Anm. 47), S. 24; vgl. auch: ebd., S. 353.

195 Rehfues (Anm. 67), S. 217.

196 Vgl. etwa: Neue Briefe eines preußischen Augenzeugen über die Feldzüge gegen die Neufranken in den Jahren 1794 und 1795, 3 Bde.; Altona 1796/98, Bd. 3, S. 92 - 94.

197 Briefe aus Paris über die neuesten Zeitereignisse, Germanien 1814, S. 33; J.Fr. Benzenberg: Briefe geschrieben in Paris im Jahr 1815; Dortmund 1816, S. 1; Kiesewetter (Anm. 13), Bd. 2, S. 122.

198 Müller (Anm. 143), Bd. 1, S. 107, 112, Bd. 2, S. 237; vgl. auch: ebd., Bd. 1, S. 111, 162, 195 - 199.

Unterlegenheitsgefühl, als sie erobernd "dieses prahlerische, windige und treulose Paris" einnahmen.[199] Jetzt glaubten sie hier "wie in einem ununterbrochenen Traum"[200] aus der Überlegenheit der "endlich zehnfach vergoltene(n) Schmach unseres deutschen Vaterlandes" nurmehr "die hohle Leere des Koloßes in seinem Innersten"[201] wahrzunehmen: "Nicht mehr flößte ein übermächtiger, trotziger, ganz auf Irdisches gerichteter Geist beim Eintritt in diese Mauern, wie vormals, unheimliche Gefühle ein".[202] Zugleich konnte vor dem Hintergrund der eigenen nationalen Erhebung auch die französische Entwicklung endlich wieder als Kontinuum gedeutet werden: "Die Nation schien auf dem höchsten Gipfel zu stehn; aber sie sank schon seit 20 Jahren".[203]

Zwar hatte die Befreiungskriegspropaganda durchaus eine militante Frankophobie befördert[204] und das ursprünglich intellektuelle Oberschichtenphänomen nationaler Identitätsstiftung weit verbreitet. Und die militärische Konfrontationssituation machte es nur schwer möglich, die physische Bedrohung der Feldzugsteilnehmer im Kampf nicht als einzige Wahrnehmungssperspektive zu generalisieren.[205] Doch konnte sogar unter diesen Vorzeichen die militärische Mobilität, die breite Bevölkerungsschichten ergriff,[206] alleine durch konkrete persönliche Kontakte zu einer Differenzierung der in der Abwehr aggressiv verengten Perzeption selbst bei einfachen Soldaten führen.[207] Viele deutsche Offiziere, die als "Gefangene(.)im Lande der

199 Demian (Anm. 68), S. 162, 96.

200 Nolte (Anm. 59), Bd. 1, S. 283.

201 Th. von Haupt: Reminiszenzen aus Paris im Jahr 1815, in: Ders.: Skizzen; Düsseldorf 1819, S. 1.

202 Rist (Anm. 71), Bd. 2, S. 354.

203 Müller (Anm. 143), Bd. 2, S. 139.

204 Nicht wenige einfache Soldaten nahmen in Frankreich daher nur "Beispiel(e) der grausamen, empörenden Wut eines zügellosen Volkes" wahr, "das, die Gottheit verachtend, nur dem blinden Taumel seiner Leidenschaften folgte, alle Schandtaten ungeahndet ausübte und unter dem Deckmantel der Freiheitsverkündung nur seine niedere Habsucht zu befriedigen suchte" (Das Tagebuch des Johann Heinrich Lang aus Lübeck und die Feldzüge der Hanseaten in den Jahren 1813 - 1815, Hg. L. Voigtländer; Lübeck 1980, S. 71f.). Zur nationalistischen Frankophobie vgl. auch: Müller (Anm. 143), Bd. 1, S. 195 - 199.

205 Vgl. dazu etwa: Steffens 1840/44 (Anm. 13), Bd. 8, S. 2: "Es war doch ein eigenes Gefühl, als wir nun in Frankreich einrückten, (...) in jedem Einwohner erkannten wir einen Feind, entschlossen, (...) uns anzugreifen; und obgleich uns dieses Verhältnis zu den Einwohnern wohl bekannt war, (...) so erschien es dennoch dem Gelehrten, der, wenn er ein fremdes Land betritt, und dieses in seiner Eigenthümlichkeit aufzufassen wünscht, sich eifrig an die Einwohner anzuschließen bemüht ist, (...) seltsam und neu". Zu seinem entsprechenden Bemühen, diese Perspektive nicht zu generalisieren vgl.: ebd., S. 47f., 49f.

206 Vgl. etwa: R. Engel: Die Schweizerische Amazone. Abenteuer, Reisen und Kriegszüge der Frau Oberst Regula Engel von Langwies (Graubünden), Hg. F. Bär; Basel 1904; Erinnerungen aus den Feldzügen 1806 bis 1815, Karlsruhe 1854; J.H.L. Fischer: Erinnerungen aus den Jahren 1813 und 1814, 2 Bde.; Leipzig 1820; G. Holzenthal: Briefe über Deutschland, Frankreich, Spanien, die balearischen Inseln, das südliche Schottland und Holland; Berlin 1817, S. 79 - 101; Lebensgeschichte des polnischen Trompeters Christian Friedrich Klemcke; Herrenstadt 1844; A. Klenk: Militäirisches Tagebuch meiner Reise durch Frankreich; Frankfurt a.M. 1816; Merkwürdige Reisen und Schicksale eines deutschen Musikers als Kapellmeister bei der Kaiserlich Russischen Armee in den Feldzügen 1813 und 1814; Görlitz 1831.

207 Gerade die "von unten" ausgehende Solidarität im gemeinsamen Leiden konnte die nationalistische Abgrenzung "von oben" nivellieren: "der Untertan ist der Unschuldigste am Krieg, er ist der,

Freiheit" weilen mußten, verbrachten auf ihr Ehrenwort, nicht zu fliehen, "ein wahres Bummlerleben und waren ohne alle Aufsicht", so daß sich ihre "Gefangenschaft in einen angenehmen, lehrreichen Aufenthalt verwandelt(e)" und sie in ihren ländlichen Quartieren nicht selten ihre Einstellungen änderten, "denn die hiesigen Einwohner sind menschenfreundlich, so, daß sie die Gefangenen oft besser, als ihr eigenes Militär aufnehmen".[208] Selbst manchen Sieger ereilte daher später die Einsicht: "Wir betrachten uns gegenseitig durch Vorurtheilsbrillen, und alles was wir sehen, hören und kennen ist Stückwerk, so einseitig als möglich".[209] Die geographische Mobilität ließ nicht nur tief verankerte mentale Dispositionen hervortreten. Reisend konnte sich die Mentalität der Passagiere durchaus verändern. So wuchs mit der konkreten Erfahrung vor Ort auch die Fähigkeit zur Empathie und "wechselseitige(n) Achtung",[210] wodurch sich die Chance einer Korrektur von Wahrnehmungsmustern und Vorurteilen eröffnete. Zugleich stieg damit auch die Sensibilität für die Komplexität der Mentalitäten im französischen Nachbarland und das Bewußtsein, daß dieses "Volk, das man so ganz im Ausland verkannte", differenzierter beurteilt werden müsse.[211] Nicht wenige Reisende meinten daher: "Ich verlasse Paris mit der Ueberzeugung, daß die Franzosen bessere Menschen sind, als man sich solche gewöhnlich vorstellt".[212]

der alle Beschwerden und Lasten des Krieges zu tragen hat" (Wachmeister Peter mit und gegen Napoleon, Hg. W. Kohlhaas; Stuttgart 1980, S. 106; vgl. auch: ebd., S. 114).

208 W. von Doering: Erinnerungen aus meinem Leben 1791 - 1810, Hg. H. Bleckwenn; Osnabrück 1975, S. 80; M. von Kotzebue: Der Russische Kriegsgefangene unter den Franzosen; Leipzig 1815, S. 233; J.F.D. Neigebaur: Briefe eines preussischen Offiziers während seiner Kriegsgefangenschaft in Frankreich in den Jahren 1813 und 1814, 2 Bde.; Köln 1816/18, Bd. 2, S. 51; mancher Offizier sah sich aber in der Gefangenschaft auch gezwungen, "unter Menschen (zu) leben, die ich hasse, und mit denen ich keinen Umgang haben kann", so daß er persönliche Beziehungen mied (C. von Reitzenstein: Erlebnisse aus dem Tagebuch eines Gefangenen von Jena, Hg. W. von Waldenfels; Berlin 1887, S. 59); zum oft erstaunlichen Bewegungsspielraum der Gefangenen vgl.: J.F.D. Neigebaur: Schilderung der Provinz Limousin und deren Bewohner. Aus dem Tagebuch eines Preußischen Offiziers in französischer Kriegsgefangenschaft; Berlin 1817.

209 E. Biedermann: Wanderungen, Erfahrungen und Lebensansichten eines froh- und freisinnigen Schweizers, 2 Bde.; Trogen 1828/29, S. 209.

210 Schultes (Anm. 5), Bd. 1, S. X.

211 Bemerkungen (Anm. 31), S. 2.

212 Miller 1807, (Anm. 71), S. 175; vgl. auch: Schultes 1815 (Anm. 5), Bd. 1, S. 467.

LISTE DER ABBILDUNGEN

1) Pierre-Narcisse Guérin, Die Rückkehr des Marcus Sextus, 1799 (Paris, Musée du Louvre)
2) Jacques Réattu, Der Triumph der Freiheit, 1794 (Arles, Musée Réattu)
3) Jacques Réattu, Der Triumph der Zivilisation, ca. 1795 (Hamburg, Kunsthalle)
4) Carlo-Luca Pozzi, Entwurf für eine Statue an der Place de la Concorde, ca. 1796 (Paris, Musée Carnavalet)
5) Vorsitzender eines Revolutionsausschusses, nachdem er ein Siegel gebrochen hat. Kolorierte Radierung (Paris, Bibliothèque Nationale, Collection de Vinck 6489)
6) Die Plagen Ägyptens, Radierung (Paris, Bibliothèque Nationale, Collection Hennin 12268)
7) Der Konventsabgeordnete, Radierung (Paris, Bibliothèque Nationale, Collection de Vinck 6552)
8) Abbildungen einer Medaille aus dem Jahre 1795 in Erinnerung an die Opfer der Anarchie (Paris, Bibliothèque Nationale, Collection Hennin 12095)
9) Pierre Petitot, Entwurf für einen Triumphwagen an der Place de la Concorde (Langres, Musée de Langres)
10) Die revolutionäre Tyrannei wird von den Freunden der Verfassung des Jahres III zermalmt, Radierung (Paris, Bibliothèque Nationale, Collection Hennin 12269)
11) Die Verfassung wird dem französischen Volke verlesen, Radierung (Paris, Bibliothèque Nationale, Collection Hennin 12133)
12) Zwischen zwei Stühlen, den Hintern auf dem Boden, Radierung (Paris, Bibliothèque Nationale, Collection de Vinck 7399)
13) Der Freund der Gerechtigkeit und der Menschlichkeit, Radierung (Paris, Bibliothèque Nationale, Collection de Vinck 6957)
14) Jacques Louis David, Paris und Helena, 1789 (Paris, Louvre)
15) François Gérard, Amor und Psyche, 1797/98 (Paris, Louvre)
16) Anne-Louis Girodet de Roucy Trioson, Der Schlaf Endymions, 1791 (Paris, Louvre)
17) François Gérard, Illustration zu La Fontaines Les Amours de Psyché et de Cupidon, Paris 1797
18) François Gérard, Illustration zu La Fontaines Les Amours de Psyché et de Cupidon, Paris 1797
19) François Gérard, Illustration zu La Fontaines Les Amours de Psyché et de Cupidon, Paris 1797
20) Louis-Pierre Baltard nach Charles Le Brun, Die Köpfe von Antonius und Nero, aus: Morel d'Arleux, Dissertation sur un traité de Charles Le Brun, 1806
21) Louis-Pierre Baltard nach Charles Le Brun, Die Köpfe von Jupiter und Herkules, aus: Morel d'Arleux, Dissertation sur un traité de Charles Le Brun, 1806
22) Louis-Pierre Baltard nach Charles Le Brun, Die Köpfe von Jupiter und einem Löwen, aus: Morel d'Arleux, Dissertation sur un traité de Charles Le Brun, 1806
23) André Galle, Neapolio Imperator (Bibliothèque Nationale, Paris)
23a) Bernard Picart nach Charles Le Brun, La tranquilité, aus: Charles Le Brun, Sur l'expression generale et particuliere, Paris 1698
24) Jean-Auguste-Dominique Ingres, Napoleon I. auf dem Kaiserthron, 1806 (Paris, Musée de l'Armée)
25) Jacques Louis David, Leonidas bei den Thermopylen, ca. 1799-1814 (Paris, Louvre)
26) Théodore Géricault, Das Floß der Medusa, 1818/19, aus: C.P. Landon, Salon de 1819, Bd. 1, Abb. 37
27) Eugène Delacroix, Das Massaker von Chios, 1824, aus: C.P. Landon, Salon de 1824, Bd. 1, Abb. 33
28) Auguste Couder, Der Abschied des Leonidas, 1824, aus: C.P. Landon, Salon de 1824, Bd. I, Abb. 17
29) Xavier Sigalon, Locuste, 1824, aus: C.P. Landon, Salon de 1824, Bd. I, Abb. 44
30) Jacques Louis David, Die Sabinerinnen trennen die kämpfenden Römer und Sabiner, 1794-99 (Paris, Louvre)
31) Jacques Louis David, Vorzeichnung zum 'Leonidas' (Montpellier, Musée Fabre)
32) Giovanni da Bologna, Merkur, 1580 (Florenz, Bargello)
33) Masaccio, Der Zinsgroschen, 1425-28 (Florenz, Santa Maria del Carmine)

34) Jacques Louis David, Die Ankunft des Kaisers im Hôtel de Ville, 1805 (Paris, Louvre, Cabinet des Dessins, RF 1916)
35) Jacques Louis David, Die Verteilung der Adler auf dem Marsfeld, 1810 (Versailles, Musée national du Château)
36) Jacques Louis David, Die Weihe des Kaisers Napoleon und die Krönung der Kaiserin Josephine am 2. Dezember 1804, 1805/07 (Paris, Louvre)
37) Aus: C. Percier/P.F.L. Fontaine, Description des cérémonies et des fêtes qui ont eu lieu pour le couronnement de leurs majestés Napoléon ... et Joséphine, Paris 1807 (Bibliothèque Nationale, Cabinet des Estampes)
38) Jacques Louis David/Ignace-Eugène-Marie Degotti, Vorzeichnung für das Krönungsbild (Paris, Louvre, Cabinet des dessins, RF 4378)
39) Jacques Louis David, Vorzeichnung für Die Verteilung der Adler, 1808 (Paris, Louvre, Cabinet des Dessins, RF 1915)
40) Jacques Louis David, Die Ankunft des Kaisers im Hôtel de Ville, Vorzeichnung (Paris, Louvre, Cabinet des Estampes, RF 36942)

LISTE DER VERFASSER

Ulrich Dierse, Philosophisches Seminar der Universität Bochum
Justus Fetscher, Institut f. Vergleichende Literaturwissenschaft der FU Berlin
Stefan Germer, Kunsthistorisches Institut der Universität Bonn
Gudrun Gersmann, Historisches Institut der Universität Bochum
Thomas Grosser, Europa-Institut der Universität Mannheim
Dorothy Johnson, School of Art and Art History der Universität von Iowa, Iowa City
Marijke Jonker, Kunsthistorisches Institut der Universität Amsterdam
Thomas Kirchner, Kunsthistorisches Institut der FU Berlin
Hubertus Kohle, Kunsthistorisches Institut der Universität Bochum
Thomas Nieding, Historisches Institut der Universität Bochum
Gisela Schlüter, Romanisches Seminar der Universität Hannover
Gregor Stemmrich, Kunsthistorisches Institut der FU Berlin

TAFELN

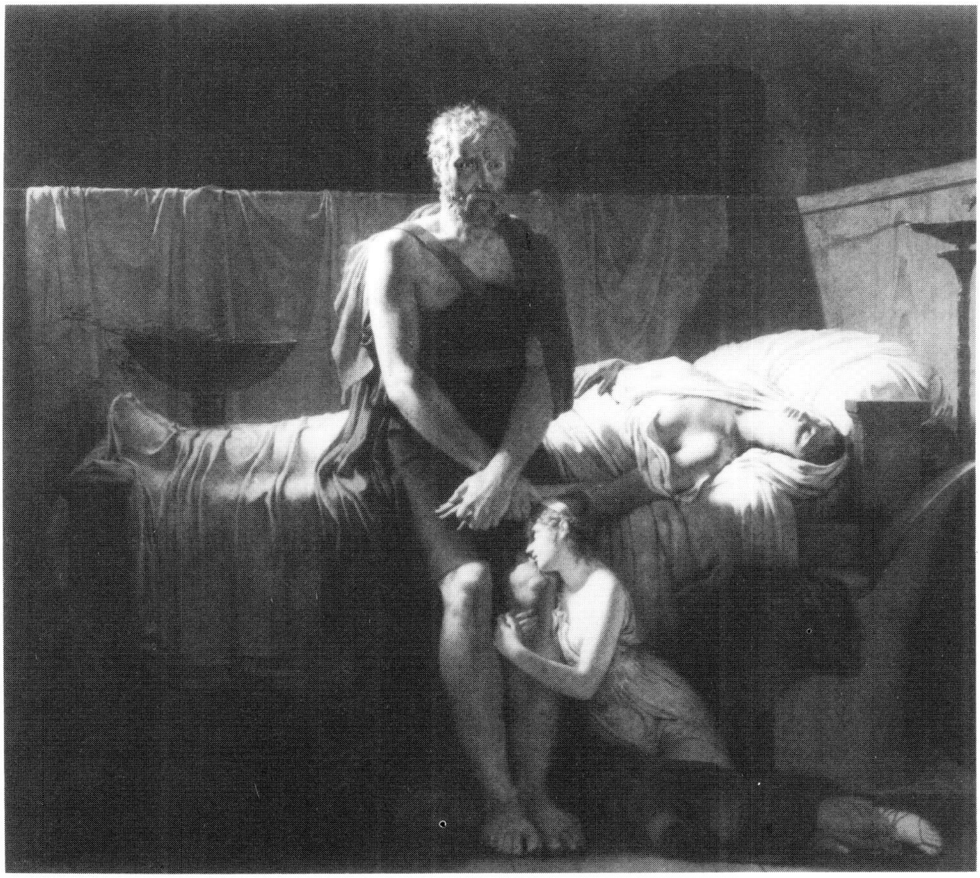

1) Pierre-Narcisse Guérin, Die Rückkehr des Marcus Sextus, 1799 (Paris, Musée du Louvre)

2) Jacques Réattu, Der Triumph der Freiheit, 1794 (Arles, Musée Réattu)

3) Jacques Réattu, Der Triumph der Zivilisation, ca. 1795 (Hamburg, Kunsthalle)

4) Carlo-Luca Pozzi, Entwurf für eine Statue an der Place de la Concorde, ca. 1796 (Paris, Musée Carnavalet)

5) Vorsitzender eines Revolutionsausschusses, nachdem er ein Siegel gebrochen hat. Kolorierte Radierung (Paris, Bibliothèque Nationale, Collection de Vinck 6489)

6) Die Plagen Ägyptens, Radierung (Paris, Bibliothèque Nationale, Collection Hennin 12268)

7) Der Konventsabgeordnete, Radierung (Paris, Bibliothèque Nationale, Collection de Vinck 6552)

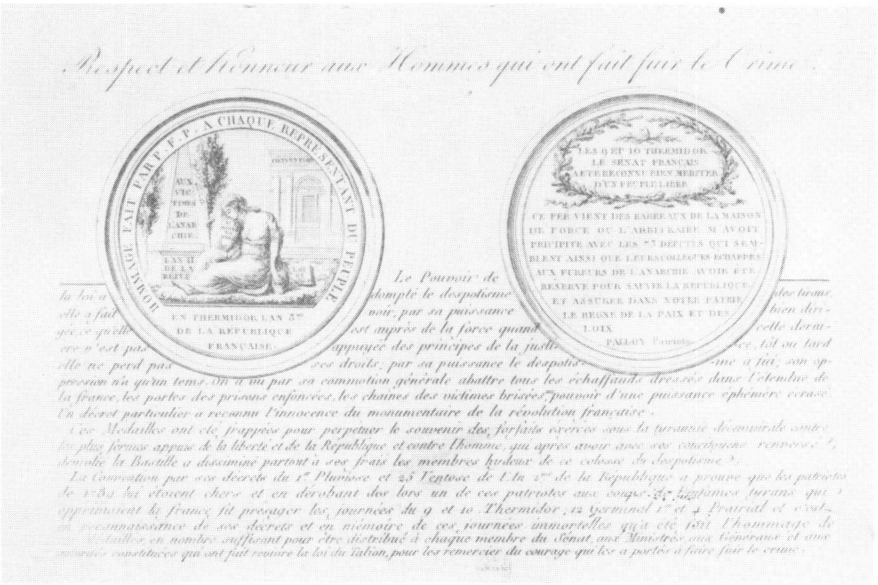

8) Abbildungen einer Medaille aus dem Jahre 1795 in Erinnerung an die Opfer der Anarchie (Paris, Bibliothèque Nationale, Collection Hennin 12095)

9) Pierre Petitot, Entwurf für einen Triumphwagen an der Place de la Concorde (Langres, Musée de Langres)

10) Die revolutionäre Tyrannei wird von den Freunden der Verfassung des Jahres III zermalmt, Radierung (Paris, Bibliothèque Nationale, Collection Hennin 12269)

11) Die Verfassung wird dem französischen Volke verlesen, Radierung (Paris, Bibliothèque Nationale, Collection Hennin 12133)

12) Zwischen zwei Stühlen, den Hintern auf dem Boden, Radierung (Paris, Bibliothèque Nationale, Collection de Vinck 7399)

13) Der Freund der Gerechtigkeit und der Menschlichkeit, Radierung (Paris, Bibliothèque Nationale, Collection de Vinck 6957)

14) Jacques Louis David, Paris und Helena, 1789 (Paris, Louvre)

15) François Gérard, Amor und Psyche, 1797/98 (Paris, Louvre)

16) Anne-Louis Girodet de Roucy Trioson, Der Schlaf Endymions, 1791 (Paris, Louvre)

17) François Gérard, Illustration zu La Fontaines Les Amours de Psyché et de Cupidon, Paris 1797

18) François Gérard, Illustration zu La Fontaines Les Amours de Psyché et de Cupidon, Paris 1797

19) François Gérard, Illustration zu La Fontaines Les Amours de Psyché et de Cupidon, Paris 1797

20) Louis-Pierre Baltard nach Charles Le Brun, Die Köpfe von Antonius und Nero, aus: Morel d'Arleux, Dissertation sur un traité de Charles Le Brun, 1806

21) Louis-Pierre Baltard nach Charles Le Brun, Die Köpfe von Jupiter und Herkules, aus: Morel d'Arleux, Dissertation sur un traité de Charles Le Brun, 1806

22) Louis-Pierre Baltard nach Charles Le Brun, Die Köpfe von Jupiter und einem Löwen, aus: Morel d'Arleux, Dissertation sur un traité de Charles Le Brun, 1806

23) André Galle, Neapolio Imperator (Bibliothèque Nationale, Paris)

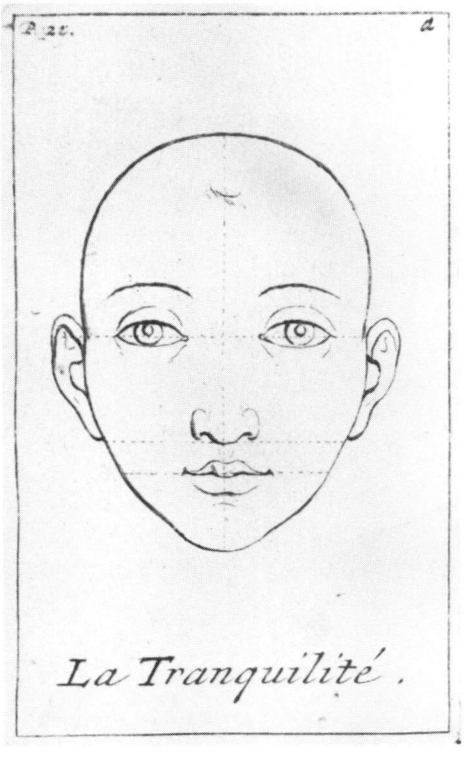

23a) Bernard Picart nach Charles Le Brun, La tranquilité, aus: Charles Le Brun, Sur l'expression generale et particuliere, Paris 1698

24) Jean-Auguste-Dominique Ingres, Napoleon I. auf dem Kaiserthron, 1806 (Paris, Musée de l'Armée)

25) Jacques Louis David, Leonidas bei den Thermopylen, ca. 1799-1814 (Paris, Louvre)

26) Théodore Géricault, Das Floß der Medusa, 1818/19, aus: C.P. Landon, Salon de 1819, Bd. 1, Abb. 37

27) Eugène Delacroix, Das Massaker von Chios, 1824, aus: C.P. Landon, Salon de 1824, Bd. 1, Abb. 33

28) Auguste Couder, Der Abschied des Leonidas, 1824, aus: C.P. Landon, Salon de 1824, Bd. I, Abb. 17

29) Xavier Sigalon, Locuste, 1824, aus: C.P. Landon, Salon de 1824, Bd. I, Abb. 44

30) Jacques Louis David, Die Sabinerinnen trennen die kämpfenden Römer und Sabiner, 1794-99 (Paris, Louvre)

31) Jacques Louis David, Vorzeichnung zum 'Leonidas' (Montpellier, Musée Fabre)

32) Giovanni da Bologna, Merkur, 1580 (Florenz, Bargello)

33) Masaccio, Der Zinsgroschen, 1425-28 (Florenz, Santa Maria del Carmine)

34) Jacques Louis David, Die Ankunft des Kaisers im Hôtel de Ville, 1805 (Paris, Louvre, Cabinet des Dessins, RF 1916)

35) Jacques Louis David, Die Verteilung der Adler auf dem Marsfeld, 1810 (Versailles, Musée national du Château)

36) Jacques Louis David, Die Weihe des Kaisers Napoleon und die Krönung der Kaiserin Josephine am 2. Dezember 1804, 1805/07 (Paris, Louvre)

37) Aus: C. Percier/P.F.L. Fontaine, Description des cérémonies et des fêtes qui ont eu lieu pour le couronnement de leurs majestés Napoléon ... et Joséphine, Paris 1807 (Bibliothèque Nationale, Cabinet des Estampes)

38) Jacques Louis David/Ignace-Eugène-Marie Degotti, Vorzeichnung für das Krönungsbild (Paris, Louvre, Cabinet des dessins, RF 4378)

39) Jacques Louis David, Vorzeichnung für Die Verteilung der Adler, 1808 (Paris, Louvre, Cabinet des Dessins, RF 1915)

40) Jacques Louis David, Die Ankunft des Kaisers im Hôtel de Ville, Vorzeichnung (Paris, Louvre, Cabinet des Estampes, RF 36942)